Günter Pelzl

Der Fälscher

D1727555

Günter Pelzl, Jahrgang 1948, studierte und promovierte im Fach Chemie an der Friedrich-Schiller-Universität in Jena und trat danach als hauptamtlicher Mitarbeiter dem Ministerium für Staatssicherheit (MfS) bei. Hier war er von 1976 bis 1990 im Operativ-Technischen Sektor tätig, zunächst in der Abteilung für »Markierung und Geheimschriften«, ab 1982 in der Abteilung für »Analyse, Reproduktion und Produktion von Dokumenten«, deren Leitung er 1989 übernahm. Als Forscher und Entwickler fertigten er und seine Mitarbeiter unzählige Dokumente im Auftrag der DDR-Staatssicherheit und ihrer Verbündeten, unter anderem gelang seiner Abteilung 1983/84 die Fälschung des vermeintlich »fälschungssicheren« bundesdeutschen Personalausweises. Nach der Wende arbeitete er als Produktentwickler für Wertpapiere und gründete eine Firma im IT-Bereich.

Günter Pelzl

Der Fälscher

Als Forscher im Operativ-Technischen Sektor des MfS

Autobiografie

edition berolina

ISBN 978-3-95841-114-2
1. Auflage
© 2020 by BEBUG mbH / edition berolina, Berlin
Umschlaggestaltung: BEBUG mbH, Berlin
Umschlagabbildung: © imago images / bonn-sequenz
Druck und Bindung: CPI Moravia Books s. r. o.

eb edition berolina
Alexanderstraße 1
10178 Berlin
Tel. 030 / 206 109 – 0

www.buchredaktion.de

Alles, was geschieht,
ist auch das Resultat von Geschehenem.

Für meine Kinder und Enkel
zum Nachlesen und Nachdenken.

Inhalt

Vorbemerkung

Als ich das erste Mal 1982 mit meinen Eltern das Heimatdorf meines Vaters im tschechoslowakischen Mähren besuchte, war sein Wunsch, einen hohen Berg zu besteigen. Auf der Landkarte stand *Praděd*, Höhe 1.491 Meter. Der kahle Gipfel mit dem imposanten Fernsehturm war noch verschneit.

Auf einem Foto sehe ich meinen Vater unterhalb der Bergspitze auf einem Parkplatz stehen: aufrecht, die Beine leicht gespreizt und die Arme hinter dem Rücken verschränkt, immer noch die Körperhaltung eines preußischen Feldwebels. Er blickt sich nach mir um, und ich weiß, irgendetwas bewegt ihn stark. Ich habe ihn nie gefragt, was ihm in diesem Moment durch den Kopf ging, damals nicht und später auch nicht. Dieses Versäumnis bereue ich heute zutiefst. Der Berg hatte einst auch einen deutschen Namen: Altvater.

Das vorliegende Buch beinhaltet lediglich eine Sammlung von Erinnerungen, die aus meiner Sicht etwas über mein Leben aussagen.

Eine der wundersamsten Eigenschaften des Menschen ist es, im Rückblick auf seine Vergangenheit die meisten schlechten Erlebnisse zu vergessen und die guten noch zusätzlich so zu kolorieren, dass viele denken, früher war sowieso alles besser und schöner. Ich bin mir deshalb sicher: Meine Geschichten sind nicht vollständig. Auch kann ich nicht beeiden, ob sie sich so und nicht anders zugetragen haben. Es liegt auch nicht in meiner Absicht, irgendjemandem irgendetwas zu beweisen, also habe ich darauf verzichtet, für jede Geschichte Datum und Uhrzeit anzugeben und alle handelnden Personen genau zu benennen. Manche Namen habe ich geändert, manche nicht – den Grund dafür kann man leicht herausfinden. Vielleicht habe ich Details der einen oder anderen Geschichte vergessen oder etwas ausgeschmückt, oder ich habe sie nicht selbst erlebt und andere haben sie mir erzählt. Aber das nehme ich mir als persönliche Freiheit heraus. Erfunden jedoch habe ich nichts.

Eigentlich will ich nur erzählen, wie und warum ich so geworden bin, wie ich bin.

1. Kapitel

Beschreibung eines thüringischen
Dorfes • Vater und Mutter • Meine Westoma
erbt • Eine chirurgische Bombardierung •
Eine Bäuerin rettet Flakhelfer, ein Schuster
Federbetten • Urgroßmutter Elsa und ihre
sechs Kinder • Ein Kind allein im Wald •
Dorfspiele und ein achtel Liter Milch

Geboren wurde ich 1948, genauer am 6. Juli, einem Dienstag. Zu einem Sonntagskind hatte es also nicht gereicht. Für mich wäre das aus heutiger Sicht auch nicht erstrebenswert gewesen, und die Zeiten waren ohnehin nicht danach. Meine Mutter erzählte oft, 1948 wäre es mit der Versorgung noch schlimmer gewesen als 1945. Da wäre wenigstens noch etwas übrig gewesen vom »Tausendjährigen Reich«, aber 1948 waren auch dessen verwertbare Reste aufgefressen.

In unserem Schuppen lagerten viele Jahre einige Pakete Waschpulver, aufgequollen und nicht mehr zu gebrauchen. Damit hatte es folgende Bewandtnis: Man konnte zwar Geld verdienen, aber dafür gab es oft nichts zu kaufen. Meine Mutter hatte einmal auf Empfehlung einer Nachbarin für ihren ganzen Lohn im angrenzenden Ort Waschmittel gekauft – weil es gerade welches gab –, um damit einen Tauschhandel zu betreiben. Irgendwie klappte das aber nicht, keiner brauchte das Waschpulver, und so verblieb uns eine ansehnliche Menge des nutzlos gehorteten Reinigungsartikels als Mahnung.

Dennoch schafften es meine Eltern, ihre damals zwei Kinder – meine Schwester Martina hatte 1945 das Licht der Welt erblickt – über die Runden zu bringen. Das thüringische Dorf Ammerbach brachte dazu die wesentlichen Voraussetzungen mit. Allerdings war es meinen Eltern nicht gelungen, meine Schwester mit Ziegenmilch aufzuziehen. Im Gegensatz zu heutiger Ziegenmilch roch diese heftig aus der Milchkanne, auch wenn der Deckel fest verschlossen war. Mein Bruder Thomas kam 1953 zu uns auf die Welt, als es mit der Versorgung langsam wieder bergauf ging. Meine Mutter wurde von den Ärzten und Schwestern in der Jenaer Kinderklinik bei der Geburt dieses strammen Jungen, der 3.800 Gramm auf die Waage brachte, bewundert.

Die Bauern des Dorfes nutzten jede Gelegenheit, um ihre Ernährungslage zu verbessern. Niemand besaß mehr eine Jagdflinte, und so nahmen die Wildschweine überhand und verwüsteten die Felder. Ich sehe heute noch den Trupp der Bauern, der auszog, um der Schweinerei ein Ende zu setzen. Es war wie eine Mischung aus der Geschichte von den sieben Schwaben und einem wackeren Fähnlein aus dem Bauernkriege. Das bezog sich nicht nur auf die vom Schmied zu Waffen umgebauten Sensen und Forken, sondern auch auf die Bekleidung der tapferen Gesellen. Vom gesamten Dorf mit Beifall verabschiedet, kehrten sie nach geraumer Zeit zufrieden und stolz mit einem Wildschwein zurück und hofften, den Rest der Rotte ein für alle Mal durch ihren martialischen Auftritt vertrieben zu haben. Das ganze Dorf hatte etwas davon. Es gab Wildschwein am Spieß. Dass nun in ihren Reihen ein Schwein fehlte, hatten die anderen aber offensichtlich nicht bemerkt.

Der fast achthundertjährige Ort Ammerbach liegt in einem malerischen Seitental der Saale in Sichtweite der Universitätsstadt Jena. Er ist schon lange eingemeindet, hat aber sein eigenständiges Bild als Dorf noch weitgehend bewahrt. Man musste damals mindestens einen Kilometer zu Fuß von der Straßenbahnhaltestelle an der Ringwiese am Bach entlang, der dem Dorf den Namen gegeben hatte, durch die Felder laufen, weiter am Friedhof vorbei, bis man die Kirchturmspitze erblickte. Seine Bewohner waren schon immer Teil der wechselvollen

Geschichte Jenas gewesen. Sie bauten Wein und Obst an, brauten Bier und versuchten, sich mit Getreide, Rüben und Kartoffeln auf den kleinen steinigen Äckern über Wasser zu halten. Mit elf Hektar war man hier schon der größte Bauer.

Das Dorf hatte in seiner Tallage eine Winter- und eine Sommerseite. Der Weinbau war schon lange verschwunden, aber in manchen Gärten der Sommerseite fanden sich noch alte Weinreben und die für den Weinbau am Berg typischen Terrassen und Häuschen. Eine für die damalige Zeit große Kirschplantage gab es auch noch. Überdies befand sich auf der Sommerseite eine große Wiese, die wir »Quetschendarre« nannten. Lange wusste ich nicht, was das bedeutete, bis ich herausbekam, dass dort früher die Bauern auf flachen, der Sonne zugeneigten Gestellen aus Holz Zwetschgen dörrten, also trockneten. Später übernahm das dann der Bäcker mit der Restwärme des Backofens. Backpflaumen und Pflaumenmus waren im Winter willkommene Delikatessen. Auf der Sommerseite blühten schon die Veilchen und Leberblümchen, wenn man auf der Winterseite noch Schlitten fahren konnte. Das Brauhaus hatte schon lange seine Funktion gewechselt und diente nun als Spritzenhaus der Freiwilligen Feuerwehr. Wie es so üblich war, hatte man dicht daneben einen hohen Bretterturm errichtet, in dem die langen Feuerwehrschläuche nach ihrem Gebrauch hochgezogen wurden, um sie zu trocknen.

Mein Vater stammte aus dem Sudetenland und war ein Bauernsohn. Er hatte Lehrer werden wollen, aber sein geiziger Vater und der Krieg waren dazwischengekommen. Schon vier Wochen nach dem Einmarsch deutscher Soldaten in die Tschechoslowakei im März 1939 wurde er zu Hitlers Wehrmacht eingezogen. Schließlich verdingte er sich als Berufssoldat bei den neuen Herren. Der Zweite Weltkrieg führte ihn nach Frankreich, Polen, in die Sowjetunion. Er wurde fünfmal verwundet, hatte einen Granatsplitter in der Hand und einen Steckschuss im Kopf. Über den Krieg redete er nur selten, und niemals erzählte er die üblichen Heldengeschichten. Im Krieg hatte er nichts dazugelernt, was man im Frieden gebrauchen konnte, aber der »Bauernsohn« reichte nach 1945 wenigstens als Referenz für eine Stelle als Knecht im Dorf Ammerbach.

Meine Mutter hatte damals schon in der Datenverarbeitung gearbeitet, als man dieses Wort in Deutschland noch nicht kannte. Sie stammte aus Leipzig. Ihr Vater und ihr Großvater hatten in langer Tradition den Beruf des Müllers ausgeübt. Mein Urgroßvater, Heinrich Sändig, war aktiver Gewerkschafter gewesen und hatte den Vorsitz der Müllergewerkschaft in Leipzig inne. Mutter erzählte oft, wie kurz vor der Machtübernahme Hitlers in der Küche ihrer Leipziger Wohnung Kommunisten, Sozialdemokraten, aber auch Mitglieder der Sturmabteilung (SA) zusammensaßen und heftig über Politik stritten. Sie stammten alle aus der gleichen Arbeitersiedlung, waren zusammen in die Schule gegangen. Als dann die Nazis begannen, Razzien und Wohnungsdurchsuchungen zu veranstalten, kam es vor, dass die Einwohner der Siedlung von Polizisten vorher gewarnt wurden. Mein Großvater Hans entging auf eine solche Weise einmal einer drohenden Verhaftung. Bei einer anderen Haussuchung kamen sie nur durch die Umsicht eines Polizisten mit einem blauen Auge davon. Während die SA-Männer die Wohnung durchwühlten, kam Mutters kleine Schwester Inge mit einem Abzeichen der damals schon verbotenen »Eisernen Front«, einer von Sozialdemokraten dominierten Wehrorganisation zur Verteidigung der Weimarer Republik, auf den an der Tür stehenden Polizisten zu und zeigte es ihm. »Stecken Sie das ganz schnell weg, ich habe das nicht gesehen!«, sagte er leise, nahm das Abzeichen mit den drei Pfeilen auf rotem Grund der Kleinen aus der Hand und gab es meiner erschrockenen Großmutter.

Großvater hatte in der Mühle in Rutha bei Jena den Müllerberuf erlernt. Dort verlor er bei einem Arbeitsunfall ein Bein, was ihn seelisch schwer belastete. Schließlich kam es auch zu Spannungen mit meiner Großmutter, die sich einem anderen Partner zugewandt hatte. Er nahm sich das Leben. Meine Mutter, die ihren Vater sehr geliebt hatte, verließ nach einer kurzen Lehre als Kontoristin Leipzig und zog mit sechzehn Jahren zu ihrer Großmutter Elsa nach Thüringen. Später holte sie auch ihre Schwester Inge nach Jena. Mutter meinte immer in übertriebener Manier, ich sei meinem Großvater »wie aus dem Gesicht geschnitten«.

Zu meiner Großmutter entwickelte ich nie eine enge Beziehung, obwohl ich ihr später mehrmals begegnete. Nach dem Tod von Urgroßmutter Elsa kam sie aus dem Westen, um ihr Erbteil abzuholen. Das bestand im Wesentlichen aus einem Porzellanservice, das sie für besonders wertvoll hielt. Etwas anderes interessierte sie nicht. Der Wäschekorb mit dem verpackten Geschirr stand bei uns einige Tage auf der Treppe. Irgendwann nahm meine Mutter einen großen Kuchenteller mit einem schönen Blumendekor an sich als Andenken an ihre Oma. Dieser Teller steht heute bei mir im Schrank neben einem Buch über die fast vergessene Biologin und Naturforscherin Amalie Dietrich, einer Zeitgenossin Goethes. Das Buch hatte meine Urgroßmutter zur Hochzeit bekommen. Später, nach dem Machtantritt der Nazis, verschenkte man lieber Hitlers *Mein Kampf* an junge Eheleute. Der Amalie-Dietrich-Band war neben einem »Doktorbuch« wohl das einzige Druckwerk, was sie zeitlebens besessen hatte, die Bibel natürlich ausgenommen.

Bei ihrem Besuch beschuldigte mich meine Westoma, Westgeld von ihr geklaut zu haben. Sie war etwas klamm, denn man hatte ihr an der Grenze das meiste Geld abgenommen. Das hatte sie vorsorglich in ihren Mantel eingenäht, und sie zeigte dem Grenzer auf Nachfrage ein altes geflicktes Portemonnaie mit ein paar Pfennigen darin. Dem Kontrolleur kam das bei dieser eleganten Frau im Pelzmantel merkwürdig vor. Sie wurde gründlich gefilzt. Die neuen Nähte am Saum des Mantels verrieten, wo das Geld steckte, und damit war es weg. Was das angeblich von mir gestohlene Westgeld anbelangt, so erwies sich ihre Anschuldigung als haltlos. Es handelte sich um ein Fünfmarkstück mit dem Bildnis von Kaiser Wilhelm, das ich von einem Freund gegen irgendetwas eingetauscht – wir sagten »geduggelt« – hatte. Später fiel diese Münze ersten chemischen Experimenten zum Opfer, als ich sie in Salpetersäure auflöste, um dann daraus wieder reines Silber zu gewinnen. Dabei ging der Kaiser Wilhelm verloren. Ich weinte nicht um ihn.

Die Firma Carl Zeiss Jena benutzte schon sehr früh das von Herman Hollerith in den USA 1889 erfundene Lochkartensystem zur Lohnabrechnung. Hier begann Mutter, 1940 – mit sechzehn Jahren – als Lehrmädchen zu arbeiten. In diesem Betrieb überstand sie auch den letzten großen Luftangriff amerikanischer und englischer Bomber am 19. März 1945 im Keller der Petroleumschleiferei, der mit bis zum Rand gefüllten Petroleumfässern bis an die Decke vollgestapelt war. Petroleum wurde zusammen mit Eisenoxid zum Präzisionsschleifen der optischen Linsen verwendet. Durch die Präzisionsarbeit der amerikanischen Bomberpiloten gelang ein Kunststück, und nur eine Handvoll Bomben fiel auf das Werksgelände in der Innenstadt und richtete dort keinen großen Schaden an, aber das mittelalterliche Stadtzentrum ging im Feuersturm der Phosphor-, Brand- und Sprengbomben unter. Die amerikanische Hollerith-Technologie hatte meiner Mutter gewissermaßen das Leben gerettet. Achthundert Jenenser waren im Bombenhagel umgekommen. Als Anfang der 1970er Jahre das neue Zeiss-Hochhaus gebaut wurde, welches später in den Besitz der Universität kam, grub man den Keller einer Eckkneipe aus, nur wenige Hundert Meter von dem Gebäude entfernt, in dem meine Mutter das Inferno überlebt hatte. Die in dem Keller aufgefundenen Leichen der Verschütteten saßen noch staubbedeckt auf einer Bank an der Wand zwischen Stapeln von Bierkästen.

Zwischen dem 13. April und dem 1. Juli 1945 nutzten die Amerikaner dann die Gelegenheit, das dank ihrer chirurgischen Bombardierung nahezu unversehrte Werk um alles für sie Nützliche zu erleichtern. Der Maschinen bedurften sie nicht. Sie brauchten Patente, Zeichnungen, Konstruktionsunterlagen und Fachleute. Die Rote Armee fragten sie natürlich nicht um Erlaubnis. Eigentlich gehörte den Sowjets die Kriegsbeute. So hatten sie es gemeinsam im Februar 1945 in Jalta vereinbart. Aber da waren die Interessen noch andere. Eigentlich begann der Kalte Krieg schon am 8. Mai 1945.

Meine Eltern hatten sich im Dezember 1944 in unserer Dorfkirche in Ammerbach das Jawort gegeben. Das war Tradition. Schon Urgroßmutter Elsa und ihr Mann Richard waren 1903 hier getraut worden und Großmutter Martha und Großvater Hans 1923 ebenso.

Vater war nach seinen vier Kriegsverwundungen als Ausbilder in die große Wehrmachtskaserne in Jena-Zwätzen abkommandiert worden. Als Feldwebel machte er mit 1,90 Meter Länge eine stattliche Figur, aber das reichte auch nicht mehr für den Endsieg. Nach einem kurzen Hochzeitsurlaub im Sudetenland, eigentlich in Mähren, bei seinen Eltern, brachte ihm eine Befehlsverweigerung eine Strafversetzung ein. Welchen Befehl er verweigert hatte, habe ich nie erfahren. Jedenfalls schickte man ihn an die Oderfront nach Küstrin.

Es gab nur zwei gestandene Soldaten in der Kompanie – mein Vater und sein Kriegskamerad aus der Kaserne in Zwätzen. Alle anderen waren junge Rekruten. Am 16. April eröffnete die Rote Armee mit einem gigantischen Artilleriefeuer auf die deutschen Stellungen den Angriff auf Berlin. Nach einer halben Stunde war von der Kompanie nur noch eine Handvoll Soldaten am Leben. Mein Vater und sein Kamerad schickten die jungen Soldaten nach

Hause. Der Krieg sei für sie beendet. Wenn sie dablieben, würde keiner von ihnen die nächste Attacke überleben. Nun waren sie nur noch zu zweit. Als die Truppen der Roten Armee abermals angriffen, zogen auch sie sich zurück. Mein Vater war erneut verwundet worden. Sie liefen buchstäblich um ihr Leben. Als sie eine Landstraße überquerten, sahen sie ihre Jungs wieder. Die SS hatte sie als Deserteure an den Straßenbäumen erhängt. Das hat meinen Vater für den Rest seines Lebens schwer belastet. Er fühlte sich schuldig am Tod der jungen Rekruten.

Sein Kamerad und er gelangten schließlich auf der Flucht vor der Roten Armee von Küstrin an der Oder über ein Lazarett in Berlin-Spandau zu Fuß bis nach Hamburg. Am 4. Mai 1945 geriet mein Vater in Travemünde in britische Gefangenschaft. Als Verwundeter wurde er schließlich im Juli 1945 aus dem Internierungslager Eutin entlassen. Um nach Jena zu kommen, musste mein Vater über die Zonengrenze, damals allerdings von West nach Ost. »Wiedereinreise in die britische Zone unerwünscht«, stand auf seinem Passierschein. Im August 1945 kehrte er endlich zurück nach Ammerbach.

Dem Dorf hatte der Krieg keine sichtbaren materiellen Schäden zugefügt, von einigen zerborstenen Dachziegeln abgesehen, die herabregnende Flaksplitter verursacht hatten. Auf der Coppanzer Höhe oberhalb des Dorfes befanden sich schwere Flakstellungen, die die Aufgabe hatten, die Bombardierung Jenas und der Zeiss-Werke zu verhindern. Besetzt waren sie mit Hitlers letztem Aufgebot: sechzehnjährigen Flakhelfern. Die erste Welle der Bomber kam am 19. März 1945 genau über diese Höhen und pulverisierte in wenigen Minuten diese Stellungen. Eine einzige Bäuerin aus dem Dorf spannte nach dem Luftangriff auf die Coppanzer Höhen ihre Pferde ein, rumpelte hinauf auf den Berg, holte die jungen Kerle, die überlebt hatten, aus den zerstörten Stellungen und versteckte sie in ihrer Scheune. Später suchten diese dann – von ihr mit Zivilkleidern versorgt – das Weite. Das war ein lebensgefährliches Unterfangen. Irgendwann, als es wieder ruhiger war, machte sich auch der Schuster des Dorfes auf den Weg hinauf. Seine Beute waren blau-weiß karierte Federbetten, ein Spind und zwei Feldtelefone mit Zubehör. Mehr passte nicht auf sein Wägelchen. So zumindest hat es mir meine Mutter später erzählt. Die Frau des Schusters, von allen »die Schustern« genannt, war ihre Großtante.

Die Wälder um Ammerbach waren noch lange unsicher. Bauernjungen aus dem Dorf fanden beim Holzeinfahren im Wald eine Panzerfaust, luden sie kurzerhand auf den Pferdewagen und wollten sie mit hinunter ins Dorf transportieren. Auf der Fahrt explodierte sie und riss einem der Jungen ein Bein ab. Der Krieg war doch schon lange zu Ende!

In dieses Dorf wurde ich also als halber Sachse und halber Sudetendeutscher hineingeboren und – obwohl Thüringen hier evangelisch war – katholisch getauft. Diese Idee hatte wohl mein Vater aus dem katholischen Sudetenland importiert. Meine Schwester Martina war schon evangelisch. Besonders praktisch war das allerdings für mich nicht, weswegen ich auch später meine Zugehörigkeit zur katholischen Kirche auf Eis legte. Vorher legte mich aber der katholische Pfarrer auf dasselbe, nachdem ich in seinem Garten Kirschen für die eigene Ernährung abgezweigt hatte. Mein ständiges Dazwischenfragen, wenn er seine Heiligengeschichten erzählte, hatte ihn ohnehin genervt. Folgerichtig musste unser Bruder Thomas, nachdem beide Religionen bereits durch seine Geschwister verbraucht waren, als Heide aufwachsen.

Der eherne Bezugspunkt meiner Familie im Dorf war meine Urgroßmutter Elsa. Ihr Geburtsname war Müller-Deck, und sie stammte aus Lauscha, dem tief im Thüringer Wald gelegenen Ort der Weihnachtsbaumkugeln und Glasaugen. Sie behauptete immer, der Erfinder des Glasauges, Ludwig Müller-Uri, sei mit ihr verwandt gewesen. In ihrer Schatulle bewahrte sie einen Zeitungsausschnitt auf, den sie mir manchmal zeigte und in dem Müller-Uri mit Bild und Text ausgiebig gewürdigt wurde. In Lauscha hießen fast alle Greiner oder Müller, und die Versuche, diese Wirrnis bei Eheschließungen durch Doppelnamen, wie beispielsweise Müller-Deck oder Müller-Uri, aufzulösen, waren nicht sehr erfolgreich. Jeder war eben mit jedem verwandt. Urgroßmutter angelte sich einen Hartmann, wahrscheinlich war es genau andersherum, und so heiratete sie in ein anderes thüringisches Dorf ein. Da es in Ammerbach aber schon seit dem 18. Jahrhundert reichlich »Hartmänner« gab, war das Ergebnis ähnlich wie weiter oben in den Bergen. Auch alle »Hartmänner« waren miteinander verwandt. Auf die Verwendung von Doppelnamen war man hier noch nicht gekommen.

Wir hatten einen Hartmann, der wurde immer »Baron« genannt, er tat aber nur so, als wäre er einer. Eine sehr schöne Kutsche, ein Landauer, komplettierte das. Auch die dazu passenden Pferde besaß er, die eigentlich zum Pflügen zu schade waren. Das machte natürlich andere im Dorf neidisch. Umso mehr freuten sie sich dann, als bei einer schneeweißen Hochzeit in seiner Familie beim Mittagessen der Kachelofen platzte.

Der Sohn eines anderen Hartmanns war mein Freund und Namensvetter Günter. Zusammen mit dessen Nachbarssohn Wolfgang bildeten wir ein passendes Dreigestirn. Wolfgang hatte einen Großvater, der etwas eigenartig war. Uns störte das nicht, aber alle im Dorf nannten ihn »Kuttein«. Sein Steckenpferd waren Nägel: rostige, krumme Nägel. Die sammelte er auf der Straße ein, wenn er unterwegs war, um für seine Karnickel Grünzeug zu holen. Das nannten wir hier »einkutten«. In seinem Karnickelstall hatte er ein großes Regal mit Marmeladengläsern voller krummer Nägel, natürlich nach der Größe sortiert. Manchmal saß er in der Sonne und kloppte sie gerade. Sein Markenzeichen waren ein kleines Wägelchen, eine große Sense, Gummistiefel oder Gummigaloschen und – im Sommer – eine grüne Turnhose. Auch im Winter trug er keine Socken. Höllischen Respekt hatte er vor Autos. Er brauchte jedes Mal viele Minuten, um an der Schule die Kreuzung zu überqueren, obwohl kein Auto in Sicht war. Als er das erste Mal zu seiner Schwester in den Westen fuhr, wurde er von einem Auto überfahren.

Wie schon angedeutet, konnte ich die Hartmanns im Dorf und der Umgebung verwandtschaftlich nicht eindeutig zuordnen. Es war auch nicht notwendig. Die Frauen hatten zu Urgroßmutters Zeiten für gewöhnlich viele Kinder zur Welt gebracht. Wichtig schienen jedoch nur die männlichen Nachkommen. Später wurde mir klar, dass das oft mit der Landwirtschaft zu tun hatte. Meine Urgroßmutter Elsa brachte es auf fünf Töchter, ehe ihr erster Sohn Richard geboren wurde. Viele ihrer Kinder blieben in der näheren Umgebung wohnhaft. Da niemand genau wusste, wie man den entsprechenden Grad der Verwandtschaft korrekt titulierte, waren und blieben es eben »die Tanten« und »der Onkel Richard«, der als erster Sohn wie üblich den Namen seines Vaters erhalten hatte, was die Verwirrung natürlich noch größer machte. Aber so waren eben die Sitten.

Elsa – ich nannte sie ebenfalls einfach »Oma« – hatte einen ausgezeichneten Beobachtungsplatz im Dorf. Ihr Haus grenzte direkt an den Kirchhof. Wahlweise konnte sie sowohl die Dorfstraße als auch den auf der anderen Seite der Kirche gelegenen Kastanienplatz von den Fenstern im ersten Stock aus »überwachen«.

Der Kastanienplatz war sicher einmal der zentrale Ort des Dorfes gewesen, als die Autofahrerei noch keine Rolle spielte. Hier war der mit einem hohen Torbogen eingerahmte Eingang zum Kirchhof, der die umschließende Mauer überragte. Auf der gegenüberliegenden Seite befand sich der Hof des »Barons« mit seiner roten Backsteinfront, und auf der rechten Seite lag der Hof der ebenfalls alteingesessenen Ammerbacher Bauernfamilie Gretscher. In unmittelbarer Nähe stand das Spritzenhaus der Freiwilligen Feuerwehr. Zwischen dem Hof des »Barons« und dem Spritzenhaus ging die Waldstraße den Berg hinauf. Sie war gesäumt von Bauernhöfen, deren Alter man oft an den Torbögen der Hofeinfahrten, in Stein gehauen, ablesen konnte.

Richard, Elsas Mann, war Maurer von Beruf und ein ziemlich knorziger Typ. Wenn man ihn auf einem Foto in seiner kaiserlichen Uniform des Ersten Weltkriegs sah, hätte man annehmen können, dieser Krieg wäre bereits gewonnen. Das war bei Richard so falsch wie bei meinem Vater Josef. Als ich später selbst von Zeit zu Zeit eine Uniform anziehen musste, fühlte ich mich darin nicht besonders wohl, aber ich hatte das Glück, damit niemals in einen Krieg ziehen zu müssen. Eines Tages beschloss Richard, im Gärtchen vor dem Haus einen kleinen Gänsestall zu errichten. Es war keine große Sache. Elsa konnte das Ganze von oben durch ihr kleines Stubenfenster überblicken, und mehr als einen Tag würde der Bau nicht dauern. Als sie zu Mittag den Kopf erneut aus dem Fenster steckte, um Richard zum Essen zu rufen, traute sie ihren Augen nicht: Richard stand im Gänsestall und mauerte sich ein. Mehr als Schulterhöhe brauchte er für die Gänse nicht, und die war bereits erreicht. Eine Öffnung für das Federvieh war auch schon vorhanden. Als Elsa rief, blickte sich Richard um und suchte einen Ausweg. Durch das Gänseloch passte er nicht, und oben hinaus ging's ohne Flügel auch nicht. Elsa schaute gemütlich zu, wie Richard nach einer Weile fluchend buchstäblich mit dem Kopf durch die Wand ging.

Anfangs hatte ich noch einige Schwierigkeiten mit dem Leben, aber nachdem ich einen doppelseitigen Leistenbruch mit Hilfe der Ärzte überstanden hatte, ging es zügig voran.

Meine frühesten eigenen Erinnerungen stammen aus dem Kindergarten. Der erste Kindergarten des Dorfes wurde im sogenannten Burschenhäuschen eingerichtet. Es besaß nur einen Raum – ein hölzernes Toilettenhäuschen war draußen, es gab keine Küche, kein Wasser –, hatte aber eine wunderschöne Lage oberhalb Ammerbachs, neben einer großen Linde, um deren Stamm eine hölzerne Bank gezimmert worden war. Die Burschengesellschaft »Weimarania«, gegründet von Bauernsöhnen des Dorfes, hatte es um 1920 für ihre Versammlungen und Feste errichtet. Offensichtlich spielten dabei die Burschenschaften der Studenten eine Vorbildrolle. Burschenschaften gab es in der Universitätsstadt Jena wie Sand am Meer, und Ammerbach war ein bevorzugter Ausflugsort. Denn hier war ein sogenannter Paukboden vorhanden, ein Tanzsaal, in dem die strammen Burschen sich gegenseitig die Visagen zersäbelten, wenn darin nicht gerade gefeiert wurde. Die Mitglieder der »Weimarania« fuchtelten natürlich nicht mit dem Säbel herum, sondern hatten sich vorgenommen, etwas zur Vertiefung der Bildung zu tun, indem sie gute Bücher lesen wollten. Das war wohl aller Ehren wert, aber die Bildung kam leider nicht im Wahlspruch der »Weimarania« vor, welcher lautete: »Recht – Ehre – Einigkeit«. Das war markig und entsprach genau dem Zeitgeist. Bildung hätte da nur gestört.

Ich erinnere mich an ein wunderschönes Osterfest. Die Osternester hatten wir selbst aus Papier gebastelt und mit grün gefärbter Holzwolle gefüllt. Die »Osterhäsinnen«, das heißt unsere Kindergärtnerinnen, legten gekochte Eier hinein, versteckten alles im Wald, und wir zogen gemeinsam fröhlich mit einem kleinen Wagen aus, um sie wiederzufinden. Es war wirklich ein Fest. Dass jedes Kind nur ein Ei bekam, spielte keine Rolle. Die Wanderung den

Berg hinauf in den Wald hinein mit Wagen und Gesang bildete den eigentlichen Höhepunkt.

Relativ schnell erkannte man im Dorf, dass eine schöne Lage allein für die Kinderbetreuung nicht ausreichte, und die Ammerbacher Frauen sorgten bei der neuen Obrigkeit für einen anderen Kindergarten. Es handelte sich um eine Baracke, in der bis 1945 Zwangsarbeiter gehaust hatten. Sie wurde zerlegt und an einem neuen Standort mit einer in die Zukunft weisenden neuen Bestimmung wiederaufgebaut. Der »alte« Thüringer Pädagoge Friedrich Fröbel (1782–1852) hätte an diesem Kindergarten seine helle Freude gehabt. Es war in der Tat ein Garten für Kinder mit freundlichen, liebevollen Kindergärtnerinnen, die von uns ebenfalls »Tanten« genannt wurden. Wir besaßen einen besonderen Schatz: eine riesige Kiste mit Holzbausteinen. Ein Tischler aus dem Dorf hatte sie aus Holzabfällen zurechtgesägt, und manchmal gab es Nachschub. Der große Spielraum war ständig mit Bauten aus diesen Steinen belegt.

Ich kann mich nicht erinnern, hier irgendwann einmal eine schlechte Erfahrung gemacht zu haben. Und doch startete ich unter diesen Bedingungen meine erste Ein-Personen-Unternehmung. Ich ging einfach nicht mehr in den Kindergarten. Ich bog morgens, von meiner Mutter mit einer gefüllten Brottasche gut ausgerüstet, an der riesigen Dorflinde nicht nach links über die alte Brücke zum Kindergarten ab, sondern lief nach rechts den Berg hinauf zum Burschenhäuschen, daran vorbei, noch um einen Garten herum, zu meinem neuen Spielplatz: einer romantisch gelegenen Steinbank zwischen Birken und Haselnusssträuchern. Von dort aus konnte ich die große Kirchturmuhr sehen. Ich wusste genau, wie die Zeiger stehen mussten, damit ich pünktlich um drei wieder zu Hause war. Genauso pünktlich nach der Uhr aß ich mein Frühstück; nur auf das Mittagessen verzichtete ich. Das war Anfang der 1950er Jahre sowieso keine besonders schmackhafte Angelegenheit. Wer kennt heute noch Graupensuppe? Und auch die später von meinen Kindern geliebten Nudeln mit Tomatensoße waren kein Gaumenschmaus. Die Farbe der Tomatensoße ähnelte dem ausgeblichenen Rot unserer Federbetten, wenn Mutter die Bezüge wechselte. Wir hatten die mit selbst gerupften Gänsefedern gefüllten Betten von Elsa bekommen. Mit mir selbst völlig im Reinen, konnte ich so tagelang nur mit mir und der Natur spielen. Das Wetter war schön, es war Sommer, und keinem fiel etwas auf, bis nach einigen Tagen eine Kindergärtnerin meine Mutter zufällig fragte, ob ich krank sei. Nun kam mein Alleingang ans Licht, und ich wunderte mich, dass sich alle so aufregten. Es war doch gar nichts passiert!

Eines Tages war meine Schwester verschwunden. Eben hatte man sie noch mit ihrer Freundin auf dem Bauernhof des »Barons« spielen gesehen, und nun waren beide nicht aufzufinden. Nach fast einem Tag hatte die Suche schon Ausmaße erreicht, die Schreckliches erahnen ließen. Aber dann entdeckte man die Mädchen doch noch rechtzeitig. Sie lagen in einer Scheune im Heu und schliefen. Anhand der umherliegenden Pillenschachteln erkannte man auch, was sie gespielt hatten. Diese Episode fand glücklicherweise mit einem mehrtägigen Dauerschlaf unter ärztlicher Aufsicht ein glimpfliches Ende.

Die Kinder im Dorf spielten grundsätzlich alle miteinander. Es gab keine altersbedingten Gruppen oder Ausgrenzungen aufgrund von Streitigkeiten. Keiner hatte Spielzeug, jedenfalls keines, was nach heutigen Kriterien diesen Namen verdient hätte, also gab es auch kaum Anlass für Streit. Auch die Spielplätze wurden gemeinsam gewählt: die Linde, der Kastanienplatz mit der Milchrampe, die Brücke, die Kirchhofsmauer. Auf der Milchrampe, die einem großen, sehr stabilen Tisch ähnelte, stellten die Bauern ihre vollen Milchkannen aus Aluminium ab, die dann das Milchauto in die Molkerei nach Jena brachte. Auf der Rampe und der Mauer spielten wir »Haschen«, das heißt Fangen, sehr zum Leidwesen von Elsa und Tante Trude, die das Terrain gut einsehen konnten und offensichtlich den Lärm, den wir machten, nicht ertragen wollten. Die Glasscherben auf der Mauer hatten wir längst mit Steinen »entschärft«. Ihr Sinn war uns ohnehin verborgen geblieben. Die Toten waren tot und wollten auch nachts um zwölf nicht über die Mauer, und auf dem Kirchhof gab es nichts zu stehlen. Als unser Schulhof vergrößert wurde, musste auch ein Teil des ehemaligen Kirchhofs abgetragen werden, auf dem schon lange keiner mehr beerdigt wurde. Grabsteine standen nur noch zwei oder drei herum, und es war nicht mehr lesbar, wer dort begraben worden war. Trotzdem fand man Gräber, in denen die Toten in noch fast intakten Särgen lagen. Manche von ihnen trugen ein Kopftuch um den jetzt kahlen Schädel.

Beim Spielen im Dorf musste ich immer auf der Hut sein, Oma Elsa nicht unter die Augen zu kommen. Sie hatte eine durchdringende Stimme, und wenn sie mich einmal von ihrem Fenster aus erblickt hatte, war ein Entrinnen unmöglich. Ich hatte keine Angst vor ihr, aber ich ließ mich ungern beim Spielen stören. Sie war durch ihr beträchtliches Körpergewicht schon ziemlich unbeweglich und nutzte jede Gelegenheit, mich zum Einkaufen zu schicken. Einmal verdonnerte sie mich – mitten im schönsten Spiel –, ihr Milch aus dem Konsum zu holen.

Die Milch wurde damals aus einer Milchkanne herausgeschöpft und lose verkauft. Der Vorgang und das Maß waren mir vertraut: Wenn Mutter einen achtel Liter Milch kaufte, nahm sie den kleinsten ihrer Milchkrüge aus Aluminium mit dem senkrechten Stiel, schöpfte das Achtel aus der Kanne und goss es in den mitgebrachten Krug. Der Name »Magermilch« verriet, dass man von dieser Milch nicht fett werden konnte. Heute würde sie möglicherweise unter dem Namen »fettfreie Milch« reißenden Absatz finden. Allerdings musste man sie möglichst noch am selben Tag trinken, denn sonst hatte man saure Milch, die wir Kinder aber auch mochten. Damals konnte man saure Milch noch bedenkenlos trinken, heute ist sie aus vor allem Chemikern bekannten Gründen ungenießbar, auch wenn vorn »Bio« draufsteht.

Ich ging also mit Oma Elsas Milchkanne los. Es war eine umgebaute Gasmaskenbüchse mit Henkel und Holzgriff. Auf dem Rückweg kam ich auf die Idee, mit der Kanne etwas auszuprobieren: Wenn man sie nur schnell genug am Arm kreisen ließe, bliebe die Milch in der Kanne, auch wenn diese im Kreis gerade oben schwang. Genau das testete ich, nur dummerweise unter Oma Elsas Fenster. Es klappte vorzüglich, die Milch blieb drin. Als ich aber gerade überlegte, wie ich nun wieder mit der Dreherei aufhören könnte, ohne zu kleckern, hörte ich Oma Elsas durchdringende Stimme. Das Problem löste sich wie der Henkel von der Kanne von selbst, und ich stand da, einen krummen Draht mit Holzgriff in der Hand. Kanne und Milch waren auf und davon.

2. Kapitel

Die Soldaten mit den roten Sternen • Panjepferde und Panzer • Die Russen, der Schnaps und der Konsum • Der kommunistische Weihnachtsmann • Wenn es Raachermannel nabelt • Weihnachten in der Familie • Auf Schusters Rappen • Das Wunder mit den Bratheringen • Elsas Koch- und Backkunst • Zucker für den Storch • Brotsuppe • Glück im Unglück • Ferienlager an der Ostsee

Die Russen gehörten seit 1945 zum Dorf. Sie kampierten in der Kaserne hoch auf dem Berg, für uns Kinder unerreichbar. Die Russenkaserne war früher eine Wehrmachtskaserne gewesen, hatte für uns also einfach nur andere Bewohner. Aus welchem Grund die Russen nach Ammerbach gekommen waren, wussten wir nicht. Der Krieg spielte im Denken von uns Kindern nur eine untergeordnete Rolle, obwohl wir schon ahnten, dass es da etwas gab, was die Erwachsenen in unserer Gegenwart bei Gesprächen immer peinlich umschifften. Wir konnten nicht wissen, dass das Land, aus dem die Soldaten mit den roten Sternen an den Mützen kamen, in einem erbarmungslosen Krieg überfallen, niedergebrannt, verwüstet worden war. Die Täter waren Männer, wie mein Vater einer gewesen war, als er noch seine schmucke Uniform trug. Sie hatten Millionen Tote hinterlassen. Hätte man es mir gesagt, ich hätte es nicht geglaubt oder nicht verstanden. Ich hatte bis dahin noch nie einen toten Menschen gesehen. Alle, die ich liebte, lebten und waren um mich herum. Die Worte »Rache« und »Vergeltung« kannte ich nicht. Unbekümmert sangen wir zu jeder Gelegenheit: *Maikäfer, flieg! / Der Vater ist im Krieg. / Die Mutter ist im Pommerland. / Pommerland ist abgebrannt …* Oder: *Rumbumbum, de Russen kumm'. / Der Vater trägt die Fahne …* Niemand musste dafür nach Sibirien.

Im Dorf tauchten die Rotarmisten in der Regel in kleinen Gruppen auf, die lediglich ein Ziel hatten: den Dorfkonsum. Zu uns Kindern waren sie immer freundlich, und manchmal verschenkten sie auch kleine rote Sterne von ihren Mützen. Wir hörten ihnen gern zu, wenn sie sangen. Sie hatten Heimweh, das merkte man deutlich.

Gleich nach dem Einzug der Roten Armee in Thüringen hatte es einige Auseinandersetzungen im Dorf gegeben, als sie zum Beispiel einem Bauern eine Kuh mit der Maschinenpistole abmurksten und ihm dafür einen Stapel Reichsmark mit einem Bajonett an die Stalltür nagelten. Sie waren ja im Lande des Feindes, da mussten sie keine Rücksicht nehmen. Sie wussten nur zu gut, wie es bei ihnen zu Hause aussah, aber hier war noch jeder Stein auf dem anderen, und die Menschen gingen ihrem Tagewerk nach, als hätte es nie einen Krieg gegeben.

Solche Gedanken gingen uns damals nicht durch den Kopf. Inzwischen war etwas Ruhe eingekehrt. Manchmal gab es einen Auflauf, wenn größere Einheiten durch das Dorf zogen. Wir standen dann immer aufgeregt als Zuschauer an der Straße und bewunderten die vorbeidonnernden Panzer ebenso wie die flachen, breit ausladenden Wagen mit den kleinen zottigen Pferden. Dazu kamen noch komische Lastwagen, auf denen an der Seite ein Ofen qualmte. Der Holzvergaser war eine sinnreiche Einrichtung, die jede Menge Benzin sparte. Hinten war ein Aufbau, der einem Klohäuschen nicht unähnlich war. Ausgangs des Dorfes war eine scharfe Kurve, die bei vollem Tempo von den T-34-Panzern nicht einfach zu meistern war. Regelmäßig ging dabei der Gartenzaun des Bauern zu Bruch, und genauso regelmäßig wurde der Zaun neu errichtet, wanderte aber dabei immer ein wenig nach außen und vergrößerte so den Garten. Finanziert wurde der neue Zaun durch die Rote Armee. Besonders bemerkenswert war der Gestank, den die Militärfahrzeuge verbreiteten. Erst später als Chemiker wusste ich, dass dieser Geruch vom hohen Schwefelanteil des Erdöls aus

Baku herrührte, das die Wehrmacht so gern erobert hätte. Es gelang ihr aber nicht. Vielleicht hätte sie den von Deutschland angezettelten Krieg dann sogar noch gewonnen.

Ein Bauer unseres Dorfes, der im Krieg im Gesicht schwer verwundet worden war und vor dem wir Kinder uns immer etwas fürchteten, hatte von den sowjetischen Soldaten ein offensichtlich ausgedientes, kriegsmüdes Panjepferd erhalten. Er konnte kein Russisch, doch das Pferd gehorchte ihm auch auf Deutsch, und so hätten sie es beide gut haben können, wenn eben dieser Geruch nicht gewesen wäre. Jedes Mal, wenn der Bauer mit seinem Fuhrwerk unterwegs war und ein Russenauto qualmend vorbeifuhr, ging das Pferd durch. Die Zähne gefletscht, die Ohren aufgestellt und den Schwanz waagerecht nach hinten, raste es los wie ein geölter Blitz. Dem Bauern blieb nichts weiter übrig, als die Zügel loszulassen und sich am Wagen festzuhalten. Irgendwo außerhalb des Dorfes blieb dann das kriegserprobte Pferd schweißnass stehen. Es ging aber immer glimpflich aus. Wir brachten unsere Küchenabfälle regelmäßig zu dem Hof dieses Bauern und bekamen dann, wenn geschlachtet wurde, eine große Kanne Wurstbrühe mit einer Blut- oder Leberwurst darin. Es war eine alteingesessene Bauersfamilie. Die Bäuerin – eine kleine, herzensgute Frau – hatten die Nazis zwangsweise sterilisieren lassen, aber darüber schwiegen die Dorfbewohner, wie sie über alles schwiegen, was ihnen unangenehm war. Sie hatten sich schnell den neuen Verhältnissen angepasst, so wie sie sich den vorhergehenden angepasst hatten und den Verhältnissen davor. Erst als ich erwachsen war, habe ich das mit der

Sterilisation erfahren. Die Bäuerin und ihr Mann adoptierten später in der DDR zwei Kinder.

Wir waren inzwischen zur Miete in ein schmuckes Haus in der Dorfmitte gezogen. Es gehörte einem Arzt aus Jena. Der Coppanzer Weg führte genau wie die Waldstraße nach oben. Etwas anderes ließ die Landschaft nicht zu. Auch hier fand man die deutlichen Spuren vergangener Zeiten, die das bäuerliche Leben hinterlassen hatte. Ziemlich am Rande, an einem kleinen Buchenhain, stand das alte Mühlhaus. Die Zeit war über das Mahlen von Getreide genauso hinweggegangen wie über das Bierbrauen, und so konnte man seine frühere Bestimmung nur noch an den im Garten aufgestellten Tischen erkennen, deren Platten die alten Mühlsteine bildeten. Den dazugehörigen Bach aus dem Coppanzer Grund gab es aber noch. Er floss jetzt arbeitslos an der Mühle vorbei.

Früher beherbergte unser neues Haus eine von dazumal drei Kneipen im Ort. Im Erdgeschoss befand sich nunmehr der Konsum, geführt von meiner Mutter; wir wohnten in der ersten Etage. Vater hatte inzwischen eine Arbeit im Schottwerk in Jena aufgenommen und fuhr dort eine Elektrolokomotive (kurz: E-Lok).

Eben dieser Konsum war das Ziel der russischen Soldaten, wenn sie ins Dorf hinunter kamen. Meine Mutter war zwar klein, aber resolut, und die Soldaten hatten tatsächlich großen Respekt vor ihr. Sie kam nicht umhin, ihnen Schnaps zu verkaufen, aber sie achtete immer darauf, dass im Laden kein Tropfen getrunken wurde. Gehorsam ging der Sergeant mit der bei ihr erstandenen Schnapsflasche nach draußen zu seinen dort wartenden Soldaten.

In der Regel blieb das für alle Beteiligten ohne Folgen, aber einmal kam es doch zu einem Zwischenfall: Der einzige noch verbliebene Gasthof befand sich direkt neben unserem Haus. Eine Gruppe Soldaten war in die Kneipe eingekehrt, und nach einer Weile gab es einen großen Radau. Zwei Soldaten sprangen mit voller Ausrüstung und MPi durch die Kneipenfenster und rannten geduckt davon, wie sie es im Krieg gelernt hatten. Im gleichen Augenblick fuhr mit quietschenden Reifen ein Jeep der sowjetischen Militärpolizei vor. Die Polizisten holten die anderen Soldaten aus der Kneipe, ihr Offizier wurde noch auf der Straße geohrfeigt und degradiert, indem man ihm alle Orden, die Schulterstücke und die Knöpfe abriss. Dann wurde er, wie die anderen, mit Peitschen auf einen ebenfalls angekommenen Lastwagen geprügelt. Bis spät in die Nacht konnte man das Feuer der Maschinenpistolen hören. Die Flüchtigen lieferten sich mit ihren Verfolgern ein heftiges Feuergefecht. Für sie ging es um Leben und Tod. Was in der Kneipe passiert war und warum der Wirt die Kommandantur angerufen hatte, darüber schwieg man, wie üblich.

Meine Mutter erzählte mir später von der Rückkehr eines Ammerbachers aus dem Konzentrationslager Buchenwald bei Weimar. Er wusste, wer aus unserem Dorf ihn bei den Nazis als Kommunisten denunziert hatte, verzichtete aber auf dessen Anzeige, mit der Bemerkung, der habe fünf Kinder und sei ein armes Schwein. Das allein hatte für alle anderen ausgereicht, ihn zu identifizieren. Das ganze Dorf wusste, um wen es sich handelte.

Der ehemalige Häftling ging indessen wieder seiner

gewohnten Tätigkeit nach, er war Korbmacher. Uns Kindern fiel er immer durch sein gewaltiges, knatterndes Motorrad und seine schwarze, zerknautschte Thälmann-Mütze auf. Besonders beliebt war er aber bei uns wegen seiner Rolle als »unabhängiger« Weihnachtsmann. Alle Kinder im Dorf wussten, dass er kommt, aber keiner wusste, wann. Wenn es dann im Treppenhaus rumpelte und jemand mit einem Knotenstock ordentlich Lärm machte, war er endlich da. Er hatte es nicht nötig, sich zu verkleiden, jeder erkannte ihn sofort und akzeptierte ihn trotzdem als den »echten« Weihnachtsmann. Ein Gedicht oder ein Lied war der Preis für seine Gaben, und die stammten allesamt von seinen Erkundungen durch die Ammerbacher Flur auf der Suche nach Weidenruten für seine Körbe. Walnüsse, Haselnüsse und Äpfel brachte er immer mit. Er besuchte auch die Bauernfamilien, aus deren Gärten vermutlich ein Teil seiner Geschenke stammte, was sie sicherlich wussten. Der Weihnachtsmann wurde vom jeweiligen Familienvorstand mit einem Gläschen in Ehren verabschiedet, was sich zunehmend auf seine Standfestigkeit auswirkte und uns Kinder ungemein belustigte. Das war unsere Entschädigung für das Stottern und die Aufregung beim Darbieten eines Gedichts oder Liedes. Kaum war die Tür wieder ins Schloss gefallen, klingelte es erneut – aber diesmal war es die Frau des Weihnachtsmanns, die ständig auf seiner Spur war und hoffte, ihn noch rechtzeitig zu erwischen, bevor er irgendwo endgültig versackte.

Das Fernsehen gab es noch nicht, und ein Radio besaßen wir nicht mehr. Das hatte mein Vater gegen einen

Handwagen eingetauscht. Er hatte es immer »Goebbels-lerche« genannt. Wer Goebbels war, wusste ich nicht und auch nicht, ob der singen konnte. Der Handwagen war wichtiger, denn mit ihm konnte man Heizmaterial vom Kohlenhof holen oder Wäsche zum Waschen weg-bringen. Eines Tages holten meine Eltern wieder einmal Briketts vom Kohlenhof und bewältigten den mindes-tens fünf Kilometer langen Fußmarsch mit der schweren Last auf einer rumpligen Straße. Vater zog vorn, Mutter schob hinten. Nach einer Weile stieg ihr ein komischer, brenzliger Geruch in die Nase. Als sie aufblickte, sah sie, dass ihrem Mann das halbe Hosenbein fehlte. Kurz un-ter dem Knie qualmte es wie ein feuchter Docht. Es war seine alte umgefärbte Wehrmachtshose. Mein Vater hatte als Raucher die Angewohnheit, seine Zigaretten so lange zu rauchen, bis der Stummel nur noch wenige Millimeter lang war. Die Kippe hatte er lässig im Mundwinkel – er musste ja den Handwagen ziehen. Offensichtlich war ihm die Glut der Zigarette in den Hosenumschlag gefallen. Meine Mutter lachte sich halb kaputt. Je wütender mein Vater wurde, desto schallender musste sie lachen. Humor war nicht seine starke Seite, trotzdem baten wir Mutter immerzu, uns diese Geschichte zu erzählen, obwohl wir sie schon auswendig kannten. Sie war eine vorzügliche Erzählerin, konnte sich aber bei dieser Geschichte nie das Lachen verkneifen. Vater war jedes Mal schon vorher verschwunden, um sich nicht erneut ärgern zu müssen.

Die Abende verbrachte unsere Familie häufig mit zwei wesentlichen Beschäftigungen. Zum einen: unsere Klebe-arbeiten. Da fast alle Lebensmittel rationiert waren und nur gegen entsprechende Bezugsmarken verkauft wurden, mussten diese beim Einkauf im Dorfkonsum von meiner Mutter abgeschnippelten und eingesammelten Marken für die Abrechnung wieder in eine brauchbare Form gebracht werden. Sie wurden auf Papierbögen mit einem übelriechenden Büroleim aufgeklebt. Mein Vater, der seine Stelle als E-Lokfahrer aufgegeben hatte und inzwischen auch beim Konsum im benachbarten Dorf Oßmaritz arbeitete, war der Anführer dieser »Klebefeste«. Er war ziemlich pedantisch und hatte immer einen Kopierstift hinter dem Ohr, den er bei Benutzung auch vor dem Schreiben anleckte, was sowohl eine blaue Schrift als auch eine blaue Zunge hinterließ.

Schöner waren da zum anderen unsere Gesangsabende. Mutter spielte Zither und Vater Akkordeon, das wir immer »Zerrwanst« nannten. Sie waren auch im Gesangsverein des Dorfes aktiv und nutzten diese Abende zum Üben. Diesen Gesangsverein gab es schon zu Kaisers Zeiten, und meine Urgroßmutter Elsa war darin bereits ein sehr engagiertes Mitglied gewesen. Auf einem Bild aus ihrer Fotoschachtel thront sie als *Alma Mater* inmitten junger Mädchen, flankiert von drei Hakenkreuzwimpeln. Der Chorleiter trägt eine meterlange Stimmgabel. Was sie damals für Lieder sangen, weiß ich nicht, aber alle auf dem Bild blicken freundlich in die Kamera. Bilder allein sagen nicht immer alles. Bei unseren häuslichen Abenden waren erzgebirgische Volkslieder sehr beliebt, und ich kann mich noch gut an ein grünleinenes Büchlein mit den Noten und den halsbrecherischen Texten erinnern: *Wenn es Raachermannel nabelt un es sat kaa Wort drzu ...*

Das Erzgebirgische war nicht meine Mundart, und ich brauchte eine Weile, um zu verstehen, dass hier niemand abgenabelt wurde, sondern der nach Waldbrand duftende Rauch gemeint war, der aus dem Mundloch des sonst stummen Räuchermännchens qualmte. Obwohl sie die Erzgebirgischen Weihnachtslieder mochten, konnten sich meine Eltern mit Thüringer Folklore nicht anfreunden. Die wurde weitgehend dominiert von Herbert Roth (1926–1983). Mein Vater mochte die Roth'sche Schunkeleligkeit überhaupt nicht. Einmal geriet er sogar mit ihm persönlich aneinander. Meine Eltern hatten von der Gewerkschaft einen Urlaubsplatz in Masserberg im Thüringer Wald erhalten. In Masserberg wohnte auch Herbert Roth in seiner mit viel Mühe »ersungenen« Villa. Nichtsahnend gingen sie eines Abends zu einer Kulturveranstaltung. Sie hatten im Saal des Kulturhauses ihre Plätze in der Mitte der dritten Reihe eingenommen, als der Vorhang aufging und Herbert Roth und seine Partnerin Waltraut Schulz ins Rampenlicht traten: Es war ein Herbert-Roth-Abend, und mein Vater hatte das nicht gewusst. Der Saal war voll und eine Flucht nicht mehr möglich. Schon bei dem ersten Lied forderte der fröhliche Sänger alle zum Schunkeln auf. Es schunkelten wirklich alle, der ganze Saal – außer mein Vater. Er saß stocksteif da und presste die Ellenbogen an den Oberkörper, damit sich auch ja keiner einhenkeln konnte. Meiner Mutter war das peinlich, aber sie hielt zu ihrem Josef. Roth sah natürlich die Schunkelstörung in der sich hin und her wiegenden Masse und sprach den einzelnen Schunkelverweigerer von der Bühne herab an. Mein Vater reagierte überhaupt nicht auf die Roth'sche Anmache und hielt sein Nichtschunkeln bis zur Pause tapfer durch. Danach blieben die beiden Plätze in der dritten Reihe leer.

In den 1960ern versuchte Herbert Roth, auch einen Auftritt im Jenaer *Volkshaus* zu geben. Die Studenten störten die Veranstaltung mit Erfolg. Er kam nie wieder nach Jena. Mir war Roth ziemlich egal. Als Studenten sangen wir, wenn wir entsprechend getrunken hatten, eine nicht jugendfreie Version seines berühmten Liedes vom »Köhlerliesel«. Liesel kam aber aus dem Harz.

Unser Wohnzimmer hatte einen schönen Erker, der auf die einzige Kreuzung im Dorf hinausging. Dort stand immer unser Weihnachtsbaum, selbstverständlich eine Fichte, geschmückt mit echten Kerzen, nicht mit Watte, sondern mit Lametta aus Aluminium und mit Lauschaer Baumschmuck, der natürlich von Oma Elsa stammte und mindestens fünfzig Jahre alt war. Das Lametta wurde stets wieder eingesammelt und im nächsten Jahr erneut verwendet. Andere Familien im Dorf erzählten später, dass sie den Zeitpunkt der Bescherung ihrer Kinder immer nach dem Angehen der Lichter des Weihnachtsbaums bei uns im Erker ausrichteten.

Weihnachten wurde immer ein festes Ritual eingehalten. Am 24. Dezember morgens wurde der Baum geschmückt. Meistens machte das meine Mutter. Wir Kinder schauten zu und klauten hinter ihrem Rücken vom Baum die Schokoladenkringel aus Fondant, einer eklig süßen Zuckermasse, mit der man testen konnte, ob man Löcher in den Zähnen hatte. Mutter tat so, als sähe sie das nicht. Sie hatte immer noch eine Tüte in Reserve. Vater war eher zuständig fürs Grobe. Er musste den Baumstamm anspitzen, damit er in den gusseisernen Ständer passte. Das war keine einfache Aufgabe, denn eigentlich sollten dabei alle Nadeln am Baum bleiben. Mittagessen fiel vorerst aus. Stattdessen war Baden angesagt. Ein Badezimmer hatten wir nicht, aber in der Küche stand ein Abwaschtisch mit zwei Schüsseln, die man unter der Tischplatte hervorziehen konnte. Das reichte. Warum man sich vor der Bescherung waschen musste, erklärte mir niemand. Das war nun einmal so. Dann warteten wir auf den schon beschriebenen Weihnachtsmann. Nach der Bescherung gab es das aufgeschobene Mittagessen: Kartoffelsalat mit Wiener Würstchen oder manchmal auch mit Kassler.

Ich habe so oft bei der Zubereitung des Kartoffelsalats zugesehen, dass dieses Rezept zu den wenigen gehört, die ich auswendig kann. Wie bei den traditionellen Klößen verwendeten die Thüringer auch hier mehligkochende Kartoffeln, sie wurden aber einige Minuten eher vom Feuer genommen. Selbstverständlich wurden sie als Pellkartoffeln aufgesetzt. Diese wurden noch heiß gepellt und in Scheiben, seltener in Würfel geschnitten. Dazu kamen dann Pfeffer, Salz, feingeschnittene Zwiebeln und Gewürzgurken, ebenfalls feingeschnitten. Dass Mutter die Gurken eigenhändig eingelegt hatte, verstand sich von selbst. Das Ganze wurde vorsichtig vermengt und dann mit der Brühe und den Gewürzen aus dem Gurkenglas übergossen. So wurde der vorbereitete Salat eine Nacht im Kalten stehen gelassen. Am nächsten Tag kam dann kurz vor dem Essen die Mayonnaise hinzu, die Mutter ebenfalls selbst zubereitete. Zu der bei ihr im Konsum zum Kauf angebotenen Mayonnaise hatte sie kein Vertrauen. Wenn man diese nur etwas misstrauisch ansah, zerfiel sie vor Angst wieder in ihre Bestandteile. Wir hatten eine Maschine mit einer Kurbel, die in einem Glasgefäß kleine Rührlöffel antrieb. Oben im Deckel war ein Töpfchen mit einem kleinen Loch. Mutter trennte von mehreren Eiern das Eigelb vom Eiweiß, das war für uns schon eine Zirkusvorstellung, denn sie machte das mit zwei halben Eierschalen über einer Schüssel, wobei das Eigelb immer von einer Schalenhälfte in die andere hopste und das Eiweiß in der Mitte in die Schale herunterlief. Eine dünne Eihaut hielt dabei das Eigelb zusammen. Man hatte schon verloren, wenn man das Ei mit dem Messer aufschlug. Mutter machte das immer am Tassenrand, dann blieb das Eihäutchen intakt. Das Eigelb kam mit Salz, Pfeffer und Kräuteressig in das Glas der Maschine und wurde mit der Kurbel heftig gerührt. Dann kam das Töpfchen mit dem Loch zum Einsatz. Dort hinein kam Öl, das langsam durch das kleine Loch in die darunterliegende Eierpampe tropfte. Mit der Kurbel wurde dabei ordentlich gerührt. Irgendwann bildete sich dann die gewünschte Mayonnaise – oder auch nicht. Mutter bekam das im Winter immer hin. Im Sommer machte sie keinen Kartoffelsalat.

Physikalisch-chemisch ist das ein außerordentlich komplizierter Vorgang: die Herstellung einer Öl-in-Wasser-Emulsion, wobei das Lecithin im Eigelb als Emulgator fungiert. Meine Mutter wusste das alles nicht und meine Urgroßmutter, von der sie Kochen gelernt hatte, erst recht nicht. Beide haben immer vorzügliche Mayonnaise hergestellt. Ich kann das alles gut erklären, kaufe aber lieber Delikatess-Mayonnaise aus dem Spreewald. Auch die Gewürzgurken bereite ich nicht selbst, sondern verwende Spreewald-Pfeffergurken. Zudem muss man neuerdings mehligkochende Kartoffeln lange im Supermarkt suchen … Wie auch immer: Nach mehreren eigenen Zubereitungsexperimenten bin ich bei den Spreewald-Produkten geblieben, und die Kartoffeln kaufe ich bei einem Bauern, der beim Stichwort »Kartoffelsalat« genau weiß, was ich brauche. Zu anderen Mayonnaisen und Gewürzgurken hege ich kein Vertrauen. Eine Erklärung, wie man Wiener Würstchen erwärmt, ohne dass sie platzen, erspare ich mir hier, das kann jeder selbst herausfinden.

Am ersten Weihnachtsfeiertag stand zumeist Gänsebraten auf dem familiären Speiseprogramm. Wir waren ja fünf gute Esser, und Gans gab es nur einmal im Jahr. Sie wurde noch lebend vom Bauern abgeholt und von meinem Vater geschlachtet. Wer macht sich denn heute noch Gedanken über den Weg einer Gans von der grünen Wiese in die Bratpfanne? Man holt sich eine kopf- und federlose, eiskalte Gänseleiche aus der Tiefkühltruhe, liest oberflächlich mit einer Lupe die auf der Verpackung in sieben Sprachen aufgedruckte Gebrauchsanleitung, einschließlich der Warnung, sich anschließend nicht die Tüte über den Kopf zu ziehen, und los geht's.

Vater schlachtete die Gans nicht einfach so hin, sondern stach sie ab. Dabei durchtrennte er mit einem zweiseitig scharfen Messer zwischen zwei bestimmten Halswirbeln die Wirbelsäule und schnitt dann die Kehle auf. Anschließend wurde die Gans an den Füßen aufgehängt, damit sie ausbluten konnte. Mein Vater hielt die Gans dabei zwischen den Knien fest. Bestimmt wird dieser Vorgang in verschiedenen Regionen unterschiedlich gehandhabt, er bevorzugte die mährische Variante. Das klingt gruselig, aber in Krimis befinden die meisten das Morden von Menschen für normal, alle schauen hin, aber bei Gänsen halten wir unseren Kindern lieber die Augen zu.

Das Rupfen der Gans übernahm meine Mutter. Die Federn wurden aufgehoben und fanden sich dann in verschiedenen Kissen wieder. Die Gans hing dann noch ein paar Tage draußen neben dem Küchenfenster. Das Wichtigste war dabei der Strick und der Knoten. Wäre sie aus dem ersten Stock auf den Fußweg gefallen, hätte sie sich auch ohne Kopf mit Hilfe anderer Leute davongemacht.

Die Produktion der Thüringer Klöße kann ich hier übergehen, ebenso das Rezept für Thüringisches Rotkraut. Jedenfalls war trotz dieser üppigen Beilagen spätestens am zweiten Weihnachtsfeiertag von der Gans nichts mehr übrig als das in Gläsern abgefüllte Gänseschmalz.

Lustig war immer das Abschmücken des Weihnachtsbaums. Die Kugeln und die Weihnachtsbaumspitze kamen wieder in dieselben wackeligen Pappschachteln zwischen morsches Seidenpapier. Süßigkeiten waren schon lange nicht mehr am Baum. Das Lametta wurde vorsichtig abgehängt, für das nächste Jahr. Bei all dem hatte der Baum schon reichlich Nadeln eingebüßt. Mutter lamentierte dann, dass das ganze Treppenhaus beim Abtransport vollgenadelt werden würde. Vater fand die einfache Lösung: Er griff den Baum oben am Stamm und stukte ihn zweimal auf den Boden. Die Nadeln waren daraufhin so ziemlich alle ab. Das Gerippe warf er dann aus dem Fenster meines Zimmers in den Hof. Die Treppe blieb sauber.

Zuweilen wurde bei uns zu Hause Rommé gespielt. Dann fand sich auch der Schuster ein, der das Spiel leidenschaftlich mochte, aber genauso leidenschaftlich schummelte. Kam mein Vater mit seinem unerschütterlichen Gerechtigkeitssinn dahinter, schmiss er die Karten auf den Tisch und stieg schimpfend aus. Das hinderte den Schuster nicht daran, weiterzumachen. In mir fand er immer einen Bewunderer, wenn er versuchte, mir einen Joker in einem seiner Hauslatschen unter dem Tisch zuzuschieben.

Der Schuster war der Mann meiner Tante Trude und tatsächlich Schuster mit einer entsprechenden Schusterwerkstatt gegenüber der Kirche. Ich ging gern zu ihm in die Werkstatt. Es war warm dort, es roch nach Schusterleim und Gummilösung, und ich bekam immer etwas zum Nageln und Hämmern. Er war belesen, technisch versiert, hörte ständig Radio und war so etwas wie die Informationszentrale des Dorfes. Seine Kunden brachten die Schuhe wohl mehr wegen der Klatscherei zu ihm. Von seiner Schusterbude aus hatte er die alte Feldtelefonleitung der Wehrmacht aus der Flakstellung zu seiner Frau auf die andere Straßenseite hinübergelegt, über die sie miteinander in Kontakt traten. Wenn er mit ihr nicht reden wollte, hob er einfach nicht ab, auch wenn sie noch so schnell an der Kurbel drehte. Das war für beide sehr praktisch, denn sie machte das im umgekehrten Falle genauso. Von ihm bekam ich auch meinen ersten Kristall-Detektor, die Urform des heutigen Radios, zum Experimentieren. Später als Chemiestudent präparierte ich ihm dafür seine Schleifbänder für die Gummisohlen, damit sie länger hielten. Daraufhin stieg ich ungemein in seiner Achtung.

Ein einziges Mal nutzte ich seine fachmännischen Fähigkeiten, aber mit fatalen Folgen. Als ausgemachter Beatles-Fan hatte ich ein Paar elegante, braune Schuhe erstanden. Vorn spitz, hatten sie einen flachen Absatz und eine dünne Ledersohle. Leider waren die Sohlen bald durchgetanzt, und ich hoffte, der Schuster könnte das beheben. Er war aber Schuster und kein Schuhmacher. Der Unterschied zwischen beiden war mir damals nicht geläufig. Als er die Schuhe betrachtete und ungläubig den Kopf schüttelte, was man alles so als Schuh bezeichnete, hätte ich die Sache noch abbrechen können. Als ich nach Tagen meine geliebten Schuhe in Empfang nahm, blieb mir der Dank fast im Halse stecken. Mit diesen von ihm frischbesohlten Botten hätte ich den glühenden Vesuv besteigen können, ihre Karriere als Tanzschuhe war beendet. Ein richtiges Dorf brauchte einen Schuster, keinen Schuhmacher.

Irgendwann an einem heißen Sommerabend kam einmal eine langersehnte Lieferung für den Konsum: ein ganzes Holzfass gefüllt mit grünen Heringen. Es war kurz vor Ladenschluss, das Wochenende war gekommen. Meine Eltern wussten genau, dass Montagfrüh kein Hering mehr genießbar sein würde. Guter Rat war teuer. Mutter hatte ihre »Küchenausbildung« natürlich bei Oma Elsa absolviert, und so hatte sie die rettende Idee. Das ganze Wochenende hindurch wurde mit Mehl, Zwiebeln, Zucker und Essig hantiert und gebraten. Wir produzierten Bratheringe!

Die Bratheringe waren am Montag der Verkaufsschlager schlechthin. Mittags waren sie alle. Kein Ammerbacher kam zu Schaden. Im Gegensatz zur Geschichte in der Bibel kamen nur genauso viele Bratheringe heraus, wie Heringe im Fass gewesen waren. Eine wundersame Vermehrung blieb aus. Mich wunderte das nicht. Mein

Vertrauen in die Kraft biblischer Gleichnisse ging schon damals gegen null. Leider hatte die staatliche Konsumbürokratie dafür keinerlei Verständnis. Obwohl mein Vater eine perfekte Kalkulation vorlegte und der Konsum keinen einzigen Heringsschwanz abschreiben musste, hatten meine Eltern gegen alle möglichen Bestimmungen verstoßen. Die auferlegte Strafe war wohl aber nicht allzu hoch, der Konsumbetrieb ging jedenfalls weiter seinen gewohnten Gang.

Urgroßmutter Elsas Kochkunst war unbeschreiblich. Sie kannte alle Tricks, aus einfachsten Zutaten die besten Gerichte zu zaubern. Nur so konnte man in dem bitterarmen Thüringer Bergen über die Runden kommen. Sie kannte alle Gewürze, Kräuter und Pilze und sammelte und trocknete selbst.

Man kann nicht über Elsas Küche erzählen, ohne ihr Pflaumenmus zu erwähnen. Die Pflaumen, wir nannten sie »Zwetschgen« oder, was sich für Kinder leichter aussprach, »Quetschen«, durften nur vom Boden aufgesammelt werden. Nur so war gesichert, dass sie süß genug für das Mus waren. Sie hatten dann auch den passenden Namen: »Runzelärsche«. Man brauchte nur eine derartige Quetsche von der Stielseite aus – ohne Stiel – zu betrachten und schon wusste man, warum. Elsa kontrollierte genau – ausschließlich Runzelärsche gelangten in den Topf. Die Steine wurden mit der Hand entfernt, was eine ziemlich matschige Angelegenheit war. Maden spielten keine große Rolle, fast alle Runzelärsche hatten welche. Zucker wurde nie zugesetzt, der war zu teuer. Außerdem brannte das Mus damit schneller an. Grüne Walnüsse mussten sein, die färbten dann das Mus schön schwarz. Eingekocht wurde im Waschkessel. Einer musste ständig rühren, ich habe mich immer gedrückt. Gelagert wurde das Mus in Tontöpfen, die mit Pergamentpapier und einem Bindfaden verschlossen worden waren. Wenn im Winter ein solcher Topf geöffnet wurde, schnitt Elsa den harten schimmligen Deckel, der sich auf dem Mus gebildet hatte, heraus.

So trafen sich dann Elsas thüringische Kochkünste und die kulinarischen Vorlieben meines aus Mähren stammenden Vaters: Meine Mutter füllte mit Pflaumenmus Buchteln. Das waren mährische Hefebrötchen. Man findet sie heute noch in Mähren, Österreich, Bayern und Tirol, also genau da, wo die Pelzls herkommen. Aber davon später.

Elsa Hartmanns Spitzengericht waren Thüringer Klöße und Sauerbraten. Dazu gab es Rotkraut oder, wenn der Braten »Kassler« hieß, Sauerkraut. Die geriebenen Kartoffeln presste sie selbst mit ihrem Knie durch das Rohrgeflecht des Küchenstuhls aus. Ihre zwei Zentner Lebendgewicht waren da sehr hilfreich. Das ausgepresste »Gereibe« kam in eine große weiße, schon etwas ramponierte Abwaschschüssel aus dem Küchentisch. In diese Masse wurde der von einem Drittel der gesamten Kartoffelmenge gewonnene, kochend heiße, dünne Kartoffelbrei gegeben und mit einem großen Quirl schnell verrührt. Wir wurden immer aus der Küche gejagt, denn das Hantieren mit dem blubbernden und spritzenden Kartoffelbrei war gefährlich. Noch heiß, wurden aus dem zähen Teig Klöße geformt, welche die in Margarine gerösteten und gesalzenen Semmelbröckchen umhüllten. Die Klöße kamen in einen großen Topf mit kochendem Wasser. Der

Topf wurde vom Feuer gezogen, und nach einigen Minuten stiegen die Thüringer Klöße nach oben, was bedeutete, dass sie serviert werden konnten. Es war jedes Mal ein Gaumenschmaus!

Ebenso unschlagbar waren Elsas Kuchen. Auf ihrer engen Treppe stand in der Ecke immer ein Gestell mit runden Kuchenbrettern aus Holz. Darauf waren je nach Jahreszeit im Angebot Quetschenkuchen, Mohnkuchen, Kirsch- und Streuselkuchen. Mit Muckefuck, das heißt Malzkaffee mit Magermilch, aus einer weißen angeschlagenen emaillierten Blechkanne, die immer auf dem Ofen stand, konnte man den Hefekuchen auch am Ende der Woche noch mit Genuss essen, ohne Malzkaffee benötigte man allerdings eine Säge. Dieser Muckefuck und auch der Mohnkuchen sind leider ausgestorben.

Das Mohnkuchenrezept kenne ich nicht in allen Einzelheiten, aber ich erinnere mich, dass der Mohn, eine für Thüringen typische Kulturpflanze, in einer alten Kaffeemühle, die man zwischen den Knien halten musste, gequetscht und dann mit heißer Milch und Grieß aufgebrüht wurde. Wenn vorhanden, kamen noch Rosinen hinzu. Der Boden war selbstverständlich aus Hefeteig, und obendrauf kamen Eierschecke oder kreuzweise aufgelegte Teigstreifen. Diesen Kuchen mit einer zwei Finger dicken schwabbeligen Mohnschicht konnte man einfach nicht vornehm essen. Am besten schmeckte er, wenn er noch warm war, aber meistens konnte Elsa das verhindern. Sie sagte immer streng: »Mohn macht dumm!« Da wollte sie die Mengen wohl lieber genau kontrollieren.

Wenn ich schon von Kuchen schreibe, darf ich natürlich den Stollen nicht vergessen. Alles, was meine Mutter kochen und backen konnte, hatte sie von Elsa gelernt, und die war eine strenge Lehrerin. Der Gütekontrolleur war Richard, Elsas Mann. Was der nicht aß, war in seinen Augen auch für andere völlig ungenießbar. Als Elsa gestorben war, ließ sich Richard nur von meiner Mutter bekochen, obwohl er mit seiner Tochter Trude und dem Schuster, ihrem Mann, in einem Hause wohnte. So wanderte vor allem am Sonntag dann einer mit einer gläsernen Schottschüssel, Thüringer Klößen und Karnickelbraten über die Dorfstraße zu Richard. Karnickel hatte er genug, nachdem das mit den Gänsen nichts geworden war. Meine Mutter bekam sie küchenfertig von ihm. Noch heute bin ich im Besitz einer kleinen runden Bratpfanne, die aus Elsas Hausstand stammt. Die hat mir meine Mutter vererbt, und darin brennt nichts an. »Geboren« wurde diese Pfanne im Ersten Weltkrieg – als Stahlhelm oder als Granatenhülse. Konversion hält lange an, wenn man nur will.

Aber zurück zum Stollen. Zitronat, Rosinen, Mandeln, Nüsse, Butter gab es, wenn überhaupt, nur kurz vor Weihnachten. Meine Mutter saß an der Quelle, sie leitete ja den Konsum im Ort. Sechs Vierpfundstollen waren keine Seltenheit. Sie reichten dann aber auch bis April. Der Bäcker wohnte etwas außerhalb des Dorfes, unterhalb des Friedhofs, und vergab für die Dorfbewohner feste Backzeiten für den Stollen und lieferte auch die Hefe, wenn es im Konsum keine gab. Hefe brauchte man, denn der Stollen musste »gehen«. Das verstand ich nicht, aber Mutter zeigte mir, wie der kleine Kuchenklops mit einem Wischtuch abgedeckt sich in der Wärme zunehmend vergrößerte. Das nannten alle »gehen«, obwohl der Teig in der Schüssel blieb, er ging eben nach oben. Das größte Problem war der Transport. Kein vernünftiger Mensch würde bei frostigen zehn Grad minus den aufgegangenen Hefestollen auch nur einen Meter weit über den Hof tragen. Der sofortige Tod des Stollens wäre die Folge. Zum Bäcker waren es aber etwa zwei Kilometer Fußmarsch. Da halfen nur angewärmte Federbetten, eine Wärmflasche, ein Kinderwagen und Tempo. Es ist immer gutgegangen, auch bei Glatteis. Noch heute bedauere ich, dass ich von meiner Mutter zwar das Kochen gelernt habe, nicht aber das Backen. Das war nicht ihre Schuld. Damals hat mich das leider nicht sonderlich interessiert; ich durfte ja immer »nur« zusehen.

Zucker war in jenen Jahren für die Ernährung besonders wichtig und rar, weil es ihn wie vieles andere nur auf Marken gab. Wir waren ständig hinter irgendetwas Süßem her, und so kam ich eines Tages an eine Flasche Holunderbeerensirup. Er war dickflüssig und dunkelblau, fast schwarz. Wenn Mutter etwas davon herausrückte, wurde er mit Wasser verdünnt, bis die Farbe nahezu weg war und die Süße auch. Ich hatte einen solchen Appetit auf den süßen dunklen Saft, dass ich mir ein Wasserglas damit vollgoss und es unverdünnt in einem Zug leertrank. Die wohlige Süße währte aber nur für kurze Zeit. Meine Mutter steckte mich nach einem heftigen Durchfall und Erbrechen mit Schüttelfrost und Fieber ins Bett.

Der Landarzt musste helfen. Er kam mit Pferd und Kutsche und begutachtete mich armes Würstchen. Die Ursache meines Leidens war offensichtlich – die Sirup-Flasche stand ja noch auf dem Tisch –, und der Doktor konnte meine Mutter beruhigen. Eine Weile Bettruhe und Diät – mehr war nicht notwendig. Die Diät bestand aus Mehlsuppe mit Maggiwürze und einem Teelöffel Butter. Das half. Nach drei Tagen war ich wieder obenauf. Zurück blieb allerdings ein großer Widerwille gegen den Geruch des Holunders. Jahrzehntelang machte ich große Bögen um blühende Holunderbüsche. Nicht so die Mehlsuppe. Ich versuchte manchmal, mich krank zu stellen, um in den Genuss dieser Suppe zu kommen. Mutter durchschaute mich immer.

Eine zweite Zuckergeschichte machte mich zwar nicht krank, aber erleichterte die Familie um unsere ganze Monatsration Zucker. Wie viele Mütter in dieser Zeit versuchte auch die meine, mir die Frage nach einem Brüderchen so kompliziert wie möglich zu beantworten. Standard war natürlich der Klapperstorch, aber sie gab der Geschichte noch eine besondere Note, indem sie meinte, den Klapperstorch könne man anlocken, indem man Zucker ins Fenster streute. Unser Küchenfenster ging auf eine Straßenkreuzung hinaus, und das Fensterbord war recht breit, ideale Bedingungen also für den Storch. Da es in unserem Dorf keine Störche gab, aber eine Menge Kinder, schlussfolgerte ich, dass man nur mit einer gehörigen Portion Zucker diesen seltenen Vogel anlocken könnte. Ich verteilte allen Zucker, den ich finden konnte, auf das Fensterbord. Es sah aus wie im Winter nach langem Schneefall. Meine Mutter war ehrlich genug, zu erkennen, dass die Idee eigentlich von ihr stammte, und lachte, als sie das Malheur sah. Vater lachte nicht, sondern maulte und versuchte, den Zucker zu retten, nahm dazu aber die Ofenschippe und den Handfeger aus der Küche. Das bekam dem Zucker nicht so gut. Er verlor erheblich an Weiße und kam nicht wieder in die Tüte.

Vater konnte auch kochen, aber er überließ das in der Regel seiner Frau. Doch zuweilen, wenn es ihm besonders gut ging, kochte er Brotsuppe. Damit hatte es folgende Bewandtnis: Bei sich zu Hause in Mähren wurde nur zweimal im Jahr gebacken. Das bedeutete, es gab nur zweimal im Jahr frisches Brot! Unglaublich! Wir Kinder waren erschüttert. Aber dann erklärte er, dass das Brot nach dem Backen auf den Speicher kam und getrocknet wurde. Teller benutzten sie nicht, sondern der Tisch hatte an jedem Platz eine Mulde, in die das Essen kam. Wer wo am Tisch saß, war genau festgelegt. Wir lachten laut los, denn wir liebten es, die Teller abzulecken, und stellten uns vor, wie man einen Tisch ableckt. Viele Mahlzeiten bestanden dann aus trockenem Brot, so zum Beispiel die Brotsuppe. Das knochentrockene Brot wurde mit einer dünnen Fleischbrühe und großen Mengen Knoblauch aufgekocht. Salz und Pfeffer kamen dazu, fertig. Wir aßen das gern. Ein ähnliches Gericht war das »Eingebrockte«. Harte Brotstücken wurden mit Malzkaffee und wenig Milch, aber viel Zucker eingeweicht. Wenn Vater Sonntagvormittag frühstückte – das war das zweite Frühstück zwischen dem ersten und dem Mittagessen –, genoss er immer trockenes Brot, eine Scheibe fetten Speck, Salz und Knoblauch. An diesem Frühstück nahmen wir nicht teil.

Eines Tages gab es ein großes Unglück. In einem heißen Sommer Anfang der 1950er Jahre brach im Dorf Coppanz ein Brand aus. Das Dorf Coppanz lag oberhalb

Ammerbachs auf dem Berg. Ein Bauer war beim Abladen der Erntefuhre mit der Heugabel in die Stromleitung geraten. Ein Funke setzte die Wagenladung in Brand, und nach kurzer Zeit brannte das halbe Dorf. Es war am späten Nachmittag, und ich sollte eigentlich ins Bett, aber ich schlotterte vor Angst, denn der glutrote Himmel und das klagende Jaulen der Feuerwehrautos, die aus Jena durch unser Dorf hinauf auf den Berg nach Coppanz rasten, erschreckten mich sehr. Mutter beruhigte mich, so gut sie konnte.

Bei einem anderen Unglück ging es lustiger zu. Ein schweres Sommergewitter war über Ammerbach heraufgezogen. Nach den ersten großen Tropfen suchten wir Kinder schnell das Weite und verschwanden in den Häusern. Es war klar, dass wir uns nach dem Regen wieder treffen wollten, natürlich barfuß, denn das Patschen in den warmen Pfützen war ein beliebtes Vergnügen. Ich schaute aus dem offenen Küchenfenster im ersten Stock dem prasselnden Regen zu. Kein Mensch war zu sehen. Es regnete schon eine ganze Weile wie aus Eimern, als plötzlich eine meterhohe Flutwelle um das Schulhaus herum auf die Kreuzung raste und sich in alle Seitenstraßen ergoss. Sie prallte gegen unser Hoftor, und die Eisenstange, die das Tor geschlossen hielt, machte einen Buckel wie eine Katze. Mit einem klingenden Laut vollführte sie einen Satz nach oben und verschwand dann in den lehmigen Wogen. Unser Haus war auf den Grundmauern eines alten Weinbauernhauses erbaut worden. In dem ehemaligen Weinkeller lagen nun unsere Kartoffeln mit langen weißen Keimen und das Eingeweckte. Mit Gurgeln und Glucksen war in wenigen Sekunden der Keller überflutet.

Einweckgläser, Kartoffeln und andere Habseligkeiten tauchten empor und gesellten sich zu den Dingen, die schon auf der Straße umherschwammen. Es dauerte ein paar Stunden, bis das Wasser wieder abgelaufen war.

Das angerichtete Chaos war groß. Im Dorf witzelte man, jetzt sei endgültig der Kommunismus ausgebrochen. Alle Habe zu ebener Erde, die schwimmen konnte, war gleichmäßig im Dorf verteilt, und das war bei den offenstehenden Scheunen und Ställen eine ganze Menge. Das lebende Eigentum allerdings, wie Hühner, Enten und Gänse, fand nach kurzer Zeit wieder seine alten Besitzer. Nicht so das unbelebte. Es verschwand in der Regel bei demjenigen, bei dem es angeschwemmt worden war. Wir kamen dadurch in den Besitz eines Hackstocks samt eingeschlagenem Beil und einer großen Zahl von mit Heidelbeeren gefüllten Einmachgläsern. Der Schlamm klebte nur außen, innen war alles bestens. Eingebüßt hatten wir Äpfel und Birnen. Der Tausch war akzeptabel.

Ganz besonders stolz war ich, als ich das erste Mal mit meiner Schwester gemeinsam ins Ferienlager fahren durfte. Es ging an die Ostsee, nach Lubmin, ziemlich genau an den Ort, wo später das erste Atomkraftwerk der DDR errichtet wurde. Die Volkseigenen Betriebe (VEB) boten für die Kinder der Betriebsangehörigen kostenlose Ferienlagerplätze an, die immer voll belegt waren. Das bedeutete drei Wochen Abenteuer, Wanderungen, Spiele, Kino und vieles mehr.

1954 war die Ausstattung noch recht bescheiden. Wir schliefen in großen Zelten auf harten Pritschen, und die Decken rochen immer etwas muffig. All das machte einen ziemlich militärischen Eindruck. Vielleicht waren das die noch brauchbaren Reste der großdeutschen Wehrmacht, aber das interessierte uns Kinder nicht. Zum Frühstück gab es labbriges Schwarzbrot und Marmelade aus großen Pappeimern und dazu Malzkaffee, zum Mittagessen Nudeln oder Graupensuppe. Erfroren oder verhungert ist keiner. Das Meer war groß und salzig, obwohl es nur der Greifswalder Bodden war. Dieser Name gefiel mir aber nicht. »Botten« hießen bei uns zu Hause alte Schuhe, und so schlimm war die Ostsee nun auch nicht.

Ein lustiges Ende fand meine erste große Reise, als ich meiner Mutter das Andenken schenkte, das ich ihr mitgebracht hatte. Sie musste herzlich lachen: »Gruß von der Bastei« stand da drauf. Es wurde für mich also Zeit, endlich lesen zu lernen.

3. Kapitel

Butter gegen schwarze Strümpfe • »Aus gutem Grund ist ›Juno‹ rund« • Mutters Hausmittel • Mein Cousin und die Gesundheitsfürsorge in der DDR • Die Ruhr einmal nicht als Krankheit • »Waputa, die Geierkralle« • Weiße »Ammerbacher« • Der schwarze Peter • Ein freundlicher alter Nazi

An den Inhalt meiner Schultüte kann ich mich nicht erinnern, aber ich ging vom ersten Tag an gern in die Schule. Das Schulgebäude stand gleich neben der Kirche, wie sich das früher für ein ordentliches Dorf gehörte. Wenn man der alten Dorfchronik Glauben schenken kann, stand es dort schon seit 1667.

Unsere Dorfschule war 1955 noch eine Einklassenschule. Die Kinder aller Altersklassen bis zur Klasse fünf saßen in einem Raum und hatten gleichzeitig Unterricht. Es gab auch nur eine Lehrerin. Sie unterrichtete alle Fächer, auch Turnen, denn wir verfügten auch über eine Turnhalle. Die zweite Respektsperson war die Reinemachefrau Hertha. Sie war klein, krummbeinig, etwas herrisch, aber niemals bösartig. War unsere Lehrerin kurzzeitig verhindert, saß Hertha am Lehrertisch und hatte alles im Griff. Sie wohnte im kleinsten Haus im Dorf, das früher einmal das Armenhaus gewesen war. Auch wenn es sich nun um eine sozialistische Einklassenschule handelte, das Schlagen der Kinder war verboten, ob mit oder ohne Rohrstock.

Ich erinnere mich an einen besonders heißen Sommer, vielleicht war es der von 1957. Vor der Schule hielt der Überlandbus, ein schwerer »Büssing«. Das stand vorn drauf, und lesen konnte ich schon. Er war immer krachend voll, denn er hatte eine ganze Reihe von Dörfern abzufahren, bevor er nach Jena zurückkehrte. Als er sich schwerfällig wieder in Bewegung setzte, knirschte es deutlich unter den hinteren Doppelrädern. Wir Ammerbacher Schulkinder standen wie immer herum und konnten sehen, wie sich der Straßenbelag aus Braunkohlenteer, mit Splitt vermischt, langsam wie ein nasser Lappen um die Räder wickelte. Der Busfahrer bemerkte es erst, als nichts mehr ging. Endlich war wieder mal etwas los!

Alle Fahrgäste mussten aussteigen, und am nächsten Morgen wurde der Bus abgeschleppt. Bald darauf kam das Teer-Auto, um den Schaden zu reparieren. In die beiden langen Furchen, die der Bus hinterlassen hatte, wurde Splitt geschaufelt. Dann kam ein Arbeiter mit einem Schlauch und einer Teerspritze, mit der er die lauwarme Teerbrühe über die Steine verteilte. Ein zweiter Arbeiter walzte das Ganze fest. Wir standen da, barfuß und in Turnhosen, popelten in der Nase und beobachteten den Vorgang. Plötzlich grinste der Arbeiter mit der Teerspritze und fragte uns, ob wir schwarze Strümpfe haben wollten. Das war doch mal was! Natürlich wollten wir. Nach wenigen Minuten hatten wir prima schwarze Strümpfe bis zum Knie. Die Straßenarbeiter lachten sich kaputt, und wir freuten uns nicht minder.

Meine Mutter freute sich nicht. Das einzige Hausmittel, was ihrer Meinung nach gegen Teerstrümpfe half, war Butter. Zwei Pfund Butter waren nötig, um die Strümpfe zu entfernen. Die Butter kam aus der Sowjetunion und wurde in Kisten in den Konsum geliefert. Sie war so heftig gesalzen, dass man das sogar durch die Marmelade hindurchschmeckte. Viele Jahre später erkannte ich diese Butterkisten wieder, doch da waren sie dunkelgrün, und es war Munition darin.

Einmal entdeckte ich im Waschhaus in einer Ecke einen Stapel Zigarettenpackungen. Es handelte sich um Zigaretten der Marke »Juno«. Ich belauerte diesen Stapel lange, aber eines Tages schnappte ich mir doch eine Schachtel.

Mit meinen beiden Freunden, Günter und Wolfgang, wollte ich versuchen, zu rauchen. Zuerst probierten wir es, ohne die Zigaretten anzuzünden, das hatte aber keinen Reiz, also pafften wir dann richtig. Wir hatten uns ein passendes Versteck ausgesucht und dort auch unsere Raucherutensilien deponiert. Wir qualmten wie die Schlote, bis wir einen ekligen Geschmack im Mund bekamen.

Langsam sprach sich unsere Unternehmung unter den anderen Freunden herum, und ich verteilte generös »Juno«-Zigarettenpackungen aus dem Waschhaus, die mit Sicherheit aus dem Konsum meiner Mutter stammten. Natürlich kam alles heraus. Die Zigaretten waren – weil zu feucht gelagert – abgeschrieben worden. Mein Vater hatte einfach vergessen, sie wegzuwerfen. Ich musste nun im ganzen Dorf herumlaufen und bei meinen Freunden die Packungen wieder einsammeln. Wie peinlich!

Mutter hatte eine unverstellte und unkritische Haltung zu Hausmitteln. Die Quelle war natürlich Elsa und ihr dickes Doktorbuch, in das ich nur heimlich Einblick nehmen konnte. Darin waren eine Frau und ein Mann abgebildet, bei denen man die Gedärme herausklappen konnte. Das war lustig. Wer Mann oder wer Frau war, konnte man nur am Kopf erkennen, die äußeren Geschlechtsteile waren irgendwie nicht vorhanden.

Als ich einmal eine größere Brandblase an der Hand hatte, sollte eines dieser Hausmittel zum Einsatz kommen. Gegen Brandblasen helfe nur essigsaure Tonerde, meinte Mutter. Meine chemischen Kenntnisse waren zu der Zeit gleich null, und ich hatte Schmerzen. Meine Mutter hatte auch keine Ahnung und keine essigsaure Tonerde, aber sie wollte mir helfen. Essig hatte sie. Dass auf der Flasche »Essigessenz 40 Prozent« stand, war für sie nicht so bedeutend, und ich bekam einen Umschlag mit dem sauren Konzentrat – ohne Tonerde –, das mächtig in der Nase stach. Der Schmerz wurde nicht schwächer, höchstens anders. Und die Blase vergrößerte sich merklich.

Schließlich musste doch der Arzt helfen. Mutter und ich hielten dicht, wir hatten den verräterischen Geruch mit viel Wasser bekämpft und nannten das experimentelle Hausmittel nicht. Schmerzen und Blase waren bald vergessen. Später als Chemiker wusste ich, dass das mit der essigsauren Tonerde aus dem Doktorbuch korrekt war, nicht aber die freie Interpretation meiner Mutter.

Eines Tages kündigte sich Besuch aus dem Westen an. Tante Inge – diesmal eine echte Tante, die Schwester meiner Mutter – kam mit ihrem Sohn Wolfgang aus Essen zu uns. Wolfgang litt unter den Folgen der Kinderlähmung. Die Familie hatte schon viel Geld für Operationen ausgegeben, aber die Probleme waren nicht kleiner geworden. Als Tante Inges Arzt erfuhr, dass sie eine Schwester im Osten hatte, riet er ihr, doch dorthin zu fahren. Das Gesundheitssystem »in der Zone« sei sehr gut.

Wolfgang wurde in Jena den Ärzten vorgestellt, und die Ostmediziner verschrieben dem Westkind auf DDR-Staatskosten eine vierwöchige Kur bei uns im Arbeiter-und-Bauern-Staat. Wir bekamen dadurch Zeit, uns ausgiebig kennenzulernen und herumzustromern. Das tat uns beiden gut. Als die Ärzte rieten, die Kur kostenlos zu verlängern, verstand meine Tante Inge das offensichtlich falsch und trat den Rückzug in Richtung Westen an.

Sie war nicht davon zu überzeugen, dass das ein wirklich gutgemeinter Vorschlag war. Offensichtlich hatte die Indoktrination auch im Westen Deutschlands bereits erhebliche Erfolge erzielt. So kinderlieb konnte der Osten ihrer Meinung nach gar nicht sein. Vielleicht hatte sie Angst, dass sie irgendwo in Sibirien landen würde.

Als Ostkind musste ich dann natürlich die Schluckimpfung gegen Kinderlähmung mitmachen, die gerade in der DDR zwangsweise eingeführt wurde. Zu diesem Zweck kam eine Krankenschwester in die Schulklasse und verpasste jedem ein Schnapsglas voll mit einer trüben Flüssigkeit, die erbärmlich schmeckte. Die Kinderlähmung war schließlich in der DDR ausgerottet. Jetzt ist sie wieder da. Auch die Tuberkulose galt als aus der DDR verschwundene Krankheit. Der Grund war die gesetzliche Impfpflicht, der man sich auch mit Tricks nicht entziehen konnte. Dazu war das repressive System zu gut eingefädelt worden. Nach der Wende war die erste schwere Erkrankung, die sich meine Frau einhandelte, eine Tuberkulose. Auch diese Infektionskrankheit ist also wieder auf dem Vormarsch.

Kurz nachdem der Besuch aus dem Westen wieder fort war, hatte ich das Glück, mit meinem Vater nach Westdeutschland zu reisen. Die Mauer gab es noch nicht, und so fuhren wir mit dem Interzonenzug hinter den Eisernen Vorhang, oder wir fuhren davor – je nachdem, aus welchem Fenster man schaute. Vater wollte seine Eltern besuchen. Zwischenaufenthalte waren bei meiner anderen Westoma und bei meiner Tante Inge und meinem Onkel Ernst geplant.

Die Eltern meines Vaters hausten in Stuttgart-Bernhausen in einer ähnlichen Baracke für Zwangsarbeiter wie jene bei uns im Dorf, die nun als Kindergarten fungierte. Dort, am Rande des Flugplatzes, gab es mindestens zwanzig solcher Behelfsunterkünfte, alle belegt mit »Vertriebenen«, die bei uns »Umsiedler« hießen. Dieses leidige Thema hat mich später noch oft beschäftigt.

Großvater war fast siebzig. Neubauernstellen wie im Osten gab es für sie in Westdeutschland nicht; hier wurde kein Land verteilt, und die, welche Land hatten, teilten nicht freiwillig mit ihren Brüdern und Schwestern aus den deutschen Ostgebieten. In der DDR wurde das dazu notwendige Land den Junkern und Großbauern einfach weggenommen. Die meisten von denen übersiedelten deshalb lieber in den Westen. Bis zu ihrem Lebensende blieben meine Großeltern als Vertriebene in dieser Baracke. Statt Russen liefen dort am Flugplatz Amis herum, und statt roter Sterne gab es Kaugummis.

Mein Großvater war klein und untersetzt, man sah ihm den Bauern deutlich an. Meine Großmutter dagegen war lang und hager, war schwarz gekleidet, als käme sie direkt vom Friedhof, und trug ein ebenso schwarzes Kopftuch, das so eng um den Kopf herum anlag, dass man kein Haar sehen konnte. Mein Vater erzählte mir später, dass er sie ganz selten ohne Kopftuch gesehen hätte. Bei ihr wäre ein Kopftuchverbot wohl ebenso aussichtslos gewesen, aber Großmutter war ja katholisch und kannte Mohamed und seine diversen Nachfahren nicht. Sie versuchte, mir das Musizieren mit der Maultrommel beizubringen. Dazu klemmte sie sich ein Gummiband zwischen die Zähne und zog es straff. Zupfte sie dann das Band, ähnlich wie bei einer Gitarre, konnte sie mit wechselnder Mund-öffnung unterschiedliche Töne erzeugen. Ich fand die dabei auftretenden technischen Probleme lustiger als die Töne, die sie hervorbrachte. Großmutter trug nämlich ein ziemlich schlechtsitzendes Gebiss. Manchmal fanden wir das Gebiss erst nach langer Suche wieder …

Ich lernte auch meine Tante Mizzi kennen, die zwei Kinder in meinem Alter hatte und in der Nachbarbaracke wohnte. Als wir uns von Stuttgart verabschiedeten, war ich froh. Ich konnte jetzt ein wenig besser verstehen, was es bedeutete, zu Hause zu sein.

Die Stadt Essen machte damals auf mich den gleichen Eindruck, wie wohl zur Wende die Stadt Borna bei Leipzig auf einen Westbesucher. Die Ruhr war mir als Krankheit bekannt. Als ich sie als Fluss kennenlernte, erkannte ich sofort die großen Ähnlichkeiten zwischen beiden. Trotzdem spielte ich mit meinem Cousin Wolfgang dort ausgiebig. Jeder hatte zwei Indianer. Am ersten Tag hatte Wolfgang mir von seinen vier Indianern zwei abgegeben. Zum Abschied schenkte er mir noch ein Fahrtenmesser mit Hirschhorngriff. Man konnte damit keine Äpfel schälen und auch nicht schnitzen, aber als Andenken und zum Vorzeigen war es gut. Ich habe es heute noch und leihe es ab und zu meinem Enkel Anton. Die Indianer sind mir allerdings abhandengekommen.

An den Besuch bei meiner anderen Westoma in Ellwangen an der Jagst erinnere ich mich kaum. Ich konnte sie nicht leiden, das erwähnte ich ja bereits.

Keine guten Erinnerungen habe ich auch an die Bekleidung, die mir meine Verwandten auf diesem Teil unserer Reise verpassten. Die Lederhose konnte ich noch akzeptieren, die war praktisch, aber bei den Hosenträgern hörte es schon auf. Die Verzierungen mit Edelweiß und grüner Filzborte fand ich hässlich. Die gestrickten Wadenwärmer, die angeblich »Loferl« hießen, und die dazugehörigen Haferlschuhe waren in meinen Augen der Gipfel. Ich konnte in beiden nicht gut laufen. Die Schuhe wurden natürlich bei »Salamander« gekauft. Zur Anprobe stellte man den Fuß mit dem neuen Schuh in eine Kiste und konnte dann seine Fußknochen mit dem Schuh auf dem Bildschirm betrachten und mit den Zehen wackeln. Ich kannte das schon, nur anders. In der DDR hieß das »Röntgen-Reihenuntersuchung«. Man nahm aber dort nicht die Füße ins Visier, und es wurde auch nicht kontrolliert, ob das Hemd passte. Vater tat dazu sein Übriges, meine Abneigung gegen die Schuhe zu vergrößern, indem er die überlangen Senkel so fest zuschnürte, dass mir die Zehen einschliefen. Die Enden stopfte er überflüssigerweise noch mit seinen großen Fingern hinter den Schuhrand. Das hatte er wohl zu Hause so gelernt.

Zu Hause, in Thüringen, wieder angekommen, verschwanden die Hosenträger, das alberne Jäckchen mit den Hornknöpfen und die »Loferl« auf für meine Mutter unerklärliche Weise. Nur die Schuhe konnte ich nicht beseitigen. Ich ignorierte sie, so gut es ging.

Meine Lehrerin entdeckte in mir Fähigkeiten, über die ich mir selbst keine Gedanken machte, doch sie hielt es für angebracht, mich für eine andere Schule zu empfehlen. Eine Schule mit erweitertem Russischunterricht wäre genau das Richtige für mich, meinte sie. Einen Haken hatte die Geschichte aber doch: Die Schule befand sich in

Jena, und das erschien einem Dorfjungen wie mir unendlich weit entfernt, die schlechte Verbindung dorthin nicht einmal mit eingerechnet.

Meine Eltern waren dennoch einverstanden. Aus mir sollte schließlich einmal »etwas Besseres« werden als aus ihnen. Dieser Wunsch ist wohl allen Eltern eigen. Mein Vater war zu der Zeit nach der damals üblichen DDR-Skala als Arbeiter eingestuft, und Arbeiterkinder wurden besonders gefördert. Als Schüler der zweiten Klasse einer einklassigen Dorfschule hatte ich keine schlagkräftigen Argumente dagegenzusetzen. Aber der Sommer ging vorüber, die Ferien waren vorbei, und niemand hatte sich bei mir wegen dieser anderen Schule gemeldet.

So ging ich pünktlich am 1. September um acht Uhr wieder in meine geliebte Dorfschule quer über die Straße. Die Lehrerin war entsetzt, als sie mich in meiner Bank sitzen sah. Sie sagte sofort, das würde sie umgehend klären. Die erste Woche war noch nicht vergangen, da hatte sie es geklärt, und ich machte mich auf den Weg zur Grete-Unrein-Schule nach Jena in die neue Russischklasse.

Der Weg war für mich nicht gänzlich neu, aber ungewöhnlich lang: Einen knappen Kilometer Fußmarsch bis zur Bushaltestelle, eine relativ kurze Busfahrt und dann noch einmal anderthalb Kilometer zu Fuß den Saulauf – der hieß tatsächlich so – hinunter um den Friedensberg herum bis zur Schule.

Einen Teil der Strecke kannte ich schon, das war meine Route zum *Friseursalon Benthin*. Für fünfzig Pfennige musste ich mir dort regelmäßig die Haare schneiden lassen, obwohl ich das unnötig fand und das Geld lieber für etwas anderes ausgegeben hätte. Meistens durfte ich eine

Weile warten, bevor ich drankam. Diese Zeit verbrachte ich damit, in den dort ausgelegten Zeitschriften herumzustöbern. Besonders angetan hatte es mir *Das Magazin*, eine in der DDR überaus beliebte Zeitschrift, die seit 1954 einmal im Monat erschien. Ich wusste genau, dass in jeder Nummer eine Seite mit einer abgebildeten nackten Frau enthalten war. Komischerweise fehlte im *Magazin*-Exemplar des Friseurladens immer genau diese Seite. Ich traute mich aber nicht, den Friseur danach zu fragen. So nahm ich dann eben mit cincr im *Magazin* enthaltenen Bildergeschichte über die Bonner Ultras vorlieb. Sie hieß »Waputa, die Geierkralle«. Als politisch gebildeter DDR-Schüler erkannte ich die halbe Regierung der BRD wieder, nur wurde sie im Comic mit viel lustigeren Namen ausgestattet. »Ollenkott« war der Erich Ollenhauer von der SPD, und der »Häuptling der Bösen« war »Conny« Adenauer.

War ich endlich an der Reihe, wurde ich meistens zwischen zwei alten Herren in einen der hohen Lederstühle platziert, wobei mir noch eine Kiste unter den Hintern geschoben wurde, damit sich mein Kopf auf der Höhe der Rentnerköpfe zu beiden Seiten befand. Der Friseur konnte dann von dem Alten links, dem er gerade mit einem Rasiermesser den Bart abschabte, zu dem Herrn rechts wechseln, dem er den Kopf wusch. Kam er dabei an mir vorbei, schnippelte er an meinen Haaren herum, wobei er mit einer handbetriebenen Haarschneidemaschine die Haare mehr herausriss als abschnitt. Dabei quasselten sie unablässig vom Fußball. Davon hatte ich nun keine Ahnung, und ich war froh, wenn ich wieder mit kühlem Kopf meinen Heimweg antreten konnte.

Nach wenigen Monaten zog meine Klasse in die Adolf-Reichwein-Schule um. An dieser Schule fuhr der Bus vorbei, und so blieb nur noch der Fußweg zur Haltestelle übrig. Diese Schule hatte einen ganz besonderen Vorteil: Schräg gegenüber gab es einen Eckladen mit einem Bäcker, bei dem man Kümmelbrötchen kaufen konnte, herrlich knusprig, mit Kümmel obendrauf und Salzkristallen, das Stück für einen Fünfer. Jahre später fand ich genau solche Kümmelbrötchen wieder, bei einem Urlaub in Mähren. Mähren und Thüringen sind sich nicht nur darin irgendwie ähnlich, glaube ich.

Meine Mutter war zu dieser Zeit Hausfrau, und mein Vater verdiente als Glasarbeiter 350 Mark brutto im Monat. Das war für eine Familie mit drei Kindern wahrlich nicht viel. Ich bekam Freifahrtscheine für den Bus, jeden Monat ein Päckchen, dick wie ein Abreißkalender. Einmal fuhr mein Vater – weil er verschlafen hatte – mit einem Fahrrad zur Arbeit, um nicht zu spät zu kommen. Das Fahrrad stand eigentlich bei uns im Konsum zum Verkauf, aber selbst den Bauern war es zu teuer, also stand es herum. Es kostete 280 Mark, einen ganzen Monatslohn. Meine Eltern brauchten lange, um diese Summe zusammenzusparen. Dann kauften sie das Fahrrad. Danach stand es eigentlich immer noch herum. Ich kann mich nicht erinnern, meinen Vater jemals gesehen zu haben, wie er damit zur Arbeit fuhr. Ich selbst war nicht an dem Gefährt interessiert. Meine Fahrräder waren aus den Einzelteilen zusammengeschraubt, die die Bauern auf dem Müllplatz in den »Backsteinländern« weggeworfen hatten. Solche Räder hatten alle Jungen meines Alters im Dorf.

Die »Backsteinländer« waren ein Gebiet außerhalb des Dorfes, auf dem der aus dem Coppanzer Tal kommende Bach in Jahrtausenden weißen Schwemmkalk abgelagert hatte. Die Schicht war meterdick und der weiße Schlamm für die Herstellung luftgetrockneter Ziegelsteine vorzüglich geeignet. Diese Ziegelsteine, auch »Backsteine« genannt, wurden in vielen Dörfern um Ammerbach in die Fachwerkhäuser und -scheunen verbaut und hießen also genauso wie die Einwohner »Ammerbacher«. Mit dem Aufkommen gebrannter Ziegel aus Ton versiegte dieser Erwerbszweig, und die Bauern nutzten nun das Gelände als Müllplatz. Für uns Kinder war das eine wahre Schatztruhe. Bauern werfen nur etwas auf den Müll, wenn man es noch gebrauchen kann, dachten wir damals.

Einmal fanden wir einige Kugellager, etwas rostig und festgefahren, aber das schien nicht hoffnungslos irreparabel zu sein. Mein Freund Peter suchte sich ein besonders schönes Stück aus, und es verschwand in seiner neuen Trainingshose. Leider vergaß er es dort, obwohl er beim Spielen die Hose ständig hochziehen musste, weil das Kugellager sie herunterzog. Als wir bei ihm zu Hause ankamen, schafften wir es nicht, an seiner Mutter vorbeizukommen. Wir sahen wie üblich nicht besonders sauber aus, und seine pingelige Mutter war deshalb außer sich. Er musste seine Hose ausziehen, und sie schlug ihm die verdreckte, ehemals neue Trainingshose um die Ohren. Jetzt erinnerten wir uns wieder an das Kugellager, leider zu spät. Peter fiel um. Sie änderte die Tonlage und kniete sich schluchzend neben ihr Peterle. Der blinzelte mir mit einem Auge zu, also lebte er noch. Das war für alle schließlich beruhigend.

Kinder vergessen leicht, auch wenn ihnen ihre Spielkameraden tatsächlich einmal Leid zugefügt haben. Das schon erwähnte Peterle hatte einen Roller zum Geburtstag geschenkt bekommen. Er gab damit an wie mit einer Tüte Mücken. Natürlich wollte ich auch mit dem Roller fahren, aber er ließ mich schmoren, ich hatte ja nichts Gleichwertiges im Angebot. Ich bot ihm meine Schippe an, aber das war nichts. Schließlich nahm er sie doch, und ich stellte mich auf den Roller und fuhr ein Stück den Weg hinunter. Ich freute mich riesig und machte das auch lautstark deutlich. Die Fahrt nahm aber ein unerwartetes Ende, weil Peter mir meine Schippe mit voller Wucht gegen den Kopf knallte. Ich schmiss heulend den Roller hin und rannte zu meiner Mutter, die nur ein paar Meter entfernt im Konsum stand. Als ich die Tür zum Laden aufgerissen hatte, scharten sich sogleich die Frauen um mich und versuchten, mich zu verarzten. Ich hatte in meinem seelischen Leid nicht bemerkt, dass mir ziemlich viel Blut über das Gesicht lief. Die Freundschaft zu Peter war für einige Wochen eingetrübt, aber dann war alles vergessen.

Wenn ich mich recht entsinne, waren nur zwei Arbeiterkinder in meiner Klasse: ein Mädchen mit Namen Anneliese und ich. Alle anderen waren Kinder von Eltern, die der Kategorie »Intelligenz« zugeordnet wurden oder Handwerker waren. Diese Eltern hatten schneller begriffen, dass die Russischklassen im jungen Staat DDR eine besondere Stufe auf den neuen Leitern nach oben waren. Die alten Leitern waren ja längst abgeschafft.

Einmal versuchte ich, meinen Banknachbarn Rolf zu verprügeln, weil er meinte, mein Vater sei doch »bloß

Arbeiter«. Seiner war Zahnarzt, aber die Eltern waren geschieden. Da hatte ich es wiederum besser. Unser Klassenlehrer »Brotbüchse« ging dazwischen. »Brotbüchse« hieß natürlich nicht so, aber sein Markenzeichen war eine große, für mindestens drei Stullen ausgelegte Brotbüchse aus Aluminium. Mit Rolf habe ich mich später wieder vertragen. Die Integration hat also funktioniert. Jetzt – nach sechzig Jahren – veranstalten wir immer noch regelmäßig Klassentreffen, und keiner wirft dem anderen seinen Lebensweg oder seine Herkunft vor. Rolf und ich sind jedes Mal dabei. Andere mögen das anders sehen, aber ich finde, wir haben in diesen Jahren mächtig dazugelernt.

Auf meinem Schulweg begegnete mir oft ein freundlicher alter Herr. Das war der Opa eines Jungen, mit dem ich häufig zusammen spielte, was aber ein wenig kompliziert war, weil er zu Hause ziemlich strenge Regeln befolgen musste. So war sonnabends zum Beispiel um fünfzehn Uhr Kaffeetrinken und vorher Baden in einer echten Badewanne für ihn angesagt. Das störte uns erheblich beim Spielen. Ich musste mich nicht so oft waschen, wir besaßen auch keine Badewanne. Ich erinnere mich noch, dass er einmal nach dem Baden zu mir kam in einer weißen pludrigen, kurzbeinigen Latzhose mit großen Taschen und einem Bärchen vorn drauf. Mit so einem Ding wäre ich nicht einmal ins Bett gegangen. Ich war gerade mit einem anderen Jungen vom Müllplatz in den »Backsteinländern« zurückgekommen. Wir hatten von dort einen ganzen Eimer großer rostiger Schrauben und Muttern mitgebracht, die wir in unserem Waschhaus blank putzen wollten, für später. Mit Mutters Waschbürste und ihrem Waschpulver, von dem es ja reichlich gab, schrubbten wir fleißig drauflos. Blank bekamen wir die Schrauben nicht, aber die Spuren im Waschhaus und an unseren Sachen waren unübersehbar. Schließlich teilten wir Schrauben und Muttern brüderlich, zu jeder Schraube gehörte eine Mutter, und mein Freund verschwand mit der Latzhosentasche voller nasser rostiger Schrauben und Muttern Richtung Elternhaus. Ich habe ihn danach mindesten vier Wochen nicht gesehen. Er bekam Stubenarrest.

Mit seinem Opa ging ich also öfter ein Stück gemeinsam, und wir unterhielten uns meistens über die Schule. Das verkürzte uns beiden den Weg. Jahre später war dieser alte Herr Hauptperson einer öffentlichen Versammlung im Gasthof, die von einem Staatsanwalt geleitet wurde. Gegenstand waren anonyme Briefe, die an Personen in der Umgebung, unter ihnen Pfarrer und Pastoren, geschickt worden waren, in denen man den sogenannten Schweinepriestern androhte, sie aufzuhängen, wenn es mal wieder andersherum käme. Der Verfasser dieser Briefe war jener Opa, der sich als alter unverbesserlicher Nazi entpuppte. Da der Opa schon lange im Dorf wohnte, konnte das den Dorfbewohnern doch nicht entgangen sein, aber viele taten verwundert, wie immer. Eine junge Frau äußerte sogar, das hätte er doch sicher nicht ernst gemeint, er sei doch schon ein alter Mann. Das sah das Gericht anders und verurteilte den alten Mann zu acht Jahren Haft. Mein Freund verschwand mit seiner Familie in Richtung Westen. Der Opa wird ihnen später wohl auch dahin gefolgt sein.

4. Kapitel

Stromern in der Freizeit • Meine
Bibliothek • Mit Fledermäusen kann man
Geld verdienen • Thüringer Bratwürste und
Doppelkopf • Explosive Erkenntnisse

Mit der neuen Schule hatte ich prinzipiell keine Schwierigkeiten. Ich machte nur so viel, dass es reichte, um nicht aufzufallen, aber genau das fiel auf – und zwar den Lehrern. Der Satz: »Günter schöpft sein Leistungsvermögen nicht aus«, war fortan Standard auf jedem Zeugnis. Den Ehrgeiz, diesen Satz zu beseitigen, hatte ich nicht. Viel wichtiger für mich war Freizeit.

Irgendwann kamen Gerüchte auf, in der DDR würde die Ganztagserziehung eingeführt. Das jagte uns Dorfkindern einen Schrecken ein, denn wir konnten uns nicht vorstellen, von unseren Lehrern auch noch am Nachmittag bewacht zu werden. Glücklicherweise kam es nicht dazu, und so widmeten wir unsere freie Zeit dem Stromern. Wir streiften durch die Wälder, spielten Indianer, bauten Burgen – das waren eigentlich nur Laubhütten – oder besorgten uns Obst aus den Gärten anderer Leute. Eine besondere Sache war auch das Durchstöbern der Scheunen und Dachböden auf den Bauernhöfen. Auf dem Hof eines Spielkameraden, auf dem mein Vater 1945 als Knecht gearbeitet hatte, fanden wir in einem Hinterzimmer einen Schrank voll herrlicher leerer Büchsen. Der Vater meines Freundes hatte die offensichtlich einmal gesammelt. Auch dieser Vater hatte einst etwas anderes vor, als Bauer zu werden. Die wunderbaren Zeichnungen auf Pergamentpapier von Häusern und Skulpturen bewiesen das. Von meiner Mutter wusste ich, dass er eigentlich Architekt werden wollte. Er hatte sich seinerzeit sehr um meine Mutter bemüht, aber es war nichts daraus geworden. Ich fand das als Kind gut, denn sonst hätte ich womöglich rote Haare gehabt.

Manches Abenteuer kopierte ich mir aus meinen Büchern. Meine Lieblingsbücher waren *Tom Sawyer* und *Huckleberry Finn* von Mark Twain und *Lederstrumpf* von James Fenimore Cooper. Darin standen genug Anleitungen für ein abenteuerliches Leben auf dem Dorf. Zwar fehlten uns die großen Seen und der Mississippi, aber unser Dorfbach konnte das mit reichlich Phantasie einigermaßen ausgleichen – wenn er Wasser hatte. Die *Lederstrumpf*-Ausgabe, mit einem herrlichen farbigen Jugendstil-Einband, hatte mir eine meiner vielen Tanten aus dem Westen geschenkt. Dazu gab es zwei weitere Bücher: Daniel Defoes *Robinson Crusoe* und *Die Schatzinsel* von Robert Louis Stevenson. Den *Robinson-Crusoe*-Roman las ich zwar aufmerksam, hatte aber immer das Gefühl, der Autor Daniel Defoe habe sich da etwas ausgedacht, um den Leser zu belehren. Erst viel später erkannte ich, dass mein Gefühl mich nicht getäuscht hatte. *Die Schatzinsel* empfand ich da schon als etwas Genaueres. Seeräuber hätte ja auch ein Berufswunsch sein können.

Komplettiert wurde meine Abenteuer-Jugend-Bibliothek schließlich durch *Die letzte Fahrt der Bark Alexander* von Rudolf Weiss, aus dem Gebrüder Knabe Verlag Weimar. Das war fast wie *Robinson Crusoe*, aber für mich besser nachvollziehbar. Dass ich mich heute noch an dieses Buch so intensiv erinnern kann, hat eine besondere Bewandtnis. Sechzig Jahre nach meiner Lektüre wurde ich zum hundertfünfzigsten Jahrestag des Panses Verlags Weimar eingeladen, aus dem später der Gebrüder Knabe Verlag Weimar hervorgegangen war mit der Lizenz zum Drucken von Kinder- und Jugendliteratur.

Die erste Hinwendung zu den Naturwissenschaften verdanke ich der Kirche. Na ja – nicht so sehr der Institution, sondern unserer Dorfkirche. Sie war gewissermaßen heimlicher Spielplatz, war doch der Großvater eines Freundes der Küster. Ganz nach Bedarf besorgten wir uns den großen Kirchenschlüssel und erkundeten das alte Gemäuer von unten bis in die Turmspitze. Bei einem unserer halsbrecherischen Ausflüge, über die zusammengebundenen Leitern bis nach oben zu den Schallöchern hin, entgingen uns nicht die großen braunen Haufen, die überall im Turm zu entdecken waren.

Als uns dann einmal ein junger Mann auf der Straße zufällig fragte, ob es solche braunen Haufen in der Kirche gäbe, wussten wir sofort, was er meinte. Es sei Fledermauskot, klärte er uns auf, und er wäre Biologiestudent. Er würde uns für jedes Skelett einer Fledermaus, die man in diesen Haufen finden könne, fünf Mark geben. Wir wühlten jeden Haufen um, und er handelte dann seufzend den Preis herunter, da die Menge der Skelette seine Barschaft deutlich überstieg. Leider teilte er sein Wissen nicht mit seinen Kommilitonen, und so kam es nicht zu einem dauerhaften Gelderwerb.

Für einige Bratwürste reichte die Einnahme aus dem Geschäft mit den Fledermausskeletten aber doch. Bratwürste gab es jede Woche am Sonnabend im Gasthof *Ammerbach*. Der Wirt betrieb nebenher noch eine Fleischerei.

Der alte Gastwirt und Fleischer war ein Ammerbacher Original. Bei ihm trafen sich alle Jäger der Umgebung sonntags früh in seinem von herrlichen Kastanien überschatteten Wirtsgarten, bevor sie zur Jagd aufbrachen. Später saßen sie dann wieder beim Bier und spielten Doppelkopf. Jeder bekam das Bier nach individuellen Wünschen serviert, oft wurde es mit einem kleinen Tauchsieder angewärmt, der genau in das Bierglas passte. Doppelkopf war das Kartenspiel für eingefleischte Thüringer. Zum Bier gab es Rostbrätchen oder Bratwurst, natürlich nur aus der eigenen Fleischerei. Der Wirtssohn, der ebenfalls Fleischer gelernt hatte, war eines Tages in den Westen verschwunden, als das noch relativ einfach war. Niemand regte sich darüber auf. Verwundert waren aber alle, als er nach Jahr und Tag wiederauftauchte und mit einem schicken Westwagen vorfuhr.

Gebraten wurden die Würste von einem regelrechten Spezialisten. Er stand hinter seinem Bratrost, gestreiftes Hemd mit Stehkragen, graue Bürstenfrisur und Schnauzer – Hindenburg wie eben aus dem Bild gestiegen –, und regierte seine Würste. Er wendete sie nicht einzeln mit irgendeiner Holzzange, sondern legte seinen nackten, behaarten Unterarm auf die heißen Thüringer, die ja schon wie die Soldaten gebeugt und geordnet dalagen, und mit einer kurzen Bewegung klappten alle zusammen auf die andere Seite. Das war erste Klasse! Man hörte förmlich, wie die Würste die Hacken zusammenschlugen.

Das ganze Dorf stand Schlange und wartete geduldig, denn es wurden nur die Würste verkauft, die direkt vom Rost kamen. Einen Zwischenaufenthalt in irgendeiner Schüssel gab es nicht. Würste, Semmeln und Born-Senf – selbstredend auch aus Thüringen – gab es immer reichlich. Noch heute bin ich der Meinung, dass, wenn eine Bratwurst Thüringen verlässt, sie das Recht verwirkt, »Thüringer Bratwurst« genannt zu werden. Von den unsäglichen Rezepturen anderwärts, die sich mittlerweile auf diesen Namen berufen, will ich hier lieber schweigen.

Als ich später einmal in den Gasthof *Ammerbach* auf ein Bier einkehrte, ich glaube ich wohnte da schon in Jena, saßen in einer Ecke drei mir bekannte Alte, darunter der ehemalige Wirt, der den Gasthof mittlerweile seinem Sohn übergeben hatte. Als der alte Wirt mich erkannte, fragte er: »He, kannste Doppelkopp?«

Ich nickte.

»Na dann, kumme her un schpiele mit, mir sin nur dreie!«

Ich dachte, warum eigentlich nicht, und setzte mich dazu.

»Mir schpiel'n um de Halb'n«, sagte der Wirt.

Das hieß für mich »um die halben Pfennige«, abgerechnet wurde nach jedem Spiel. Das war einfacher, aber auch teurer als beim Skat. Ich griff in meine Tasche und zählte mein Geld. Viel mehr als eine Mark war das nicht, für ein Bier wäre das ausreichend gewesen.

Am Tisch ging es lustig zu. Die Karten wurden mit Kommentaren auf den Tisch geknallt, die in kein Wörterbuch Eingang gefunden hätten. »Rot jehd tod«, war da noch das Harmloseste. Da die Alten schon etwas zittrig waren, konnten sie die Karten nicht lange in der Hand behalten. Sie benutzten deshalb kleine Brettchen mit einem gebogenen Spalt, in den man die Karten stecken konnte. Meine Angst, schnell pleitezugehen, wich schnell. Von meinem Gewinn konnte ich mir drei Bier und ein Rostbrätchen leisten, und es blieb noch mehr übrig, als ich mitgebracht hatte. Als ich ging, nickten mir die Alten beifällig hinterher, und ich war ordentlich stolz als grüner

Junge in ihren eingeschworenen Kreis als Mitspieler aufgenommen worden zu sein.

Den 13. August 1961 erlebte ich im Spreewald. Wir waren auf einer Klassenfahrt und erkundeten diese schöne Landschaft durch Wanderungen von einem Ort zum anderen. Am 13. August waren wir gerade in Byhleguhre angekommen. Dieser Name ist so seltsam, dass ich ihn bis heute nicht vergessen habe. Von der brisanten politischen Situation bekamen wir nur wenig mit. In unserem Alter hatten wir andere Sorgen als eine Mauer, die irgendwo gebaut wurde. Unser geplanter Ausflug nach Berlin allerdings fiel ins Wasser. Das gefiel uns gar nicht, aber es war nicht zu ändern.

Unter den Bekannten meiner Eltern war auch eine Familie aus dem Dorf, deren Sohn Chemie studierte. Er war zwar ein paar Jahre älter als ich, aber er weihte mich so in diese tolle Wissenschaft ein, dass ich nicht mehr von ihr loskam. Von ihm bekam ich die passenden Chemikalien und von meinen Eltern zu Weihnachten ein lustig bebildertes Experimentierbuch: *Streifzüge durch die anorganische Chemie.*

Meine beiden Freunde, Wolfgang und Günter, waren auch interessiert. Neben ersten kleinen Stänkereien und Farbenspielen stießen wir bald auf einen berühmten Mönch namens Berthold Schwarz. Sein gleichnamiges Pulver hatte es uns angetan, und die Bestandteile waren nicht schwer zu beschaffen. Alle Bauern, die schlachteten, hatten auch Pökelsalz – da hatten wir schon mal das Kaliumnitrat. Das Schwefeln der Kartoffeln bei der Herstellung der Thüringer Klöße ist zwar heute außer Mode, aber damals kannte das jede Hausfrau. Die Fäden, die in geschmolzenen Schwefel eingetaucht worden waren, zündete man an. Sie brannten mit kleinen blauen Flämmchen und wurden in die Töpfe mit den rohen Kartoffeln gehängt, die man mit dem Deckel verschloss. Das entstehende Schwefeldioxid löste sich im Kartoffelwasser und verhinderte, dass das Gereibe schnell braun oder blau wurde. Die Schwefelfäden gab es in der Drogerie *Tonndorf* in Jena oder im Küchenschrank. Über die Verbreitung von Holzkohle in Thüringen angesichts der Bratwürste zu reden, ist überflüssig. Das Mischungsverhältnis der Komponenten musste man durch Experimentieren herausfinden. Eine kleine Schwierigkeit ergab sich aber doch. Es wurde Holzkohlepulver gebraucht. Mit dem Hammer ging das nicht, aber mit einer Kaffeemühle, und zwar mit einer, die von Hand gedreht werden musste und dabei zwischen den Knien gehalten wurde. Obwohl wir immer versuchten, die Kaffeemühlen danach zu säubern, gab es doch mehrfach beim sonntäglichen Kaffeetrinken Kopfschütteln und Schimpfen über die Qualität des angeblich zu scharf gerösteten Bohnenkaffees aus dem Osten.

Es dauerte nicht lange, und unsere ersten Raketen wurden erprobt. Sie flogen zum Glück nicht, sondern hopsten nur von einer Furche in eine andere. Der höllische Gestank, den sie verbreiteten, zwang uns, die Erprobung auf einem abgelegenen Acker durchzuführen. Irgendwie musste das bei Sputnik 1 anders funktioniert haben.

Wir erweiterten unser Wissen und begannen, mit Schießbaumwolle zu experimentieren. Dazu brauchte man keine Kaffeemühle, und wenn ein Paket Watte im elterlichen Haushalt mal fehlte, fiel das in der Regel nicht auf. Woher ich die rauchende Salpetersäure hatte, weiß ich heute nicht mehr, aber ich hatte sie.

Im Schuppen von Opa Kuttein nitrierten wir die Watte und versuchten, den entstehenden Gestank so gut wie möglich zu vertreiben. Anschließend wurde das pappige Produkt mit viel Wasser gewaschen. Nun ging es ans Trocknen. Da bot sich die Backröhre des Küchenofens förmlich an. Inzwischen hatten wir es uns am Küchentisch bequem gemacht und die Skatkarten ausgepackt. Aus dem Radio jaulte der Song »Wimoweh« von The Tokens, und passend dazu gab es einen dumpfen Knall. Der Löwe, der bei den Tokens im Lied noch geschlafen hatte, wäre sofort aufgesprungen. Die Klappe der Backröhre flog auf, und weißer, beißender Qualm kam heraus, doch der Herd hatte es überlebt. Wir hatten gerade noch Zeit, die Ausgangslage wiederherzustellen und uns zu verkrümeln, bevor die Eltern von Wolfgang nach Hause kamen.

Mein Bedarf an dieser Art von Chemie war für eine Weile gedeckt. Immerhin gingen aus unserem Experimentier-Trio zwei Chemiker hervor. Der andere, Günter, ging später an die Grenze, wo auch sein Vater gearbeitet hatte, der an den Folgen einer schweren Kriegsverletzung schon gestorben war.

Langsam deutete sich an, dass die unbeschwerte Kinderzeit ihrem Ende entgegenging. Der Umzug vom Dorf in die Stadt stand bevor. Mit dem Beginn der achten Klasse tauschte ich unfreiwillig das kleine Dorf Ammerbach gegen die damals für mich große Stadt Jena ein.

5. Kapitel

Verloren und gewonnen • Deutschland einig Vaterland • Eine bürgerliche Badewanne • Stehkragenproletarier erziehen mich zu einem langsamen Feinmechaniker • Deutsche in der Résistance • Meine Lehrer • Hully-Gully, Schlips und Tanztee • Jenaer Bierbraukunst

Mit unserem Umzug in die Stadt verlor ich mit Bedauern meine ganze Habe, das waren alle Schätze, die man im Laufe einer Kindheit auf dem Dorf so anhäuft. Sehr gut fand ich dagegen, dass endlich mein dörflicher Spitzname aus meinem Leben verschwand, und er tauchte auch nie wieder auf. Vor allem die Erwachsenen hatten mich immer »Juppi« genannt. Das war eine blöde Verniedlichungsform von Jupp, und das war rheinländisch identisch mit Josef. Ich war also die verkleinerte Ausgabe meines Vaters. Das wollte ich aber nicht sein. Meine Spielkameraden hüteten sich, diesen Spitznamen in meiner Gegenwart zu gebrauchen. Ich hätte jedem sofort die Freundschaft gekündigt. Der Schmerz über die tatsächlichen Verluste wich aber bald, und der neue Schulalltag nahm mich mehr in Anspruch, als ich erwartet hatte.

Die Schule war 1953 gebaut worden und trug ab 1961 den Namen »Erweiterte Oberschule (EOS) ›Johannes R. Becher‹«. Natürlich errichtete man in Jena auch ein Johannes-R.-Becher-Denkmal. Das wurde unter der Beteiligung der gesamten Schule aufgestellt und eingeweiht. Sein vergleichsweise kleiner Bronzekopf stand gleich neben dem Pulverturm der alten Stadtmauer und dem kolossalen Stein für den Chemiker Johann Wolfgang Döbereiner. Das half dem Dichter Becher aber nicht bei der Bilderstürmerei 1989/90. Sein Kopf war weg, immerhin war Becher nebenberuflich auch noch Kommunist und DDR-Kulturminister, Döbereiner nicht.

Gleichermaßen wurde die Goetheallee wieder in Fürstengraben umbenannt, obwohl Goethe mit Döbereiner befreundet war. Goethe war ein großer Heide, wie die meisten Kommunisten auch. Andere Heiden, wie Karl Marx, fielen ebenso unter die modernen Bilderstürmer, obwohl Marx ursprünglich Jude war. Da half ihm auch nicht, dass er in Jena 1841 *in absentia*, also in Abwesenheit, promovierte. 1992 verschwand sein Denkmal im Keller der Universität. Besagter Becher hatte sich seine Abwicklung mit der Schaffung des Textes der DDR-Nationalhymne offensichtlich redlich verdient. Das kann man eigentlich nicht verstehen, lautet in dieser Hymne doch eine Textzeile: *Lass uns dir zum Guten dienen, Deutschland, einig Vaterland …*

Dass die Maas, die Memel, die Etsch und der Belt in seinem Liedtext fehlten, wurde ihm wohl zum Verhängnis. Wenn man schon von Deutschland singt, muss man auch wissen, wo seine Grenzen sind. Als der Dichter August Heinrich Hoffmann von Fallersleben 1841 sein »Lied der Deutschen« dichtete, konnte er nicht wissen, dass sich sein erträumtes »Deutschland« durch die Schuld seiner Obrigkeiten in mehr als hundert Jahren soweit verkleinerte, dass man das Lied eigentlich heute nicht mehr mit ehrlichem Herzen singen kann, nachdem es schon, wie das Land selbst, offiziell auf eine Strophe geschrumpft ist.

Seit Herbst 2019 gibt es in Jena übrigens eine Kopie der Bronzebüste des einstigen Texters der DDR-Nationalhymne; sie wurde in Jena-Winzerla vor einem Plattenbau aufgestellt und ist für manch einen ein Stein des Anstoßes.

Auch die Stadt Jena verlor schon bald ihre geheimnisvolle Größe, die sie aus der Sicht eines Dorfjungen hatte, und entpuppte sich für mich als *Jena – das liebe närrische Nest* Goethes.

Wir hatten unser neues Familienquartier bezogen, das sich nur wenige Schritte entfernt von der Universität in der Schlossgasse befand. Die Wohnung hatte riesige Fenster. Das wurde aber »ausgeglichen« durch die enge, dunkle Gasse.

Bemerkenswert war auch das Badezimmer mit seiner unglaublich großen Badewanne, die im Boden eingelassen war und in die hinein Stufen mit einem Geländer führten. Der Hausbesitzer, ein in Jena bekannter Lederwarenhändler, hatte sie für seine alte Mutter einbauen lassen. Trotz der niedrigen Wasserpreise wurden wir Kinder jedes Mal vor einem »Vollbad« gewarnt, eine Badewannenfüllung reiche auch für drei. Wichtig war dabei nur die Reihenfolge.

Mit der neuen Schule hatte ich keine Probleme. Meine Mitschüler kannte ich alle schon, denn aus den Grundschulklassen mit erweitertem Russischunterricht hatte man zwei Klassen der Erweiterten Oberschule gebildet. Ziel war nun das Abitur. Die Experimentierfreudigkeit im Schulwesen der DDR hielt an, und so war dieses Abitur mit einer Berufsausbildung verknüpft. Von den vielen am Anfang angebotenen Berufen blieben für unsere Klasse schließlich nur noch zwei übrig: Feinmechaniker und Werkzeugmacher. Da sich niemand freiwillig für die Ausbildung zum Werkzeugmacher meldete, wurde schließlich die Aufteilung festgelegt. Auf die soziale Zusammensetzung der Russischklassen hatte ich ja schon hingewiesen. Werkzeugmacher war wohl doch zu proletarisch. Ich wurde zu den Feinmechanikern gesteckt.

Die Ausbildung für beide Berufe fand im Volkseigenen

Betrieb Carl Zeiss Jena statt. Drei Wochen Schule, eine Woche Ausbildung, so lautete der festgelegte Turnus. Die Feinmechaniker bei Zeiss waren ein Völkchen für sich. Meine Mutter nannte sie »Stehkragenproletarier«. Die gingen nicht »auf Arbeit«, sondern »ins Geschäft«. Mein Onkel, der einzige Sohn Elsas, war auch so einer.

Die Abteilung, in der ich lernte, war für den Musterbau zuständig. Sie befand sich in der fünften Etage eines Hauses in der Bachstraße und bestand aus einem langen Raum mit großen Fenstern auf beiden Seiten. An den Tischen entlang der Fenster saßen die Feinmechaniker: links die Raucher und rechts die Nichtraucher. Der Rauch hielt sich allerdings nicht an diese Einteilung. Ich hatte keinen festen Platz, war aber Raucher.

Zudem hatte die Werkzeugausgabe nichts auszugeben, denn alle volkseigenen Werkzeuge waren irgendwie in den Besitz der gestandenen Feinmechaniker übergegangen und wurden in ihren fest verschlossenen Kästen aufbewahrt. Lehrlinge würden sowieso alles kaputt machen, und wir waren ja in ihren Augen nicht einmal richtige Lehrlinge! Zusätzlich war jedes Werkzeug mit dem Namen des vermeintlichen Besitzers gekennzeichnet. Bei einem 1-mm-Spiralbohrer war das schon eine Leistung, und man brauchte zum Lesen eine Lupe. Feinmechaniker können das. Das ärgerte mich besonders, da das meinen Vorstellungen von Volkseigentum nicht entsprach. Als ich einmal auf eine »herrenlose« Ölkanne meinen Namen pinselte, gab es ein großes Geschrei.

Es war dann auch nicht verwunderlich, dass ich die Berufsausbildung mit den Noten Eins für Qualität und Fünf für Normzeit abschloss. Auf jeden Bohrer oder Fräser musste ich besonders lange warten. Leider konnte ich mir diese Art von Aufsässigkeit auch später nicht abgewöhnen. Dass man sich damit das ganze Leben versauen kann, brachte mich bis heute nicht zur Einsicht, dass man es nicht unbedingt laut sagen müsse, wenn einem etwas ungerecht vorkomme.

Der VEB Carl Zeiss Jena hatte bei Saalfeld ein Kinderferienlager. Da ich ja auch Betriebsangehöriger war, bewarb ich mich dort, um in den Ferien als Helfer zu arbeiten. Das Lager lag in einer Saaleschleife über dem Dorf Remschütz. Meine Aufgabe war es, einen Bungalow zu betreuen, in dem die Kinder Bastelarbeiten durchführen konnten. Das machte viel Spaß, denn jeden Tag kamen andere Gruppen. Wir fertigten Flugzeug- und Schiffsmodelle, kleine Fernrohre und vieles andere. Hier entdeckte ich meine Liebe zur Fotografie. Damals baute Zeiss noch Kleinbildkameras. Ich begann mit einer »Werra 3«. Im Fotolabor des Ferienlagers konnte ich meine Bilder selbst entwickeln.

Neben den Kindern der Betriebsangehörigen gab es auch zwei Gruppen französischer Mädchen und Jungen. Ihre Dolmetscherin hatte einen eigenartigen Namen. Sie hieß Stuhlsaft und stammte aus dem französischen Elsass. Wenn sie den Namen französisch aussprach, klang das ungeheuer vornehm; manchmal nannten wir sie »Mademoiselle Saftstuhl«, doch sie nahm uns das nicht übel. Hier lernte ich auch einen interessanten Mann kennen. Er hieß Florimond Bonte und war Mitglied des Zentralkomitees der Kommunistischen Partei Frankreichs (KPF). Von einem Besuch des Konzentrationslagers (KZ) Buchenwald nach Remschütz kommend, um nach den französischen Kindern zu schauen, nutzte er die Zeit seines Aufenthalts bei uns dazu, mich viel über die Einstellung der deutschen Jugend zum Faschismus und zum Krieg zu fragen. Er war schon ein alter Herr, Jahrgang 1890, aber sehr an politischen Dingen interessiert.

Einige Jahre später schickte mir Florimond Bonte aus Paris ein Buch: *Les antifascistes allemands dans la resistance française.* Obwohl ich kein Französisch beherrschte, stöberte ich oft in diesem Buch und stieß auf viele Namen, die mir bekannt waren. Seltsamerweise wurde dieses Buch in der DDR nicht verlegt. Das konnte ich mir damals nicht erklären. Möglicherweise gefielen den Obrigkeiten der DDR einige der dort aufgeführten Namen nicht. Trotzdem kam einer von ihnen noch nach der Wende zu großen Ehren: Der Journalist und Résistance-Kämpfer Gerhard Leo (1923 – 2009) wurde 2004 vom französischen Präsidenten zum Ritter der Ehrenlegion ernannt. Eine vorherige entsprechende Anfrage an die Bundesregierung blieb unbeantwortet. Die DDR hatte ihm schon den Vaterländischen Verdienstorden in Silber und später in Gold verliehen. Das minderte seinen »Gebrauchswert« im Nachwende-Deutschland erheblich.

Die Schule beanspruchte mich, wie gesagt, nicht übermäßig, es gab ja auch noch andere, wichtige Dinge im Leben. Mein Klassenleiter Franz, ein wirklich humanistisch gebildeter Lehrer, erkannte das sofort und ordnete mich in seine Kategorie »stinkend fauler Knochen« ein. Wir kamen gut miteinander aus. Deutsch, Sport und Latein waren seine Fächer, aber er sprach auch Französisch und

Englisch, und wenn er gut drauf war, rezitierte er vor der Klasse Homers *Ilias* auf Altgriechisch und fütterte uns mit Jamben und Trochäen. Seine Vortragsweise belustigte mich, und es klang, als würde er beim Rezitieren auf einem Pferd reiten. Vielleicht war es das Dichterross Pegasus, aber das hatte ja Flügel. Die Liebe zur Literatur, und vor allem die zu Goethe und Heine, habe ich zweifelsohne ihm zu verdanken.

Unser Russischlehrer hieß auch Franz, aber trug einen anderen Nachnamen. Er war ein wahres Original und konnte keinem Schüler ein Leid zufügen. Er stammte aus den ehemals deutschen, jetzt polnischen Ostgebieten. Nach unserer Meinung beherrschte er weder die polnische noch die deutsche oder gar die russische Sprache richtig. Das war natürlich ein großes Missverständnis und beruhte allein darauf, dass wir, als er das erste Mal vor die Klasse trat und Russisch sprach, kein einziges Wort verstanden. Wir hatten doch schon fünf Jahre Russisch gelernt! Es gab also verschiedene Varianten dieser Sprache, und langsam gewöhnten wir uns an die Polzer'sche. Es war wahrlich kein Vergnügen, wenn man den Leitartikel der *Volkswacht* – das war die örtliche SED-Zeitung – vor der Klasse stehend ins Russische übersetzen musste. Alle anderen fanden das ziemlich lustig. Franz hatte ein einfaches System, um zu verhindern, dass einer oder eine übersehen wurde: Er machte hinter dem Namen des nächsten Delinquenten im Klassenbuch einen Punkt mit dem Bleistift. Da das Klassenbuch immer auf dem Lehrertisch herumlag, bekamen wir das schnell heraus und entschärften sein System: Jeder bekam einen Punkt. Kopfschüttelnd radierte er dann alle Punkte weg und fing wieder bei null an. War er einmal ungerecht, brachte er es im Gegensatz zu den meisten anderen Lehrern fertig, sich vor der Klasse zu entschuldigen. Dafür achteten wir ihn sehr und verziehen ihm seine Fehler, so wie er uns unsere verzieh. Er konnte auch gut Geige spielen, und es gelang uns manchmal, ihn zu einem Extra-Konzert vor der Klasse zu bewegen. Dann spielte er »*myslivecku kochanecku*«, ein von ihm geliebtes polnisches Volkslied, oder auch klassische Stücke. Wir nutzten es immer dann, wenn wir vor einer Klassenarbeit Schiss hatten. Ich glaube, er durchschaute uns, ließ es sich aber nicht anmerken. Hitlers Krieg, in dem er als Soldat dienen musste, war ihm verhasst, und er wollte diese Einstellung auch auf uns übertragen. Er erzählte uns einmal, wie sie auf dem Rückzug 1943 im eisigen Winter ihre gefallenen Kameraden auf dem Lkw mitnahmen, weil sie keine Zeit hatten, sie zu begraben. Als sie dann doch eine Pause machen konnten, waren die Leichen bereits steinhart gefroren. Einige in der Klasse wurden schon grün im Gesicht, aber Franz hatte sich in Rage geredet und merkte das nicht. So berichtete er weiter, dass sie versuchten, mit Handgranaten in den harten Boden Gräber zu sprengen. Die Toten passten aber nicht hinein, und so legten sie diese über das Loch und versuchten, sie zu zerbrechen …

Von einem anderen Kaliber war unser Chemielehrer. Er war ziemlich besessen von seiner Wissenschaft und konnte partout nicht verstehen, wenn einer das nicht so sah. Besonders berüchtigt waren seine Experimente vor der Klasse. Als er uns einmal demonstrieren wollte, wie man einen künstlichen Nebel erzeugt, hatte er sich wohl bei der Menge der sogenannten Berger-Mischung etwas vertan und vernebelte das ganze Schulhaus. Er riss die Tür auf, aber nicht, um zu lüften, sondern um die Reinemachefrauen hereinzuholen. Die sollten sehen, was echte Chemie ist. Wir saßen gehorsam an den Tischen und konnten unseren Vordermann nicht sehen. Ein andermal wollte er uns eine Knallgas-Explosion vorführen. Der Versuchsaufbau war geschickt und nutzte die noch wenig entwickelten technischen Möglichkeiten der DDR. Das Gasgemisch – Sauerstoff und Wasserstoff – befand sich in einem Rundkolben, der zugestöpselt war. In dem Korken steckte innen eine zerbrochene Taschenlampenbirne, das war der Zünder. Darüber kam ein hölzerner Papierkorb als Splitterschutz. Die Drähte führten nach außen durch den Abzug in den vom Klassenraum abgetrennten Vorbereitungsraum. Der Chemielehrer verzog sich hinter die Mauer und zündete. Es knallte ohrenbetäubend, und der Papierkorb hopste einen Meter in die Höhe. Es gab keine Verletzten, nur manche waren für eine Weile taub. Ich hatte damals längst meine Vorliebe für die Chemie entdeckt und wurde oft von ihm im Unterricht mit dem Handwagen des Hausmeisters zur *Flora*-Drogerie des Doktor Koch abkommandiert, um neue Chemikalien für die Schule abzuholen. »Dir kann ich sowieso nichts mehr beibringen«, meinte er.

Komplettiert wurde die Reihe der beliebten Lehrkräfte durch den Sportlehrer und Direktor. Er hatte zwar den Spitznamen »Schinder-Otto« von uns bekommen, aber als Pennäler übertrieben wir damals genauso wie die Schüler heute. Er verlangte von uns nicht mehr, als er selbst konnte, ebenso wie Franz, der Deutschlehrer, der uns mit Schlips und pludrigen Trainingshosen am Barren und am Reck Übungen vorturnte, die kaum einer von uns beherrschte. Ottos Söhne waren auch Schüler unserer Schule, aber ich habe niemals bemerkt, dass sie von anderen Lehrern oder von ihm selbst in irgendeiner Weise deshalb bevorzugt wurden. Vom Sport jedenfalls verstand er etwas, das spürten wir nach dem Unterricht noch eine ganze Weile.

Eine besondere Situation trat ein, als wir einen neuen Klassenlehrer bekamen. Sport, Geschichte und Staatsbürgerkunde waren sein Metier. Als er sich mit den Worten »Mein Name ist Herr Doktor Rauscher« vorstellte, war er bei mir unten durch. Ich hasste Autoritätsbeweise, und das war für mich einer. Eine anhaltende Feindschaft war begründet. Fortan nannte ich ihn nur Herr Rauscher, ohne Doktor. Alle Versuche von ihm, mir bei der Anrede einen Doktortitel abzuringen, scheiterten. Ich konnte eigentlich nur den Kürzeren ziehen. Zu dieser Zeit versuchte ich mich mit meinem Freund Rolf im Boxen. Da Rauscher auch Sportlehrer war, forderte er mich eines Tages nach der Sportstunde hämisch zu einem Boxkampf auf. Ich hatte jede Menge Fans, er gar keine. Anfänglich war es nur eine Tändelei und ein Abtasten. Meine Fans skandierten: »Hau ihn, hau ihn!« Schließlich haute ich ihm tatsächlich eins auf die Nase und rannte gleich los, durch die Halle und die Umkleideräume; er immer hinter mir her. Es war ziemlich peinlich. Er schloss mich postwendend von der Klassenfahrt an die Ostsee aus. Gründe dafür hatte er ohnehin genug. Mich ärgerte das nicht. Als er später einmal meine Mutter fragte, was ich gegen ihn einzuwenden hätte, entgegnete sie nur, das solle er mich doch lieber selbst fragen. Das tat er aber nicht.

Das frohe Jugendleben, wie wir es nannten, organisierten wir uns ohne fremde Hilfe selbst. Besonders beliebt waren Tanzveranstaltungen. Da kaum einer in der neunten Klasse Tanzschritte beherrschte, war es Usus, dass alle gemeinsam die Tanzstunden besuchten. Die *Tanzschule Zellmann* am Camsdorfer Ufer war das einzige Haus am Platze und hatte schon seit 1950 ständig Schülerjahrgänge ausgebildet.

Der Chef war ein stattlicher Mann, seine Frau konnte ihm unter der Achselhöhle durchlaufen, was bei einigen Tanzfiguren möglicherweise recht günstig war. Er achtete penibel auf Etikette und versuchte, uns auch ein Mindestmaß an Benehmen beizubringen, hatte aber bei mir nicht viel Erfolg damit. Sein Sohn und seine Schwiegertochter halfen manchmal aus. Sie unterschieden sich nur durch die Größe der Partnerinnen.

Neben den Standardtänzen wurden noch Boogie-Woogie, Rock 'n' Roll und Hully-Gully, aber auch heute weitgehend vergessene Tänze, wie zum Beispiel Rheinländer, gelehrt. Musikalisch sind mir besonders in Erinnerung geblieben: Connie Francis mit »Lipstick On Your Collar« und Wanda Jackson mit »Let's Have A Party«. Da Tanzstunden gewissermaßen öffentliche Veranstaltungen waren, hätte der Hausherr diese Westplatten überhaupt nicht spielen dürfen, doch darüber setzte er sich hinweg, was auch ohne Folgen blieb.

Anzug, weißes Hemd und Schlips waren Pflicht, die Mädchen trugen Röcke oder Kleider. Die Tanzstunde begann immer damit, dass der alte Tanzlehrer Kerzenwachs auf das Parkett schnippelte. Das wurde dadurch höllisch glatt. Wenn er dann in gewohnter Manier »Die Herren bitte!« rief, lagen manche schon auf dem Bauch, bevor sie ihre Partnerin auf der gegenüberliegenden Seite des Saales erreicht hatten. Das war für manch einen praktisch, weil oft die gleichen Mädchen angepeilt wurden. Ich hatte Glück und mir eine feste Tanzpartnerin aus der Parallelklasse organisiert. Ute war eine sehr gute Tänzerin, hübsch dazu, wohnte allerdings außerhalb von Jena. Natürlich war ich in sie verknallt, wie man damals so sagte. Zum Tanzstunden-Abschlussball im Saal des Jenaer Hotels *Schwarzer Bär* sollten wir dann mit einem Wiener Walzer die Tänzerkolonne anführen. Der Tanzlehrer konnte seine Kerzenschnitzerei nicht lassen, und so legten wir uns beide sozusagen mit Wiener Schwung in der Kurve flach auf das Parkett. Das war höchstpeinlich, aber es ging vorüber. Ute studierte später in Budapest Zahnmedizin, und wir verloren uns leider aus den Augen.

Die musikalisch härteren Sachen gab es beim »Tanztee« in der Wöllnitzer *Schönen Aussicht* oder im Saal des Rathauses in Camsdorf. Beatles, Rolling Stones und The Kinks bildeten da die Spitzenreiter, und Tee wurde auch nicht ausgeschenkt, obwohl das Tragen eines Schlipses Pflicht war, was nun tatsächlich zum Tee gepasst hätte. Die Bands, die unsere Hits spielten, hießen Ohios oder Tutti, und ihr Englisch war vom Typus »gesungen, wie gehört«, aber uns war das egal, wir konnten es auch nicht besser. Bei Tutti, die sich einfacherweise nach dem Spitznamen ihres Chefs benannt hatten, hatte ich meinen einzigen Auftritt als Sänger mit »Shakin' All Over« von den Swinging Blue Jeans und »Poor Boy« von den damals beliebten The Lords, einer westdeutschen Rockgruppe. Eine Beat- oder Rockmusik »Made in GDR« entwickelte sich erst allmählich und brauchte eine Weile, bevor sie von uns akzeptiert wurde.

Gingen wir einmal nicht zum »Tanztee«, besuchten wir unsere Lieblingskneipen. Die hießen *Fuchsturm*, *Wilhelmshöhe* und *Geleitshaus*. Später kamen noch *Kleinvogels Gaststätte* und die *Weintanne* dazu. Erhalten geblieben ist heute davon nur noch der *Fuchsturm*. Getrunken wurde Bier, gespielt wurde Doppelkopf, seltener Skat. Das Bier kam noch aus der Jenaer Brauerei, die schon seit 1332 im *Felsenkeller* Bier braute. Das schaffte sie aber nur bis 1990, dann wich sie höherer Gewalt. Wenn ein Produkt aus dem Osten im wiedervereinigten Deutschland nicht gebraucht wurde, dann war es das Bier.

Im Sommer suchte die Brauerei Jena immer händeringend nach Aushilfskräften. Es bot eine gute Gelegenheit, den Geldbeutel aufzubessern. Zwei Wochen hielt ich später als Student in den endlosen finsteren Gängen des roten Buntsandsteinfelsens durch. Man hatte zwar den Eindruck, dass die Hälfte der Belegschaft ständig im Tran war, aber die Arbeit war einfach.

Ich saß an einem schmalen Band, auf dem die Bierflaschen in mäßigem Tempo an mir vorüberzogen. Ein Kommilitone saß kurz vor mir und fischte aus einem Eimer mit lauwarmem, hefigem Wasser die Flaschenverschlüsse heraus. Irgendein Witzbold hatte die bewährten Kronenverschlüsse aus Blech durch Plasteverschlüsse ersetzt. So etwas nannte man in der DDR »Neuerervorschlag«. Dafür bekam man Geld. Die neuen Verschlüsse waren aus brauner Plaste und sahen aus wie kleine Mützen mit Schirm. Mit dem Schirm konnte man, wenn er kalt war, die Mütze abhebeln. Ansonsten benötigte man eine Wasserpumpenzange.

Diese feuchtwarmen Mützen also setzte mein Mitarbeiter den gefüllten Flaschen auf, und ich musste sie mit einem Holzhammer den Flaschen gewissermaßen über die Ohren kloppen. Am Anfang zerstörte ich jede zweite Flasche, aber ich war geduldig und hatte bald den Bogen heraus. Abends konnte man dann für einen schmalen Taler zwei Flaschen Bier ohne Etikett – den sogenannten Haustrunk – mit nach Hause nehmen. Jetzt war mir auch klar, warum die Belegschaft immer so schräg dreinblickte.

Bei dieser Produktionsweise und bei dem ohnehin hart umkämpften Biermarkt hatte die Jenaer Brauerei nach der Wende nicht den Hauch einer Chance. Nichts erinnert heute mehr an den Spruch »Jenaer Bier – eine Spitzenleistung – seit 1332«. Ein kleines Bier, das waren 0,33 Liter, kostete übrigens 49 DDR-Pfennige aus Aluminium, das sind mit Um- und Abwertungen heutig etwa 12 Cent aus Kupfer. Warum dieselbe Menge Bier theoretisch auf dem Oktoberfest 3,50 Euro kostet, erschließt sich mir nicht. Außerdem würde sich niemand auf dem Oktoberfest trauen, ein Drittel Maß Bier zu bestellen.

6. Kapitel

Zwei unauffällige Herren vom MfS • Feinde und Helden • Getarnt wie Luther • Ich zeige langhaarigen Bayern unser Berlin • Poor Boy und eine Sommerliebe • Wallenstein und das Abitur • Eine folgenschwere Reise nach Polen

Es war 1964 in Gera während einer mehrtätigen Zusammenkunft zur Vorbereitung des »Deutschlandtreffens der Jugend«, das zu Pfingsten in Berlin stattfinden sollte, als ich abends im Aufenthaltsraum von zwei Herren im Anzug angesprochen wurde. Sie verwickelten mich in ein Gespräch über den Sozialismus im Allgemeinen und im Besonderen und fragten mich dann ohne Verrenkungen, ob ich bereit wäre, mit der Staatssicherheit zusammenzuarbeiten.

Dass es das MfS gab, wusste ich und hatte keine Probleme damit. Westfernsehen gab es bei uns zu Hause nicht, und im Westradio interessierte mich nur die Musik. Radio Luxemburg war immer eine beliebte Quelle. Politische Themen hatten die selten auf der Antenne.

Auf meine Frage hin, was sie sich unter einer Zusammenarbeit so vorstellten, blieben die beiden Herren ziemlich allgemein beim Klassenfeind und seinen Angriffen gegen die DDR, und ich hatte eigentlich nichts dagegen, diesen Feinden ein paar auf die Finger zu hauen.

Schon in der Grundschule hatten wir über aufgedeckte Pläne von Agenten aus dem Westen diskutiert, die vorhatten, die Saaletalsperren zu sprengen. In Jena hätte dann das Wasser zwölf Meter hoch gestanden. Da wären wohl eine Menge von lieben Brüdern und Schwestern in der Zone mit Sicherheit ersoffen. Die Niederlage der amerikanischen Invasoren in der kubanischen Schweinebucht 1961 fiel mir ein und dass die Amis gerade dabei waren, Vietnam zurück in die Steinzeit zu bomben. Che Guevara, Fidel Castro und Ho Chi Minh waren unbestritten aktuelle politische Vorbilder für mich. Kein anderes Ereignis in dieser Zeit hat meinen politischen Werdegang so nachhaltig beeinflusst wie der Vietnamkrieg. Für mich gab es keine Alternative dazu, diesen Krieg mit allen mir zur Verfügung stehenden Mitteln zu bekämpfen. Dass die westdeutsche Regierung bedingungslos hinter der amerikanischen Politik stand, war kein Geheimnis. Nein, befreundet war ich mit denen nicht, obwohl ich dort jede Menge Tanten und meine Großeltern hatte, die der von den deutschen Faschisten entfesselte Krieg vom Sudetenland nach Stuttgart-Bernhausen in eine Fremdarbeiterbaracke vertrieben hatte. Aber mein Vater hatte sich nie an den Landser-Geschichten beteiligt, die anderen nach dem nötigen Quantum Bier hochkamen.

Konkreter wurden die beiden Herren bei diesem Gespräch aber nicht. Sie wollten sich später in Jena wieder melden. Danach war eine ganze Weile Ruhe, und die Sache geriet erst einmal aus meinem Blickfeld.

Das »Deutschlandtreffen der Jugend« 1964 in Berlin war eine große Sache. Es war das dritte Treffen dieser Art seit dem Bestehen der beiden deutschen Staaten, jedoch das erste, das nach dem Bau der Mauer stattfand. Extra aus diesem Anlass wurde das Jugendradioprogramm DT64 eingerichtet. Und mit einem Mal konnte man Rock 'n' Roll im DDR-Rundfunk hören! »Sweet Little Sixteen« mit Chuck Berry, das war was! Da brachen doch echt neue Zeiten an!

Ich war inzwischen als IM von der Staatsicherheit angeworben worden. Richtigerweise hieß das: Inoffizieller Mitarbeiter. Welcher Art die Mitarbeit war, legte der Führungsoffizier fest. Meiner hieß Roland und war ein umgänglicher Typ, nicht viel älter als ich. Ich bekam auch einen Decknamen, den sollte ich mir selbst aussuchen. Zuerst fielen mir alle möglichen Namen aus der heroischen Geschichte der Kommunistischen Parteien ein, aber dann fand ich das doch übertrieben. Ich wählte den Namen »Jürgen Junk«. Für mich war das eine ironische Wortschüttelei von »Junker Jörg«. Das war einmal der Deckname von Martin Luther. Ich musste das zum Glück nicht erklären, und so blieb ich unentdeckt mit meiner Ironie allein. Das war auch gut so, denn andernfalls hätte ich mir sicher einen neuen Decknamen ausdenken müssen. Ironie und Humor waren beim MfS nie sonderlich gut entwickelt.

Ich betreute beim »Deutschlandtreffen« in Berlin eine Gruppe westdeutscher Linker, alle aus Bayern, und die meisten waren älter als ich. Den Job hatte mir Roland angeboten. Ich brauchte aber nicht über jeden meiner Linken einen Bericht zu schreiben.

Diese Westlinken waren ständig auf der Suche nach marxistischer Literatur, wussten aber, dass ihnen das meiste bei der Einreise in die BRD wieder abgenommen werden würde, und so kauften sie alles doppelt und dreifach. Was mich besonders wunderte, war der Umstand, dass sie unser Bier nicht vertrugen, es war ihnen zu stark. Meine Vorstellungen vom Oktoberfest musste ich also korrigieren.

Als wir dann irgendwo an der Karl-Marx-Allee standen und der Demonstration zuschauten, skandierten meine Westlinken plötzlich lautstark: »Von der Oder bis zum Rhein wird der Sozialismus sein!« Mir fielen sofort die Maas und die Memel ein, und die vor uns Stehenden drehten sich um, um zu sehen, wer hier solche Sprüche abließ. Nun waren meine Jungs an der Haartracht nach DDR-Maßstab nicht gerade als Linke zu erkennen, so dass die sich Umschauenden wohl meinten, das sei eine Provokation von langhaarigen Gammlern. Ich hatte reichlich Mühe, dieses Missverständnis aufzuklären – hatte ich doch selbst lange Haare –, aber es gelang schließlich. Den Spruch fand ich allerdings auch nicht gerade mitreißend revolutionär.

Mein Studienwunsch war Chemie, daran gab es nichts zu rütteln. Mir hatten es besonders die Farben angetan. Also bewarb ich mich in der elften Klasse an der Friedrich-Schiller-Universität Jena. Von zu Hause weg wollte ich nicht. Meine Eltern engten mich nicht ein.

Mit der Aufnahmeprüfung hatte ich keine Probleme. Der prüfende Professor fragte mich, einen Bleistift zwischen den Fingern drehend, warum der gelb sei. Schnell waren wir über die Absorption von Licht bei den Farben, und da war ich in meinem Element.

1967 wurde ich Kandidat der Sozialistischen Einheitspartei Deutschlands (SED). Mein Deutschlehrer hatte mich geworben. Der Eintritt in die Partei entsprach meinen politischen Auffassungen, und ich kann auch heute nichts Ehrenrühriges an diesen Auffassungen entdecken. Ich war nicht der einzige Kandidat in meiner Klasse. Keiner übte auf mich Druck aus oder lockte mit irgendwelchen Versprechungen.

Im Sommer nach der elften Klasse besuchte ich ein sogenanntes Lager der Erholung und Arbeit an der Ostsee. An die Arbeit kann ich mich nicht so recht erinnern, wohl aber an die Erholung. Mit von der Partie war die schon genannte Band Tutti, die für den Abschlussabend unbedingt noch einen Sänger suchte, da ihrer aus irgendeinem Grunde nicht einsatzbereit war. Nach ein paar kurzen Proben war ich engagiert und durfte zum Abschlusskonzert ohne Gage die schon erwähnten zwei Titel singen: »Shakin' All Over« und »Poor Boy«. Das tat ich dann auch, und alle waren zufrieden. Was ich da in meinem Küchenenglisch gesungen hatte, verstand ich erst ein paar Jahre später genauer und war froh, dass sich inzwischen der Mantel des Schweigens darüber ausgebreitet hatte.

An diesem Abend lernte ich ein Mädchen kennen. Sie hieß Gundula, aber ihre Freunde nannten sie Gunda. Sie gefiel mir sehr, jedoch für eine Sommerliebe schien es zu spät. Wir kamen gerade noch dazu, unsere Adressen auszutauschen, und ich versprach, sie noch in diesem Sommer zu besuchen. Vielleicht konnte man das mit der Sommerliebe nachholen.

Tatsächlich machte ich mich ein paar Tage später auf den Weg in Richtung Frankfurt (Oder), um in das Dorf zu gelangen, wo sie wohnte. Wie es sich gehörte, wurde getrampt. Leider ging das nicht so schnell, wie ich angenommen hatte, und so kam ich in stockfinsterer Nacht in diesem Dorf an. Das Haus fand ich bald, aber alles war zappenduster. Zu klingeln traute ich mich nicht. Das Dorf war um diese Zeit so beleuchtet wie jedes Dorf in der DDR – nämlich gar nicht. Die DDR sparte Strom. Das macht heute keiner mehr. Bei der Suche nach einem Nachtquartier für Tramper stand ich plötzlich vor einem Scheunentor. Eine Taschenlampe hatte ich nicht, aber Streichhölzer. Also funzelte ich in der Scheune herum;

die Tenne war leer, nur eine Leiter führte auf den Heuboden. Etwas wackelig und ein brennendes Streichholz in der Hand erklomm ich die Leiter. Der Oberboden war auch leer. Nur in einer Ecke lag ein kleiner Haufen, der wie Getreide aussah. Bei der Kokelei mit den Hölzern wurde mir langsam mulmig, ich pustete das Streichholz aus, legte mich einfach auf den Haufen und schlief ein.

Ich wurde erst wach, als ich das Klappern von Eimern hörte. Ich öffnete die Augen und bemerkte, dass ich bis zum Hals in irgendetwas steckte. Leider war es kein Getreide, sondern die dazugehörige Spreu, die überall in meinen Sachen steckte und heftig piekte. Beim vorsichtigen Blick aus einer Luke erkannte ich, dass ich in der Nacht durch ein offen stehendes Tor mitten auf einen Bauernhof geraten war. Jetzt war guter Rat teuer. Ich konnte doch nicht einfach über den Hof hinausspazieren, auf dem die Bäuerin Hühner fütterte!

Erst einmal musste ich meine Sachen von diesem ekligen Zeug befreien. Ich zog mich bis auf die Haut aus und polkte die Grannen, so gut es ging, aus Hemd und Hosen. Dann kletterte ich die Leiter hinunter und trat auf den Hof. Der war leer. Die Bäuerin werkelte klappernd im Schweinestall. Eigentlich hätte ich nun doch unbemerkt verschwinden können, aber die fünfzig Meter bis zur Straße – und wenn jemand aus dem Haus kam? Also ging ich mit klopfendem Herzen in den Stall und versuchte, der Chefin des Hauses zu erklären, wie ich in ihren Hof und in ihre Scheune gekommen war.

»Und da oben haben Sie geschlafen?«, sie schüttelte den Kopf. Sie musterte mich und lächelte breit. Vielleicht hatte ich noch ein paar Spelzen auf dem Kopf. Von den

Streichhölzern erwähnte ich ihr gegenüber vorsichtshalber nichts.

Mir wäre es am liebsten gewesen, ich hätte Gunda »zufällig« auf der Straße getroffen, aber das war nicht zu erwarten. Ich musste also wohl oder übel der Familie einen ordentlichen Besuch abstatten. Die Aufnahme war freundlich – sie hatte also ihre Eltern vorbereitet. Es war mir alles etwas ungewohnt und zu offiziell, aber ich riss mich zusammen und spielte den guten Jungen. Auf die Frage, wie lange ich bleiben wolle, antwortete ich spontan: »Zwei oder drei Tage.«

Ich bekam ein Nachtlager im Wohnzimmer. Gunda und ich spazierten durch das Dorf, sie zeigte mir die Ecken, wo sie als Kind immer gespielt hatte, aber das war schon eine Weile her. Jetzt ging sie in die neunte Klasse der EOS in Frankfurt (Oder). Der erste Tag war schnell vorbei, wenn man vom Familienabendessen absah.

Schließlich saß ich allein auf meinem Schlafsofa. Ich sah mich im Wohnzimmer um. Zu allererst interessierten mich die Bücher. An den Büchern der Leute konnte man erkennen, mit was für einer Sorte Mensch man es zu tun hatte. Mit kundigem Auge erspähte ich ein in rotes Leinen gebundenes Buch, das wohl schon ein paar Jahre auf dem Buckel hatte. Um es herauszuholen, musste ich die Glastür des Schranks öffnen und erschrak, welchen Lärm das machte. Ich hatte mich nicht getäuscht, das war ein Buch über Sex. Wenn ich mich richtig erinnere, war es Auguste Forels *Die sexuelle Frage*. Der Untertitel besagte, dass es für Gebildete sei. Ich fing an, darin zu blättern, denn ich hielt mich für gebildet genug. Immer dann, wenn es spannend wurde, verfiel der Autor auf die Idee, in Lateinisch weiterzuschreiben. So gebildet war ich nun aber auch wieder nicht. Diese Geheimniskrämerei ärgerte mich. Plötzlich klapperte irgendetwas im Haus, ich stellte das Buch vorsichtig zurück und löschte das Licht. Morgen war ja auch noch ein Tag.

Am nächsten Tag unternahmen wir einen langen Ausflug in die Umgebung. Es gab viele Kiefern und viel Sand, aber zum Glück auch einen schönen Badesee. Man konnte den Sommer förmlich riechen. Der Duft des Harzes und der reifen Getreidefelder breitete sich aus. Komischerweise gingen wir zuerst mit Badebekleidung in den See, obwohl es mir ohne besser gefallen hätte, aber sie war erst sechzehn, gut erzogen und hier zu Hause. Schließlich siegte dann aber doch die Sommerliebe, und es ging auch ohne Badehose. Wir waren unerfahren und sicher auch ungeschickt. Die Kiefernadeln piekten, und wir fühlten uns ständig beobachtet. In die Verliebtheit mischte sich ein kleiner Wermutstropfen. Schließlich packten wir unsere Sachen zusammen und liefen zurück ins Dorf. Ich hatte den Eindruck, dass mich Gundas Eltern eingehend musterten, immerhin war ich ja schon fast achtzehn. Schließlich war ich froh, als man sich gegenseitig eine gute Nacht wünschte.

Als im Haus Ruhe eingekehrt war, machte ich mich wieder am Bücherschrank zu schaffen. Vielleicht hatte der alte Forel doch einen Tipp auf Deutsch für mich, was da schiefgelaufen war. Doch – holla – das Buch war weg! Die Alten hatten den Braten gerochen und wollten offensichtlich keine Beihilfe zur Sünde leisten. Das war aber blöd.

Zum Frühstück war die Stimmung irgendwie anders. Es

kam kein ordentliches Gespräch zustande. Vielleicht hatten Gundas Eltern ihr die Leviten gelesen. Ich fragte vorsichtshalber nicht danach. Einsilbig wanderten wir zum Bahnhof, der auf der halben Strecke zum Nachbardorf lag. Wir küssten uns zum Abschied und versprachen, einander zu schreiben. Irgendwie war ich auch erleichtert, als der Zug schließlich abdampfte.

Das Abitur warf seine Schatten voraus, und ich machte mir Gedanken um die mündliche Prüfung. Mein Sorgenkind war Latein. Da war ich nicht der Einzige. Ich hatte da nie viel Arbeit investiert, und so sah auch das Ergebnis aus. Da wollte ich eine mündliche Prüfung unbedingt vermeiden. Die letzte Klassenarbeit sollte den Ausschlag geben. Ich stand zwischen Zwei und Drei. Schrieb ich eine Eins, bekäme ich als Gesamtnote eine Zwei und wäre raus, mit einer Fünf wäre die Gesamtnote Drei, und ich müsste auch nicht in die Mündliche. Jede andere Note wäre gefährlich.

Thema waren die Stammformen der lateinischen Verben, das war so etwas wie »laufen, lief, gelaufen«, bloß auf Lateinisch. Ich nahm also die Gitarre, suchte mir eine einfache Melodie und lernte dann an zwei Nachmittagen einhundertzwanzig lateinische Verben samt deren Stammformen. Es klappte vorzüglich. Was bei Opernsängern ging – warum sollte das hier nicht funktionieren? So lang wie die Arie des Orpheus war die Latte der Stammformen nicht.

Dummerweise war das erste Verb in der Klassenarbeit dasjenige, was am Anfang meiner lateinischen Oper stand, und genau das wollte mir plötzlich nicht mehr einfallen. Nach zehn Minuten war ich sicher, die Eins war gestorben, und so faltete ich den Zettel, auf dem nur mein Name stand, zusammen und gab ihn dem Lateinlehrer. Meine Rechnung ging auf – ich musste in Latein nicht in die mündliche Prüfung, dafür in Mathe und Russisch.

Eine kleine Hürde stellte noch der Aufsatz in Deutsch dar. Die Originalliteratur war als Hilfsmittel erlaubt. Die beiden Themen waren zuvor bekannt: *Kabale und Liebe* und *Wallenstein* – zweimal Schiller. Einen Tag vorher erkundigte sich Franz, wer welches Thema im Aufsatz bearbeiten wird. Alle wollten *Kabale und Liebe* nehmen, da entschied ich mich für *Wallenstein*. Das *Kabale*-Drama war mir zu schwülstig, also kaufte ich mir schnell noch die beiden *Wallenstein*-Reclam-Bändchen.

Für den Aufsatz waren sechs Stunden vorgesehen. Zwei Stunden gingen bei mir für das Lesen drauf, bisher kannte ich den *Wallenstein* ja nur vom Hörensagen. Das fiel selbst dem Deutschlehrer auf, und er fragte mich, ob ich denn nicht anfangen wolle, zu schreiben. Das Argument, ich müsse *Wallenstein* vorher doch erst gründlich lesen, akzeptierte er. Die restliche Zeit schrieb ich ohne Pause durch. Der Stoff hatte mir schon im Unterricht zugesagt, und so bekam ich eine glatte Eins – zur Freude von Franz.

Auch den Sechs-Stunden-Aufsatz in Russisch bekam ich hin, allerdings musste ich die reichlich vorhandenen Fehler durch Textmasse »verdünnen«.

So verlief das Abitur ohne weitere Hindernisse. Mit der Abiturnote »gut« war ich zufrieden.

Als krönenden Abschluss unserer Schulzeit hatte ich mir mit meinem Freund Rolf eine Reise nach Polen – in die

Hauptstadt Warschau – vorgenommen. Wir wollten unsere Freundinnen mitnehmen. Meine Sommerliebe hatte bereits ein Jahr lang gehalten. Wir hatten uns allerdings seit meinem Besuch bei ihr nicht wiedergetroffen, sondern nur regelmäßig geschrieben. Gundas Eltern waren einverstanden. Rolfs Freundin kannte ich schon eine Weile, wir verstanden uns gut.

Ein Privatquartier hatten wir uns besorgt. Als Reisedokument bekam man einen Visum-Stempel in den Personalausweis. Das war einfach. Komplizierter war es dann aber mit dem Geld. Das polnische Geld musste man bereits in der DDR vor Reiseantritt wechseln. In Polen konnte man dann nur noch 32 DDR-Mark tauschen. Die finanziellen Verhältnisse zwischen den sozialistischen Ländern waren ziemlich kompliziert. Wie schon meine Mutter immer sagte, hörte auch hier die Freundschaft beim Geld auf. Irgendwie schaffte ich es nicht, meine 800 Mark – so viel hatte ich mir für die Reise zusammengespart – noch in der DDR zu tauschen. In Frankfurt (Oder) stieß Gunda zu uns. Ehrlich, wie ich war, gab ich beim Grenzübertritt in der Zolldeklaration alles Geld, was ich mithatte, an, und so nahm das Pech seinen Lauf, ohne dass ich es ahnte. Mein Geld tauschte ich in irgendeinem Hotel in Warschau um und bekam auch eine Quittung – natürlich in Polnisch. Das konnte ich nicht lesen.

Warschau gefiel uns sehr. Besonders beeindruckte uns der Flohmarkt, auf dem man nahezu alles kaufen konnte. Manchen Dingen sah man an, wie sie wohl den Weg hierher gefunden hatten, wie zum Beispiel einem Wasserhahn, an dem noch ein Meter Rohr mit einem Betonklumpen hing, oder einem Wehrmachtsradio, dem alle

Röhren fehlten. Ich kaufte mir eine Plasteschallplatte, die wie eine Postkarte aussah, mit einem Titel von The Troggs: »Wild Thing«. Rolf wollte unbedingt ein Paar Stiefeletten, wie sie die Beatles trugen; ich war scharf auf die Langspielplatte *Enigmatic* von Czesław Niemen, einem damals sehr populären polnischen Rockmusiker. Wir fuhren mehrmals quer durch Warschau, bis wir unsere Wünsche erfüllt hatten.

Die Unterkunft war prima, eine große Wohnung mit einem alten vornehmen Herrn, der uns nicht störte und meistens auch nicht anwesend war. Wir hatten zwei Zimmer, eines für die Jungen, eines für die Mädchen, wie der Hausherr meinte. Abends, als er weg war, änderten wir natürlich die Aufteilung. Aus irgendeinem Grund kam ich in der Nacht auf den Gedanken, die Einteilung des Vermieters wiederherzustellen. Ich wollte ihn wohl nicht hintergehen. Die anderen waren der Meinung, ich würde spinnen, aber ich setzte mich schließlich durch. Das Verhältnis zu Gunda erlitt einen Knacks.

Als wir in Frankfurt (Oder) auf der Heimreise die Grenze überquerten, wurden wir natürlich kontrolliert, und die Sache mit dem Geld kam ans Licht. Wir mussten raus aus dem Zug, Gunda fuhr allein weiter. Die Sommerliebe war beendet. Dann ging eine stundenlange Befragung los. Man erklärte mir schließlich auch den langen polnischen Satz auf der Umtauschquittung aus dem Warschauer Hotel: Ich hatte für fünfundzwanzig Touristen Geld umgetauscht. Rechnerisch war das korrekt, aber die anderen vierundzwanzig, für die ich Geld getauscht haben sollte, waren mir unbekannt. Am Ende stand die Mitteilung der Vernehmer, dass man gegen mich ein Verfahren wegen Zoll- und Devisenvergehens eröffnen würde. Ich bekäme Bescheid.

Das klang ziemlich kriminell, und ich sah mein Studium der Chemie sich schon in Rauch auflösen. Die Polen hatten mich geleimt, und die eigenen Leute entpuppten sich als Krämerseelen. Damals verstand ich noch nicht, dass zwanzig Jahre Frieden nicht ausreichten, um aus erbitterten Feinden Freunde zu machen. Die Polen blieben misstrauisch. Schließlich waren die Deutschen ja diejenigen gewesen, die sie überfallen hatten. Freundschaften kann man eben nicht von oben anweisen, auch wenn man sie »unverbrüchlich« nennt. Jeder hatte da so seine ganz persönlichen Erfahrungen. Mein monolithisches Weltbild bekam die ersten Kratzer.

Erst später verstand ich, dass auch mit den Umtauschkursen etwas nicht stimmen konnte. Die Ungarn brachten einmal einen Güterwagen vollbeladen mit »illegal« bei ihnen umgetauschtem DDR-Geld zurück und bezahlten damit einen Teil des Außenhandelsumsatzes mit der DDR – mit Schwarzgeld. Die DDR-Regierung war davon nicht begeistert. Ein ähnliches Problem mit den illegalen Wechselstuben in Westberlin hatte sie ja schon einmal mit einem Geldumtausch über Nacht beseitigt. Das ging aber unter sozialistischen Bruderländern nicht. Auch hier führte das nicht zur weiteren Verbesserung der ohnehin schon ehernen Freundschaft.

7. Kapitel

Ich werde Chemiker ● Ein Freund fürs
Leben ● Die Sphäre Gottes ● Brennende
Probleme ● Der Rosenkeller ● Bierfassrollen
und Jazz ● Dersu Usala am Ropotamo ● Der
Prager Frühling in Budapest

Am 1. September 1967 nahm ich mein Chemiestudium auf. Wir waren knapp hundert Studienanfänger. Zusammengefasst waren wir in Seminargruppen mit je einem Assistenten. In diesen Gruppen fanden auch die Seminare zur Vertiefung des Stoffs der Vorlesungen statt. Diese Lerngemeinschaften blieben das ganze Studium organisatorisch zusammen, was durchaus den Vergleich mit der gerade beendeten Schule zuließ und später als »Verschulung der Universität« kritisiert wurde. Wir sahen das aber nicht so, sondern begannen unverzüglich, unsere regelmäßigen Seminargruppenfeten zu organisieren. Inhalte und Methoden wurden von den oberen Studienjahren übernommen. Wenn es Traditionen gab, musste man nicht unbedingt etwas Neues erfinden.

Die relativ hohe Zahl an Chemiestudenten ergab sich aus dem Plan der Regierung, in verschiedenen Bereichen der Naturwissenschaften Großforschungszentren zu errichten. Das Zentrum für Chemie sollte in Leuna entstehen. Da das Chemiestudium fünf Jahre dauerte, war es erforderlich, die entsprechende Zahl von Wissenschaftlern langfristig vorher auszubilden. Regierungschef war zu der Zeit Walter Ulbricht, und es war wohl dem Grunde nach seine Idee.

Eingebettet war das Ganze in die Dritte Hochschulreform der DDR. Sie strebte eine umfassende Umgestaltung der Hochschulen an. Alle bürgerlichen Zöpfe sollten abgeschnitten werden. Das Studium wollte man im Rahmen der Hochschulreform von fünf auf vier Jahre verkürzen. Wir waren als Studenten daran nicht unbeteiligt und wurden aufgefordert, mitzumachen. Stundenlang diskutierten wir mit Professoren und Hochschullehrern über Studienpläne und Praktika.

Mit vertreten war die damals jüngste Professorin der DDR, Prof. Dr. Helga D. Das imponierte mir, denn sie war nicht viel älter als wir. Man erzählte sich von ihr, dass sie auf einer Dienstreise nach Berlin bei einer Reifenpanne aktiv beim Radwechsel mit zupackte, was sichtbare Spuren an ihrer festlichen Garderobe hinterließ. Damals ahnte ich noch nicht, dass sie wenige Jahre später meine Gutachterin für die Promotion sein und ich vorher mit ihr in einen heftigen politischen Streit geraten würde.

Wir Studierenden freuten uns, dass wir gefragt wurden und man Wert auf unsere Meinung legte. Im November 1967 hatten Studenten der Uni Hamburg bei der Einführung eines ungeliebten neuen Rektors ein Transparent enthüllt: *Unter den Talaren – Muff von 1000 Jahren!* Wir waren sicher, dass wir es besser konnten. Einige Zeit nach der Wende hatten wir ein Studienjahrestreffen und besuchten auch das »Traditionskabinett« der Universität. Angesichts der dort ausgestellten Devotionalien raunte mir unser alter Professor Egon U. eben diesen Satz über den Muff unter den Talaren zu. Er wusste, wovon er sprach.

Für jedes Studienfach in der DDR gab es feste Zulassungszahlen. Zugelassen wurde in der Regel nach den Ergebnissen der Aufnahmeprüfungen. Wir hatten also auch Pfarrerskinder und christlich orientierte Studenten im Studienjahr. Ich erinnere mich in diesem Zusammenhang an zwei Mitschülerinnen aus der Erweiterten Oberschule. Die eine hatte sich in den Kopf gesetzt, unbedingt Arabistik zu studieren. Dieses Fach gab es damals nur an der Humboldt-Universität zu Berlin. Aufgenommen wurden aber nur zwei Bewerber. Sie schaffte das tatsächlich und arbeitete später in Kairo. Die andere hatte mich einmal mitleidig wegen meines arg ramponierten Portemonnaies angeblickt: »Wenn ich einmal Opernsängerin bin, kaufe ich dir von meiner ersten Gage ein neues!« Auch sie schaffte ihr hochgestecktes Ziel. Auf das Portemonnaie warte ich noch heute. Meinetwegen hätte es auch leer sein können.

Wer jemals das Industriegebiet Leuna in den 1960er Jahren gesehen hat, wird bestätigen können, dass diese Gegend nicht zu den landschaftlich schönen Gebieten gezählt werden konnte. Als wir einmal als Studenten eine Informationsreise nach Leuna unternahmen, besichtigten wir auch die chemischen Labors. Sie hinterließen auf mich einen niederschmetternden Eindruck. Meine Vorstellung von der Arbeit eines Chemikers in der Industrie war wohl zu romantisch. Aber noch war es nicht so weit mit diesen Forschungszentren.

In meiner Seminargruppe freundete ich mich mit einem Studenten an. Er war lang und dünn und ein begeisterter Basketballspieler. Albrecht war sehr klug und stand gewissermaßen über dem Stoff. Die Gegend, aus der er kam, war die Lausitz, und im Vergleich dazu war Jena eine Großstadt im Gebirge. Wir hatten beide genügend Zeit und viele gemeinsame Interessen. Ich wohnte zu Hause bei meinen Eltern, er im Studentenwohnheim. An den Wochenenden blieb er häufig in Jena. Die anderen Studenten fuhren nach Hause. Seine Bindungen an die Familie waren wohl nicht so eng, aber darüber schwieg er sich aus. Meine Mutter mochte ihn auch und lud ihn oft am Wochenende zu uns zum Mittagessen ein.

Alle Studenten – auch die *innen – bekamen 180 Mark Stipendium unabhängig von der Vermögenslage der Eltern. Davon konnte man locker die 10 Mark für das Wohnheim und die Essenmarken für die Mensa begleichen. Ein kleines Bier kostete 49 Pfennige und eine Bratwurst mit Brötchen 1,05 Mark. Relativ teuer waren die Fachbücher, vor allem dann, wenn sie aus dem Westen kamen. So kostete zum Beispiel der sogenannte Cotton/Wilkinson, ein Lehrbuch mit dem Titel *Anorganische Chemie*, um die 50 Mark. Das Lehrbuch für die Organik des US-amerikanischen Chemiker-Ehepaars Fieser war ebenso teuer. Das war aber auch noch erträglich, zumal Anorganische Chemie und Organische Chemie zeitlich auseinanderliegend gelehrt wurden. Oft wurden dann die Bücher von älteren Semestern an jüngere zu günstigeren Preisen verkauft.

Die Fiesers waren mir von Anfang an als Erfinder des Napalms suspekt. Napalm warf die US-Armee gerade über Vietnam ab, um die *gooks* auszuräuchern. *gooks* waren in den Augen der Amerikaner auch die Vietnamesen des Südens, die um ihre Freiheit kämpften. Die deutschen Nazis hatten sich da verständlicher ausgedrückt. Sie nannten Menschen, die nicht ihren rassistischen Maßstäben entsprachen, einfach »Untermenschen«. Wissenschaftlich war an dem Buch der Fiesers nichts auszusetzen, Politisches stand nicht drin. Trotzdem kaufte ich mir das Buch nicht, das mit dem Napalm nahm ich den Fiesers übel.

Dass Wissenschaftler sich an verantwortlichen Stellen an Kriegen beteiligten, war mir nicht neu, und eine Liste dieser Berühmtheiten wäre lang. Ich will nur an den

Nobelpreisträger Fritz Haber erinnern, der so nebenbei für das Deutsche Reich den Giftgaskrieg erfand. Da war ich aber inkonsequent. Die Haber-Bosch-Synthese zur Herstellung von Ammoniak aus Luftstickstoff lernte ich auswendig.

Etwas anderes war es dagegen mit dem *Lehrbuch der Anorganischen Chemie* des Duos Holleman-Wiberg aus dem Westen. Ganz zum Schluss gab es ein kleines Kapitel über die Chemie der radioaktiven Elemente. Die Autoren beschlossen es mit dem Satz: »Man hüte sich aber, weiter in die Geheimnisse der Radioaktivität einzudringen, da man dann die Sphäre Gottes verletzt.« Damit schossen sich die Herren Chemiker freiwillig ins Bein. Mir ist es heute noch unverständlich, wie man als Wissenschaftler auf eine solche Idee kommen kann. Sonst aber war das Buch ohne Tadel. Klugheit, auch wenn sie noch so groß ist, schützt also nicht vor kapitalen Irrtümern.

Nicht einmal vier Wochen nach Studienbeginn wurde ich aus dem Labor zum Fachbereichsleiter gerufen. Er kam ohne Umschweife zur Sache und fragte mich nach meiner Reise nach Polen. Ich erzählte ihm, wie ich in diese missliche Lage gekommen war. Ich hatte den Eindruck, dass er der Sache keine große Bedeutung beimaß – und so war es auch. Er teilte mir mit, dass das Verfahren wegen Geringfügigkeit eingestellt worden sei. Mir fiel ein Stein vom Herzen. Seine Ermahnungen, in Zukunft besser vorher nachzudenken, quittierte ich mit einem Kopfnicken. Nach nicht einmal zehn Minuten war ich wieder im Labor.

Das erste Studienjahr verging schnell, es gab viel Neues, und das Arbeiten im Labor machte Spaß. Das Institut für Anorganische Chemie war vor 1945 Amtsgericht gewesen. Das nebenan gelegene Untersuchungsgefängnis hatte seine Funktion behalten. Das führte manchmal zu Irritationen, da sich die Einsitzenden über den Gestank beschwerten, der aus den Abflüssen in ihren Zellen aufstieg. Die Gebäude hatten wohl ein gemeinsames Abwassersystem.

Benötigten wir im Labor einmal eine längere Pause, reichte es, drei Bunsenbrenner unter die Brandmelde-anlage zu stellen. Ertönte die Sirene, stellten wir sie wieder an ihren alten Platz und uns dumm. Das Haus wurde evakuiert, und wir hatten unsere Rauchpause.

Einmal geriet mein Freund Albrecht in Brand. Er hatte sich zu nahe an einen Brenner gesetzt, so dass sein Kittel Feuer fing. Ruhig stieg er vom Labortisch und verkündete: »Ich glaube, ich brenne.« Das entsprach den Tatsachen. Die Menge an Wasser, die wir zum Löschen verwendeten, ging über die zum Löschen erforderliche weit hinaus, und er stand schließlich wie ein begossener Pudel vor uns. Der Kittel war hinüber und sein Hemd auch. Nur sein Unterhemd hatte ihn vor schweren Brandwunden bewahrt. Das Hemd aus Dederon – das war die DDR-Variante von Perlon – war geschmolzen und hatte sich fest mit dem Unterhemd verbunden. Seine Mutter schnitt später das verbrannte Stück heraus und ersetzte es durch grauen Stoff. Gewissermaßen blieb nur ein Vorhemd übrig, das er seelenruhig weiterhin trug.

1966 war sozusagen ein historischer Wendepunkt in der Nachkriegsgeschichte der Jenenser Universität. Studenten gründeten nach dem *Kasseturm* in Weimar den zweiten Studentenklub der DDR. Politisch korrekt waren es FDJ-Studenten, und der Klub hieß dann auch *FDJ-Studentenklub Rosenkeller* oder einfacher: *Keller* beziehungsweise *Rose*. Es war tatsächlich ein Keller: der alte Weinkeller der ehrwürdigen Gaststätte *Zur Rose*, die sich schon seit dem 16. Jahrhundert im Besitz der Universität befand und jetzt als Professorenkasino diente.

Zum fünfzigsten Jahrestag des *Kellers* versuchte ein zugereister Rektor der Universität den Anteil der FDJ und der Leitung der Universität, einschließlich der Parteileitung der SED, herunterzuspielen, aber die meisten Festgäste wussten es besser und nahmen ihn nicht so recht ernst. Ohne die Erlaubnis staatlicher Stellen hätte es diesen Klub nicht gegeben. Das Geld allein, das die Universität und die FDJ bereitstellten, machte es auch nicht, wenn man kein Material hatte. Eigeninitiative und Findigkeit und natürlich unzählige freiwillige Stunden waren notwendig. Von den Aktivisten der ersten Stunde machten einige nach ihrem Studium bemerkenswerte Karrieren: Einer wurde Parteisekretär an der Universität, ein anderer Thüringer Landesbischof, ein dritter verteidigte als Rechtsanwalt nach der Wende die von der BRD-Justiz angeklagte DDR-Obrigkeit.

In den Gründungsjahren des *Kellers* und lange darüber hinaus genossen die jeweiligen Rektoren die Hochachtung aller Klubmitglieder, weil sie dem Klub immer gewogen waren. Prof. Dr. Dr. Drefahl, ein Chemiker, bekam für seinen persönlichen Anteil an der Gründung des Klubs einen gedrechselten Ehrensessel in einer speziellen Nische. Auf einem Schild darüber stand in respektloser Zuneigung: *Drefahl'n sei Stuhl.* Er nahm oft die Gelegenheit wahr, sich in diesen Stuhl zu setzen und mit den Studenten zu sprechen. Als der Mediziner Prof. Dr. Franz Bolck ihm auf dem Rektorposten folgte, wurde nur das Schild ausgetauscht: *Ab nu' Bolck'n seiner.*

Genau dieser Studentenklub hatte es mir von Anfang an angetan. Bereits nach kurzer Zeit wurde ich in die Barmannschaft der Chemiker aufgenommen. Von meinem Zuhause hatte ich knappe fünf Minuten Fußweg bis zum *Keller.* Das erleichterte es beträchtlich, dort Stammgast zu werden. Noch wichtiger war diese kurze Strecke für den oft späten Heimweg im angeheiterten Zustand.

Es existierten mehrere Mannschaften, die einzelnen Fachrichtungen zugeordnet waren und aus fünf bis sechs Studenten und Studentinnen bestanden. Die Landwirte, die Chemiker, die Juristen und die Sportler hatten eine eigene Mannschaft. Eine Woche im Monat von Dienstag bis Sonnabend hatte jede Mannschaft Dienst und war für den kompletten Betrieb zuständig. Die Einnahmen wurden bei der Leitung der FDJ abgerechnet, die für den Klub ein separates Konto führte. Es gab einen symbolischen Stundenlohn. Das Trinkgeld konnten wir behalten, was sich bald als willkommene Aufstockung des Stipendiums erwies.

Wir hatten den Status einer Betriebsgaststätte und damit keine Polizeistunde. Das hatte einen unbestreitbaren Vorteil: Wir konnten den Klub so lange geöffnet halten, wie wir wollten, und – was in jeder anderen Gaststätte sonst üblich war – es kam keine Streife der Volkspolizei oder der Nationalen Volksarmee (NVA) zur Kontrolle der Gäste vorbei. Zutritt hatten unter anderem deshalb nur Studenten und Uni-Angehörige beziehungsweise geladene Gäste mit ihrem jeweiligen Partner. Ausnahmen waren natürlich immer möglich.

Soldaten, auch sowjetische, durften den Klub nicht betreten, denn dann hätte man auch den jeweiligen Armeestreifen den Zutritt gestatten müssen. Das war allerdings nicht unproblematisch. Der Chef der Volkspolizei drohte uns einmal nach einer großen Prügelei, die sich auf der Johannisstraße vor dem *Rosenkeller* fortgesetzt hatte, dieses Privileg zu streichen, sollten wir jemals die Polizei in unseren Klub zu Hilfe rufen müssen. Die Warnung verstanden wir unverzüglich und lösten unsere Probleme immer ohne Polizei. Den Krach, den wir unten in unseren Kellerräumen machten, konnte sowieso oben keiner hören.

Als einmal ein leicht angetrunkener sowjetischer Major in den Klub wollte, versuchte ich, ihm zu erklären, warum das nicht möglich sei. Er wurde wütend und beschimpfte mich als Faschisten. Ich ließ ihn trotzdem nicht hinein, obwohl mir mulmig wurde, denn er war bewaffnet. Schließlich trollte er sich krakeelend von dannen.

Jeden Sonnabend war Tanz. Wir achteten beim Kartenverkauf streng auf ein ausgewogenes Verhältnis von Mädchen und Jungen. Solotänzer waren ausgesprochen selten. Einen hatten wir aber doch: Er war Theologiestudent, hatte rote Haare und einen Bart wie Wallenstein. Er kam öfter zum Tanz. Seine Begleiterin war die Frau eines Mediziners, der zu Hause lieber mit der elektrischen Eisenbahn spielte. Die Tanzeinlagen der beiden waren legendär, und man räumte ihnen auf der ziemlich engen Tanzfläche freiwillig Platz ein und schaute zu.

Es spielten die besten Bands der DDR zu für uns erschwinglichen Preisen, da wir immer unter Geldnot litten. Der Eintritt kostete selten mehr als eine Mark, da kam bei maximal zweihundert Gästen nicht viel zusammen. Trotzdem waren wir eine gute Adresse. Unsere Hausband war die schon erwähnte Band Tutti. Die spielten auch dann noch, wenn ihnen ein trunkener Student einen halben Liter Bier ins Saxophon goss oder sie selbst mehr getrunken hatten, als für ihre Musik notwendig war.

Der Bierkonsum im Klub war recht hoch, an manchen Abenden schenkten wir mehr als zehn Fässer Bier aus, das waren rund fünfhundert Liter. Als uns einmal kurz vor Mitternacht das Bier ausgegangen war, wurde ich beauftragt, ein neues Fass zu besorgen. Zu diesem Zweck hatten wir mit dem *FDGB-Haus*, einer Gaststätte, die nur wenige Hundert Meter von uns entfernt war, eine stille Vereinbarung, dass wir uns bei Bedarf ein Fass von ihnen holen könnten. Es klappte, und ich machte mich mit meinem Hundert-Liter-Fass auf den Rückweg. Da ich es natürlich nicht tragen konnte, musste ich es rollen. Um die Uhrzeit war in Jena kein Mensch mehr auf der Straße, also beschloss ich, das Fass quer über die Kreuzung zu rollen. Je kürzer der Weg, je geringer war die Gefahr, dass der Korken dem Druck nicht standhielt. Dummerweise lief ich einem Volkspolizisten direkt in die Arme. Mitten auf der Kreuzung hielt er mir einen dämlichen Vortrag über die Einhaltung von Verkehrsregeln auch auf leeren Straßen. Offensichtlich ärgerte er sich darüber, dass er bei Nacht hier herumlaufen musste. Den Wettstreit »Logik gegen Vorschrift« verlor ich. Als Trostpreis bekam ich eine Ordnungsstrafe über 5 Mark »wegen Bierfassrollens auf der Straße« – so der denkwürdige Text auf der Quittung. Gehorsam rollte ich das Fass zurück auf den Gehsteig und ordnungsgemäß über die Fußgängerüberwege. Ich hatte gerade die Tür zur *Rose* erreicht, als das Fass hochging. Einhundert Liter Bier verflossen im Rinnstein.

In diesen Jahren war Jena neben Berlin und Dresden eine der Jazz-Hochburgen in der DDR. Das hing vielleicht mit dem legendären Auftritt von Louis Armstrong in Berlin zusammen. Jena hatte aber mit den beliebten Jenaer Oldtimers und den Jenaer Dixieland Stompers zwei beliebte Jazz-Formationen, die im Studentenklub häufig zu Gast waren. Auch im Jenaer *Volkshaus*, dem größten Saal der Stadt, fanden Jazz-Konzerte statt. So entstand die Idee, den *Keller* für Jazz-Sessions zu nutzen.

Wir waren natürlich nicht in der Lage, die großen Jazzer selbst einzuladen. Aber vielleicht konnte man sie mit der Örtlichkeit beeindrucken? Mindestens zweimal gelang uns das. Wir schlichen uns in der Pause eines Konzerts von Kenny Ball im *Volkshaus* hinter die Bühne und machten den Musikern das Angebot, nach diesem Konzert bei uns im *Keller* weiterzujazzen. Bier und belegte Brötchen waren die Gage. Irgendeiner musste gepetzt haben, aber bereits um siebzehn Uhr sammelten sich die ersten Interessenten vor der *Keller*-Tür. Es war schon nach elf, als die Musiker eintrafen. Jeder, der in Jena Jazz machte, war erschienen und hatte auch ein Instrument dabei. Es war eine tolle Veranstaltung, die mindestens bis früh um drei ging. Ähnliches gelang uns dann noch einmal mit der Dutch Swing College Band aus Holland. Dann machte uns die Konzert- und Gastspieldirektion Gera einen Strich durch die Rechnung. Eigentlich hatten wir vor, mit ihnen einen Deal zu vereinbaren, um den illegalen Anstrich unserer

Sessions zu vermeiden. Sie ließen sich aber darauf nicht ein. Wir wurden angewiesen, solche Aktionen in Zukunft zu unterlassen.

Im Sommer 1968 reiste ich im Urlaub nach Burgas in Bulgarien. Ich hatte dort eine Brieffreundin, die mich eingeladen hatte. Ich blieb aber nicht lange in Burgas, sondern nahm ein Angebot ihrer Freunde an, gemeinsam mit ihnen in einem Boot den Ropotamo hinaufzufahren. Der Ropotamo ist ein kleiner Fluss, der ins Schwarze Meer mündet. Die Gegend war unberührt und wunderschön. Sie war damals schon Naturschutzgebiet.

Wir fuhren zu dritt mit einem kleinen Boot mit Außenbordmotor von Burgas aus über mehrere Stunden immer an der Küste entlang bis an die Mündung des Flusses in der Nähe des Ortes Arkutino und dann noch einige Kilometer den Fluss hinauf. Ziel war eine kleine Hütte, die denen nicht unähnlich war, die wir als Kinder im Wald gebaut hatten. Die Wände bestanden aus armdicken Stangen, das Dach war mit Laub und langem Gras gedeckt, nur die Tür hatte schon in ihrem früheren Leben eine ähnliche Aufgabe gehabt. Warum sich jemand die Mühe gemacht hatte, sie in diese weglose Wildnis zu schleppen, war mir rätselhaft.

Der einzige Zeitvertreib war Angeln. Angeln war notwendig, da die mitgebrachten Vorräte sehr begrenzt waren. Aber es gab reichlich Fische, und die anderen drei waren gute Angler. Man konnte auch noch miteinander reden, aber die einzige Sprache, die alle einigermaßen beherrschten, war Russisch. Da hatten die Bulgaren zweifellos Vorteile gegenüber einem Deutschen.

Am ersten Abend gab es also zum Wein in Öl gebratenen Fisch mit Salz, Weißbrot und eingelegte Oliven. Das war alles recht passabel, doch als ich mir eine der eingelegten Oliven in den Mund steckte, wurde mir sofort übel – die Oliven waren ranzig. Es schwammen auch irgendwelche Fliegen in der Olivenbrühe herum, aber bei dem Petroleumfunzellicht hätten das auch Gewürze sein können. Das schien die anderen nicht zu stören, und ich versuchte verzweifelt, die erste Olive meines Lebens wieder loszuwerden, wobei ich einen ständigen Brechreiz unterdrücken musste. Schließlich blieb mir keine andere Wahl, und ich schluckte sie hinunter. Ich schwor mir, dass das auch die letzte Olive meines Lebens sein sollte. Zum Glück gab es in der DDR so etwas nicht im Konsum. Später musste ich diesen Schwur in die Kategorie »nicht erfüllt« einordnen, wo er sich dann in guter Gesellschaft mit vielen anderen nichterfüllten befand.

So vergingen ein paar Tage. Ich kam mir ein wenig vor wie *Dersu Usala, der Taigajäger*. Der war so etwas wie ein sowjetischer *Lederstrumpf*, allerdings nicht der von James Fenimore Cooper, sondern von einem Wladimir Arsenjew. Der Film über Usala lief Anfang der 1960er Jahre erfolgreich in den DDR-Kinos, obwohl es darin nur einen einzigen Schauspieler gab, der sich dazu auch noch selbst spielte. Dialoge waren bei dieser Besetzung nicht zu erwarten. Wir waren zwar drei, aber unsere Dialoge waren, wie gesagt, recht sparsam. Sonst stimmte fast alles. Nachts, auf der etwas muffig riechenden Decke, knisterte das Laub darunter laut in den Ohren, und ich merkte, dass wir nicht die einzigen Lebewesen in diesem Wald waren. Tagsüber saßen wir am Fluss, rauchten und angelten oder sammelten Brennholz. Der dürre Wald und die knochentrockenen Büsche waren eine beständige Warnung, achtsam mit dem Feuer umzugehen.

Schließlich brachte mich einer der Waldläufer mit dem Boot wieder hinunter an die Küste. Die beiden Bulgaren wollten noch bleiben. Ich stellte mich an die Straße und versuchte, zu trampen. Das war erfolglos. Die Autos, die vorbeikamen, konnte man an einer Hand abzählen, und die meisten fuhren auch noch in die andere Richtung. Schließlich lief ich bei sengender Hitze einfach in Richtung Burgas los.

Glücklicherweise gelangte ich bald an eine Bushaltestelle, an der eine Menge Leute standen. Einen Fahrplan gab es nicht, aber Warten hatte ich gelernt. Der erste Bus, der kam, hielt nicht an – er war so überfüllt, dass die Fahrgäste schon draußen auf dem Trittbrett standen. Keiner regte sich auf. Beim zweiten Bus war es ebenso. Als der dritte Bus auch vorüberrauschte, begann ich, zu fluchen. Einer der Wartenden klopfte mir besänftigend auf die Schulter und riet mir, wenn ich es eilig hätte, solle ich einfach in die entgegengesetzte Richtung nach Rezovo – einem Ort nahe der türkischen Grenze – fahren. Dort drehe der Bus um, und ich könne gleich sitzenbleiben.

Ich wechselte die Straßenseite und war nun der Einzige an der Haltestelle. Der erste Bus hielt. Er war so voll wie die anderen vorher in der Gegenrichtung, aber er hatte gehalten, und so zwängte ich mich hinein. Als Trittbrettfahrer fühlte ich mich ungeeignet, doch es wäre besser gewesen, hätte ich die Umstände geahnt, die mich im Inneren des Busses erwarteten. Ich stand eingezwängt zwischen bartstoppeligen verschwitzten Männern, die unglaublich heftig nach Knoblauch rochen und sich über die Köpfe hinweg lautstark unterhielten. Frauen waren scheinbar nicht im Bus, dafür Hühner und Enten, die das Ihre zu Lärm und Gestank beitrugen. Nach einer guten Stunde erreichten wir den Ort Rezovo. Der Bus leerte sich, und ich konnte mich endlich setzen. Der Lärm verebbte, der Geruch blieb. Ehrlich, wie ich war, ging ich zum Fahrer und bezahlte für eine Fahrt nach Burgas. Dass ich schon ein ganzes Stück mitgefahren war, sagte ich ihm nicht. Ehrlichkeit ist eben doch relativ.

Mein Bedarf, am großen Weltgeschehen teilzunehmen, hatte sich im Urlaub auf ein Mindestmaß reduziert. Bulgarische Zeitungen konnte ich nicht lesen, und ein Radio hatte ich auch nicht, und so entging mir, wie sich die politische Entwicklung in der ČSSR zuspitzte. Dass es dort vor allem in der Jugend und besonders unter den Studenten rumorte, war mir zwar nicht verborgen geblieben, aber die Informationen in der DDR darüber waren, gelinde gesagt, sehr zurückhaltend und das, was man im Westradio hören konnte, umso aufheizender. Für die Querelen unter den tschechoslowakischen Schriftstellern interessierte ich mich weniger, ich kannte die meisten nicht, und mit Franz Kafka konnte ich mich auch nicht anfreunden, der war mir zu langweilig und wurde in der DDR nicht verlegt. Als ich von Burgas aus die Heimreise mit dem Zug antrat, ahnte ich nicht, dass mich noch einige Überraschungen erwarten sollten.

Die Reise mit dem Zug war wahrlich nicht bequem. Platzkarten konnte man zwar in Burgas kaufen, doch dazu musste man sich mehrere Stunden vor Öffnung des

Schalters anstellen. Eine Garantie dafür, dass die Plätze nicht mehrmals verkauft wurden, gab es nicht, also war langes Stehen angesagt. Bei dem völlig überfüllten Zug war das eine Strapaze. Alle schleppten ihr Gepäck in den Gängen mit sich herum, und man kam kaum von einem Waggon in den anderen. An Schlafen war überhaupt nicht zu denken.

Als der Zug Rumänien durchquerte, tönte aus einem der Waggons lauter Gesang in ungarischer Sprache. Irgendeine ungarische Fahne wurde aus dem Fenster geschwenkt. Eine laute Männerstimme, vermutlich der Schaffner, rief etwas, darauf erschallte Gelächter, und der Gesang setzte wieder ein. Plötzlich ging ein heftiger Ruck durch den Zug, die Bremsen kreischten, und der Zug, der nur langsam gefahren war, stoppte in einer gottverlassenen baumlosen Gegend. Der Schaffner hatte vermutlich die Notbremse gezogen. Wer konnte, steckte den Kopf aus dem Fenster, um zu sehen, was da vor sich ging. Auszusteigen traute sich niemand. Wer wollte schon hier mutterseelenallein zurückbleiben, wenn der Zug sich plötzlich wieder in Bewegung setzte? Am Horizont tauchten nach wenigen Minuten einige Jeeps in einer Staubwolke auf. Es dauerte nicht lange, dann hatten die abgesessenen Uniformierten etliche der Sänger auf ihre Autos verfrachtet und brausten davon.

Der Vorfall wurde unter den deutschen Fahrgästen lautstark diskutiert. Einer meinte, dass die Rumänen und Ungarn keine besonders guten Beziehungen hätten. Das hinge wohl mit territorialen Streitigkeiten zusammen. Die Diskussion ebbte langsam ab, und ich gab mich wieder dem eintönigen Rattern des Zuges hin.

Der Grenzübergang nach Ungarn verlief problemlos. In Budapest war aber unerwartet Endstation. Alle Reisenden mussten den Zug verlassen, eine Weiterfahrt in die ČSSR war nicht möglich. Die Grenze war gesperrt, die Rote Armee war mit anderen Armeen der Warschauer Vertragsstaaten in die ČSSR einmarschiert. Unter dem scheinbar harmlosen Namen »Prager Frühling« hatte sich eine gefährliche politische Krise an der Nahtstelle zwischen Sozialismus und Kapitalismus entwickelt. Ich hatte die Ereignisse mehr oder weniger aufmerksam verfolgt und wurde das Gefühl nicht los, dass es hier nicht nur um Reformen in der ČSSR ging, sondern dass noch andere Kräfte auf diesen Zug aufgesprungen waren, um ihr Süppchen zu kochen. Die auffällig intensive Teilnahme der westdeutschen Medien an der Verbesserung des Sozialismus machte mich misstrauisch. Was sollte ausgerechnet denen am Sozialismus gelegen sein?

Die auf dem Bahnhof und später auch in den Straßen Budapests herumlaufenden Touristen aus der DDR verbreiteten wilde Gerüchte, die in der Regel aus Sendungen des Österreichischen oder Westdeutschen Rundfunks stammten und den Eindruck erweckten, in Prag wurde bereits gekämpft. Zum allgemeinen Chaos kam noch hinzu, dass alle Touristen in Ungarn, ganz gleich, wo sie ihren Urlaub verbrachten, diesen abbrechen und nach Budapest reisen mussten.

In dieser Situation traf ich einen alten Bekannten aus Jena. Er war Architekturstudent an der Hochschule in Weimar. Anton hatte in seinem Schlepptau einen schrägen Typen, der sich mir als Kunststudent aus Halle vorstellte. Er sah aus, als käme er geradewegs von Filmaufnahmen zu einem Piratenfilm. Die viel zu weite Hose mit unterschiedlich langen Hosenbeinen stank nach Fisch und Teer und wurde nur durch einen Strick vor dem Absturz bewahrt. Das Gleiche galt auch für die zerlumpte Jacke, unter der er einen gestreiften Matrosen-Sweater mit Löchern trug. Solche Hemden kannte ich von sowjetischen Matrosen. Ich hätte gern auch eines gehabt, allerdings nicht mit Löchern. Die Nickelbrille, die er trug, war einäugig, das andere Glas war zerbrochen und mit Pflasterstreifen geflickt, was es nahezu undurchsichtig machte. Er erzählte, dass er in Bulgarien unterwegs gewesen war. Geschlafen hatte er im Freien auf einer Decke. Bei seiner letzten Übernachtung am Strand von Varna hatte er noch mit ein paar Gleichgesinnten gezecht und war dann wie üblich auf die Decke gekrochen, den Rucksack als Kopfkissen nutzend. Bei Sonnenaufgang erwachte er, weil ihm kalt war, und musste zu seinem Entsetzen feststellen, dass er, nur mit seiner grünen Turnhose bekleidet, im Sand lag. Lediglich seine Brille mit dem zerbrochenen Glas lag neben ihm. Alles andere war weg: Decke, Rucksack, seine Papiere, sein Geld, seine Anziehsachen, die man ihm ausgezogen hatte. So wie er war, machte er sich auf den Weg zum DDR-Konsulat in Varna. Nach langen Befragungen entließ man ihn mit einem vorläufigen Personalausweis und etwas Geld für die Rückfahrkarte. Nachdem er die Fahrkarte gekauft hatte, blieb nur noch Geld für den Trödelmarkt übrig. Dort erstand er dann nach langem Feilschen seine bizarre Garderobe.

Anton hatte eine ähnlich verrückte Geschichte vorzuweisen. Er war ebenfalls in Richtung Bulgarien getrampt, hatte sich ein paar Tage in Prag aufgehalten und war schließlich auch bis nach Varna gelangt. Er war etwas früher als ich von Varna losgefahren, und sein Zug überquerte noch problemlos die Grenze zwischen Ungarn und der ČSSR, fuhr dann einige Kilometer und blieb schließlich mitten auf freiem Feld stehen. Nichts passierte mehr. Der Lokführer und das Personal waren auf und davon. Nach Stunden kamen Busse von der ungarischen Grenze und brachten ihn und die anderen gestrandeten Passagiere zurück nach Budapest. Von seiner Stippvisite auf der Hinfahrt in Prag hatte er eine »Mao-Bibel« in deutscher Sprache aus der chinesischen Botschaft mitgebracht. Während Maos Sprüche bei mir Heiterkeit erregten, war das zweite Mitbringsel wesentlich interessanter. Es war ein deutsches Exemplar vom *Manifest der 2000 Worte*, einem Dokument des Prager Frühlings. Ich fand es allerdings in weiten Teilen ziemlich elitär und antisozialistisch. Das war was für Intellektuelle und nicht für Arbeiter.

Vor dem Bahnhof versuchten irgendwelche Organisatoren, Ordnung in das Chaos der Touristen zu bringen, und verkündeten, dass die Deutschen mit Bussen in Hotels gebracht würden. Keinesfalls sollte man sich allein auf Quartiersuche begeben. Das war nicht nach unserem Geschmack. Anton kannte ein Studentenwohnheim am Rande der Stadt, und wir machten uns auf den Weg dorthin.

Das Wohnheim war ein ziemlich großer Komplex und einer Kaserne nicht unähnlich. Die Leiterin war freundlich und sagte, wir könnten bleiben, solange wir wollten. Wir bekamen ein Zimmer, Decken und Bettwäsche, und dann zeigte sie uns die Mensa, wo wir zu Essen bekämen.

Da gerade Semesterferien waren, war das Wohnheim leer, bis auf ein paar vietnamesische Studenten. Wir stellten uns in der Kantine an das Ende der vietnamesischen Essenschlange. Als wir an der Reihe waren, nahmen wir unsere Portion in Empfang. Das Kantinenfenster war nur einen Spaltbreit geöffnet, und von drin konnte niemand sehen, wer auf der anderen Seite die durchgereichten Teller entgegennahm. Satt und übermüdet krochen wir in unsere Betten.

Am nächsten Tag beschlossen wir, erst einmal Budapest zu erkunden. Durch die vielen umherschwirrenden Gerüchte waren wir ziemlich irritiert. Da ich keine Lust verspürte, nach meiner Rückkehr mit einem Stahlhelm auf dem Kopf herumlaufen zu müssen, war mir ein längerer Aufenthalt in Budapest recht willkommen. Dass sich unsere Nationale Volksarmee aus guten Gründen nicht am Einmarsch in die ČSSR beteiligt hatte, wusste ich damals nicht. Schließlich wären die Deutschen durch ihre beständigen ungebetenen Einmärsche in andere Länder auch diesmal in der Tschechoslowakei nicht willkommen gewesen, auch wenn sie inzwischen in ihrer ostdeutschen Variante offiziell als befreundet galten. Das hatten unsere Oberen offensichtlich rechtzeitig begriffen.

Natürlich hätte ich meinen Eltern gern eine Nachricht zukommen lassen, aber Telefonieren war aussichtslos, wir hatten zu Hause sowieso kein Telefon, und die Post funktionierte auch nicht. Der Postverkehr war eingestellt. Geld für Briefmarken hatten wir nicht übrig.

Das Geld war übrigens unser Hauptproblem. Zwar wohnten wir im Studentenwohnheim kostenlos und mussten auch für das Essen dort nichts bezahlen, aber für eine Visite in dieser schönen Stadt war das einfach zu wenig. Gleichwohl erfolgte auch die Beförderung quer durch Budapest reibungslos ohne Fahrscheine. Kam doch einmal ein Kontrolleur, winkte er bei unserem Anblick resignierend ab. Der Aufzug des Künstlers im Piratenkostüm tat dazu sein Übriges.

Bei einem unserer Erkundungsgänge hörten wir dann, dass die Botschaft der DDR Touristen, die auf dem Trockenen saßen, mit Geld unterstützen würde. Wir änderten somit das Ausflugsziel und marschierten zu unserer Botschaft. Gegen Mittag erreichten wir das Gebäude und waren ordentlich überrascht. Schlangen kannte man ja zur Genüge von zu Hause, aber das hier übertraf doch alle Erwartungen. Die halbe DDR stand hier Schlange. Wir hatten Zeit. Auf die Diskussionen der anderen Schlangesteher achteten wir schon nicht mehr. Jede noch so unqualifizierte Meldung aus dem Radio – viele hatten ein Kofferradio dabei – wurde lang und breit beredet, aber nichts Genaues wusste niemand.

Als wir an der Reihe waren, ging alles ziemlich fix, nur der Freibeuter erregte mit seinem DIN-A4-großen vorläufigen Personalausweis der DDR – offiziell »PM12« genannt – einiges Aufsehen. Damals ahnte ich nicht, dass dieser Ausweis in meinem späteren Leben noch eine besondere Rolle spielen würde. Gegen Unterschrift bekam jeder DDR-Bürger ungarische Forint im Gegenwert von 120 Mark der DDR, die zu Hause zurückzuzahlen waren. Glücklicherweise wurde diese Rückforderung einige Tage nach unserer Heimkehr ohne Begründung aufgehoben. Nun waren wir, gemessen an unseren Ansprüchen, finanziell gut ausgestattet, zog man die unkalkulierbare Dauer unseres Aufenthalts nicht in Betracht. Das musste unbedingt gefeiert werden! Wir suchten uns ein Weinlokal am Fuße des Burgbergs aus. Es war gut besetzt, aber der Ober fand für uns in einer Ecke noch einen kleinen Tisch. Sollte sich das mit dem Geld von der DDR-Botschaft schon bis hierher herumgesprochen haben?

Es dauerte auch nicht lange, bis der für diese Art von Gaststätten in Ungarn obligatorische Zigeunergeiger auftauchte und sich malerisch vor uns postierte. Wir unterschieden damals noch nicht »politisch korrekt« in Sinti und Roma, wussten aber schon, dass man nicht nur Juden, sondern auch die Zigeuner in die Konzentrationslager verfrachtet und sie dort ermordet hatte. Ein Knie auf den Dielen und eine 100-Forint-Note an seine schweißige Stirn geklebt, fiedelte der *cigan*, wie man ihn hier nannte, zu unserer Überraschung perfekt »Rosamunde«. Die ganze Kneipe sang mit – jeder in seiner Sprache –, ich stimmte nicht mit ein. Den Schlager »Rosamunde« kannte ich als unrühmliche Hinterlassenschaft der deutschen Wehrmacht, obwohl es eigentlich einst eine unpolitische böhmische Polka gewesen war. Im Zweiten Weltkrieg hatte er sich zu einem der beliebtesten deutschen Soldatenlieder gemausert und wurde mit ihnen durch ganz Europa geschleppt. Meine beiden Begleiter dachten wohl ähnlich und schwiegen verbissen wie ich. Man konnte ruhig davon ausgehen, dass die Mehrzahl der deutschen Sänger aus dem anderen Teil Deutschlands stammte, wo sie unverdrossen noch ihr »Deutschland, Deutschland über alles« sangen, ohne Unrechtsbewusstsein, wie man heute sagen würde. Die Touristen aus dem Osten hatten im Augenblick andere Sorgen. Der Geiger merkte das und wandte sich einem der Tische zu, wo am lautesten gesungen wurde. »Die Kunst geht also auch hier nach Brot«, sagte der Pirat, und der musste das als angehender Künstler ja wissen. Das Interesse an uns schwand merklich, obwohl wir dem Ober ordentlich zu tun gaben. Weit nach Mitternacht traten wir den Heimweg zum Studentenwohnheim an. Unsere Barschaft hatte, wie zu erwarten war, erheblich gelitten.

Am anderen Morgen machten wir uns auf den Weg zum Bahnhof. Der Trubel hatte etwas nachgelassen, und es ging das Gerücht um, dass die Züge in die DDR bald wieder fahren würden. Im Augenblick sah das aber nicht so aus.

Zwei Tage später war es dann doch so weit. Die Menschen stürmten den bereitgestellten Zug, jeder wollte so schnell wie möglich nach Hause, nur wir nicht. Wir beschlossen, noch ein paar Tage zu warten, bis es etwas ruhiger würde. Die Zeit verbrachten wir mit Faulenzen und endlosen Spaziergängen durch Budapest. So verging dann doch noch eine Woche. Das Geld war inzwischen alle, und Nachschub gab es nicht, aber wir waren ja mit einem Dach über dem Kopf und Essen versorgt.

Schließlich zwängten wir uns in einen der bereitgestellten Züge. Wir landeten in einem Großraumwaggon, der bisher vermutlich nur als Wagen eines Vorortzugs Dienst getan hatte, bekamen aber wenigstens einen Sitzplatz. Die nächste Überraschung folgte auf dem Fuße. Da die Durchfahrt durch die ČSSR immer noch gesperrt war, fuhren wir in die Gegenrichtung, in die Sowjetunion, genauer in die Ukraine. Von dort aus sollte es dann wieder rückwärts über Polen nach Hause gehen. Wir sahen es gelassen, endlos langes Fahren war uns inzwischen nicht unbekannt. Der Zug hielt unterwegs nur aus technischen Gründen, aussteigen konnte niemand, die Türen blieben verschlossen.

An der sowjetischen Grenze dauerte das Umspuren der Wagen endlos lange. Dazu kam noch eine eigenartige Gepäckkontrolle. Die Koffer wurden auf einen langen, blank polierten Holztisch gelegt und geöffnet. Dann griff sich eine Kontrolleurin mit spitzen Fingern ein beliebiges Wäschestück, das die deutsche Hausfrau vor mir mühevoll zusammengefaltet hatte, um den Koffer bis zum letzten Winkel zu füllen. Mit einer eleganten Armbewegung schwebte der Unterrock nach oben, dort öffneten sich die Finger, und die Dessous fielen langsam wieder nach unten. Das wiederholte sich mit einer solchen Schnelligkeit, dass sich nach wenigen Sekunden der Kofferinhalt zu einem großen Haufen aufgebläht hatte. War die Kontrolleurin fertig, schob sie das Chaos samt Koffer einfach weiter. Die arme Hausfrau hatte dann noch zwei Meter bis zur Tischkante, um alles wieder im Koffer zu verstauen. Sie schaffte es nicht. Als ich meinen Rucksack öffnete, verzichtete die Kontrolleurin darauf, meine obenliegenden steifen Socken mit ihren Fingern anzufassen, und winkte mich durch.

Die sowjetische Eisenbahn hatte eine andere Spurweite als die Bahnen der übrigen sozialistischen Länder. Ich machte mir schon damals Gedanken darüber, warum man das im Interesse des Sozialismus nicht geändert hatte, kam aber nur bis zu dem Ergebnis, dass man sich wohl nicht einigen konnte, wer sich ändern sollte. Als ich Jahre später zum ersten Mal nach Kuba reiste, wurde mir das klarer. So wie die Amerikaner mit ihren Maßen und Gewichten die Welt beherrschten, wenn sie diese einmal in einem anderen Land eingeführt hatten, hielt sich die Sowjetunion auch in Zukunft potentielle Feinde vom Leibe, wenn diese nicht mit ihrer Eisenbahn einfach bis Moskau durchfahren konnten. Auch Kuba konnte nicht mit einem Schlag alle Schrauben und Muttern neben sämtlichen Türgriffen austauschen, nur weil die Revolution gesiegt hatte. Als nach der Wende Opel von General Motors gekauft wurde, hatten die neuen amerikanischen Manager nichts Besseres zu tun, als alle Schrauben und Muttern wieder auf Zoll umzustellen. Mein deutsches Werkzeug war nicht mehr zu gebrauchen. Auch so kann man Kalte Kriege gewinnen.

Auf einem der ukrainischen Bahnhöfe konnte ich eine interessante Entdeckung machen: Gleich hinter dem nicht überdachten Bahnsteig gab es eine lange Reihe kleiner Boxen ohne Tür, die sich bald als Toiletten herausstellten. Dass die Vorbeifahrenden den dort mehr oder weniger gemütlich Sitzenden bei ihrem Geschäft zuschauen konnten, störte offensichtlich niemanden. Außerdem hatte das den Vorteil, dass man noch rechtzeitig in den unvermittelt anfahrenden Zug springen konnte, man musste nur beim Sprint die Hosen hochkriegen. Durchsagen hörte ich auf den Bahnhöfen nicht, lediglich die Lokomotive pfiff zweimal, und dann ging es schon los.

Wir fuhren fast einen ganzen Tag im gemächlichen Tempo durch die Ukraine. Die sanitäre Situation wurde immer komplizierter. Die Spülung funktionierte schon lange wegen Wassermangels nicht mehr, aber schlimmer war der Mangel an Papier. Das Reisekollektiv zeigte sich unter diesen Bedingungen unerwartet solidarisch, und man tauschte auf Wunsch Papier aus, aber erst, wenn man es gelesen hatte, um die Langeweile zu vertreiben. Schließlich erreichten wir den polnischen Grenzbahnhof Przemyśl. Das war die Gegend, in der mein Vater als Soldat der faschistischen Wehrmacht mit seiner Einheit gemeinsam mit der Roten Armee 1939 an einer Parade teilgenommen hatte.

Die Türen wurden geöffnet, und wir wurden zum Umsteigen aufgefordert. Wir nutzten die Gelegenheit und machten uns auf eigene Faust auf die Suche nach einem Zug, der in Richtung Heimat fuhr. Schließlich entdeckten wir einen Kurswagen der sowjetischen Staatsbahn der Linie Moskau–Paris. Der musste notgedrungen durch die DDR fahren, und wir wurden von keinem Schaffner am Einsteigen gehindert. Wir hätten also auch bis Paris durchfahren können.

Der Wagen war nahezu leer, und so klappten wir in der Ersten Klasse die Liegen herunter und legten uns schlafen. Als der Zug losfuhr, drehten wir uns nur auf die andere Seite, wurden aber bald darauf vom Schaffner geweckt. Nach einem kurzen Wortwechsel auf Deutsch-Polnisch-Russisch winkte er ähnlich resigniert wie die Kontrolleure in Budapest ab, und wir konnten weiterschlafen.

Die Fahrt durch Polen verlief zügig und ohne größere Aufenthalte. An der Grenze zur DDR kamen uniformierte Kontrolleure durch den Zug und öffneten alle möglichen Türen und Klappen im Wagen. Die passenden Schlüssel hatten sie dabei. Mir fielen sofort Antons Papiere ein, aber der zuckte nur mit den Schultern, er hatte sie irgendwo auf der Toilette versteckt. Kurz darauf kam ein wortkarger älterer Mann ohne Gepäck in unser Abteil, der uns komisch vorkam. Wir hatten gleich die Vermutung, dass er uns beobachten sollte. Vielleicht hatte man die versteckten Papiere gefunden und wartete nun, dass sie einer von uns abholte, aber das passierte nicht – wir hatten Schiss.

Unser Künstler stieg schließlich in Leipzig aus. Anton und ich verließen den Zug in Weimar. Anton war hier zu Hause, und ich fuhr mit dem Bus nach Jena. Der Aufpasser blieb offensichtlich im Zug, denn wir sahen ihn nirgends. Vielleicht hatten wir uns auch geirrt. Die Konterbande fuhr allein nach Paris.

Ich war am 25. Juni von Jena nach Bulgarien aufgebrochen, am 10. Oktober lief ich in Lederhosen und Jesuslatschen über den Marktplatz nach Hause. Die Leute schauten mir verwundert nach, das Wetter war ja auch nicht für Lederhosen gemacht. Umso erfreuter waren meine Eltern, dass ich endlich wieder da war. Ich glaube, meine Mutter hat mir nie abgenommen, dass ich ihr keine Postkarte schicken konnte.

Auf seinen Wunsch schrieb ich aber einen Bericht für meinen Führungsoffizier Roland. In das schwache Gefühl, etwas für die Stärkung des Sozialismus getan zu haben, mischte sich das schlechte Gewissen, dass ich Anton damit gewissermaßen in die Pfanne gehauen hatte.

8. Kapitel

Ein vollwertiges
Parteimitglied • Sto Gramm • Und
es gab sie doch • Tabledance •
Kartoffeln von der Ostsee • Als Brigadier im
Baueinsatz • Weniger ist mehr

1968 wurde ich als vollwertiges Mitglied in die SED aufgenommen. Vorher war man nur Kandidat, das heißt »Mitglied auf Probe«. Ich hatte mir nichts zu Schulden kommen lassen, die Sache mit dem Devisenvergehen zählte vermutlich nicht, und nun war ich drin. Das entsprach vollauf meiner politischen Einstellung. Ich wollte mit meiner ganzen Kraft beim Aufbau des Sozialismus helfen. Natürlich gab es auch Erscheinungen, die ich nicht für gut hielt, und Genossen in meiner Partei, die ich nicht leiden konnte, aber ich hoffte auf die Kraft eben dieser Partei, das in absehbarer Zeit zu ändern.

Wir waren eine relativ kleine Parteigruppe im Studienjahr, vielleicht sieben von mehr als siebzig Studenten und Studentinnen. Es gab keine politischen Reibereien, man akzeptierte uns, und wir akzeptierten die Nichtgenossen, einschließlich unserer Pastorentöchter. Wir hatten mindestens eine davon. Sie hieß Mechthild, und man konnte mit ihr stundenlang diskutieren. Dabei war es gleichgültig, ob es um die Oktoberrevolution ging oder um die unbefleckte Empfängnis. Ich war einigermaßen bibelfest, und sie hatte im Geschichtsunterricht gut aufgepasst. Bei aller Diskutiererei kam aber nie etwas Verwertbares dabei heraus. Eigentlich hätte die Lösung vieler Fragen nur darin bestehen können, dass entweder ich mich zur Kirche oder sie sich zum Materialismus bekehren ließ. Beides war nahezu aussichtslos.

Alle hatten nur einen Wunsch, das Studium so gut wie möglich abzuschließen, denn dazu hatten wir es ja angefangen. Der Einzige, der das Zeug zum Streber gehabt hätte, war mein Freund Albrecht, aber er tat alles, um diesen Eindruck gar nicht erst aufkommen zu lassen. Regelmäßig organisierten wir unsere Seminargruppenfeiern – natürlich immer in einer Kneipe. Unsere Lieblingskneipe hieß *Kleinvogels Gaststätte*, die zwei unbestreitbare Vorteile hatte: Sie lag erstens gleich hinter dem Studentenwohnheim Ölmühle und hatte zweitens eine überschaubare Speisekarte aus drei Gerichten: Bockwurst, Bratwurst und Bauernfrühstück, die Würste natürlich wahlweise mit Zubehör. Manchmal gab es auch Sülze mit Bratkartoffeln, wenn es Sülze gab.

Als Albrecht einmal zu spät zu einer dieser Feten kam, stellten wir ihm zur Strafe eine *сто-грам*-Portion 98-Prozentigen auf den kalten Ofen, die er auf einen Ruck austrank. Das waren hundert Gramm ziemlich reiner Alkohol, den wir aus dem Labor abgezweigt hatten. Streber tun so etwas nicht. Dafür erklärte er uns, dass man den Sprit wegen seiner hygroskopischen Eigenschaften nicht lange im Mund lassen darf, sondern einfach runterkippen muss. Unsere Freunde, das heißt die sowjetischen Genossen, brauchten dazu keine Waage, sie hatten die entsprechenden Gläser, und schnell schlucken konnten sie auch besser als wir.

Im Gasthof *Zu den zwei Linden* in Zwätzen trafen Albrecht und ich einmal auf zwei sowjetische Offiziere. Ihre Kaserne lag nur ein paar Hundert Meter entfernt. Es war dieselbe Kaserne, in der mein Vater noch 1945 Rekruten für den Endsieg gegen die Rote Armee ausbildete, bevor er dann an die Oder abkommandiert wurde. Das sich entwickelnde *сто-грам*-Trinken gewann Albrecht. Die Offiziere gaben uns bereitwillig von ihrem mit Machorkakrümeln garnierten Fisch ab, den sie für solche Fälle lose in der Hosentasche trugen. Übrigens waren in der DDR im zivilen Leben »Genossen« nur welche, die in der SED waren. Bei den sowjetischen Freunden wurde jeder unterschiedslos als »Genosse« angeredet. Hier war die Sowjetunion uns wieder ein großes Stück voraus.

Offensichtlich machten wir als Studienjahr zusammen mit unseren wirklich guten fachlichen Leistungen nach Oben einen entsprechenden Eindruck, und wir wurden 1969 das erste Mal als »Sozialistisches Studentenkollektiv« ausgezeichnet.

Es gab auch Fächer, die ich nicht mochte. Eines hieß »Technische Chemie«, und der dazugehörige Professor brannte förmlich für sein Fach. Er kam eigentlich aus dem Mineralölwerk Lützkendorf. Das war auch so eine Gegend, die mich als Chemiker nicht begeistert hätte. Er hatte zukunftsweisende Ideen, die er in der Vorlesung unter lautem Gelächter der Studenten präsentierte, hielt das wohl für Zustimmung und war nicht zu bremsen. In ein paar Jahren würde die Kleidung in Sprühflaschen verkauft, und man könne sich seine Abendgarderobe gewissermaßen auf den Leib sprühen. Im Zusammenhang mit Lützkendorf fielen uns eher schwarze ölige Unterhosen ein, und ich dachte an die Teerstrümpfe aus meinen Kindertagen.

Ich nahm ihn also nicht recht ernst, und das rächte sich. Auf die angekündigte Klausur zum Thema Prozessoptimierung hatte ich mich nicht vorbereitet, und das Ergebnis war dementsprechend. Als ich Wochen später mit einer Freundin ins Kino ging, traf ich just auf diesen Professor, der gerade mit seiner Frau auch in Sachen Kultur unterwegs war. Freundlich lächelnd zog er ein Blatt Papier aus der Tasche – meine Klausur. Die hatte ich längst vergessen. Bei einer zweiten Durchsicht hatte er mir noch zwei Punkte abgezogen. Das Resultat war statt einer Fünf nun eine Fünf minus. In der Hoffnung, mir zu begegnen, musste er den Zettel ständig mit sich herumgetragen haben. Ich bedankte mich kleinlaut, meine Freundin und seine Frau schauten belustigt zu. Diese Klausur habe ich mir bis heute aufgehoben. Es gab sie also doch – die Fünf minus. In der DDR war die Fünf die schlechteste Note, nur in der BRD konnte man es mit einer Sechs noch schlechter.

Parteiversammlungen waren manchmal nicht nur lehrreich, sondern ausgesprochen interessant, vor allem wenn es um Parteistrafen ging. Ein Student sollte eine bekommen. Sein zu missbilligendes Verhalten bestand darin, dass seine Freundin, mit der er auf einer Fete erschienen war, zu vorgerückter Stunde auf dem Tisch tanzte. Ob sie dabei das eine oder andere Kleidungsstück abgeworfen hatte, wurde leider nicht näher untersucht. Nun hatte ja nicht er getanzt, und seine Freundin war nicht in der Partei, aber sie war mit einem Offizier der NVA verheiratet. Er sollte eine strenge Rüge bekommen. Alle waren dafür, nur Albrecht und ich nicht. Ich wäre gern auf der Fete dabei gewesen, Albrecht sicher auch.

Zu den während des Studiums üblichen Veranstaltungen, die mit dem eigentlichen Studienfach nichts zu tun hatten, gehörten die Ernteeinsätze. Studenten und Studentinnen aller Fakultäten fuhren im Herbst aufs Land, um bei der Einbringung der Ernte zu helfen. Es gab keine Einzelbauern mehr, und die Landwirtschaftlichen Produktionsgenossenschaften, kurz LPG, bearbeiteten Flächen von oft mehreren Hundert Hektar. Arbeitskräfte waren rar, und so brauchte man uns. Auf türkische, jugoslawische oder griechische Gastarbeiter konnte die DDR nicht zurückgreifen, und die Vietnamesen waren hier zur Ausbildung.

Wir hatten einen Einsatz an der Ostsee absolviert, und zwar in Rerik zur Kartoffelernte. Untergebracht waren wir privat bei Bauern, deren Höfe weit auseinander lagen. Das machte ziemlich lange Sammeltouren notwendig, bis alle auf dem Traktoranhänger saßen. Die Frühstückspausen waren ebenso lang, und die Traktoristen, die die Kartoffelerntemaschinen fuhren, verlängerten sie zusätzlich mit Hilfe von Pfefferminzlikör. In der Zwischenzeit versuchten wir, kollektiv einen Traktor mit zwei Hängern voll Kartoffeln über den Acker zu steuern. Eine Studentin war ausgebildete Traktoristin und saß natürlich am Lenkrad. Sie gab die Kommandos. Gaspedal, Bremse und Kupplung wurden jeweils von anderen betätigt. In der Kabine des Traktors »Pionier« saßen acht Besatzungsmitglieder sehr eng aufeinander. Am Anfang ging alles gut, bis beißender Rauch die Kabine füllte. Wir hatten vergessen, die Handbremse zu lösen. Dafür hatten wir niemanden eingeteilt. Die Zugkraft des Treckers mit seinen vierzig PS war schon erstaunlich. Die Traktoristen reparierten den Schaden mit Gleichmut und ohne Gezeter.

Unsere eigentliche Aufgabe bestand darin, die Haufen mit dem Kartoffelkraut, die die Erntemaschine von Zeit zu Zeit ausspuckte, nach Kartoffeln zu durchwühlen und diese in Körben zu sammeln. Das Kraut war feucht, es war ja Oktober. Die Konstrukteure der Maschine hatten das nicht genügend berücksichtigt. Die Bauersfrauen saßen derweil hinten auf der Maschine und klaubten Steine, Mäuse und hin und wieder einen Maulwurf vom vorbeilaufenden Fließband. Die Maschine hinterließ immer größere Haufen, und wir konnten den Anschluss nicht halten.

Da kamen wir auf die Idee, die Kartoffeln einfach wieder hinten in das sich drehende Ernterad hineinzuwerfen. Die Entfernung wuchs. Das Werfen ging nur so lange gut, bis ein Sammler eine der Bäuerinnen traf. In der darauffolgenden Auseinandersetzung versprach man uns, dass wir auch einmal auf der Kartoffelkombine mitfahren dürften. Die Bäuerinnen hielten ihr Versprechen ein mit dem Ergebnis, dass ein Maulwurf den Kartoffelwerfer schon nach wenigen Minuten durch den Daumennagel biss, der auch nicht durch Schütteln losließ. Die Frauen verarzteten ihn fachmännisch, denn der Traktor war auch mit einem Sanitätskasten ausgestattet. Wir gingen kleinlaut wieder nach hinten und sammelten gehorsam Kartoffeln in die Körbe wie vorher.

Abends waren wir müde und schmutzig. Nach ein paar Tagen bat ich die Bäuerin, bei der wir übernachteten, um etwas Haarwaschmittel. So etwas hatte sie nicht, und der Konsum war weit. Sie bot mir aber an, mir den Kopf zu waschen. Sie hätte da etwas anderes, mit dem sie ihrem Mann auch immer half. Im unerschütterlichen Vertrauen auf dörfliche Hausmittel stimmte ich zu und nahm mitten auf dem Hof mit freiem Oberkörper auf einem Stuhl Platz. Sie kam mit einer Blechschüssel voll warmem Wasser und einer Pappschachtel, von der mich hinterhältig der Weiße Riese angrinste. Ich fügte mich in mein Schicksal. Es brannte höllisch auf dem Kopf. Als ich ihren Mann später das erste Mal sah, wunderte mich das nicht mehr. Er hatte Glatze wie der Weiße Riese, nur die Krone fehlte ihm.

Am Abend des letzten Tages stiegen wir in die große Küche der LPG ein und brieten die halbe Nacht Kartoffelpuffer. Die andere Hälfte benötigten wir, um die angerichtete Schweinerei wieder zu beseitigen. Von der LPG gab es keine Klagen.

Unter den Aufträgen, die ich von meinem Führungsoffizier Roland erhielt, war einer, an den ich mich besonders erinnere. Er war eigentlich kurz: Ich sollte ein paar Namen aufschreiben, die mir für eine Zusammenarbeit mit dem MfS geeignet erschienen. Das gefiel mir nicht sonderlich, aber ich rang mir eine Liste mit drei Namen ab. Einer davon war mein Freund Albrecht. Erst nach der Wende erfuhr ich, dass der sowjetische Geheimdienst KGB zu dieser Zeit in der DDR mit Hilfe des MfS Nachwuchs für seine Auslandskader, auch »Kundschafter« oder im Volksmund »Spione« genannt, suchte. Albrecht und ich gerieten so auf die Kandidatenliste. Der Dritte im Bunde lehnte dankend ab, wie er mir Jahre später erzählte.

1970 gab es keinen Ernteeinsatz. Die Braunkohleförderung der DDR lief auf Hochtouren. Jeder neue Tagebau führte durch das Abpumpen des Grubenwassers zur Senkung des Grundwasserspiegels, so dass viele der Brunnen kein Wasser mehr lieferten. Um die Trinkwasserversorgung zu gewährleisten, wurde eine große Ringwasserleitung in den Bezirken Halle, Leipzig und Gera gebaut. Die Rohre lagen mitunter fünf Meter tief, und es gab Abschnitte, in denen Bagger nichts ausrichten konnten. So wurde aus dem Ernteeinsatz ein Baueinsatz. Der traf aber diesmal nur die Jungs. Die Mädchen fuhren wieder zu den Kartoffeln oder ins Getreide.

Unser Einsatzgebiet war Ronneburg bei Gera. Wir wohnten in einem Barackenwohnheim der Wismut AG, die in diesem Gebiet Uranerz abbaute. Die riesigen Halden mit dem tauben Gestein waren weithin sichtbar. Hier wurden wir auch verpflegt. Das Essen war sehr gut, und pro Tag gab es noch einen Liter Milch gratis dazu. Irgendjemand glaubte, herausgefunden zu haben, dass Milch geeignet sei, aufgenommene radioaktive Partikel schneller wieder aus dem Körper zu entfernen. Das war Nonsens, wie ich später lernte, aber wir tranken die Gratismilch, ohne vorher radioaktive Partikel aufnehmen zu müssen. Jedenfalls wussten wir nichts davon.

Was uns aber weit mehr interessierte, war der Schnaps. »Kumpeltod« nannten die Wismut-Arbeiter einen Schnaps, den die Bergleute ebenfalls als Deputat verbilligt erhielten. Im Geschmack machte er seinem Namen alle Ehre und war mit 25 Prozent auch nicht gerade vollmundig. Den Alkohol allerdings bekamen wir von den Kumpels nur über einen florierenden Tauschhandel gegen Zigaretten. Das war okay, denn eine Schachtel F6 – das war eine der gängigsten Sorten – kostete 3,20 Mark der DDR. Die wenigsten von uns waren Nichtraucher.

Während ich mich beim Kartoffeleinsatz nur an eine relativ geringe Bezahlung – ich glaube, es waren um die 100 Mark für vierzehn Tage – erinnern konnte, wurden wir beim Baueinsatz gut bezahlt. Das lag nicht zuletzt daran, dass man mich als Brigadier eingesetzt hatte. Nach einer kurzen Einweisung war ich befugt, für meine Kommilitonen die geleistete Arbeit mit Hilfe von Tabellen und Merkblättern zu berechnen. Diese belief sich zumeist auf das Bewegen von Erde. Dafür hatten sie Schippen, Spitzhacken und Gummistiefel. Ich hatte Bandmaß, Zollstock und Rechenschieber. Den Rechenschieber kennt heute kaum noch einer, aber mit so einem Ding konnte man auch bei Mondschein ohne Strom rechnen, wenn man es gelernt hatte.

Unsere beiden Baustellen waren vierzig Kilometer voneinander entfernt, und ich war mit einem Fahrer und anderen Bauleuten ständig unterwegs. Wenn etwas nicht klappte, mussten meine Leute eben warten, bis ich mit dem Auto vorbeikam. Funktelefone oder Funkgeräte gab es nicht. Es gab nie eine Beschwerde über meine Berechnungen, und so kamen wir in den drei Wochen Baueinsatz auf ungefähr 800 Mark netto wie brutto. Damit konnte man schon einen Urlaub finanzieren.

Das Rechnen und Umherfahren waren relativ saubere Angelegenheiten, die Arbeiten in einem fünf Meter tiefen Graben demgegenüber nicht. War die Grabensohle mit Wasser gefüllt, konnte man in dem lehmigen Boden keinen Schritt gehen, ohne seine Stiefel zu verlieren. Die Mühe, steckengebliebene Stiefel zu retten, konnte man sich sparen. Einfacher war es, sich aus der Materialausgabe neue zu besorgen. Der zähe Dreck blieb an der Schaufel kleben, und man bekam den Batzen nicht die zwei Meter bis zur nächsten Etage hoch. Dort stand einer, der die Erde dann über den Grabenrand beförderte, wenn er konnte. War der Graben trocken, war man oft auch mit einer Spitzhacke machtlos. Der Lehm wurde nach ein paar Stunden Sonnenschein hart wie Beton.

Alles in allem machten wir unsere Arbeit auch hier gut, und ich durfte dafür auf der Bezirksverordnetenversammlung in Gera eine Rede über unsere schwere Arbeit halten. Das machte ich aus dem Stegreif, denn ich hatte nur ein paar Minuten Redezeit, bekam aber viel Beifall. Das war vergleichbar mit einer Rede vor dem Landtag, nur waren die Bezirke damals etwas kleiner als heute die Bundesländer. Der Bezirk Gera, um den es sich hier handelte, ging nach der Wende gemeinsam mit den Bezirken Erfurt und Suhl im Land Thüringen auf. Die fünfzehn DDR-Bezirke wurden ja nach der Wende auf fünf Länder eingedampft. Parallel dazu verkürzten sich auch die Reden.

Für einen unserer Abende hatten wir uns auf Empfehlung einen seltenen Gast eingeladen. Er hieß Josef Wenig und hatte es bei der SDAG Wismut bis zum Obersteiger gebracht. Er legte Wert darauf, dass wir ihn Sepp nannten. SDAG war die Abkürzung für Sowjetisch-Deutsche Aktiengesellschaft. Beide Partner waren bezüglich der Anteile gleichberechtigt, aber die DDR musste ihre Anteile zu Portionen von 200 Millionen Mark pro Jahr erst bei der Sowjetunion kaufen. Das machte sie zehn Jahre lang. Das wurde als Reparationsleistung anerkannt.

Die Bundesbürger bekamen, statt Reparationen, Carepakete mit Dingen, die die Amerikaner übrig hatten und sowieso nicht gegessen hätten. Als meine Tante Inge aus Essen uns einmal mit einer derartigen Care-Aktion zu Weihnachten überraschen wollte, schickte sie Mehl, Zucker, Nudeln und für uns drei Kinder eine Tafel Schokolade. Meine Mutter wurde derartig wütend, dass sie alles wieder verpackte und zurückschickte, nicht einmal die Schokolade durften wir behalten.

Die gesamte Produktion an Uranerz ging in verplombten Waggons in die UdSSR. Sepp Wenig hatte im Ersten Weltkrieg gekämpft, war Seemann und hatte während des Kapp-Putsches 1920 aufseiten der Arbeiter gegen die Putschisten gestanden. Was er uns aus seinem Leben erzählte, beeindruckte uns mehr als die Bilderbuchgeschichten, die wir in der Schule gelesen hatten. 1949 hatten er und seine Freunde die Absicht, die Schulen mit Schiefertafeln auszustatten. Ich selbst hatte noch auf eine Schiefertafel geschrieben. Es gab aber keine Schiefertafeln, und so zogen sie über die thüringischen Dörfer und deckten bei den Großbauern die Schieferdächer ab. Er füllte seinen Rucksack so voll, dass er schließlich durch das Dach brach. Der Bauer erwischte ihn nicht, da der sich nicht entscheiden konnte, hinter welchem der Diebe er herrennen sollte.

So erzählte Sepp uns auch, wie sie im Kollektiv für ihre Arbeit 1951 den Nationalpreis erhielten. Nach der Preisverleihung, bei der es als Prämie 10.000 Mark gab, gingen sie in Berlin auf den Schwarzmarkt und kauften sich für das Preisgeld ein Schwein und Schnaps. Damit richteten sie ihrer Brigade eine große Feier aus. Als er dann ordentlich einen geladen hatte, gab er damit an, dass er noch vor seinem Kumpel Adolf Hennecke die höchsten Abbauerträge geleistet hätte. Adolf Hennecke galt in der DDR als der Begründer der Aktivistenbewegung, weil er in einer Sonderschicht die Normen im Bergbau erheblich überboten hatte. Mit seinem Namen und seinen Leistungen aber konnte Sepp keinen Staat machen. Eine »Wenigbewegung« hätte in der DDR keine Chance gehabt, meinte er, und wir gaben ihm recht. Aktivisten waren in der DDR Menschen, die für sehr gute Arbeitsleistungen ausgezeichnet wurden. Sie bekamen dafür eine Medaille und eine Prämie. Niemand wäre auf die Idee gekommen, Menschen, die auf der Straße gegen irgendetwas protestieren, »Aktivisten« zu nennen.

Am letzten Tag packten ein paar Spaßvögel Albrecht eine von ihm abgebrochene Spitzhacke in den Koffer. Als der Zug langsam in den Saalbahnhof einfuhr, wollte er elegant aus dem Wagen auf den Bahnsteig springen, aber es gelang ihm nicht. Er legte sich mit seinem Koffer lang auf den Bahnsteig, genau vor die Füße eines Transportpolizisten, der nur den Kopf schüttelte. Albrechts Sachen lagen auf dem Bahnsteig herum, mittendrin die Spitzhacke.

9. Kapitel

Auf nach Bulgarien • Muscheln in der
Badehose • Winnetous Braut kauft
Backpulver • Ein ehemaliger
Fremdenlegionär bewirtet uns mit
Reibekuchen • Ein seltener Fisch verhindert
einen Ost-West-Dialog • Winnetou mit
bulgarischen Untertiteln • Der Bart ist ab

Für die Verwendung des Geldes, das wir beim Baueinsatz verdient hatten, gab es schon einen Plan. Ich wollte mit meinem Freund Albrecht nach Bulgarien zelten fahren. Wir hatten uns mit einem ehemaligen Klassenkameraden von ihm in Varna verabredet. Anschließend wollten wir gemeinsam nach Nessebar. Nessebar war so etwas wie das Saint-Tropez des sozialistischen Lagers, natürlich ohne Millionäre und dem damit verbundenen Luxus, aber Sonne, Sand und Meer gab es genug.

Das Gepäck war minimal, wir mussten ja alles in der Eisenbahn mitschleppen. Die Bahnfahrt war alles andere als luxuriös, wenngleich der Name des Zuges etwas anderes suggerierte. Bis Bukarest, der Hauptstadt Rumäniens, hieß er noch Balt-Orient-Express, und es ging relativ gesittet zu, obwohl der Zug rappelvoll war und jeder dem anderen mit seinem Gepäck in die Quere kam. In Bukarest aber musste man umsteigen.

Der Bahnhof war vollkommen überfüllt, doch schließlich fanden wir den Zug, der uns nach Varna bringen sollte. Er war schon voll, wir quetschten uns hinein und bekamen zu unserer Überraschung sogar zwei Sitzplätze in einem Abteil, das mit deutschen Urlaubern besetzt war. Als Gegenleistung erbot sich Albrecht, noch einmal auszusteigen, um auf dem nahe gelegenen Markt etwas Essbares zu besorgen. Er brauchte ziemlich lange, und ich hatte schon Angst, dass der Zug ohne ihn abfahren würde, als er endlich am Ende des Bahnsteigs mit einem Einkaufsnetz voll Tomaten auftauchte. Er hatte die Wagentür noch nicht erreicht, als sich der Zug ohne Vorankündigung langsam in Bewegung setzte. Es kam zu panischen Situationen an der Wagentür, denn es standen noch etliche Reisende draußen. Wir klappten das schmale, obere Teil des Abteilfensters herunter, ein Fenster zum Herunterschieben gab es nicht, packten Albrecht bei den Armen und versuchten, ihn durch den Spalt des Fensters hereinzuziehen. Das ging so lange gut, bis die Hemdenknöpfe am Fensterrand den Schwung bremsten. Mit jedem Ruck erledigten wir einen Knopf. Einer nach dem anderen landete auf dem Bahnsteig. Doch dann kam das Schwierigste: Albrecht hatte sich das Netz mit den Tomaten so um das Handgelenk gewickelt, dass er sich in seiner misslichen Lage nicht davon befreien konnte. Der Oberkörper und ein Arm waren schon im Abteil, Hüfte, Beine und der andere Arm mit den Tomaten waren noch draußen. Der Zug fuhr immer noch im Schritttempo, das Ende des Bahnsteigs war in Sicht, und wir hatten Angst, dass uns noch ein Mast in die Quere käme. Mit einer letzten Kraftanstrengung zerrten wir ihn durchs Fenster. Dabei gerieten die Tomaten zwischen seinen Oberkörper und den Fensterrand. Das Ergebnis war fürchterlich. Alle Beteiligten waren von oben bis unten mit Ketchup beschmiert, das auch am Fenster herunterlief. Es sah alles wie ein schrecklicher Eisenbahnunfall aus, was ja eigentlich auch stimmte. Keine der Tomaten und kein Knopf hatte die Aktion überlebt. Das war schon das zweite Hemd, das Albrecht während unserer Freundschaft einbüßte.

Schließlich kamen wir ohne weitere Zwischenfälle in Varna an. Es war schon Nachmittag, und wir mussten auf die andere Seite der Bucht nach Galata übersetzen, doch die Fähre war schon weg. Glücklicherweise fanden wir einen Fischer, der uns gegen Bezahlung hinüberbringen wollte. Die bulgarische Währung hieß »Lewa«. »Lew« heißt auf gut Deutsch »Löwe«. Ein Lew waren rund 4 Mark der DDR. Der Preis war mit 3 Lewa okay, nur unsere Seetüchtigkeit ließ zu wünschen übrig. Wir waren froh, als wir an Land gehen konnten.

Von der Anlegestelle bis zum Zeltplatz musste man noch eine lange Treppe bezwingen, die die Steilküste hinaufführte. Zum Baden war der Strand wenig einladend, denn er war felsig und ziemlich schmutzig. Überall lagen Müll, Muschelschalen und eigenartige Bleche herum. Was es damit auf sich hatte, entdeckten wir erst am folgenden Tag.

Wir suchten uns auf einer großen Wiese, die sanft zur Steilküste abfiel, dicht an der Klippe einen Platz aus und bauten das Zelt auf. Der Platz war wunderschön, man hatte einen weiten Blick über die Bucht bis hinüber nach Varna, wo sich in den Hafenanlagen die Kräne drehten. Es wunderte uns schon, dass die anderen Zelte in gehöriger Entfernung von unserem Platz standen. Ein paar Urlauber machten uns darauf aufmerksam, dass wir uns eine sehr ungünstige Stelle ausgesucht hätten. »Wenn es hier regnet, könnt ihr eure Sachen unten am Strand zusammensuchen!« Ich schaute zum Himmel: Alles blau, nicht eine Wolke. Wir winkten ab, und die Camper trollten sich. Wir hatten das Vorrecht der Jugend, gutgemeinte Ratschläge »Erwachsener« in den Wind schlagen zu dürfen.

Beim Aufbau des Zeltes fehlte uns leider eine Zeltstange, und so mussten wir uns mit einem Stock behelfen. Das schadete zwar dem ästhetischen Anblick unserer Behausung, aber das kümmerte uns nicht. Das Zelt hatte keinen

Boden, wir legten die Schlafsäcke einfach auf die Erde, die knochentrocken und hart war. Wir hätten auch Luftmatratzen mitnehmen können, aber die hatten wir bei der Gepäckaufstellung gestrichen, da sie uns zu schwer waren. Schließlich stand das Zelt. Spontan beschlossen wir, zum Abendbrot nach Varna zu fahren. Proviant hatten wir ohnehin nicht mehr. Diesmal ging die Schifffahrt ohne die im Halse würgende Schaukelei ab.

Wir saßen erst einige Minuten im Restaurant, durch dessen Panoramafenster wir über den Hafen hinüber nach Galata mit seinem markanten Leuchtturm schauen konnten, als erste dunkle Wolken aufzogen. Ein panikartiger Aufbruch wäre sinnlos gewesen, wir hätten über eine Stunde bis zum Zeltplatz gebraucht, vorausgesetzt, wir erwischten die Fähre. Die Hoffnung, es möge nur ein kurzer Schauer werden, schwand zusehends. Für einen kurzen Schauer waren zu viele schwarze Wolken unterwegs. Als das Ungewitter endlich losbrach, wussten wir, dass es besser gewesen wäre, auf den Rat der Camper zu hören, aber das war nun auch kein Trost mehr. Wir berieten, wie wir schlimmstenfalls ohne Gepäck und Zelt den Urlaub fortsetzen könnten. Abbrechen kam nicht in Frage. Außerdem wollten wir ja noch unsere Freunde Helmut und Heidi treffen.

Mit wenig Hoffnung verließen wir die Gaststätte, nachdem der Regen aufgehört hatte. Es war schon ziemlich dunkel. Die letzte Fähre brachte uns auf die andere Seite der Bucht. Als wir endlich unser Zelt immer noch so einsam am Rand der Klippen stehen sahen, wie wir es verlassen hatten, waren wir sehr erleichtert. Wir krochen hinein und warfen uns auf die Schlafsäcke. Sie waren tropfnass wie alte Scheuerlappen. Auch unsere Rucksäcke waren vollkommen durchgeweicht. Wir quetschten, so gut es ging, das Wasser aus den Schlafsäcken und legten uns wieder hin. An Schlafen war nicht zu denken, denn inzwischen tutete das Nebelhorn des Leuchtturms jammervoll alle zwei Minuten. Man konnte keine zehn Meter weit sehen. Die Lichter Varnas waren hinter der Nebelwand verschwunden.

Der nächste Morgen begann mit dem Trocknen der Sachen. Die Sonne schien prächtig, wir legten alles auf die schon wieder staubige Wiese und beschlossen dann, baden zu gehen. Andere Zerstreuungen gab es auf diesem Campingplatz nicht.

Es war inzwischen schon fast Mittag. Am Strand waren viele Leute, die von der anderen Seite der Bucht mit Booten oder der Fähre herübergekommen waren. Die meisten von ihnen waren Bulgaren. Sie saßen um die Bleche herum, die wir schon am Vortage gesehen hatten, unter denen kleine Feuer qualmten. Auf den Blechen lagen streichholzschachtelgroße schwarze Muscheln mit einem lustigen Algenpinsel daran. Neugierig traten wir näher, und die freundlichen Bulgaren erklärten uns, was es damit auf sich hatte. Die Muscheln waren eine Delikatesse und kamen an dieser Küste massenhaft vor. Sie hielten sich am Seegras fest, wurden abgepflückt und auf das Blech gelegt. Allerdings musste man beim Suchen und Pflücken mit dem Kopf unter Wasser. Sobald die Muscheln das Wasser verlassen hatten, schlossen sie sich. Durch das Feuer wurden sie gegart, und man konnte sie an dem Algenpinsel aus der nun geöffneten Schale ziehen und mit etwas Salz verspeisen. Eine Kostprobe überzeugte uns, das wollten wir auch versuchen.

Albrecht stieg vorsichtig ins Wasser. Die Muscheln hingen dicht unter der Oberfläche überall an den algenbewachsenen Steinen. Da wir keinen Eimer oder einen Beutel mithatten, stopfte er sich den Fang einfach in die Badehose. Er hatte mit seinem Sammeleifer etwas übertrieben und musste schließlich seine Hose mit beiden Händen festhalten und an Land kriechen. Wir schütteten die Beute in ein Unterhemd, aber es gelang ihm nicht, alle Muscheln aus der Hose zu holen. Sie hatten sich, wie zu erwarten war, geschlossen, und statt am Seegras hielten sie sich nun an den Haaren fest. Sie wollten wohl nicht so einfach aufgeben.

Hier unten am Strand, unter den Augen der Leute, war das Problem nicht zu lösen. Es handelte sich ja nicht nur um ein Haar und nicht nur um eine Muschel. Albrecht machte keine gute Figur, wie er mit einer dicken Beule in der Badehose die Ufertreppe hochschlich und sich schamhaft sein Hemd vorhielt. Leider hatten wir auch keine Schere mitgenommen, und so nahm er im Schutz des Zeltes mit meinem Fahrtenmesser den Kampf gegen die hinterlistigen Schalentiere auf. Schließlich hatten wir ein oder zwei Kilo fest verschlossener Muscheln erbeutet und nur ein paar Haare verloren.

Wir waren zwar im Besitz einer Bratpfanne, hatten aber keinen Kocher. Der war bei der Gepäckauswahl ebenfalls durchgefallen, und keiner von uns wollte zusätzlich noch einen Kanister Petroleum mitschleppen. Aus ein paar Steinen und etwas Holz eine Feuerstelle zu bauen, war kein großes Ding, aber plötzlich kam Albrecht auf die

Idee, die Schalen mit dem Messer zu öffnen und nur die essbaren Teile zu braten, obwohl er noch vor einer Stunde selbst eine komplette Muschel mit allen Organen am Algenpinsel mit Salz verspeist hatte.

Die Aufgabe fiel mir zu, es war ja mein Messer von meinem Cousin Wolfgang aus dem Westen. Es war eine mühselige Schinderei, die Muscheln zu öffnen. Nach jeder Öffnung behauptete Albrecht, zu wissen, welche Teile ungenießbar waren und welche Funktion sie ursprünglich hatten. Das kann er gar nicht wissen, dachte ich, aber ich gab schließlich auf.

Aus dem Muschelhaufen wurde schließlich ein Becher voll schlabberiges Muschelfleisch, der uns zu allem Ärger noch umfiel, so dass wir alles wieder aus dem Gras aufklauben mussten. Von den Nachbarn, deren Wetterbericht wir missachtet hatten, borgten wir uns eine Zwiebel, eine Zitrone und etwas Öl. Salz und Pfeffer hatten wir selbst. Sie waren nicht nachtragend und kamen auch aus der DDR, das heißt, sie hatten das Teilen gelernt. Ich konnte damals schon recht gut kochen, und so war nach kurzer Zeit ein passables Abendbrot in der Pfanne zubereitet.

Auf einer Anhöhe in der Nähe des Zeltplatzes gab es einen kleinen Laden, in dem man sich mit den wichtigsten Lebensmitteln eindecken konnte. Auf dem Weg dahin lief weit vor uns ein Mädchen, das trotz der großen Entfernung unser Interesse weckte, also beschleunigten Albrecht und ich die Schritte. Wir holten sie ein und nahmen sie in die Mitte. Sie mochte so alt sein wie wir und sah einfach phantastisch gut aus. Ihre pechschwarzen Haare hatte sie zu zwei langen Zöpfen geflochten.

Solche Frisuren gab es in Thüringen nicht. Wir sprachen sie vorsichtshalber in der gewohnten Reihenfolge an: Erst Deutsch – sie schüttelte den Kopf. Dann Russisch, wieder Kopfschütteln. Und schließlich Englisch. Ihre Blicke hellten sich auf, sie lächelte, sie war Amerikanerin, Donnerwetter. Was machte eine Amerikanerin, die aussah, als wäre sie Winnetous Frau, hier in Bulgarien?

Mehr mit Händen und Füßen als mit Vokabeln bekamen wir schließlich heraus, dass sie mit einem deutschen Freund hier auf unserem Campingplatz zeltete und Joan hieß. Ich verfluchte das Englisch für Chemiker. Ich konnte zwar »unterchlorige Säure« auf Englisch fehlerfrei aussprechen, aber das half mir hier nicht. Schließlich fiel im »Gespräch« ein englisches Wort, das wir als »Blume« übersetzten. Wir hatten gefragt, was sie im Laden einkaufen wolle. Blumen? Das war uns schleierhaft. Blumen gab es da oben nicht, und was wollte jemand im Sommer mit Blumen auf dem Campingplatz?

Wir mussten die Antwort zurückstellen und betraten den Laden. Sie musterte die Regale, und plötzlich schien sie gefunden zu haben, was sie suchte. In ihrer Hand hielt sie ein kleines Päckchen mit der bulgarischen Aufschrift *бакпулвер*. Darunter war ein großer Kuchen abgebildet. Genau das sollte sie einkaufen, meinte sie. Sie nahm zwei Tütchen, vorsichtshalber. Wir waren ratlos. Unsere Russischkenntnisse sagten uns, dass es Backpulver war. Ein Sinnzusammenhang zu Blumen wollte bei uns nicht entstehen.

Als sie uns auf dem Rückweg einlud, mit zu ihrem Zelt zu kommen, um ihren Freund kennenzulernen, war uns das

Backpulverproblem egal. Joan und ihr Freund hausten in einem ähnlich kleinen Zelt wie wir, nur dass es wesentlich neuer aussah. Wir wurden ausgesprochen freudig begrüßt. Mark, so hieß ihr Freund, war einige Jahre älter als wir und freute sich sehr, deutsche Gäste zu haben.

Nach wenigen Augenblicken klärte sich auch das Missverständnis mit dem Backpulver auf. Er hatte vorgehabt, einen Kuchen zu backen, und sie sollte das Mehl dafür einkaufen. Da Joan offensichtlich keine Ahnung vom Kuchenbacken hatte, wusste sie auch nicht, wie viel Mehl man für einen Kuchen benötigt.

Er seufzte und begann, uns dann aufzuklären. Das Mädchen hatte er in Monaco kennengelernt. Sie war aus New York und besuchte mit ihrer Klasse Europa. Jeder Amerikaner sollte einmal in seinem Leben die Alte Welt kennenlernen. Kurz entschlossen ließ sie ihre Klassenkameraden allein in die USA zurückfahren und entschied sich, mit Mark durch die Welt zu ziehen. Ihre Eltern waren Zahnärzte, typische amerikanische Mittelklasse. In ihrer New Yorker Wohnung wurde auch nicht gekocht. Alles Essen kam aus dem Supermarkt und wurde nach Bedarf in der Mikrowelle zubereitet. Mikrowellen kannte ich aus der Physikvorlesung. Haushaltsgeräte, mit denen man mit Hilfe von Mikrowellen Speisen erwärmen konnte, gab es in der DDR nicht. Wir hatten einmal im Institut versucht, eine Bockwurst, die wir mit Eisenpulver eingerieben hatten, induktiv zu erwärmen. Das Experiment war nicht gelungen.

Mark lud uns ein, mit ihm Reibekuchen zu essen. Ich identifizierte als gestandener Thüringer die Reibekuchen sofort als Kartoffelpuffer. Auch die Rezeptur mit Zwiebeln, Salz und Knoblauch traf meinen Geschmack. Stutzig machte mich nur die für Kartoffelpuffer vollkommen ungeeignete Kücheneinrichtung. Sie bestand lediglich aus zwei Blechtassen, einer Bratpfanne, zwei Frühstücksbrettchen und einer Plasteschüssel. Gerätschaften, die zum Zerreiben von Kartoffeln nötig waren, sah ich nicht. Als er meinen ungläubigen Blick bemerkte, zog er unter dem Schlafsack ein großes Messer hervor. »Das ist mein Erinnerungsstück an die Fremdenlegion«, sagte er. »Ich bin im Kinderheim aufgewachsen und wurde als Siebzehnjähriger in Saarlouis von französischen Werbern in die Legion gepresst. Ich war betrunken und wusste nicht, was ich für einen Zettel unterschrieb, nachdem die freundlichen Franzosen meine Zeche bezahlt hatten. Als ich wieder nüchtern war, war es zu spät. Ich saß in einer französischen Kaserne.«

Während er begann, uns seine Geschichten zu erzählen, schnitt er mit dem Messer den Boden einer Konservendose heraus. Nach einem zweiten Schnitt längs bog er das Stück Blech mit der Hand, bis es einer flachen Dachrinne ähnelte. Albrecht bekam einen rostigen Nagel und wurde instruiert, in das Blech mit Nagel und Messergriff Löcher zu schlagen. Das Blech riss auf der weichen Holzunterlage auf und bekam auf der Rückseite scharfkantige Löcher, die denen einer Kartoffelreibe wie aufs Haar glichen. Das Kartoffelschälen musste Mark übernehmen. Ich sah mich außerstande, mit einem höllisch scharfen Bajonett und einer Kartoffel etwas Verwertbares zustande zu bringen. Er hantierte mit dem Messer geschickt und flink. Er erzählte, wie er schließlich in Algerien landete, wo Frankreich einen verbrecherischen Krieg gegen die aufständischen Algerier führte, um die Reste seines Kolonialreichs zu retten. Als er den Befehl erhielt, bei der Räumung eines Dorfes Frauen und Kinder zu erschießen, ergriff er mit einem Kameraden die Flucht. »Wir hatten gute Lehrmeister«, sagte er. »In unserer Einheit gab es einige Soldaten, die das Kriegshandwerk bei der SS gelernt hatten. Die Franzosen hatten ihnen die Wahl gelassen: Strafe oder *Légion étrangère*.«

Wir hörten gespannt zu. Albrecht rieb auf der umgebauten Dose die Kartoffeln in die Plasteschüssel, in der sich langsam ein schwach rosa gefärbtes Gereibe sammelte. Es war gar nicht so einfach, das Blech krumm zu halten und dazu noch die Kartoffeln darauf zu zerkleinern. Jedes Mal, wenn er abrutschte, landete er mit den Knöcheln auf den scharfen Blechzacken.

Mir fiel der Name Djamila Bouhired ein, einer algerischen Freiheitskämpferin, die von französischen Fallschirmjägern grausam gefoltert worden war. In einem Schauprozess wurde sie wegen Beteiligung an einem Bombenattentat in Algier, das sich gegen die französischen Besatzer richtete, zum Tode verurteilt. In der DDR war eine große Kampagne zu ihrer Freilassung gelaufen. 1962 mussten die Franzosen sie wegen des großen internationalen Protestes freilassen.

»Um die Küste zu erreichen, mussten wir die Wüste durchqueren«, erzählte Mark weiter. »Das hatte vor uns noch keiner der Deserteure geschafft. Die meisten waren halb verdurstet wieder eingefangen worden, die anderen verschwanden auf Nimmerwiedersehen. Wir hatten Glück. Berber halfen uns mit Wasser und Essen und zeigten uns den Weg. An der Küste angelangt, trennten wir uns. Die Chance, jetzt allein weiterzukommen und nicht von der französischen Militärpolizei gefangen zu werden, die sicher nach uns suchte, war größer. Wir mussten auf unserer Flucht lediglich die Länder meiden, mit denen Frankreich Auslieferungsabkommen geschlossen hatte. Eine Rückkehr nach Deutschland war also ausgeschlossen. Auf Desertion stand die Todesstrafe. Auf einem Kohledampfer gelangte ich schließlich nach Mexiko. Als man mich unterwegs auf dem Meer entdeckte, warf man mich, Gott sei Dank, nicht über Bord, sondern ich konnte für Kost und Logis als Heizer meine Fahrt in meine Freiheit fortsetzen.«

Zeitweilig dachte ich, dass wir es mit einem grandiosen Aufschneider und Märchenerzähler zu tun hatten. Joan verstand kein Deutsch und konnte nichts zu Marks Geschichten beitragen, hörte aber wenigstens dem Klang seiner Worte aufmerksam zu. Mark merkte wohl, dass wir ihn nicht so recht ernst nahmen. Breit grinsend zog er sein Hemd aus und präsentierte uns seinen linken Arm. Dicht unter dem Ellenbogen beginnend, wand sich der Schwanz eines mehrfarbigen Drachens um seinen Oberarm, dessen Kopf auf dem Schulterblatt endete. Es war ein Meisterwerk der Tätowierungskunst. Solch einen Drachen hatte ich schon auf Abbildungen chinesischer Blumenvasen gesehen. Mark hatte sich die Tätowierung aber in Japan machen lassen. Dann präsentierte er uns sein kurzärmeliges Khaki-Hemd und die kurzen Hosen seiner Legionärsuniform. Die scharfkantigen Falten auf dem Rücken des Hemds waren von Einheit zu Einheit verschieden, erklärte er. Zu guter Letzt holte er aus den Tiefen seines Rucksacks ein Fotoalbum hervor. Bilder aus aller Herren Länder, Zeitungsausschnitte mit Reisebeschreibungen von ihm für deutsche Zeitungen, Geldscheine, Fahrkarten und andere Kleinigkeiten überzeugten uns schließlich endgültig.

Albrecht hatte seine Reiberei erfolgreich beendet und behandelte seine zerschundenen Fingerknöchel. Mark rührte Eier, etwas Mehl und kleingehackte Zwiebeln in die geriebenen Kartoffeln. Knoblauch hatten wir leider nicht. Joan sollte unterdessen einige Paprikaschoten in schmale Scheiben für einen Salat schneiden. Obwohl sie sich sofort an die Arbeit machte, konnte sie das von uns vorgelegte Tempo nicht mithalten. Wir hatten inzwischen ein Feuer gemacht, und in der Pfanne brutzelte schon der erste Kartoffelpuffer. Joan war aber immer noch beim Zerteilen der ersten Schote. War ein Reibekuchen fertig, zerschnitt ihn Mark in vier Teile, und während wir aßen, folgte eine Geschichte der anderen.

Er erzählte uns von seinen Abenteuern am Amazonas, wo er monatelang als Gast eines vergessenen Indianerstamms Station machte und schließlich als eine Art Medizinmann verehrt wurde, weil er Rasierklingen zerkauen konnte. Eisen oder gar Stahl kannten die Eingeborenen nicht. Er zeigte uns Bilder von einer Kneipe an irgendeinem gottverlassenen Andenpass, die er eine Weile betrieben hatte. Über die Meere kam er immer als Heizer auf Schiffen, die ihn anheuerten, weil er nur auf die Überfahrt scharf war. Das war zwar illegal, aber auf einem Schiff galt das Wort des Kapitäns als Gesetz.

Irgendwann waren die letzten Kartoffelpuffer und Joans geschnitzelte Paprikaschoten aufgegessen. Mark wollte zum Abschluss noch Kaffee kochen. Er wischte die Pfanne einfach mit Papier aus, schüttete die erste Portion heißes Wasser weg und brühte dann den Kaffee mit reichlich Zucker in den Blechtassen auf. Der Geschmack des vorangegangenen Gerichts ging in dem starken süßen Kaffee unter. Es war schon spät, als wir uns verabschiedeten. Wir verabredeten uns für den nächsten Tag am Strand zum Baden. Mark und Joan wollten dann weiter nach Istanbul, und wir warteten noch auf Helmut und Heidi.

Am nächsten Vormittag trafen wir uns zum letzten Mal am Strand. Es war sicher, dass wir uns nie wieder begegnen würden. Das Meer war warm, die Sonne schien am blauen Himmel, und wir schwammen weit hinaus. Joan saß am Ufer auf einem großen Stein und flocht ihre Zöpfe wie die kleine Seejungfrau aus Andersens Märchen. Sie konnte nicht schwimmen. Der Abschied war kurz, aber herzlich. »Macht's gut Jungens«, rief Mark von der Treppe am Steilufer, und Joan winkte mit beiden Armen.

Einige Tage später trafen wir unsere Freunde zufällig in Varna auf der Straße. Leider hatte das mit dem Zeltplatz *Drushba* in der Nähe von Varna, der unser Treffpunkt sein sollte, nicht geklappt, denn der war inzwischen zu einem Stellplatz für Wohnmobile umgebaut worden. Sie hatten bereits die Hoffnung verloren, uns zu treffen. So einen Zufall, dass wir uns dann doch hier begegneten, konnte es eigentlich nicht geben. Frisch und munter spazierten sie auf uns zu. Die Freude war groß.

Helmut war Chemiestudent in Greifswald, und Heidi studierte dort ebenfalls Chemie und Biologie im Lehrerstudium. In der DDR mussten Lehrer noch studieren. Sogenannte Quereinsteiger gab es nicht.

Wir feierten unser Zusammentreffen am »Tag der Schwarzmeerflotte« in dem neueröffneten Restaurant direkt neben dem Leuchtturm. Vor dem Hafen lagen gewaltige Kriegsschiffe, und am Abend gab es ein großes Feuerwerk. Natürlich stießen wir mit rotem Sekt an, von dem der ungeschickte Kellner beim Öffnen der Flasche mit einem Knall die Hälfte auf meine Hose beförderte.

Nach einer gemeinsamen Woche auf unserem Zeltplatz beschlossen wir, nach Nessebar zu fahren. Die sanitären Bedingungen auf dem Platz in Galata waren, gelinde gesagt, katastrophal. Das konnte auch nicht anders sein. Zwar gab es bei den Frauen Toiletten wie bei uns zu Hause, aber die Einheimischen setzten sich nicht hin, sondern stellten sich auf den Toilettenrand. Bei den Männern gab es nur das übliche Loch im Fußboden. Für mich würde das Folgen haben, von denen ich noch nichts ahnte.

Die große Sensation im Hafen von Varna war die *Raketa*, ein sowjetisches Tragflügelboot, das mit fast sechzig Stundenkilometern die Küste entlang zwischen Varna und Nessebar verkehrte und dabei einen höllischen Krach wie ein startendes Flugzeug machte. Die Fahrzeit betrug circa siebzig Minuten. Leider hatte die *Raketa* Fahrverbot, als wir im Hafen ankamen. Es war Sturm. Guter Rat war teuer. Zurück zum Zeltplatz wollten wir nicht, und so kamen wir auf die Idee, mit einem Taxi die Strecke zurückzulegen. Tatsächlich fanden wir einen Fahrer, der bereit war, uns für den Preis der *Raketa*-Fahrkarten nach Nessebar zu kutschieren. Vier Personen und Zeltgepäck plus Fahrer waren für den »Wolga« – auch aus sowjetischer Produktion – kein Problem. Der »Wolga« hatte unzweifelhaft amerikanische Vorbilder. Er lag hinten tiefer als vorn, was den Anschein erweckte, er würde majestätisch immer bergauf fahren.

Wir hatten einige Mühe, auf dem Campingplatz in Nessebar eine für uns geeignete Stelle zu finden. Hier dominierten Hauszelte der mittleren und oberen Preisklasse, mit denen wir nicht mithalten konnten. Wir waren selbstbewusst genug, unsere Zelte einfach dazwischen zu stellen.

Die Altstadt von Nessebar hatte sich diesen Namen zweifelsohne ehrlich erarbeitet. Die Thraker hatten sie gegründet, und die Christen bauten hier im 5. Jahrhundert ihre erste Kirche. In der Gegend, die später einmal Deutschland werden sollte, versuchten die Thüringer gerade ihr Königreich zusammenzubauen, hatten aber damit keinen dauerhaften Erfolg. Im Kampf mit den Franken gingen sie ruhmbedeckt unter. Die Sachsen halfen dabei den Franken und nicht den Thüringern, was man aus heutiger Sicht eigentlich hätte erwarten können. Schon damals konnte man offenbar genau zwischen Freundschaften und Interessen unterscheiden. Immer wenn es um Geld oder Macht oder beides ging, siegten die Interessen, sonst war man eben befreundet. Mit Kirchen hatten die Thüringer damals auch noch nichts am Hut. Dass man nach der Wende einen Freistaat Thüringen erfand, änderte daran auch nichts. Die meisten Thüringer sind immer noch oder wieder Heiden. Für den Übertritt zum Christentum gab es in der DDR keine Prämien, auch nicht von der Kirche. Ich war also als Thüringer von den bulgarischen Christen ordentlich beeindruckt. Viele Jahre später fand ich diese Kirchenarchitektur in den Pyrenäen wieder. Wie sie dahin gekommen ist, kann man in Geschichtsbüchern nachlesen.

Das Touristen-Nessebar, gleich nebenan, welches den zugkräftigen Namen »Sonnenstrand« trug, beeindruckte mich weniger, obwohl die Häuser viel größer waren. Hotel reihte sich an Hotel, und die Touristen wurden fein säuberlich in zwei Gruppen aufgeteilt. Die erste Gruppe waren die Westtouristen. Die konnten sich mit D-Mark überall einkaufen. Die Osttouristen bekamen für die Verpflegung sogenannte Talons, das heißt Essenmarken, und das war's. Für Lewa gab es in diesem Areal kaum Läden oder Gaststätten. Diese wenig sinnreiche Idee beförderte bestimmt nicht die Freundschaft mit den Brüdern und Schwestern, sondern eher den Neid auf die mit dem scheinbar besseren Geld. Auch hier ging also Interesse vor Freundschaft.

Wir fanden aber doch eine Gaststätte, in der man für Lewa essen konnte – allerdings nur Fisch. Der Ober empfahl uns einen gebackenen Fisch mit Kartoffelsalat, der nur im Schwarzen Meer vorkäme. Er legte sich ordentlich ins Zeug und trug schließlich den Sieg davon. Der Preis war auch danach. Der Fisch machte seiner Herkunft alle Ehre, und obwohl die Teller recht groß waren, ragten Kopf und Schwanz beträchtlich über den Rand hinaus. Der Kartoffelsalat bestand aus drei kalten, halben Kartoffeln, über die man Wasser mit Spuren von Essig gegossen hatte, daneben lag eine Zitronenscheibe. Das waren genau null Punkte für den Koch. Der Fisch aber war knusprig und gut gewürzt.

Wir waren gerade beim Zerlegen des Meereswirbeltiers, als sich eine Familie mit zwei Kindern an den Nachbartisch setzte. Sie waren unzweifelhaft der Gruppe eins zuzurechnen, also derjenigen mit dem besseren Geld.

Trotzdem kamen sie mit der Speisekarte nicht zurecht. Der Familienvorstand fasste sich schließlich ein Herz und fragte uns, was wir äßen und ob es schmecke. Ich wiederholte wortgetreu die Elogen des Kellners auf den Schwarzmeerfisch und schmückte sie noch mit ersten Geschmackseindrücken aus.

Der Kellner freute sich. Dass wir aus dem Osten waren, konnten und wollten wir nicht verbergen, und es entwickelte sich langsam ein Ost-West-Gespräch über die Tischkante hinaus. Bevor wir zu wichtigen Themen kommen konnten, erstarb es aber wieder. Die Nachbarn hatten offensichtlich Mühe mit dem Fisch. Die Kinder mäkelten herum, und es schien, als hätte niemand am Nachbartisch geahnt, dass Fische durch Gräten zusammengehalten werden. Es sah sogar so aus, als wären wir die Schuldigen an ihrem missglückten Mittagessen, weil wir ihnen die Existenz der Gräten verschwiegen hatten.

Das fanden wir unfair, und Albrecht und ich beschlossen wortlos, es ihnen zu zeigen. Wir aßen den Fisch restlos auf, auch die Gräten und die Flossen. Nur zwei Kiemenknochen blieben übrig. Nachdem auch der eigentlich ungenießbare Kartoffelsalat weg war, aß ich noch die Zitronenscheibe – mit Schale. Die Nachbarn registrierten das genau, auf ihren Tellern waren jeweils ein Häufchen Grätenfisch, und wir fraßen wie die Barbaren oder meinetwegen auch wie die Thraker. Die Ost-West-Begegnung endete damit, dass die Nachbarn wortlos und mit abschätzigen Blicken auf uns das Lokal verließen. Wir waren zufrieden, wir hatten es ihnen gezeigt. Was wir ihnen gezeigt hatten, war uns auch nicht so klar, aber egal: Revolution beginnt immer mit Revolte.

Das bulgarische Bier war nicht die Krönung. Wenn der Barmann die etikettenlose Flasche öffnete, gab es nicht das kleinste Geräusch. Am Tisch angekommen, sah ich, dass in der Flasche ein dicker Brummer schwamm. So wie er aussah, war er schon vor der Öffnung darin gewesen. Ich ging zurück zur Theke und zeigte einer Kellnerin das Krabbeltier. Ungerührt steckte sie einen Finger in die Flasche und schmierte die Fliege an der Wand nach oben heraus, dann stellte sie mir die Pulle wieder hin. Bevor ich den ersten Schluck trank, kippte ich die Hälfte der Flasche weg. Beim Bezahlen kam der Kellner auf eine ungewöhnlich hohe Summe, die den Preis für zwei Bier erheblich überschritt. Stumm zeigte er auf die Batterie leerer Flaschen unter dem Tisch. Erst nach einem heftigen Streit reduzierte er die Rechnung zu unseren Gunsten.

Nachdem Heidi und Helmut uns in Richtung Heimat verlassen hatten, reduzierte sich das Angebot an Zerstreuungen weiter. Der Touristenrummel am Sonnenstrand, ob mit West- oder Ost-Kolorit, interessierte uns nicht. Als wir allerdings ein Kinoplakat für den Film *Winnetou* entdeckten, lebten wir wieder auf.

Hier auf der Freilichtbühne hatten wir noch zusammen mit Helmut und Heidi ein besonderes kulturelles Erlebnis gehabt. Auf Plakaten war eine Veranstaltung mit einer *група ABC, вокально-музыкальный ансамбль*, angekündigt worden. Wir beschlossen, uns das anzusehen, und erlebten eine gute polnische Rockband mit drei singenden Frontfrauen. Das gab es zu dieser Zeit in der DDR nicht.

Nun kam zum polnischen Rock ein französischer Pierre

Brice als deutscher Winnetou. Dass Brice auch Fallschirmjäger im Algerienkrieg gewesen war, wusste ich damals nicht, vielleicht hätten wir dann aus Solidarität mit Mark und der algerischen FNL den Film gemieden. Groß war aber die Freude, als wir das Wort *подзаглавие* entdeckten und es als Untertitel dechiffrierten. Im Gegensatz zur DEFA, die nahezu alle ausländischen Filme perfekt synchronisierte, wovon auch die BRD profitierte, denn sie konnte diese Filme dann bei uns billig erwerben, machten sich die Bulgaren damit weniger Mühe. Die DEFA hätte mit diesem Film bei der Synchronisation keine Probleme gehabt, er kam ja aus dem anderen Teil Deutschlands, da gab es eigentlich nur wenig zu synchronisieren. Irgendeine höhere Gewalt verhinderte aber einen DDR-Import und damit die Aufführung.

Wir gingen also in das Freilichtkino. Es war vollbesetzt. Die wenigen Deutschen unter den Zuschauern erkannte man sofort, wenn es lustige Szenen gab – immerhin spielte Eddi Arendt mit – und wir lachen mussten. Die Bulgaren lachten nicht, die Untertitel flitzten in einem Tempo vorbei, dass ich ihnen auch nicht hätte folgen können, wären es deutsche Untertitel gewesen. Dass Gojko Mitić, der spätere Oberindianer der DDR, auch in diesem Film mitspielte, entging uns damals.

Unser Urlaub neigte sich dem Ende zu, und wir planten unsere Heimreise. Trampen zurück wollten wir nicht – es blieb uns also nur übrig, wieder mit dem Zug zu fahren. Zu unserer Freude ergatterten wir diesmal für die Strecke von Nessebar nach Varna Fahrkarten für das Tragflächenboot *Raketa*. Obwohl die Fahrt schnell und ohne Schaukelei verlief, machte der höllische Lärm in der Kabine eine Unterhaltung nahezu unmöglich. Wir erreichten pünktlich unseren Zug.

Als wir in die letzte rumänische Station vor der ungarischen Grenze einfuhren, betrat ein rumänischer Grenzbeamter das Abteil. Er hatte gerade angefangen, die erforderlichen Stempel zu verteilen, als er mir plötzlich seinen gesamten Bauchladen mit allen Stempeln und Papieren in die Hand drückte und aus dem Abteil rannte. Ich war so verblüfft, dass ich kein Wort herausbrachte. Durchs Fenster sahen wir ihn quer über die Gleise flitzen, dem niedrigen Bahnhofsgebäude entgegen. Wir konnten uns keinen Reim darauf machen, gerieten aber ins Grübeln, als sich der Zug langsam wieder in Bewegung setzte. Was sollte ich bloß mit dem ganzen Kram machen?

Der Zug fuhr schon eine ganze Weile durch das Niemandsland, als der Grenzer atemlos mit hochrotem Kopf wieder im Abteil auftauchte. In der Hand hatte er eine Flasche Schnaps, drehte ihr den Hals um und ließ sie im Abteil herumreichen. Wir tranken auf alle, die da waren, und auf unsere befreundeten Länder, dann war die Flasche leer, er nahm mir sein Stempelzeug wieder ab und verschwand winkend.

Ganz anders verhielten sich die deutschen Grenzer. Als sie die Ausweispapiere kontrollierten, mokierten sie sich darüber, dass einer in Natura einen Vollbart trug, auf dem Bild im Ausweis aber nicht. Sie forderten ihn auf, sich den Vollbart abzurasieren, sonst käme er nicht über die Grenze. Widerspruch war zwecklos, und Witze machen war gefährlich. Die verstanden keinen Spaß.

Wir halfen alle beim Rasieren mit. Wasser und Seife gab

es nicht, nur Brause. Einer hatte einen Wegwerf-Rasierer aus Ungarn, ein anderer eine Nagelschere, und dann ging es los. Zum Schluss sah der ehemals Bärtige seinem Pass-bild noch unähnlicher als mit Vollbart. »Na, sehen Sie, es geht doch!«, bemerkte ein Kontrolleur im Unteroffiziers-ton und war zufrieden. Insgeheim freuten sich Albrecht und ich über unseren schwachen Bartwuchs.

10. Kapitel

Ein Typ namens Flexner verschafft mir
sechs Wochen Urlaub • Unheimliche
Raucher • Quarantäne für alle • Ich
gebe ein Gastspiel in der
Medizinvorlesung • Wer zu Späth kommt •
Der Chemikerball • Purpurroter Klee

Schon in den letzten Stunden vor der Ankunft in Jena ging irgendetwas Ungewöhnliches in meinem Inneren vor sich. Ich fühlte mich nicht wohl, ich hatte Kopfschmerzen und mir war übel. Ich schob das auf die lange Bahnfahrt. Zu Hause kann ich mich ja ausruhen, dachte ich.

Den kurzen Weg vom Bahnhof nach Hause legte ich in Rekordzeit zurück. In der Wohnung war niemand, ich knallte die Tür ins Schloss und sauste zur Toilette, wo ich die nächste Stunde verbrachte. Das konnte kein normaler Durchfall sein. Die DDR unterschied sich übrigens von der BRD auch durch ihre Toiletten. Bei der bei uns üblichen Flachspül-Toilette konnte ich mich durch einen kurzen Blick vergewissern, dass ich recht hatte: Das war kein normaler Durchfall. Bei der Tiefspül-West-Toilette wäre alles gleich weg gewesen.

Ich machte mich sofort auf den Weg zum Arzt. Zwar gab es auch bei uns die freie Arztwahl, aber die Anordnung der Universitätsleitung, dass Krankschreibungen nur akzeptiert würden, wenn sie vom »Studentenarzt« ausgestellt wären, konnte ich nicht ignorieren. Das hatte seine Ursache darin, dass manche in Jena praktizierenden Ärzte oft recht schnell mit Krankschreibungen bei der Hand waren.

Als Student benötigte man unter Umständen so etwas, wenn man sich vor einer Klausur oder Prüfung drücken wollte. Die damit ergaunerte Zeit konnte man dann ja auch für eine tiefergehende Vorbereitung nutzen. Ich hatte das selbst schon erlebt, dass die Schwester in das vollbesetzte Wartezimmer kam, in dem fast nur Studenten saßen. »Wer hat hier Grippe?«, rief sie und sammelte dann von allen freiwillig Grippekranken die Sozialversicherungsausweise ein. Der Sozialversicherungsausweis, auch »SV-Buch« genannt, war der Nachweis dafür, dass man regulär sozialversichert war. Damit kam die Krankenkasse für die Kosten der Behandlung auf. Es gab nur eine Krankenkasse, und als Student brauchte man keine Beiträge zu bezahlen. Nach einer Viertelstunde erschien die Schwester wieder und teilte die Krankenscheine aus. Das war sehr effektiv, setzte aber voraus, dass man mit seiner Eigendiagnose recht hatte oder die Schwester guten Glaubens war. Man hätte auch auf einer Untersuchung bestehen können, aber wer wollte schon stundenlang darauf warten, dass man vom Arzt die Empfehlung bekam, sich doch lieber Eukalyptus-Bonbons zu kaufen.

Beim »Studentenarzt«, der eine Ärztin war, hatte ich Glück. Ich muss jämmerlich ausgesehen haben, denn nach einigen Worten winkte sie mich zum Ärger der Wartenden gleich in das Behandlungszimmer durch. Die Ärztin, versiert im Erkennen von Simulanten, brauchte nicht lange mit der Diagnose: Ich hatte die Ruhr. Über die Ruhr als Fluss hatte ich ja schon geschrieben, jetzt hatte ich die Ruhr als ansteckende Krankheit.

Die Ärztin wollte sofort im Krankenhaus anrufen und mich anmelden. Würde ich nicht in der nächsten halben Stunde im Krankenhaus auftauchen, bekäme ich es mit der Polizei zu tun. Mir stünde nämlich eine mehrwöchige Quarantäne bevor. Es dauerte eine Weile, bis ich ihr statt einer halben eine ganze Stunde abgerungen hatte, denn ich musste doch wenigstens zu Hause jemandem Bescheid sagen und ein paar Sachen einpacken.

Als ich unsere Wohnung betrat, war immer noch niemand da. Ich nahm ein kleines Lederköfferchen und packte mir ein paar Bücher ein. Keines hatte mit Chemie zu tun. Dazu kam noch ein Schlafanzug. Fertig. In der Küche schrieb ich noch einen kurzen Zettel für meine Mutter: *Mach dir keine Sorgen, ich habe die Ruhr und bin im Krankenhaus. Ich melde mich.* Dann trabte ich los.

Natürlich machte *ich* mir keine Sorgen, denn ich vertraute unserem Gesundheitssystem vorbehaltlos, aber dieser Zettel konnte dämlicher nicht sein. Meine Mutter musste sich danach wirklich Sorgen machen. Damals kam mir das aber nicht in den Sinn.

Ich hatte auch keine Zeit gehabt, meine Kleidung zu wechseln, und mich, so wie ich war, auf den Weg ins Universitätsklinikum gemacht – in Hemd, Lederhosen und Holzlatschen. Die waren zu der Zeit sehr in Mode und bestanden nur aus fußgeformten Holzbrettern mit einem Lederriemen über den Zehen. Rennen konnte man damit nicht. Ich unterbot die geforderte Zeit trotz Holzlatschen um einige Minuten.

Man wartete schon auf mich. Nach den üblichen Formalitäten und der ersten Untersuchung wurde ich in ein Dreibettzimmer einquartiert. Dort lagen schon zwei mit derselben Krankheit, also konnte keiner den anderen mit einer neuen Krankheit anstecken. Meinen Schlafanzug brauchte ich nicht, ich bekam ein Nachthemd von der Klinik, das zwar für Ruhrkranke praktisch, aber alles andere als modisch war. Hätte ich das vorher gewusst, wäre im Köfferchen noch Platz für ein weiteres Buch gewesen.

Ich hatte es mir gerade gemütlich eingerichtet – so gut es eben ging –, da wurde ich von der Schwester ans Telefon gerufen. Meine Mutter hatte sich durch alle Instanzen

hindurchgeklingelt und war schließlich fündig geworden. Als Erstes wusch sie mir den Kopf wegen des blöden
Zettels: »Wenn man die Ruhr hat, muss man nicht noch
alle anderen veralbern!« Ich beruhigte sie und sagte, sie
könne mich doch besuchen, aber nicht gleich morgen.
Wir einigten uns auf drei Tage.

Am nächsten Morgen eröffnete mir der Stationsarzt bei
der Visite, dass ich eine in hiesigen Breiten seltene Form
der Ruhr hätte: Typ Flexner. Ein Simon Flexner, Bakte-
riologe und Professor aus den USA, hatte den Erreger
entdeckt. Flexner hatte auch über die Kinderlähmung
gearbeitet. Somit schloss sich der Kreis wieder zu meinem Cousin Wolfgang und der Ruhr als Fluss. Ich bekam
die passenden Medikamente und die Zusicherung, wenn
dreimal hintereinander negative Befunde der Proben
vorlägen, könne ich die Klinik wieder verlassen. Unter
vier Wochen wäre da jedoch nichts drin.

Nun begann der weniger angenehme Teil meines Aufenthalts. Zerstreuung gab es nicht, kein Fernseher, kein Radio, und von den beiden anderen Patienten konnte nur
einer Skat spielen. Dafür waren wir alle Raucher. Doch
im Zimmer war das Rauchen verboten, und das Zimmer
durften wir ohne Erlaubnis der Schwester oder des Arztes
nicht verlassen. Wir fanden eine praktikable Lösung: Wir
rauchten aus dem Fenster. Unterhalb des Fensters lagen
Unmengen von Zigarettenkippen. Wir waren also nicht
die Ersten, die auf diese Idee gekommen waren.

Einer von uns dreien, ein älterer Herr, war Zigarren-
raucher, das heißt, er rauchte keine wohlriechenden
Zigarren, sondern kurze, dicke Stumpen, die rochen, als

hätte man schlechten Tabak zusätzlich mit Wollfäden veredelt. Ich war als angehender Chemiker mit Gestank gut vertraut, und so machte mir das nichts aus.

Oft hatte der Alte keine Lust, zum Rauchen an das Fenster zu treten, sondern rauchte im Bett. Im Nachtschrank hatte er vorsichtshalber eine Blechdose als Aschenbecher deponiert. Er rauchte schon vor dem Frühstück. Dabei passierte es, dass unerwartet der Stationsarzt mit Gefolge zur Visite erschien. Der Opa schaffte es nicht mehr, den Stumpen aus dem Fenster zu werfen, sondern versenkte ihn in seinem Blech-Ascher und schob das Schubfach zu. Natürlich merkten alle Teilnehmer der Visite, was hier los war. Es roch wie in einer Bahnhofskneipe. Keiner sagte etwas, alle warteten auf das Donnerwetter des Arztes, aber der grinste nur und stellte die üblichen Fragen. Selbst als für alle sichtbar der Qualm des Stumpens aus den Ritzen des Nachtschranks quoll, wich er nicht von seinem Medizinpfad ab. »Na dann, schönen Tag auch, meine Herren!«, sagte er schließlich und rauschte samt Gefolge wieder hinaus. Nur die Oberschwester, die die Tür schloss, drohte uns mit der Faust.

Über die Qualität des Essens konnte man nur den Mantel des Schweigens breiten. Dass wir mit Diät kuriert werden sollten, war ja noch verständlich, aber dass diese dazu noch geschmacklos sein musste, war nicht einzusehen. Lediglich die Marmelade war annehmbar, und ich aß so viel davon, wie ich bekommen konnte. Nach drei Tagen war mein Durchfall verschwunden.

Als mich meine Mutter besuchte, brachte sie mir natürlich auch Lebensmittel mit, die ich eigentlich nicht essen durfte. Ich versteckte sie sofort im Nachtschrank. Meine Mitpatienten machten das ebenso. Unser Zimmerältester war vom Dorf, und seine Frau versorgte ihn reichlich mit essbaren Thüringer Kostbarkeiten, die er immer mit uns teilte.

Meine Mutter berichtete mir, dass die ganze Familie unter Quarantäne stand und zu Hause hockte. Sie richtete mir auch die besten Grüße von Albrecht und allen Kommilitonen unseres Studienjahrs aus, die ebenso komplett unter Quarantäne gesetzt worden waren. Ich war erstaunt, wie ein Einzelner mit so wenig Aufwand so vielen Menschen eine große Freude bereiten konnte.

Mit fortschreitender Zeit wuchs die Langeweile. Eines Morgens kam ein junger Assistenzarzt zu mir und fragte, ob ich Lust hätte, etwas gegen die Monotonie der Quarantäne zu unternehmen. Ich hatte, und er bot mir an, in der Medizinvorlesung als Patient aufzutreten. Er kam meiner Frage, was ich dort mit meiner Ruhr veranstalten sollte, zuvor und sagte, dass es nur um die Lymphdrüsen ginge, ich hätte welche am Hals, die wären gut entwickelt. Da die Drüsen an anderen Körperstellen nicht gefragt waren, sagte ich zu.

Pünktlich erschien ich zur angegebenen Zeit im Vorbereitungsraum des Hörsaals für Innere Medizin. Ich musste den Oberkörper freimachen und durfte mich in eine Art Rollstuhl setzen. Nach einigen Minuten schob mich der Assistent hinaus in den Saal. Der Dozent wollte etwas sagen, doch die Studenten, vor allem die Mädchen, kicherten und feixten. Ich kannte eine ganze Menge von ihnen aus dem *Rosenkeller*, und es war mir jetzt besonders peinlich, hier als eine Art lebendes medizinisches Präparat ausgestellt zu werden. Ich durfte auch nichts sagen, denn man hatte mir eingeschärft, nur zu reden, wenn mich der Herr Professor etwas fragte. Das tat er aber nicht, sondern bat die Damen und Herren formvollendet um Aufmerksamkeit.

Dann winkte er eine Studentin aus der ersten Reihe heran, die kannte ich natürlich auch, und forderte sie auf, sich hinter mich zu stellen. Sie sollte meine Lymphdrüsen am Hals ertasten. Als sie mich berührte, zuckte ich zusammen, als hätte mir jemand einen kalten Fisch um den Hals gelegt. Meine Gänsehaut sah man bestimmt bis in die letzte Reihe.

Die arme Studentin musste nun mit hochrotem Kopf neben mich treten, und der Professor hielt einen kurzen Vortrag über die wichtigsten Voraussetzungen, die ein Arzt mitbringen müsste, wenn er seinen Beruf erfolgreich ausüben wolle. Dazu gehörten in erster Linie warme Hände, sonst liefen ihm die Patienten davon. Methoden, wie man aus kalten warme Hände macht, bot er nicht an. Dann bat er sie um Wiederholung der Übung. Ich riss mich zusammen, zuckte nicht, und ihre Hände waren auf einmal viel angenehmer als zuvor. Erfolgreich fand sie die Drüsen, der Professor bedankte sich höflich, und sie durfte sich setzen. Unter großem Applaus wurde ich hinausgeschoben, aber vielleicht klatschten sie auch aus Freude darüber, nicht selbst nach vorn gerufen worden zu sein.

Nach fast sechs Wochen hatte ich endlich meine drei negativen Befunde und konnte nach Hause. Die Quarantäne meiner Familie war schon nach drei Wochen zu

Ende gegangen, keiner war krank geworden. Auch von meinem Studienjahr hatten alle die Zwangspause unbeschadet überstanden. Erneut lief ich Mitte Oktober in kurzen Hosen über den Marktplatz nach Hause. Es war ein wunderschöner Spätherbsttag, und keiner nahm Anstoß an meiner sommerlichen Bekleidung.

Eine wichtige Etappe im Studium war das Betriebspraktikum. Die Studenten sollten sich in der Produktion sachkundig machen, wo sie später ihr Wissen einsetzen konnten. Für uns gäbe es zwei Möglichkeiten: das schon erwähnte Mineralölwerk Lützkendorf und den VEB Jenaer Glaswerk Schott & Genossen.

Das Glaswerk trug schon seit der Jahrhundertwende den etwas sperrigen Namen, nur der Vorsatz »VEB« kam nach 1945 dazu, als der Betrieb volkseigen wurde. Mit den »Genossen« waren mitnichten alte Parteikader der SPD oder der KPD gemeint, sondern die Mitinhaber der Firma. Gründer war der Chemiker Otto Schott. Mitinhaber waren der Physiker Ernst Abbe, der Mechaniker Carl Zeiss und dessen Sohn Roderich. Hier wurde auf dem Gebiet der Herstellung optischer Gläser der Weltruhm der Zeiss-Werke Jena begründet. Nach der Wende wurde das Werk in Schott Mainz AG umbenannt. Mainz liegt etliche Kilometer von Jena entfernt. In Jena werden heute keine optischen Gläser mehr gefertigt. Das Zeiss-Kombinat mit ehemals zwanzigtausend Beschäftigten wurde unter maßgeblicher Beteiligung eines Herrn Lothar Späth aus dem Westen zerschlagen. Herr Späth, der es im Westen nicht einmal zu einem ordentlichen Abitur gebracht hatte, wurde, dessen ungeachtet, Honorarprofessor der

Jenaer Universität. Übrig blieben unter seiner Führung nur um die zweitausend Arbeitsplätze. Die Jenenser quittierten das nicht mit einem Aufstand, sondern mit einem resignierenden, von Gorbatschow geklauten Witz, den dieser als russisches Sprichwort getarnt hatte: Wer zu Späth kommt, den bestraft das Leben. Als ich in Jena studierte, war Gorbatschow noch Sekretär für Landwirtschaft in der Sowjetunion und gewissermaßen verantwortlich für Hühnereier und Wodka. Leider hat er später besser bezahlte Posten erobert.

Die Jenenser hatten sich wohl gedacht, der Ruhm der Zeiss-Werke würde die Wende überdauern, aber sie hatten nicht mit der Treuhand gerechnet. Diese hielt ihre Hände treu über den schon vor dem Konkurs stehenden Konkurrenzbetrieb in Oberkochen. Das Zeiss-Statut, das die obengenannten Gründer ausgearbeitet hatten und das den Arbeitern von Schott und Zeiss für die damalige Zeit erstaunlich fortschrittliche soziale Zugeständnisse machte, die auch die SED-Genossen nach 1945 nicht angetastet hatten, wurde Makulatur. Mit dem Niedergang des Jenaer Zeiss-Werkes verschwanden auch zwei weitere Glanzpunkte der Stadt: Der Fußballverein FC Carl Zeiss Jena, mit seiner Spitzenmannschaft, deren Reste heute in der 3. Liga aufbewahrt werden, und der SC Motor Jena, eine Leichtathletik-Hochburg der DDR. Dass es die Friedrich-Schiller-Universität beim Qualitätsvergleich der deutschen Universitäten, der den gewaltigen Titel »Exzellenzinitiative« trug, nicht unter die Graduierten schaffte, war dann auch nicht mehr verwunderlich. Der Rückfall Jenas in ein Provinznest fand seinen Abschluss, als man die Stadt von der ICE-Trasse abkoppelte. Niemand hatte es jetzt mehr eilig, nach Jena zu kommen. Der Muff von tausend Jahren kam wieder aus allen Ritzen hervor.

Mein Vater hatte sich bei Schott & Genossen vom E-Lokfahrer zum Lehrmeister hochgearbeitet und war dort sehr geachtet. Ich strengte mich besonders an, um ihm keine Schande zu machen. Das gelang mir auch recht gut. Zusammen mit anderen Kommilitonen entwickelten wir während des Betriebspraktikums eine neue Rezeptur für ein hochbrechendes optisches Glas. Dadurch wurden große Mengen von seltenem Lanthanoxid eingespart, das bisher für viel Geld aus Brasilien importiert werden musste. Leider wurde die dafür gezahlte hohe Prämie nach meiner Meinung ungerecht aufgeteilt. Der Leiter des Kollektivs, ein Betriebsangehöriger, bekam den Löwenanteil und konnte sich dafür ein Auto kaufen, die beteiligten Studenten, die die Arbeit geleistet hatten, nicht. Meine Beschwerde wurde abgeschmettert, und einige meinten, ich wäre etwas aufsässig. Damit hatten sie zweifelsohne recht.

Das vierte Studienjahr der Chemie hatte in Jena traditionsgemäß etwas Besonderes, denn hier richteten die Studenten den Chemikerball aus. Das war keine Tanzveranstaltung für höhere Töchter, sondern hierbei ging es wirklich um das Renommee der Fakultät, die jetzt Sektion hieß. Der Veranstaltungsort war die Mensa, die Platz für mehrere Hundert Studenten in zwei Sälen bot.

Wir planten ein Kulturprogramm, das von uns selbst gestaltet werden sollte, eine Ballzeitung, die den treffenden Namen *Gestank* trug, und zahlreiche Werbeartikel, angefangen von extra für uns gedruckte Skatkarten aus

Altenburg mit unserem Logo auf der Rückseite bis hin zu Teegläsern aus dem VEB Jenaer Glaswerk Schott & Genossen, in dem wir ja das Betriebspraktikum absolviert hatten.

Es gelang uns, die Sektionsleitung davon zu überzeugen, dass wir für die Vorbereitung des Balls Zeit brauchten. Das gesamte Studienjahr bekam tatsächlich Urlaub. Die Forderung der Sektionsleitung lautete aber: Keine Verkürzung des Lehrstoffs, keine Verschiebung der Prüfungen! Alle waren einverstanden.

Wir fuhren in den Thüringer Wald, in das tiefverschneite Schnett, wo wir uns in der Jugendherberge »Auf dem Simmersberg« einquartierten. Hier entstand in fleißiger Arbeit unsere Version des Chemikerballs. Vor uns hatte es schon mehrere dieser bemerkenswerten Bälle gegeben, und wir wollten natürlich besser sein als unsere Vorgänger. Dazu gehörte eine Tombola, an der nur Professoren und Dozenten teilnehmen durften. Lange überlegten wir, wie es möglich wäre, die Losverteilung so zu manipulieren, dass die von uns Präferierten die ersten Preise bekämen. Das gelang uns aber nicht.

Unsere Plakate und Dekorationen malten wir in der Werbeabteilung der staatlichen Handelsorganisation (HO), die uns sowohl die Räumlichkeiten als auch das Papier und die Farben kostenlos überließ.

Ein Projekt konnte ich leider nicht realisieren: Ich hatte vorgeschlagen, eine witzige Umfrage unter Autofahrern zum Thema »Trampen« durchzuführen, die wir dann in das Programm einbauen wollten. Zu diesem Zweck machte ich mich auf den Weg zum Hermsdorfer Kreuz. Die dortige Autobahn-Raststätte bot, meiner Meinung nach, gute Bedingungen für das Vorhaben. Anfänglich ging auch alles gut, bis mich nach etwa einer Stunde zwei unauffällige Herren in ihre Mitte nahmen und mich in eine am Rande des Parkplatzes stehende Baracke geleiteten. Ich kann mich nicht mehr erinnern, dass sie sich in ihrer Funktion vorgestellt hätten, aber Uniform trugen sie nicht. Während einer längeren Befragung quetschten sie mich aus, was ich da veranstaltet hätte. Die einfachste Erklärung, die ich hatte, wurde natürlich nicht akzeptiert, sonst wäre ich vermutlich nach fünf Minuten wieder – ohne meine Umfragelisten – draußen gewesen. Umfragen, zu welchem Zweck auch immer, mussten in der DDR beim Ministerium des Innern angemeldet und genehmigt werden. Das hatte ich nicht gewusst und daher nicht gemacht. Auch war ich mir deshalb keiner Schuld bewusst. Aus diesem Grunde dauerte die Unterhaltung etwas länger. Die Genossen hatten keinen Humor und witterten zwielichtige Umtriebe. Damit konnte ich aber nicht dienen. Meine konfiszierten Listen müssten sich noch in meinen IM-Akten der Kreisdienststelle Jena befinden. Dort könnte man sich über den Ausgang der Umfrage informieren.

Ich schrieb zwei oder drei Beiträge für unsere Chemikerball-Zeitung, die erwartungsgemäß bei der ersten Lesung der Zensoren – das war die Leitung der Sektion – durchfiel. Wir änderten so gut wie nichts und reichten sie erneut ein. Dieselben Zensoren winkten sie diesmal durch, und wir gingen zur Druckerei »Magnus Poser«, die uns nach anfänglichem Zögern ein paar Hundert Exemplare druckte. Das nötige Kleingeld hatten wir durch Spenden von Professoren und Dozenten eingesammelt.

Die Druckerei »Magnus Poser« war die größte Druckerei der Stadt. Ihr Name war eng mit der Geschichte Jenas vor 1945 verbunden. Der Kommunist Magnus Poser hatte zusammen mit Theodor Neubauer, einem KPD-Reichstagsabgeordneten aus Thüringen, eine illegale Widerstandsgruppe in Jena aufgebaut, zu der auch eine geheime Druckerei gehörte. Magnus Poser wurde von den Nazis im KZ Buchenwald ermordet, Theo Neubauer wurde wegen Hochverrats hingerichtet. Meine Mutter war mit Lydia Poser, der Witwe von Magnus Poser, befreundet.

Musikalisch hatten wir es natürlich mit zwei recht unterschiedlichen Interessengruppen zu tun. Für die ältere Generation fanden wir eine Jazz-Gruppe, ich glaube das waren die Jenaer Oldtimers, und für die Studenten engagierten wir die Alexanders. Hier spielte damals schon die Creme der DDR-Rockmusik mit. Ihr Sänger zum Beispiel war Herbert Dreilich, der spätere Leadsänger der Band Karat. Von Karat stammt der Hit »Über sieben Brücken musst du geh'n«. Peter Maffay tat später manchmal so, als sei der Titel von ihm, und seine westdeutschen Fans glaubten das auch.

Kernstück war natürlich unser Bühnenprogramm. Es war als Kabarett aufgebaut, und alle Nummern wurden von den Studentinnen und Studenten selbst gespielt. Auch die Texte waren Eigenproduktionen. Der Text zu unserem Studienjahreslied sollte mehr als vierzig Jahre später noch eine seltsame Rolle in meinem Leben spielen.

Am 14. Mai 1971 wurde um Punkt zwölf Uhr mit einem Umzug der Chemikerball feierlich eröffnet. Alle Studenten hatten ihre mehr oder weniger sauberen Laborkittel an, vornweg marschierten die Professoren. An der Mensa machte der Zug halt, die Chemikerball-Fahne mit dem Logo *CB71* wurde gehisst, und dann gab es Bratwurst und Freibier für alle Studenten. Der eigentliche Ball begann dann abends mit unserem Programm. Vier Studenten, darunter Albrecht, der Gitarre spielte, und ich, sangen das Studienjahreslied, eine Art Couplet mit wechselnden Melodien aus bekannten Liedern und Musikstücken. Einen großen Teil des Textes hatte ich verfasst. Das Lied und auch die übrigen Nummern des Programms waren ein großer Erfolg. Ein Professor bezeichnete uns später als das beste Männerquartett, das er je gehört hätte. Das war bestimmt übertrieben, aber da wir nicht wussten, wie viele Männerquartette er schon gehört hatte, redeten wir ihm das auch nicht aus.

Auch die Tombola erwies sich als Volltreffer. Den ersten Preis gewann tatsächlich der von uns verehrte Prof. Dr. Heinz D. Er war auch unser Favorit für diesen Preis gewesen. Er gewann ein Lamm. Der Professor stand auf der Bühne, mit dem Lamm am Strick, und wusste nicht, was er sagen sollte. Dann versprach er, dass er dafür Sorge tragen würde, dass das Lamm zu seiner Herde zurückkäme, um dort bis an das Ende seiner – des Lammes – Tage zu bleiben. Das Lamm pinkelte ihm vor Rührung über solchen Großmut auf den Schuh. Der zweite Preis ging an unseren Mathematik-Dozenten. Dieser war allseits beliebt und ein eifriger Motorroller-Fahrer. Es sah immer lustig aus, wenn er auf seinem »Berlin« um die Ecke kam und statt eines Helmes eine Fliegerkappe aus dem Zweiten Weltkrieg auf dem Kopf trug. Er rechnete mit uns in mehreren Vorlesungen die Schrödingergleichung für das Wasserstoffatom aus. Die meisten von uns gaben schon nach wenigen Stunden auf, schauten aber doch gebannt auf den Dozenten, der im braunen Anzug kreidebeschmiert mit hochrotem Kopf vor einem wirren Tafelbild hin- und herflitzte. Er gewann ein Huhn. Das Huhn hatte einer unserer Studenten aus dem Garten seiner Oma abgezweigt. Es hatte beim Transport in einem Schuhkarton auf dem Gepäckträger eines Fahrrads vom Garten bis zur Mensa vor Angst noch ein Ei gelegt und musste erst mühsam gesäubert werden. Der Gewinner brachte das Huhn provisorisch auf dem Balkon seiner Wohnung unter. Er hätte es gern gegessen, brachte es aber nicht über sich, es zu schlachten. Das übernahm dann der Hühnerlieferant für 50 Mark. Es war ein gutes Geschäft. An einen dritten Platz kann ich mich nicht erinnern.

Einen kleinen Wermutstropfen hatte der Chemikerball für mich aber doch: Ich war allein hingegangen. Im *Rosenkeller*, dem idealen Ort für die Anbahnung kurz- und langlebiger Partnerschaften, hatte ich Irmtraud kennengelernt. Sie wurde aber von allen nur »Irmi« genannt. Irmtraud studierte im Lehrerstudium Sport/Biologie und trat mit dem Singeklub »ReziSong« der Sektion Sportwissenschaften oft im *Keller* auf. Der Name des Singeklubs war nicht besonders einfallsreich, aber Singeklubs waren groß in Mode. Der damals berühmteste war ohne Zweifel der Berliner »Oktoberklub«. Mitgegründet wurde er von Perry Friedman, einem kanadischen Folksänger, der in der DDR lebte.

Irmtraud fiel mir sofort mit ihrem wuscheligen Lockenkopf, ihrer sportlichen Figur und ihrem Berliner Dialekt auf, den sie beim Rezitieren von Gedichten, wie

»Ode einer Berlinerin«, treffsicher einsetzte. Ich gab mir redliche Mühe, aber irgendwie wollte es nicht so recht vorwärtsgehen mit uns beiden. Einen Silberstreif am Horizont gab es, als ich sie einmal in der *Milchbar am Johannistor* traf. Diese Milchbar war ein beliebter Studententreffpunkt, in dem man stundenlang sitzen, rauchen und quatschen konnte, ohne Geld auszugeben. Kaufte man einen Tee für 20 Pfennige, musste man diesen nicht trinken, sondern er stand als Beweis für ein gemachtes Geschäft auf dem Tisch. Bedienung gab es nicht, Rauchen war erlaubt.

Irmtraud wirkte ziemlich niedergeschlagen und sehr müde, sie war geradewegs von der Ostsee gekommen. Die Fahrt hatte sie mit einem Lkw voller Decken hinter sich gebracht, in denen auch ein paar Flöhe wohnten. Erst wesentlich später verriet sie mir, dass sie sich an diesem Tag gerade von ihrem Freund getrennt hatte. Ich sah aber durchaus, dass sie Trost brauchte, und tat mein Bestes. Nach einem oder zwei Milchshakes begleitete ich sie in das Studentenwohnheim. Wir trafen uns danach hin und wieder im *Rosenkeller*. Sie war immer in Begleitung ihrer Freundin Ines, einer langhaarigen, blonden Hochspringerin aus ihrer Seminargruppe, aber ich hatte den Eindruck, sie wollte sich nicht auf mich festlegen, denn sie hatte viele Verehrer. Ich hielt mich für unwiderstehlich, sie mich offensichtlich nicht. Eine Aussprache führte nicht zu dem von mir gewünschten Ergebnis, also nahm ich sie, vergnatzt wie ich war, auch nicht mit zum Chemikerball.

Der war schon fast zu Ende, da sah ich plötzlich Irmtraud mit ihrer Freundin Ines im Saal. Das war kaum möglich, denn ich wusste genau, beide hatten keine Karten bestellt. Eine Abendkasse gab es nicht, alle Karten waren ausverkauft und schon Wochen vorher auf Bestellung weggegangen. Ich brauchte ziemlich lange, bis ich mich dann doch durchrang, sie zum Tanz zu bitten. Natürlich interessierte es mich, wie sie hereingekommen war. Sie wollte sich und mir beweisen, dass sie nicht auf mich und meine blöde Karte für den Ball angewiesen war, und war mit ihrer Freundin durch ein schmales, aufgeklapptes Toilettenfenster in die Mensa eingestiegen. Als Sportstudentinnen brachten sie ja dazu die besten Voraussetzungen mit.

Es war der letzte Tanz, und die Alexanders spielten auf Wunsch für uns »Crimson And Glover« von Tommy James & the Shondells. »Purpurrot und Kleegrün«, das war der Hit der Saison. Die Alexanders spielten ihn so gut wie Tommy und seine Shondells, aber das war mir egal, denn ich hatte Augen nur für Irmtraud – und sie nur für mich. Möglicherweise hätten wir ohne diesen Ball nie geheiratet.

11. Kapitel

Brücken in die eigene Vergangenheit ⦁
Ohne Fahrschein in Richtung
Schwarzes Meer ⦁ Prag und die Reste
des Frühlings ⦁ Übernachtung im
Roggenfeld ⦁ Kaffee in der Bratpfanne ⦁
Fußmärsche und Grenzkontrollen ⦁ Kudar
Otto und die Schönheiten der Kunst ⦁ Ducke
oder Dutschke ⦁ Im Lande Draculas ⦁
Ein teures Wannenbad ⦁ Raubüberfall auf
der Donaubrücke

Dinge aufzubewahren, sie in Kästen, Kartons und Umschlägen zu verpacken und dann in Kellern zu versenken oder auf Dachböden zu deponieren, ist ein fragwürdiges Phänomen, das auch pathologische Züge trägt, weil nirgendwo etwas über den Sinn dieser »Sammlungen« vermerkt ist und oft genug diese Hinterlassenschaften erst von den Nachkommen gefunden werden, die sie dann schlimmstenfalls dem Mülleimer überantworten. Im besten Falle werden sie besichtigt, neu verpackt und dann dem nächsten Schlaf überlassen. Im seltensten Falle gelingt es, den Sinn ihrer Existenz zu entschlüsseln und die Beweggründe der ehemaligen Besitzer zu erfassen, die diese veranlasst haben, sie aufzuheben.

Vor einiger Zeit fiel mir ein kleines Büchlein in die Hände, das genau aus einem dieser Kartons stammte, die ich schon für die Ewigkeit gepackt hatte, ständig bei jedem Umzug mit mir herumschleppte und doch nie wegwarf. Es war so, als gehörte eben dieses Büchlein zu den unsichtbaren Brücken in die eigene Vergangenheit, die man eines Tages mit Sicherheit noch einmal betreten würde, um sich mit dem Sinn der eigenen Existenz zu beschäftigen. Zwei Jahre nach den nachfolgend geschilderten und für uns »denkwürdigen« Ereignissen trennten sich die Wege der beiden Hauptdarsteller, das waren Albrecht und ich, auf eigenartige Weise, um sich erst viele Jahre später mindestens ebenso eigenartig wieder zu kreuzen.

Dreißig Jahre nach dem Ende der DDR ist die offizielle Lesart über das Leben im anderen Teil Deutschlands nicht nur ziemlich einseitig geprägt, sondern wird offensichtlich von dem politischen Kalkül gespeist, dass das Urteil der Jugend über die heutigen Zustände umso positiver ausfallen könnte, je düsterer man das »Leben hinter Mauer und Stacheldraht« beschreibt. Es ist aber ein Trugschluss, anzunehmen, dass man nur deshalb gut dasteht, wenn man einen (er-)findet, der noch schlechter ist als man selbst. Aus diesem Grunde sind die folgenden Reiseerlebnisse in unseren Ferien etwas detaillierter beschrieben, als die eine oder andere Geschichte. Wir waren in der DDR weder weltfremd noch ausländerfeindlich oder gar rassistisch. Die Reisen in andere sozialistische Länder erweiterten meinen Horizont und schärften meinen Blick für die Lebensumstände in anderen Gefilden.

Hier geht es um eine Reise, die vor nun schon mehr als vierzig Jahren stattfand, deren Verlauf dieses Büchlein mit knappen Bemerkungen beschreibt. Die Eintragungen wurden in einen Taschenkalender vom VEB Hermes, Halle (Saale), aus dem Jahr 1971 gemacht, beginnend auf der Seite des 1. August. Hermes war ein jetzt beinahe schon vergessenes hallesches Traditionsunternehmen. Hier wurden pro Jahr 97 Millionen Schulhefte produziert und 10 Millionen Kalender hergestellt. Der Betrieb war mit zuletzt fünfhundert Mitarbeitern der größte Produzent von Schulpapierbedarf und Geschäftsbüchern in der DDR. Aber auch Kinder in der BRD, aus Holland, Italien, Belgien oder Schweden schrieben in Schulhefte aus Halle. Das Unternehmen schaffte es nicht in die neue Zeit. Heute steht dort eine EDEKA-Filiale, da gibt es vermutlich auch Kalender. Ich erinnere mich an meine Schulhefte aus der Grundschule, auf deren Umschlag hinten aufgedruckt war, wie viele Krankenhäuser man für den Preis eines Panzers bauen konnte. Ein ähnliches Rechenbeispiel gab es auch mit Löwen und Tigern für den Berliner Tierpark.

Erstaunlich ist es schon, dass mein Gedächtnis heute noch fast mühelos die kurzen Bemerkungen zu entschlüsseln vermag, um dann daraus eine für andere verständliche Geschichte zu erzählen. Da die Reise vor so langer Zeit und in Ländern stattfand, die heute zumindest mit ihrem damaligen Namen von der Landkarte verschwunden sind, bedeutet dieses natürlich auch, dass viele der vorkommenden Begriffe, Zeichen und Abkürzungen eher sich wie Graffiti ausnehmen. Sie flitzen an einem vorbei wie die Werke unbekannter Künstler an den Mauern, die man aus dem Fenster der Berliner S-Bahn zu Gesicht bekommt, wenn man in den Bahnhof Bornholmer Straße einfährt. Es ist heute leider nicht gewünscht, dass man jungen Leuten etwas Vernünftiges über diese vergangenen Zeiten erzählt, also versuche ich es mit meinen Mitteln. Bei besagten Ländern handelt es sich übrigens um die Deutsche Demokratische Republik (DDR), die Tschechoslowakische Sozialistische Republik (ČSSR), die Volksrepublik Ungarn (VRU), die Sozialistische Republik Rumänien (SRR) und die Volksrepublik Bulgarien (VRB).

Ich hatte mir mit meinem Freund Albrecht vorgenommen, richtig weit nach Osten zu trampen. Wir hatten das vierte Studienjahr hinter uns gebracht und genügend Zeit in den Semesterferien, etwas zu erleben. Am liebsten wäre uns natürlich Wladiwostok gewesen, aber so viel Reisefreiheit gab es im sozialistischen Lager nun auch wieder nicht. So mussten wir einige Meere vorher haltmachen. Es war das Schwarze Meer – Zielort war erneut der beliebte Urlaubsort Varna. Mit geborgten Rucksäcken, Schlafsäcken, einer Bratpfanne und einem Kochgeschirr, als romantisierendes Beiwerk, fühlten wir uns ordentlich ausgerüstet. Trampen war doch etwas ganz anderes als die Strapazen einer Bahnfahrt. Das hatten wir ja schon ausgiebig probiert. Inspiriert hatten uns sicher auch die Erzählungen von Mark und seiner Freundin Joan.

Im Gegensatz zu heute machte uns die Finanzierung der Expedition damals die geringsten Sorgen. Die finanziellen Mittel für das jeweilige zu durchquerende Land musste man bereits in der DDR umtauschen. Eine Ausnahme machte allerdings Rumänien. Wenn man kein Visum für Rumänien hatte, konnte man als Durchreisender nach Bulgarien nur 32 Mark an der Grenze einwechseln. Die von uns für die anderen Länder benötigten Summen lagen pro Land im oberen zweistelligen Bereich. Genau weiß ich das nicht mehr. Luxusgüter zu kaufen, hatten wir nicht vor, und die Verpflegung war billig. Übernachten wollten wir sowieso unter freiem Himmel.

Unsere Ausrüstung hing eng mit der Art zusammen, wie wir das Ziel zu erreichen hofften. Die Fortbewegungsart hieß »Trampen« und bedeutete im gestelzten Amtsdeutsch die »kostenlose Mitreise in einem fremden Kraftfahrzeug«. Sie wurde nicht in der DDR erfunden, aber dort auf eine besondere Art und Weise kultiviert. Unter Studenten war es eine sehr beliebte – und damals noch ungefährliche – Methode, ein beliebiges Ziel zwischen Elbe und Wladiwostok beziehungsweise Varna kostengünstig zu erreichen. Aufgrund des relativ seltenen Vorkommens von Autos nahm man unter Umständen auch mit anderen »Fahrzeugen«, wie Motorrädern und Pferdefuhrwerken, vorlieb, waren sie denn schneller als man selbst zu Fuß. In manchen Situationen hätten wir uns auch von vorbeikommenden Personen tragen lassen, aber wir bekamen keine entsprechenden Angebote.

Die Auswahl der Bekleidung folgte einer Logik, die wir schon am Beginn unserer Tour nicht mehr nachvollziehen konnten. Ein Teil ging ganz bestimmt auf das Konto meiner Mutter. Heute vermute ich, dass es jener Teil war, den ich ungebraucht wieder nach Hause schleppte, so beispielsweise mehrere Paar Socken, von denen ich nur ein einziges benutzte. Das hatte ich mir bereits im Ferienlager so angewöhnt. Ganz besonders stolz waren wir auf unsere Schuhe: Knöchelstiefel aus braunem Wildleder mit dünner Kreppsohle und flachem Absatz. Eigentlich sollte das Material der Sohlen Naturkautschuk sein, aber Gummibäume gab es in der DDR nur in Wohnzimmern. Die Sohlen waren einfach aus Synthesegummi, der in der Buna-Fabrik in Schkopau hergestellt wurde. Diese Schuhe waren gerade groß in Mode und zierten die Füße vieler unserer singenden Idole, wie die der Beatles oder der Rolling Stones. Solche Schuhe wurden tatsächlich auch in der DDR hergestellt. Leider ging der Nutzen besagter Schuhe für diese Reise gegen null. Es war schon bemerkenswert, dass wir sie bei der Heimkehr immer noch an den Füßen hatten – es waren ja unsere einzigen Schuhe.

Meine Mutter, die treusorgende Seele, hatte uns wie zu einem Schulausflug einen ganzen Stapel Stullen geschmiert. »Stullen« heißen heute »Pausenbrot«, aber so viele Stullen, wie wir dann später Pausen hatten, hätte meine Mutter uns nie schmieren können. Eigentlich war uns das peinlich, denn wir wollten Tramper sein und keine Ausflügler. Aber wir konnten die gute Frau nicht enttäuschen. Den Sinn unserer Unternehmung hatte sie sowieso nie ganz verstanden, man konnte ihrer Meinung nach viel bequemer mit dem Zug reisen. Dass da Spaß dabei war, ahnte sie aber schon.

Wir pilgerten also am 1. August 1971 zum Westbahnhof in Jena, der heute zur Provinzhaltestelle verkommen ist, damals aber große Bedeutung hatte. Man konnte – obwohl der Name keinen politischen, sondern nur einen geographischen Hintergrund hat – tatsächlich von dort aus nach dem Westen fahren, wenn man durfte. Wir wollten aber nach Osten, nach Dresden. Von Dresden aus mussten wir dann noch mit dem Zug nach dem tschechischen Děčín. Das große Abenteuer sollte erst nach der Grenze zur ČSSR beginnen. Trampen in der DDR war nichts für diese Reise, das kannten wir schon. Der Zug hatte tatsächlich vier Stunden Verspätung, und es dauerte nicht einmal die Hälfte dieser Zeit, da hatten wir schon unseren Reiseproviant vertilgt. Weit nach Mitternacht erreichten wir Dresden und ergatterten im Zug nach Děčín gerade noch zwei Stehplätze, genau vor der Toilette.

Die Bahn in der DDR hieß tatsächlich »Deutsche Reichsbahn«. Das Deutsche Reich war ja unserer Meinung nach 1945 im Feuersturm des Zweiten Weltkriegs untergegangen. In Form seiner Eisenbahn fuhr es aber weiter munter herum. Das hatte irgendetwas mit dem Eigentum an Produktionsmitteln und Grund und Boden zu tun, aber das möchte ich hier nicht erklären. In Jena gab es übrigens auch eine von uns oft frequentierte Kneipe *Zum Deutschen Reich*, deren Attraktion darin bestand, dass der Schmied von nebenan ein Pferd besaß, das Bier liebte. Zu besonderen Anlässen wurde es in die Kneipe geholt und soff dort einen Eimer Bier aus. Das Pferd war zufrieden und der Wirt auch, denn das Bier bezahlten die Gäste. Warum die Kneipe allerdings mitten im Sozialismus diesen anachronistischen Namen mit großen Lettern an der Hauswand führte, konnten wir uns nicht erklären. Die Partei war offenbar doch nicht überall. Ob das Deutsche Reich 1945 tatsächlich untergegangen ist, darin bin ich mir heute nicht mehr so sicher.

Als wir in Děčín ankamen, war der Nachtschlaf an uns im Stehen vorübergegangen. Nach einem langen Fußmarsch fanden wir endlich eine Straße, die wir für die Straße nach Prag hielten. Als wir nach einer Stunde immer noch kein Auto gesehen hatten, schauten wir endlich auf die Karte. Obwohl wir sicher waren, genügend im Umgang mit Karte und Kompass geschult zu sein – zum Studieninhalt gehörte auch eine vormilitärische Ausbildung –, hatten wir offensichtlich die richtige Straße nach Prag nicht gefunden.

Zu den noch nicht bewältigten Folgen des Prager Frühlings 1968 gehörte auch eine anhaltende Verweigerungshaltung von Teilen der Bevölkerung gegenüber der sozialistischen Obrigkeit, die ihren Ausdruck unter anderem darin fand, dass man fortwährend die Hinweisschilder an den Straßen vertauschte. Wir waren also gewissermaßen Opfer der Nachwehen des Prager Frühlings geworden.

Später in Prag hatten wir ein ähnliches Erlebnis: Bei einem Spaziergang durch Prags Straßen kamen wir naturgemäß auch an eine Ampel. Die wechselte plötzlich auf Rot, aber trotz dichten Verkehrs liefen die meisten Menschen weiter munter über die Straße. Ein Passant, der uns offensichtlich als Deutsche identifiziert hatte, weil wir brav stehen geblieben waren, sagte freundlich zu uns: »Bei Rot bleiben hier nur die Kommunisten stehen!« Wir wussten natürlich genau, was ein Kommunist ist – wir waren ja selbst welche –, und hofften inständig, dass das nächste Auto die eben stattgefundene Ordnungswidrigkeit und die antikommunistische Äußerung bestrafen würde und selbigen Passanten postwendend überführe. Meinungsverschiedenheiten zwischen Albrecht und mir in dieser Frage hätte es höchstens über die Farbe des Autos gegeben. Da wir aber als Kommunisten leider nicht an höhere Mächte glaubten, taten dieselben uns diesen Gefallen auch nicht, und wir warteten weiter ohne Verkehrsunfall auf Grün.

Entmutigt fuhren wir mit dem Bus zurück zum Bahnhof in Děčín und von dort mit dem Zug nach Prag. Nach einer gemütlichen Bahnfahrt kamen wir am Abend in Praha střed (»Prag Mitte«) an. Heute heißt dieser älteste Bahnhof Prags wieder »Praha Masarykovo nádraží«. Tomáš Garrigue Masaryk war der erste Staatspräsident der Tschechoslowakei. Das letzte Staatsoberhaupt der ČSSR war der Slowake Gustáv Husák. Komischerweise war das Eisenbahnfahren in der ČSSR gemütlicher als in der DDR. An den Kohlen hat das sicher nicht gelegen, denn die kamen alle aus der gleichen Ecke.

Nun begann die Quartiersuche. Wir fanden ein *Juniorhotel* in der Jitna Ulica, aber es war stinkfein, viel zu teuer und leider auch ausgebucht. In dem Studentenwohnheim an der Konevova hatten wir mehr Glück. Diesmal hatte die Suche länger gedauert, und wir erreichten das Ziel erst kurz vor Mitternacht. Wir waren total erschöpft, und im Unterbewusstsein nahmen wir noch die Ankunft zweier Ungarinnen wahr. Die Heimleitung hatte sie in unser Zimmer einquartiert, Betten waren ja genug da, und Unterschiede zwischen Mädchen und Jungen wurden bei der Unterbringung nicht gemacht. Wir begrüßten uns kurz und versuchten dann, zu schlafen, wurden aber immer wieder durch lautes Schnarchen gestört. Bis dahin hatte ich geglaubt, Frauen schnarchen nicht.

Unsere Quartiersuche erfolgte nicht nach einem Plan, sondern gewissermaßen *en passant*, wie die Schachspieler sagen. Dabei war die Zahl der Nieten wie immer größer als die Zahl der Treffer. Das Übernachten in Studentenwohnheimen war ein Geheimtipp, standen diese ja während der Semesterferien – die im Sozialismus ziemlich einheitlich geregelt waren – leer. Bezahlen brauchte man da auch nichts, man musste sie nur finden.

Prüderie gab es übrigens unter Studenten nicht. Wenn ich hier »Studenten« schreibe, meinten wir damals männliche und weibliche gleichermaßen ohne orthographische Verrenkungen. Über die Studentenwohnheime in der DDR kann man auch eine Menge Geschichten schreiben. Die Freikörperkultur – kurz FKK – kam auch erst nach der Wende in Misskredit und wurde von den Westdeutschen, politisch korrekt, entweder als Kleidermangel oder als Massenflucht in gesellschaftliche Nischen interpretiert. Wir gingen einfach nach Bedarf ohne Klamotten baden.

Prag ist eine wunderschöne Stadt. Man braucht, um sie zu besichtigen, eine Menge Zeit. Die hatten wir nicht, und so fiel unser Stadtbummel am nächsten Tag recht mager aus. Dass die Prager meistens höflich waren, blieb uns aber im Gedächtnis. Bei einem Besuch eines Buchladens fiel mir ein tschechisches Buch auf, dessen Autor ein gewisser František Martin Pelcl war. Die Nähe zu meinem eigenen Namen war frappierend, aber ich vergaß das im Trubel der Ereignisse wieder. Jahre später begegnete dieser Mann mir erneut, diesmal aber in seiner deutschen Schreibweise als Franz Martin Pelzel.

Abends bekamen wir eine neue Einquartierung. Es waren zwei Franzosen, die Ungarinnen waren leider schon wieder weitergezogen. Im Gegensatz zu dem, was man heute so über das Leben in der DDR hört, hatten wir also tatsächlich Kontakt zu Ausländern – auch kapitalistischen –, konnten mit ihnen einigermaßen umgehen und standen ihnen im Wesentlichen nicht feindlich gegenüber, auch wenn wir ihre politischen Ansichten nicht immer teilten, wenn wir sie kannten. In der Kürze der Zeit ging das in diesem Falle sowieso nicht, denn die Franzosen konnten leider kein Deutsch und wir kein Französisch.

Wir schafften es nicht, als Erste an der Straße nach Brno zu stehen. Manchmal standen bis zu fünfzig junge Leute am Straßenrand. Jeder Neuankömmling hatte sich in gebührender Entfernung in Fahrtrichtung vorn einzuordnen. Das war zwar nicht in der Verfassung festgeschrieben, aber jeder hielt sich daran. Da die Wartezeiten an der Straße oft im Bereich von Stunden lagen, musste man etwas gegen die geistige und körperliche Austrocknung tun. Gegen die körperliche half man sich gegenseitig im Sinne des proletarischen Internationalismus, obwohl wir als Studenten eigentlich nicht zum Proletariat gehörten.

Wir waren höchsten dessen Verbündete. Allerdings war das einem egal, wenn man Durst hatte. Die Retter wussten ja auch nicht, ob man Proletarier war, sahen aber deutlich, wenn man Wasser brauchte.

Schließlich bezwangen wir endlich mit einem roten Škoda Octavia eine größere Strecke. Die Automarke »Škoda« gibt es seit 1925. Heute versteckt sich hinter dieser Marke VW, aber die haben es neuerdings auch nötig. Damals waren die Škodas eben noch echt. Mit einem ebensolchen roten Škoda Octavia hatte mich fünfzehn Jahre zuvor der Vorsitzende der LPG »Ernst Thälmann« in Bucha überfahren. Ich war meiner Schwester entwischt, die auf mich aufpassen sollte, und über die Kreuzung in Ammerbach gerannt. Das Dorf hatte nur eine Kreuzung. Das Ergebnis war ein Loch im Kopf, ein weißer Turban und ein paar Tage Krankenhausaufenthalt. Das Auto hatte nur eine kleine Delle, aber der Fahrer besuchte mich im Krankenhaus und brachte mir Pralinen, als hätte er Schuld gehabt an diesem Unfall.

Wir landeten in einem unbekannten Dorf, tranken zum Abendbrot noch etwas Brause und machten uns auf die Suche nach einem geeigneten Nachtlager. In Ermangelung eines Weizenfelds beschlossen wir, in einem Roggenfeld zu übernachten. Die Höhe der Ähren lag leider unter einem Meter. Den Unterschied zwischen Weizen und Roggen kannte ich, ich war ja auf dem Dorf aufgewachsen. Albrecht musste mir nur glauben.

Mit der Übernachtung im Freien ohne Zelt hatten wir allerdings noch keinerlei Erfahrung. Normalerweise lernte man solche Sachen bei der Armee, aber als Studenten waren wir von der Einberufung zur Nationalen Volksarmee, kurz NVA, bis zum Ende des Studiums ausgenommen, und Obdachlose gab es in der DDR auch nicht, die wir hätten nach ihren Erfahrungen befragen können. Die meisten meiner Kommilitonen wurden nach dem Studium dann doch noch eingezogen und verbrachten dann ihre achtzehn Monate Wehrdienst auf irgendwelchen Schreibstuben. Ich hatte Glück und musste nicht zur Armee, brachte es aber später trotzdem noch bis zum Major.

Aus Angst vor der Nachtkälte zogen wir vorsichtshalber alles Verfügbare an und krochen in unsere Schlafsäcke. Bis gegen drei Uhr in der Frühe zogen wir dann das meiste in Etappen wieder aus, um dann mit Beginn der Morgenkühle alles wieder anzuziehen. Das war eine gute Übung für das Leben. Zum sehr zeitigen Frühstück hatten wir eine tschechische Konserve, Brot und Kaffee auf dem Plan.

Die Sache mit der Konserve war ein besonders perfides Beispiel der Irreführung durch Werbung – und das mitten im Sozialismus. Bei einem kurzen Besuch in einem Lebensmittelladen wollten wir mit wenig Geld etwas besonders Nahrhaftes einkaufen, scheiterten aber sofort an der deutsch-tschechischen Sprachbarriere. Wegen des Transports kamen nur Konserven in Frage. Wir einigten uns auf eine Büchse, auf deren Etikett ein wirklich hinreißendes, schmackhaftes – heute würde man sagen »leckeres« – Mahl aufgedruckt war. Den dazugehörigen Text verstanden wir wie immer nicht. Nun war Zeit für das Frühstück, und wir öffneten erwartungsvoll die Büchse. Ihr Inhalt bestand lediglich aus einer Art Soße zu dem vorn aufgedruckten hinreißenden, schmackhaften Mahl, und auch die hätte man erst durch Eindampfen vom größten Teil des Wassers befreien müssen. Wir gossen sie wütend in eine benachbarte Furche. Damals wie heute kommt mir bei dieser Geschichte die Büchse der Pandora in den Sinn. Mehr als Unheil war da auch nicht drin. Obwohl sich der sozialistische Staatenbund damals »sozialistisches Lager« nannte, kam niemand auf die Idee, mehrsprachige Etiketten zu entwickeln.

Da wir aus naheliegenden Gründen keinen Kaffee kochen konnten, nahmen wir Zuflucht zu einer bemerkenswerten Entwicklung der Lebensmittelindustrie. Wir hatten einige Tuben Instantkaffee im Gepäck. Sie stammten aus einem renommierten Betrieb in Berlin, dem VEB Bero Kaffee und Extrakt. Die schwarze Paste, sie sah aus wie Kautabak und roch auch dementsprechend, ließ sich mit kaltem Wasser und Zucker anrühren und schmeckte so, wie sich ein Neandertaler den Geschmack von Cola vorstellen würde. Die Wirkung war eher erschreckend als belebend, was ja auch irgendwie ähnliche Empfindungen hervorruft. Mit Verwunderung musste ich nach der Wende feststellen, dass Nescafé-Kaffee genauso schmeckt. Der VEB Bero Kaffee und Extrakt ist mitsamt seiner Instantpaste im Laufe der Wende untergegangen, Nestlé gibt es noch. Vermutlich haben die das Rezept vom VEB-Bero-Kaffee für eine DM übernommen.

Wir gewöhnten uns daran, unseren Kaffee in der Bratpfanne statt im Kochgeschirr anzurühren, was uns wie Goldwäscher aussehen ließ, wenn wir im Straßengraben sitzend mit Pfannenschwenken versuchten, den Zucker und die schwarze Bero-Masse in kaltem Wasser aufzulösen. Das Rühren durch Schwenken in einem ovalen

Kochgeschirr ist tatsächlich mühseliger. Physikalisch kann man das erklären. Zum ordentlichen Rühren fehlte uns eigentlich nur ein Löffel. Ein Messer hatten wir. Es war, wie schon erzählt, der Hirschfänger meines Cousins Wolfgang aus Essen. Dieses Messer leistete uns gute Dienste, vor allem beim Messerwerfen als sportliche Übung im Straßengraben. Alle Versuche, es jemals scharf zu bekommen, scheiterten, aber werfen konnte man es.

Die Technologie der Herstellung von Bratpfannen war im sozialistischen Lager nicht besonders hoch entwickelt. Der Griff war mit läppischen Aluminium-Nieten an die Pfanne aus dem gleichen Material angenietet. Manchmal mussten wir rennen, um zu einem weit vor uns haltenden Auto zu kommen, dann wackelte die Pfanne gefährlich auf dem Rucksack hin und her. Auch für das Schwenken der Pfanne bei der Kaffeeproduktion war diese nicht gemacht. Irgendwann gaben die Nieten ermattet auf, und wir vergaßen die Reste in einem Kornfeld. Unsere Küchenausrüstung war somit auf zwei Messer und ein Kochgeschirr – ebenfalls aus Aluminium – zusammengeschrumpft.

In der DDR stellte man Dinge aus Aluminium her, die in dieser Form im Westen vollkommen unbekannt waren. Im sozialistischen Lager gab es reichliche Vorkommen an Aluminium-Mineralen, und obwohl die Erzeugung von metallischem Aluminium sehr energieaufwendig ist, wurden viele Dinge aus Aluminium gefertigt. Am gefährlichsten waren die Aluminiumlöffel. Im Chemiestudium lernten wir, dass ein Alu-Löffel im Mund und eine Amalgam-Plombe als Zahnfüllung, mit Spucke als stromleitende Flüssigkeit dazwischen, so etwas wie eine

Batterie darstellen. Amalgam ist eine Legierung aus Natrium und Quecksilber. Unter Umständen versorgt dann diese Batterie die Nerven des Probanden noch lange mit Schmerzinformationen, auch wenn der Löffel schon wieder im Kasten ist. Amalgam-Plomben sind heute außer Mode gekommen, Aluminiumlöffel auch.

Aus Langeweile erfanden wir am Straßenrand verschiedene sinnfreie, langanhaltende Freizeitbeschäftigungen, zum Beispiel mit Äpfeln. Die Regeln waren einfach: Jeder legte eine bestimmte Anzahl von grünen Äpfeln auf die Fahrbahn. Reife Äpfel haben wir gegessen. Wessen Äpfel zuerst alle plattgefahren waren, der hatte verloren.

Die Körperpflege war aufgrund der Gegebenheiten nicht unsere Hauptbeschäftigung. Das führte manchmal zu Geruchsbelästigungen, obwohl wir auf dem Gebiet der Gerüche schon einiges gewohnt waren. Einmal hatten wir Glück und fanden gleich neben der Straße einen kleinen Teich. Aber der Badespaß währte nur kurz. Kaum waren wir wieder am Ufer, ging es mit einem Barkas direkt nach Brno.

Der Barkas war ein Kleintransporter aus DDR-Produktion, etwa vergleichbar mit einem VW-Bus. Allerdings hatte er nur einen Ein-Liter- Ottomotor mit circa 45 PS. Heute ist er so gut wie gar nicht mehr auf den Straßen zu finden.

Neben dem Wartburg war der Trabant die DDR-Automarke. Es war ein Kleinwagen mit einer Karosserie aus baumwollverstärktem Phenolharz, der Laie verstand das nicht, da zu viel Chemie mit im Spiel war, und meinte, es wäre Pappe. Theoretisch war also dieses Auto nicht-rostend. Leider waren die Plasteteile an einem schmächtigen Metallgerüst aufgehängt, an dem recht schnell der Rost nagte. Man konnte dann auch mal ein nichtrostendes Teil auf der Straße verlieren. Heute gilt der Trabant als Kultauto. Es gibt jede Menge Klubs, und viele liebevoll aufgemotzte Trabis fahren noch im Osten herum. Übrigens war der Trabant-Motor komplett aus Aluminium.

Von 1918 bis 1992 lebten die Tschechen und die Slowaken in einem Staat – der Tschechoslowakei –, mal mit und mal ohne Sozialismus. Dann konnten sie sich nicht mehr leiden, und nun gibt es die Tschechei und die Slowakei jeweils extra. Es gibt also nicht nur die Wieder*vereinigung*.

Die meisten Städte durchquerten wir zu Fuß. Wir konnten die Fahrpläne von Bussen und Straßenbahnen meistens nicht lesen. Die Straßenbahnen heißen heute »Tram«. Besser war es, den Hinweisschildern auf der Straße zu folgen, wenn man sie, wie in Prag, nicht vertauscht hatte. Das bedeutete aber oft bei sengender Hitze lange Fußmärsche, denn mitten in der Stadt konnte man nicht trampen, sondern musste zum Stadtrand.

Als dann doch einmal ein Auto plötzlich hielt, vergaßen wir unser Kochgeschirr wegen der großen Eile im Straßengraben. Die Küche bestand von da an nur noch aus Messern. Der Bero-Kaffee war sowieso alle. Das Auto, das uns mitnahm, war ein Armee-Lkw mit mindestens zehn Trampern auf der Ladefläche – so eine Art Lumpensammler. In der DDR war es Armeefahrzeugen streng verboten, Zivilisten zu befördern.

Immer wieder hatten wir kleinere Sprachprobleme. Komisch wurde es, als uns zwei deutsche Mädchen auf Russisch nach einer tschechischen Straße fragten. Dieses

Problem wurde einfach dadurch gelöst, dass wir in unsere Muttersprache zurückfielen. Russisch war in der DDR erste Fremdsprache, Englisch die zweite. Man konnte natürlich auch Französisch lernen. Das hing ganz von der Schule ab. Ich lernte ja schon ab der dritten Klasse Russisch, später auf der Erweiterten Oberschule noch Englisch und Latein. Auf der Universität waren dann wieder Russisch und Englisch Pflichtfächer.

Nach einem Kneipenbummel in Bratislava übernachteten wir in einem Bungalow. Wie wir zu dem Bungalow gekommen sind, daran kann ich mich leider nicht mehr erinnern. Es ist gut möglich, dass wir ihn ohne Schlüssel geöffnet haben. Bratislava ist heute die Hauptstadt der Slowakei.

Kein Tag verging ohne längeren Fußmarsch, aber wir begegneten freundlichen alten Leuten, die uns mit Getränken versorgten. Schließlich erwischten wir dann doch noch einen Lkw, der uns nach Rusovce bringen sollte. Gleich nach dem schwungvollen Aufsitzen auf die Ladefläche hatten wir ein Problem. Es war durch Absteigen nicht mehr lösbar, da der Lkw sofort losfuhr. Seine letzte Ladung schien Schmieröl oder Diesel oder beides gewesen zu sein, die ganze Ladefläche war eine einzige schwarze Lache.

Wir versuchten es mit einer Hocke, den Rucksack auf dem Rücken. Das erwies sich nach einigen Kurven als aussichtslos. Ich versaute mir meinen geborgten Rucksack, Albrecht seine Hosen. Übrigens waren das nicht schlechthin Hosen, sondern es waren geborgte Jeans. Zum Trampen gehörten eben Jeans. Ein von Ulrich Plenzdorf erschaffener literarischer DDR-Held mit Namen Edgar

Wibeau hatte das auf den Punkt gebracht: »Jeans sind eine Einstellung und keine Hosen.« Wir sahen das genauso, aber es war nicht einfach, sich echte Jeans, Marke »Levi's« mit Knöpfen, zu besorgen.

Den nun verdreckten Rucksack hatte ich mir von einer Bekannten meiner Mutter geborgt. Albrecht versuchte später, den schwarzen Dreck von seinem Hinterteil durch Rutschen im Gras loszuwerden. Ich kannte diese Bewegungen von Hunden, die hinten Probleme hatten, aber bei ihm sah das nicht vorteilhaft aus.

Mittlerweile war unser Geld bis auf einen Rest von einer tschechoslowakischen Krone zusammengeschmolzen. Die Währung der ČSSR war die Krone, die Ungarns der Forint, in Rumänien nannte man sie Lei, und in Bulgarien war sie, wie schon erzählt, der Lew. Die DDR-Mark hieß bei uns einfach »Mark« und war auch aus Aluminium, wie die Löffel oder die Trabant-Motoren oder wie Fleischklopfer, was der Anlass für viele westliche Spötteleien war. Man nannte sie verächtlich »Alu-Chips«.

In Rusovce, einige Kilometer hinter Bratislava, hatte sich eine große Anzahl von DDR-Trampern versammelt, die alle über die Grenze nach Ungarn wollten. Mit dem Auto über die Grenze trampen ging nicht, also brachte uns ein Bus an die Übergangsstelle. Irgendjemand musste für uns bezahlt haben, denn als wir ausstiegen, hatten wir die eine Tschechoslowakische Krone immer noch.

Wir gingen nach Ungarn zu Fuß. Dieser Grenzübergang von der ČSSR nach Ungarn war eigenartig. Die Gegend war kahl, nur die beiden Grenzerhütten standen an der Straße im Abstand von einigen Hundert Metern. Auf tschechoslowakischer Seite hatte man noch eine kleine Imbissbude an das Grenzerhäuschen angepappt. Wir überquerten die Grenze mit allen Formalitäten, mit einem Stempel in die Visa-Bescheinigung und in den Personalausweis.

Auf ungarischer Seite überkam uns plötzlich ein gewaltiger Durst, doch die einzige Imbissbude weit und breit war die drüben in der ČSSR. Ich lief also zurück zum ungarischen Posten, verhandelte mit ihm freundschaftlich und reiste zu Fuß wieder aus Ungarn aus – ohne erneutes Visum –, gelangte zum ČSSR-Posten und reiste erneut ohne Visum in die ČSSR ein und lief hin zur Imbissbude. Für die eine Krone bekam ich zwei Gläser Brause. Das war bestimmt ein Freundschaftspreis. Der Budenbesitzer, der nicht gesehen hatte, wie ich zu seiner Bude gelangt war, nahm mir das Versprechen ab, die leeren Gläser unbedingt wieder zurückzubringen. Die Gläser waren diesmal mein Visum: gefüllt nach Ungarn, leer zurück in die ČSSR und ohne Gläser wieder nach Ungarn.

DDR-Grenzkontrolleure hätten uns wahrscheinlich verdursten lassen. Das klingt nicht besonders freundlich, aber ich hatte da bereits einschlägige Erfahrungen. Bei einer früheren Reise nach Burgas in Bulgarien – damals war ich allein unterwegs – hatte ich in Budapest eine tolle Langspielplatte erstanden, für umgerechnet 80 Mark der DDR: *Ray Charles Invites You To Listen* mit einer fantastischen Version des Beatles-Hits »Yesterday«. Auch diese Schallplatte habe ich heute noch. Damals war ich fußballinteressiert, und mein Verein war natürlich der FC Carl Zeiss Jena, dreifacher DDR-Meister. Als eine weibliche Grenzerin (Beamte gab es in der DDR nicht) zwischen Děčín und Bad Schandau mein Abteil betrat, kam ich doch auf die blöde Idee, sie zu fragen, wie denn Jena gegen Karl-Marx-Stadt gespielt hätte. Ich bekam keine Antwort, dafür musste ich meinen gesamten Rucksack auspacken. Sie fand außer meinen Klamotten nichts für sie Verwertbares, bis sie die Tüte am Haken entdeckte. Den Schwarzen Ray Charles kannte sie nicht, und die Platte stammte aus Israel. Das waren zwei volle Minuspunkte. Ich argumentierte wie in der Parteiversammlung. Schließlich ließ sie von mir ab und wünschte mir eine gute Weiterreise. Beim Einpacken half sie mir aber nicht. Das Spiel ist damals übrigens 7 zu 1 für Jena ausgegangen, und Karl-Marx-Stadt heißt heute Chemnitz.

Die Quartiersuche in der ungarischen Hauptstadt erwies sich als besonders schwierig, bis wir einen Tipp erhielten, es doch einmal am Lincolnplatz zu versuchen. Dort angekommen, sahen wir schon von weitem eine lange Schlange vor einer Zimmervermittlung. Wir stellten uns an, hatten aber keine Hoffnung, bei der großen Anzahl von Quartiersuchenden noch Glück zu haben. Freundliche Leute, die vor uns in der Schlange standen, wiesen uns jedoch immer weiter nach vorn, bis wir begriffen, dass wir nicht besonders gut rochen. Die Wartezeit verkürzte sich so beträchtlich. In der DDR gab es nirgendwo einen Lincolnplatz, nicht einmal in Berlin. Die Ungarn tanzten auch damals immer mal aus der Reihe.

Wir bekamen ein Zimmer bei einem Herrn Otto Kudár. Die Ungarn nannten immer zuerst den Nachnamen, also quartierten wir uns bei Kudár Otto ein. Das Gebäude, in dem sich unser Quartier befand, hatte eine ungewöhnliche Architektur. Ein großer quadratischer Innenhof wurde von einem mindestens sechs Stockwerke hohen Gebäude eingerahmt. In jedem Stockwerk lief eine schmiedeeiserne Galerie ringsherum, von der aus die Wohnungen erreichbar waren. Die Galerien waren durch außenliegende Treppen miteinander verbunden.

Das Zimmer war klein, aber akzeptabel. Albrecht mit seiner Köperlänge schlief in einem riesigen, durchhängenden Bett und ich in einer Art Kinderbett mit einem Gitter drum herum. Die sonstige Einrichtung war spartanisch: ein kleiner Tisch, ein Stuhl und eine niedrige Kommode. An der Wand hing ein schon auf den ersten Blick entsetzliches, hochformatiges Bild. Am unteren Rand, kurz vor dem Herauskippen, posierte ein liegender Rückenakt auf einer eklig grünen Wiese, darüber wölbte sich auf den restlichen 97 Prozent ein postkartenblauer Himmel. Daneben hing eine spitze Tüte mit einem Zettel: *PAPIRHULLÁDEKNAK* – unser Sprachgefühl sagte uns, das könnte »Papierkorb« heißen. Wir irrten uns nicht, denn es war schon Papier darin.

Wir erkundeten Budapest zu Fuß. Das Geld schmolz wie Butter an der Sonne. Budapest war ein teures Pflaster. Auf der Margareteninsel plauderten wir mit einem amerikanischen Ehepaar. Er versorgte uns ständig mit seinen Lebensweisheiten, die von dieser Art waren: Die menschliche Intelligenz kennt ihre Grenzen, die menschliche Blödheit nicht. Wir stimmten ihm zu, sagten aber nicht, was wir uns dabei dachten. Das war ein weiterer Beweis für ein erfolgreiches Zusammentreffen mit Bürgern aus dem nichtsozialistischen Ausland, und diesmal sogar aus den USA.

Als wir bei einem Stadtbummel zufällig in die Budapester Nationalgalerie kamen, fiel uns sofort im Foyer oberhalb einer riesigen Treppe das tolle Bild aus Kudár Ottos Kemenate auf. Diesmal war es aber mindesten fünf Meter hoch! Leider ist es mir bis heute nicht gelungen, den Urheber dieses Bildes zu ermitteln. Einigermaßen bekannt musste der Maler in Ungarn aber sein, sonst hätte man dieses Monstrum nicht im Nationalmuseum aufgehängt.

In Kisújszállás saßen wir zu Mittag in einer kleinen Kneipe. Es gab – für Ungarn selbstverständlich – Paprika. Bald kamen wir mit einem jungen Mann vom Nachbartisch ins Gespräch, der leidlich Deutsch sprach. Er hatte im VEB Carl Zeiss Jena gearbeitet, kannte den Fußballer Peter Ducke, einen berühmten Jenaer Spieler, den er aber komischerweise wie Dutschke aussprach, und den *Rosenkeller*. Den Unterschied zwischen dem Peter und dem Rudi erklärten wir ihm aufgrund der nun doch ein wenig eingeschränkten Kommunikation nicht, wir kannten aber beide.

Ich erinnerte mich, dass in Jena bei der Hochschulgruppenleitung der FDJ (Freie Deutsche Jugend) einmal Besucher aus dem westdeutschen SDS (Sozialistischer Deutscher Studentenbund) auftauchten, die allen Ernstes glaubten, wir würden ihren Kampf gegen das Establishment mit Waffenlieferungen an sie unterstützen. Rudi Dutschke war zwar im SDS, aber nicht unter den Besuchern. Dass der Ungar sich an den *Rosenkeller* erinnerte, fanden wir toll. So weit war der Ruhm dieser Kneipe bereits in die Welt hinausgegangen. Wir verabschiedeten uns herzlich.

Der Tag neigte sich bereits dem Ende zu. Die Gegend,

in der wir gelandet waren, hieß Puszta. Das war im Grunde genommen eine endlose flache Wiese mit trockenem Gras. Jedes Mal, wenn wir am Horizont einen Wald sahen, erwies sich dieser beim Näherkommen als eine Ansammlung weniger Bäume im Abstand von fünfzig Metern. Wir hatten uns ernsthaft vorgenommen, diesmal im Wald zu schlafen. Wir reduzierten unsere Definition von Wald so lange, bis kaum noch ein Baum übrig war. Als Nachtlager wählten wir schließlich einen Wald aus wenigen minderjährigen Pappeln mit etwas Dorngestrüpp dazwischen und einem kleinen Grashaufen. Zum Abendbrot gab es einen halben trockenen Kanten Brot und eine Zigarette für beide. Das Wasser war alle. Den Rest der Nacht verbrachten wir mit dem Lauschen nach den Geräuschen der Mäuse. Wir hatten ja die Ohren direkt am Boden. Die kurzen Schlafpausen dazwischen waren nicht der Rede wert.

Grenzen im Auto als Tramper zu überschreiten, das ging auch an der Grenze zu Rumänien nicht. Wir gingen also wieder zu Fuß. Über uns brannte erbarmungslos die Sonne. Wir tauften sie um in »Planetul Ceaușescu«. Scheinbar enden in Rumänien die meisten Wörter auf »ul«.

Bei der rumänischen Version der Wende wurden Ceaușescu und seine Frau ganz demokratisch ohne Gerichtsverfahren einfach umgelegt. Es ist interessant, dass bei solchen revolutionären Umwälzungen, die mit den Forderungen nach mehr Demokratie und mehr Freiheit hausieren gehen, sämtliche Spielregeln der Demokratie für die sorgfältig ausgesuchten Feinde nicht gelten. Erich Honecker bekam nach der Wende prompt ein Gerichtsverfahren, das aber nach langem Tauziehen wegen seiner fortgeschrittenen Krankheit eingestellt wurde. Ich glaube, die Richter waren über die Einstellung des Verfahrens nicht böse. Es war ja nicht einmal klar, nach welchen Gesetzen Honecker angeklagt werden sollte. Es war in meinen Augen kein gerechter Prozess. Honecker ging ins Exil nach Chile, wo seine Frau Margot, die ehemalige Volksbildungsministerin der DDR, schon auf ihn wartete. Das war kein Zufall, denn die DDR hatte nach dem faschistischen Putsch 1973 in Chile gegen Allende mehrere Tausend verfolgte Chilenen — die meisten von ihnen Kommunisten und Sozialisten – aufgenommen. Im Nachbarhaus meiner Mutter in Jena, einem großen zehngeschossigen Neubau, wohnten fast nur Exil-Chilenen. Alle hatten Arbeit und konnten sich ihren Unterhalt selbst verdienen. Keiner war auf irgendwelche Unterstützung eines Sozialamts angewiesen.

Einige Kilometer hinter Tîrgu Mureş machten wir Rast in einem kleinen Dorf. Wir waren in Siebenbürgen, der Heimat Draculas. Solch ein Dorf hatten wir noch nicht gesehen! Keine feste Straße, die meisten Häuser waren mit irgendetwas gedeckt, bloß nicht mit Dachziegeln, aber eine Kneipe gab es. Sie war schon am Morgen mit »typischen« Rumänen, ausschließlich Männern, besetzt. Die meisten von ihnen trugen schwarze Baskenmützen, straff über den Kopf gezogen, Ohren inklusive, was ziemlich blöde aussah.

Aus meiner Hemdtasche ragte eine Schachtel Westzigaretten heraus, es waren Kent, lange Hundert-Millimeter-Zigaretten mit Filter, die Reste des Budapester Nachtlebens. In der Schachtel war aber nur noch eine Zigarette. Einer der Gäste schlich immer um unseren Tisch herum und schaute sehnsüchtig nach der Schachtel. Schließlich hatte ich ein Einsehen und schenkte ihm diese letzte Zigarette. War das eine Freude! Alle zogen sich die Kippe zwischen Nase und Schnauzer durch und schnüffelten am Duft der großen weiten Welt. Der glückliche Besitzer klemmte sie sich schließlich so heftig hinter das große Ohr, dass sie einen schweren Knick erhielt, was ihren Gebrauchswert erheblich minderte.

Wir hatten an der Theke Kartoffelsalat und eine Art Bulette bestellt – wir dachten zumindest, das wären Buletten, da sie so aussahen. Andere Angebote lagen nicht vor, deshalb erübrigte sich in diesem Lokal auch eine Speisekarte. Nach einer Weile kam eine dünne Kellnerin mit einer beuligen Blechschüssel voll Wasser, ergriff Messer und Gabeln, die auf dem Tisch lagen und dort tatsächlich mit Ketten befestigt waren, schwenkte sie durch die Schüssel und knallte sie dann auf den Tisch, offensichtlich damit das Wasser abfiele, was es auch tat. Die Gesetze der Physik waren also in Rumänien die gleichen wie in der DDR, bloß die Gaststättenkultur war eine andere. Die Befestigung der Bestecke mit Ketten fanden wir sehr praktisch, denn um es zu klauen, hätte man auch den Tisch mitnehmen müssen. Unsere rumänischen Freunde prosteten uns dankbar alle fünf Minuten zu, was zur Folge hatte, dass jedes Mal Schnaps einer unbekannten Marke, aber mit einem Geschmack von Pinselreiniger auf unseren Tisch kam. Da wir schon ahnten, wie das ausgehen würde, verließen wir das Lokal nach der Essenseinnahme in großer Eile. Schädliche Nachwirkungen hatten weder die Buletten, die tatsächlich welche waren, noch der Kartoffelsalat oder der Schnaps.

Rumänien war im sozialistischen Lager immer ein Außenseiter. Ein Visum für Rumänien zum privaten Herumstromern in diesem Land bekam man nicht. Der Weg nach Bulgarien führte für die DDR-Bürger aber immer durch Rumänien, denn die Alternativen Jugoslawien oder Türkei waren erst recht nicht möglich. Es gab ein sogenanntes Transitvisum zum Durchqueren des Landes innerhalb von drei Tagen. Pro Grenzübertritt durfte man auch nur 32 Mark (DDR) umtauschen. Bei unserer Einreise bequatschten wir den Zöllner, uns das Geld für Hin- und Rückreise gleich zusammen umzutauschen, wir hatten also nach der Einreise jeder 64 Mark flüssig, für unsere Verhältnisse war das eine Menge Geld.

Wir verließen das Dorf und fuhren mit einem Jeep nach Brașov. Wir verspürten den dringenden Wunsch nach etwas Körperpflege und quartierten uns im besten Haus am Platze ein und bezahlten sofort. Nur so entgingen wir dem Hinauswurf aus dem Hotel. Man hätte uns gut für Landstreicher halten können. Die zweimal 64 Mark, natürlich umgetauscht in Lei, gingen fast komplett für das Hotel drauf. Dafür lagen wir dann jeder eine Stunde in der Badewanne, was auch dringend erforderlich gewesen war. Wir rochen danach zwar wesentlich besser, aber an unserer Bekleidung änderte sich nichts. Am Abend schauten wir im Fernsehen der DDR-Nationalmannschaft im Handball beim Gewinn des Vizeweltmeister-Titels zu.

Geld für ein Abendessen war leider nur noch wenig vorhanden. Wir suchten uns im Ort deshalb eine billige Kneipe. Im Angebot waren Nudelsuppe und Hammelgulasch mit Kartoffeln. Das Essen schmeckte, wir waren satt und zufrieden, doch anschließend war das Geld alle. Unsere Nahrung glich in vielem der heutigen Vollwertkost, nur die Vitamine waren etwas schwach vertreten.

Weiter ging es nach Bucureşti in einem schicken Dacia. Die rumänische Automarke »Dacia« bedarf einiger Erläuterungen. Der französische Autokonzern Renault hatte 1966 die Idee, in Rumänien eine Autofabrik zu errichten. Das Ergebnis hieß Dacia und war so eine Art Renault-Verschnitt. Trotzdem sah er schick aus und war ein Viertakter. Dem DDR-Proletarier-Auto Trabant dagegen fehlten die beiden wichtigsten Takte. So war der Dacia eine Weile gewissermaßen das Auto der DDR-Oberschicht, das heißt, wer einen Dacia besaß, hielt sich für etwas Besseres.

Beim Einsteigen gab es Probleme. Unsere Rucksäcke passten nicht gemeinsam mit uns ins Auto, und der Kofferraum war schon voll. Die Lösung des Problems war verblüffend einfach: Der Besitzer des Dacia warf sein Ersatzrad einen Hang hinunter. Wir vermuteten sofort hinter dieser durchaus menschlichen Geste die Lösung eines Entsorgungsproblems.

Die Gegend, durch die wir jetzt fuhren, hieß Walachei. Es ging enge Serpentinen hinauf in die Karpaten nach Azuga. In einer Kurve wälzte sich plötzlich in ganzer Straßenbreite eine rote Pampe auf uns zu. Wir hielten an und dachten sofort an ein Busunglück mit mehreren Bussen und vielen Toten, aber es hatte nur einen vollbepackten Tomatentransporter erwischt, er war umgekippt. Verletzte gab es keine. Es dauerte eine ganze Weile, bis ein Tankwagen mit Wasser auftauchte, der die rote

Brühe in den Straßengraben spülte. Azuga war ein nicht nur in Rumänien beliebtes Wintersport-Paradies, aber es war ja August. Wir überquerten den Predeal-Pass in über tausend Metern Höhe und fuhren dann hinunter in die Hauptstadt.

Ein riesiger Kreisverkehr nahm uns auf. Die Bauten ringsherum wiesen deutliche Spuren stalinistischer Baukunst auf. Die Parteigebäude der Kommunistischen Partei Rumäniens und das der Parteizeitung *Scînteia* standen hier. Wir waren so ziemlich das einzige Auto in diesem Karussell – bis auf eine Polizeistreife, die irgendwo auf uns gelauert hatte. Freitag, der 13., warf seine langen Schatten auf uns. Der Autobesitzer diskutierte heftig mit den Polizisten herum, dann griff er sich eine Schachtel Marlboro vom Armaturenbrett und drückte sie einem Polizisten in die Hand. Wir durften weiterfahren.

In einem Gemisch aus Deutsch, Englisch und nicht verstandenem Rumänisch erklärte uns der Autobesitzer, was sich eigentlich abgespielt hatte. Die Polizisten hatten mit geübten Augen erkannt, dass Ausländer im Wagen waren, und wollten ihr mageres Gehalt aufbessern. Sie stellten dem Autofahrer ein Ultimatum: entweder eine hohe Geldstrafe wegen Falschfahrens im Kreisverkehr oder Westgeld. In diesem Kreisverkehr konnte man gar nicht falsch fahren, aber das war nicht Diskussionsgegenstand. Es gelang dem Dacia-Besitzer schließlich, die Ordnungshüter zu überzeugen, dass bei uns außer Zigaretten nichts zu holen war. Unsere Marlboro waren das aber nicht, die – für die Polizisten deutlich sichtbar – auf dem Armaturenbrett gelegen hatten.

Die Donaubrücke bei Russe war quälend lang und

überquerte eigentlich schon das Donaudelta. Die Grenze zwischen Rumänien und Bulgarien befand sich irgendwo in der Mitte. Wir machten uns also wieder zu Fuß auf den Weg, diesmal nach Bulgarien. Kurz vor dem weißen Grenzstrich auf der menschenleeren Brücke sprang plötzlich ein rumänischer Soldat mit aufgepflanztem Bajonett hinter einem Pfeiler hervor und brüllte uns an. Es war zum Fürchten, wir verstanden nichts – ahnten aber etwas.

Ich kramte mit zitternden Händen eine grüne Schachtel Zigaretten von ganz unten aus dem Rucksack hervor. Es war ein übles rumänisches Kraut mit einem Hirschgeweih vorn auf der Schachtel. Das konnte man auch kurz vor dem Hungertod nicht rauchen, deshalb war es in den Tiefen des Rucksacks versunken. Ich drückte ihm die Schachtel so in die Hand, dass er das Etikett nicht sehen konnte. Dann liefen wir hastig los. Im Umdrehen sahen wir noch, dass er nach dem Betrachten der Beute wie Rumpelstilzchen auf der Schachtel herumtrampelte und fluchte, aber wir waren schon über die weiße Grenzlinie hinweg und hatten unser Leben gerettet.

12. Kapitel

Neulinge im Gebirge • Angel Angeloff •
Wild Mountain Thyme • Nur Fisch macht
schlank • Ein Nazi über den Wolken •
Mexiko beginnt in Belmeken • Rosenöl oder
Rosenbräu • Die DDR – ein unbekanntes
Land • Am Ziel

Sofia, die Hauptstadt Bulgariens, liegt am Fuße des Witoschagebirges. Der *Tscherni Wrach*, der »Schwarze Berg«, ist der höchste Gipfel. Natürlich wollten wir da hinauf. Bis zum Mittag schafften wir es bis nach *Zlatnite Mostove*, der »Goldenen Brücke«, dann begann der Weg nach oben. Wir nutzten zum Aufstieg den steinernen Fluss, eine Geröllhalde, die fast bis zum Gipfel reicht. Die Klamotten waren riesig groß, so dass wir uns eigentlich nur durch Hüpfen von einem Stein zum anderen fortbewegen konnten. Unter uns murmelte versteckt ein Bächlein. Die anderen Urlauber gingen einfach auf dem Wanderweg nach oben. Das war uns zu poplig. Bis zur Baumgrenze brauchten wir nur neunzig Minuten. Oben stand ein Schild: 2.151 Meter. Wir ließen natürlich die Gelegenheit nicht aus, eine Gipfelzigarette zu rauchen.

Nach dem Witoscha- war nun das Rilagebirge unser Ziel. Ein lustiger Opa schaffte uns mit seinem Jeep, der aussah wie eine alte Gartenlaube, nach Stanke Dimitroff. Heute heißt diese Stadt wieder Dupniza. Der ehemalige Namensgeber Stanke Dimitroff (1889–1944) war Kommunist und 1925 beteiligt am Bombenanschlag auf die Kathedrale Sweta Nedelja in Sofia, dabei kamen einige Mitglieder der damaligen bulgarischen Regierung ums Leben. Bombenattentate waren also in Gebrauch, seitdem man Bomben bauen konnte. Natürlich wurde 1992 diese Stadt wieder umbenannt. Wer oder was Dupniza ist, weiß ich nicht.

Wir liefen bei sengender Hitze durch Stanke Dimitroff, warteten lange an der Ausfallstraße, und dann kam doch tatsächlich der freundliche Jeep-Opa erneut vorbei und nahm uns mit – diesmal bis nach Rila, einem kleinen

Dörfchen, das dem Gebirge seinen Namen geliehen hatte oder umgekehrt. Sinn des Abstechers ins Rilagebirge war der Besuch des Rilaklosters, eines christlich-orthodoxen Klosters aus dem 10. Jahrhundert. Solche alten Sachen hatten mich schon immer fasziniert, und das konnte ich mir natürlich nicht entgehen lassen.

Im Ort saßen vor jedem Haus alte Omas und fädelten Tabakblätter auf Schnüre, umrahmt von Knoblauchzöpfen und Chilischoten, um sie dann am Haus zum Trocknen aufzuhängen. Das war außerordentlich malerisch und uns von zu Hause unbekannt. Mein Vater baute einige Jahre nach 1945 in unserem Garten Tabak an. Ich musste diesen dann mit einer Fotopapierschere mit Büttenrand-Messer in schmale Streifen schneiden. Glücklicherweise war ich damals noch Nichtraucher. Bulgarischen Tabak aber kannten wir in Form von Zigaretten mit dem Aufdruck *BT*, was nichts anderes war als die Abkürzung von »Bulgar Tabak«.

Als die zahlreich herumlaufenden Kinder uns sahen, wurden wir umringt und offensichtlich ausgefragt – aber wir verstanden wie üblich kein Wort. Albrecht versuchte, ihnen seine Filmkamera zu erklären, und plötzlich stellten sich alle Kinder in einer langen Reihe auf, um gefilmt zu werden. Albrecht tat so, als ob, und wir konnten uns kaum vor Lachen halten, da die Kinder die tollsten Fotogrimassen machten. Leider war aber gerade kein Film in der Kamera. Der Film, den Albrecht während unserer Reise aufgenommen hat, ist in den Wirren der nachfolgenden Jahre leider verlorengegangen.

Im Bus zum Rilakloster trafen wir einen Physiker – aus Jena. Wir übernachteten außerhalb des Klosters auf einer

Wiese am Lagerfeuer, denn in einer Höhe von über tausend Metern waren die Nächte recht kalt. Aus heutiger Sicht ist es immer noch erstaunlich, wie vielen Bekannten wir unterwegs begegneten. Jena hatte damals circa fünftausend Studenten. Die meisten davon haben etwas Ordentliches gelernt und bekamen ein Stipendium, das man nicht zurückzahlen brauchte. Ich schaffte es ohne größere Anstrengungen noch zu zusätzlich 80 Mark Leistungsstipendium. Damit kam man gut aus, vor allem wenn man zu Hause wohnte wie ich. Außerdem hatte ich noch meine Nebeneinkünfte aus der Mitarbeit im *Rosenkeller*. Albrecht spielte eine Liga höher und erhielt ein Karl-Marx-Stipendium in Höhe von 450 Mark. Heute kann man alles Mögliche an der Uni Jena studieren, und die kommt damit auf neunzehntausend Studenten. Das Stipendium heißt jetzt BAföG, und wenn man mit Studieren fertig ist, hat man erst einmal eine Menge Schulden.

Die Architektur des Klosters hinterließ keine tieferen Eindrücke bei uns. Das Kloster ist alt, sehr bunt und reichlich vergoldet. Die Mönche machten einen ziemlich schmuddeligen Eindruck und waren wahrscheinlich alle Angestellte der bulgarischen staatlichen Tourismusbehörde BALKANTOURIST. Nach einem Blick in eine Klosterzelle freuten wir uns schon auf eine Übernachtung im Freien. Wenn uns irgendeiner vorher erzählt hätte, wie es im Gebirge so zugeht, hätten wir das Rilagebirge gemieden wie die Pest. Wir kannten den Thüringer Wald und den Harz, und das war's dann auch schon. Die Projektion dieses Wissens auf das Rilagebirge war einfach nicht statthaft. Allerdings wären uns dann einige schöne Erlebnisse entgangen.

Natürlich wollten wir gleich auf einen möglichst hohen Berg, der links neben uns aufragte. Es war der *Maljowiza* mit einer Höhe von 2.729 Metern. Unserer Meinung nach musste irgendwo auf der Straße hinter dem Rilakloster links ein Weg zu diesem Berg abzweigen. Da wir von Gebirgen – wie gesagt – keinerlei Ahnung hatten, war diese Vermutung absoluter Blödsinn.

Wir brachen sehr früh auf, ersparten uns das Frühstück, denn wir hatten keinen Proviant mehr, und marschierten los. Die Asphaltstraße ging mit relativ engen Serpentinen immer bergan, aber einen Weg nach links, vielleicht noch mit einem Hinweisschild, fanden wir nicht. Bald tauchte vor uns ein Mann am Wegrand auf, der allerlei Angelzeug über der Schulter trug und uns beim Vorbeimarschieren auf Deutsch einen guten Tag wünschte. Wir waren jünger als er, also wollten wir auch die Schnelleren sein. Als wir um die nächste Biegung herumkamen, lief genau dieser Angler wieder vor uns. Wir überholten ihn erneut, und es passierte nach der folgenden Kurve genau das Gleiche. Wunder gab es für uns nicht, also schlussfolgerten wir als angehende Naturwissenschaftler messerscharf, dass er in den Kurven abkürzte. Das Gegenmittel war denkbar einfach: Wir ließen ihn ziehen, denn er blieb auf der Straße. Wir aber beschlossen nun unsererseits, durch die Büsche »abzukürzen«. Als wir nach geschlagenen zwei Stunden zerkratzt durch allerlei Brom- und Himbeeren und anderes Gestrüpp endlich wieder die Straße erreichten, saß dort der Angler und lächelte: »Ich gehe schon zwanzig Jahre in dieses Gebirge angeln, aber an dieser Stelle habe ich noch nie abgekürzt.« Sein Deutsch war einwandfrei; er hatte in den 1930er Jahren in Dresden Architektur studiert.

Das Angebot, sich ihm auf dem Marsch ins Gebirge anzuschließen, nahmen wir dankbar an, da er uns noch nebenbei darüber aufklärte, dass der *Maljowiza* bereits hinter uns lag. Dass man im Gebirge auch angeln kann, war uns neu, aber wir glaubten ihm. Warum hätte er sonst die Angeln mitgeschleppt. Unter uns nannten wir ihn scherzhaft »Angel Angeloff«. Den Namen haben wir vermutlich wegen der Angelei für ihn erfunden: Angel ist ein gängiger bulgarischer Vorname, bedeutet aber eigentlich »Engel«, und die meisten Nachnamen in Bulgarien enden in der deutschen Transkription sowieso auf »ff«. Viel wichtiger war für uns aber die Hoffnung, dass Angeloff mehr angeln würde, als er selbst essen konnte. Zum Frühstück hatte es Himbeeren und Erdbeeren gegeben.

Nach mehreren Stunden bergauf erreichten wir die Partisanenwiese. Angel Angeloff gab einen aus. Er hatte Wodka im Rucksack und wir nur ein paar Beeren im Magen. Als wäre das noch nicht bedenklich genug, hatte er noch eine Neuigkeit parat: Wir hatten weitere vier Stunden Marsch vor uns. Uns blieb keine Wahl. Das Wetter wurde immer schlechter und wir immer matter.

Kurz vor Einbruch der Dunkelheit erreichten wir bei 2.000 Metern die Baumgrenze. Endlich sahen wir eine Hütte: Ribni Ezera – die Fischseen, bei 2.350 Metern. Uns war kalt, und es regnete. Angel Angeloff versorgte uns unterwegs mit allerlei Weisheiten über das Wandern im Gebirge. Am blödesten fanden wir seine Empfehlung, langsam zu laufen, nicht zu rauchen und sich bei Rast nicht hinzusetzen, weil man nach jeder Rast schwerer wieder auf die Füße käme. Je länger wir wanderten, umso kleinlauter wurden wir und waren schließlich recht gehorsame

Schüler. Wir waren ja schon sehr zeitig aufgebrochen – ohne Proviant –, und wir erwarteten sehnlichst irgendwo eine Imbissbude, aber da irrten wir uns wieder.

Die Hütte bestand aus einer großen Küche mit einem Herd, den man mit Holz heizen musste, und einem Aufenthaltsraum. Zum Schlafen konnte man sich ein Zelt und Decken ausleihen. Angeloff meinte, dass es hier nachts auch im August Frost gibt. Das Zelt bekam man für 50 Stotinki – das war die kleinste bulgarische Münze. Das waren etwa 2 DDR-Mark. Rechnet man das nach Ab- und Umwertungen in heutiges Geld um, sind das 50 Cent. Alle Achtung! 50 Stotinki gleich 50 Cent. In Bulgarien hat sich also nach der Wende nicht viel geändert.

Der Zustand, in dem wir uns befanden, war mit dem einfachen Begriff »Hunger« nur schlecht zu beschreiben. In der Hütte gab es weder etwas zum Essen noch zum Trinken, alles, was man brauchte, musste man selbst mitbringen, auch das Klopapier und das Feuerholz. Wir hatten nichts mitgebracht, auch kein Holz. Nur einer konnte uns vor dem Hungertod retten: Angel Angeloff. Er hatte ein Einsehen, er lud uns zum Forellenessen ein.

An irgendeinem Bach unterwegs hatte er meisterlich Forellen geangelt, die er nun in der Berghütte zubereitete. Dafür hüpfte er erst draußen auf der Wiese herum, riss irgendwelches Grünzeug ab, er meinte, es wären Thymian und Petersilie. Meine Gehirnwindungen registrierten das aufmerksam, und ich dachte an den Song »Wild Mountain Thyme«, den ich von den Byrds und Joan Baez kannte: *And we'll all go together / To pull wild mountain thyme / All around the bloomin' heather …*

Wir ließen Angel den Thymian auf der blühenden Heide allein pflücken, ich wusste damals noch nicht, wie wilder Bergthymian aussieht, Albrecht auch nicht. Die gesammelten Kräuter gab der Koch dann mit wenig Wasser zu den Fischen in die Pfanne: Zwei Minuten kochte die eine Seite und zwei Minuten die andere. Dazu servierte er Schafskäse, der in die Kopie einer alten Bauzeichnung eingewickelt war und wie eine Rolle nasses Klopapier aussah. Die blauen Linien der Zeichnung stammten vom Methylenblau des Kopierverfahrens. Sie hatten sich prima auf dem Käse abgebildet, aber der Hunger betäubte alle Vorsicht.

Methylenblau ist nicht tödlich, ich kannte das von meinem Vater, dem als Leiter eines Dorfkonsums immer ein Kopierstift hinter dem Ohr klebte, den er jedes Mal anleckte, bevor er einen Kassenzettel ausschrieb. Folglich hatte er danach auch eine methylenblaue Zunge. Mein Bruder hatte einmal mit dem Kopierstift meines Vaters Strichmännchen in einer verborgenen Ecke des Wohnzimmers auf die Tapete gemalt. Bemerkenswert an ihnen waren die primären Geschlechtsteile. Die Männlein färbten sich nach einigen Wochen leuchtend blau. Die Wände waren also etwas feucht. Da meine Eltern sowieso vorhatten, neu zu tapezieren, wurde die neue Tapete über die alte geklebt. Nach wenigen Wochen waren die Männchen wie von Zauberhand wieder da. Sie begleiteten uns, bis wir aus der Wohnung auszogen.

Nach Angeloffs Kochkünsten wussten wir auch, was Forelle blau ist. Nach einer drittel Flasche Wodka pro Nase waren wir selbst blau, denn zu Trinken hatte Angel nur Wodka. Irgendwie schafften wir es doch noch in unser Zelt.

Frühmorgens lag ich in vollständiger Bekleidung im Zelt unter meinen zehn Decken wie unter einem Stapel Bretter, draußen lag tatsächlich Schnee. Vor dem Frühstück sollten nach Möglichkeit Waschen und Zähneputzen erfolgen. Wir sahen Angel Angeloff unter einem Wasserstrahl, der aus einem Rohr aus dem Felsen kam, mit freiem Oberkörper herumtanzen und strichen sofort das Waschen. Aber Zähneputzen musste sein, denn Käse, Methylenblau, Fisch und Wodka hatten einen unbeschreiblichen Geschmack im Mund hinterlassen. Ich ließ nichtsahnend das Wasser aus dem Rohr in meinen Mund laufen. Es dauerte geschlagene zehn Minuten, bis sich das Knacken in den Zähnen und im Kiefer wieder beruhigte. Vorsichtig öffnete ich die Lippen, denn ich befürchtete, dass die Zähne sofort herausfallen würden – glücklicherweise taten sie das nicht. Ich hatte nun auch keine Lust mehr auf Frühstück, und mir war schlecht. Albrecht mampfte Schafsjoghurt. Der heftige Geruch nach Schaf machte mich auch nicht fröhlicher. Bei fünf Grad plus und dünnen Regenfäden ging Angel Angeloff Angeln, und wir krochen wieder unter unsere Decken.

Als wir aufwachten, hatte unser Fischkoch das Mittagessen schon fertig. Seine Forelle blau schmeckte wieder ausgezeichnet. Das Wetter war immer noch schlecht, nur der Regen hatte aufgehört. Nachmittags lud er uns zu einem Ausflug an den Stinksee ein, wie er ihn nannte. Angel Angeloff angelte, wir bibberten. Nach zwei Stunden hatte er vier große Forellen im Sack. Das reichte für das Abendbrot.

Angel machte seinem Namen alle Ehre. Er schmiss die luftgefüllte Schnur mit der künstlichen Fliege meterweit der Forelle direkt vor die Nase – und schwupp, hing sie am Haken. Wenn Fische sprechen könnten, hätten sie sich diesen Betrug schon gegenseitig mitgeteilt, aber sie können es nicht, und wir profitierten davon.

In den kristallklaren Bergseen gab es keine anderen Fische, nur Forellen. Die wurden als Brut mit Maultieren hochgeschleppt. An jedem Maultier hing an der einen Seite ein Plastesack mit den kleinen Fischen, an der anderen Seite eine Sauerstoffflasche, aus der ständig Sauerstoff in den Sack sprudelte. Wir hatten unterwegs solch eine Forellenkarawane getroffen. Um hier zu angeln, brauchte man eine Sondergenehmigung, Angeloff hatte eine.

Etwas anderes als Forelle blau gab es auf unserem Speiseplan nicht. Für Forelle Müllerin Art fehlte uns die Müllerin, der Grill und die Holzkohle. Der Wodka war immer noch nicht alle. Wir merkten langsam, dass sich so eine Art Symbiose zwischen uns und Angeloff entwickelte. Hätten wir seine Forellen nicht gegessen, hätte er längst mit dem Angeln aufhören müssen. Er brauchte uns, und wir brauchten ihn.

Zum Stinksee, der wie in einem Vulkantrichter liegt, erzählte Angel Angeloff folgende Geschichte: Jahre vor uns schleuderte ein Wirbelsturm das gesamte Wasser aus dem See hoch an die Felswände, von denen es dann zurücklief. Die am Steilufer stehenden Krüppelkiefern kämmten aber alle Fische heraus. Solange es kalt war, passierte nichts, aber wurde es warm, dann stanken die vergammelnden Fische entsetzlich. Als wir am Stinksee standen, war alles schon vorbei. Auch Gestank währt nicht ewig.

Zum nächsten Frühstück gab es: Forelle blau. Ein Kommentar erübrigte sich. Wir wollten weiter durchs Gebirge und hatten immer noch Rosinen im Kopf. Das nächste Ziel war der *Grancar*. Dort gab es eine komfortablere Hütte in 2.187 Meter Höhe. Die einseitige Fischnahrung konnte auf die Dauer auch nicht gesund sein. Angel Angeloff schenkte uns einen frischen Fisch, so lang wie mein Unterarm. In eine Zeitung eingewickelt, kam er in den Rucksack. Das war das einzige feste Lebensmittel, was wir beim Aufbruch hatten. Später mussten wir allerdings feststellen, dass wir die Forelle gar nicht hätten zubereiten können. Wir hatten zwar noch einige Streichhölzer, aber Holz für ein Lagerfeuer war oberhalb der Baumgrenze nicht aufzutreiben. Die Forelle blieb also in Reserve.

Der *Josifiza* ist 2.696 Meter hoch – kein Baum, kein Strauch, nur ein elender Weg führte am Steilhang schräg nach oben. Albrecht verlor seinen Absatz am Schuh und stellte fest, dass Laufen ohne Absätze orthopädisch ungünstig ist. Aus Symmetriegründen musste der andere dann auch weg. Wir schafften das ohne vollständige Zerstörung des Schuhs. Der DDR-Kleber half uns dabei.

Am Weg stand unvermittelt ein schwarzer Stein mit Bildern und Namen darauf. Mit unseren mäßigen Russischkenntnissen entzifferten wir die bulgarischen Hieroglyphen. Hier waren also ein paar Bergsteiger abgestürzt und hatten es nicht überlebt. Den weiteren Aufstieg erleichterte das allerdings nicht. Ein kurzer Blick nach unten verleidete uns aber die Umkehr.

Als wir endlich oben waren, standen wir auf dem schmalen Grat plötzlich mitten in einer Waschküche. Die Sicht war gleich null. Angel Angeloff hatte uns davor gewarnt und auch einen Rat für diesen Fall mitgegeben: Sofort hinsetzen und auf bessere Zeiten warten! Wir gehorchen ihm brav, trotz der inzwischen großen Entfernung zwischen uns.

Aber da – plötzlich ertönte eine Frauenstimme aus dem Nebel: »Eeerich! Wo geds'n hiere lang? Ich seh gornischd!«

Sachsen!

»Gud'n Dach!« – und vorbei waren sie, als hätten wir in Dresden an der Uferpromenade gesessen. Sie kannten Angel Angeloff und seine Regeln für den deutschen Bergsteiger nicht. Wir hätten gern gewusst, was sie sich beim Abstieg am Gedenkstein für die toten Bergsteiger gedacht haben.

Das Wetter besserte sich schlagartig. Hoch über dem Béli-Isar-Stausee kam uns ein bulgarischer Wanderer entgegen. Wir hatten noch kein Wort gesagt, da rief er: »Deittsch gutt«, und sang mit Inbrunst das Deutschlandlied und reckte den Arm vor, als stünde Adolf der Leibhaftige hinter uns. Wir ließen ihn stehen. Agitieren half da nicht mehr. Der Mann war nicht viel älter als wir.

Allerdings machten wir uns nun verstärkt Gedanken, woran man einen Deutschen im Ausland erkennt. Dass es zwei verschiedene Sorten Deutsche gab, und zwar Deutsche Demokraten und Deutsche Bundesrepublikaner, konnten wir beiseitelassen. Genetisch hatte sich das noch nicht ausgewirkt, und hinsichtlich der Bekleidung sahen wir eher aus wie staatenlose Landstreicher. Die Frage wurde als unerledigt abgeheftet.

Bemerkenswert daran war aber schon, wie haltbar nazistisches Gedankengut ist. Wir hatten den Nazismus zwar bereits »mit der Wurzel ausgerissen«, wie das groß-sprecherisch oft verkündet wurde, aber wer in seinem Garten jemals versucht hat, wuchernden Meerrettich zu beseitigen, weiß, dass Ausreißen allein nicht genügt. Die kleinsten Krümel reichen für das folgende Jahr aus. Politischer Voluntarismus war eine der schlechten Eigenschaften der DDR-Obrigkeit.

Es war schon spät am Nachmittag, als wir den Berg *Grancar* erreichten. Vor einem Pfosten mit jeder Menge Brettern daran, die in alle Himmelsrichtungen zeigten, blieben wir stehen. Auf einem der Brettchen stand in kyrillischer Schrift *Musala* und dahinter eine Sechs. Dass der *Musala* 2.900 Meter hoch ist, wussten wir von Angel Angeloff. Was er uns aber vergessen hatte, mitzuteilen, war die Tatsache, dass die Zahlen auf dem Wegweiser nicht wie im Thüringer Vorland Kilometer bedeuteten, sondern Stunden. Wir zweifelten ernsthaft daran, dass eine Ankunft auf dem *Musala* mitten in der Nacht etwas Erstrebenswertes sein könnte, und beschlossen, zur Hütte abzusteigen, die wir ja schon gut sahen. Da konnten wir nichts falsch machen. Außerdem plagte uns noch ein anderes Problem: Abgesehen von der Forelle, die sich durch ihren Geruch immer stärker bemerkbar machte, hatten wir auch kein Wasser mehr.

Der Abstieg ging flott, das Ziel war zum Greifen nahe. Vor der Hütte stand ein Lkw mit laufendem Motor. Ein kurzer Blick der Verständigung – und wir betraten die Hütte nicht, sondern fragten den Fahrer nach seinem Ziel und ob er uns mitnähme. Aus seiner Antwort entnahmen wir, dass er sonst wohin fährt und eine Wasserleitung oder etwas Ähnliches bauen will. Das Ziel war okay, da wollten wir auch hin. Er nahm uns mit. Wir rechneten etwas herum und kamen zum Ergebnis, dass wir etwa fünfzig Kilometer im Gebirge herumgelaufen waren. Für uns Flachlandindianer ohne Absätze war das respektabel. Das Wort »wandern« benutzten wir nicht.

Die Fahrt war sehr lustig. Der Wagen war voller Arbeiter, und wir quetschten uns dazwischen, die Rucksäcke auf den Knien krampfhaft festhaltend. Man wusste ja nicht, wir waren nur zwei, die waren viele. Die Arbeiter sagten immer abwechselnd etwas zu uns, dann war Pause – wir verstanden nichts, lächelten aber vorsichtshalber, und dann lachten alle anderen, wir nicht. Bald danach kam uns der Verdacht, dass sie möglicherweise Schimpfwörter an uns erprobten. Für ein Entkommen aus dem Gebirge ertrugen wir auch das.

Die Arbeiter empfahlen uns ein »Sporthotel« in der Nähe. Das Hotel war vollkommen leer, aber der Hausmeister war abweisend und hatte keinen Platz für uns. Erst später erfuhren wir, dass diese große Anlage in Belmeken von der DDR gebaut worden war, damit die Sportler und Sportlerinnen sich im Höhentraining auf die Olympiade in Mexiko 1968 vorbereiten konnten. Albrecht spielte in der Uni-Mannschaft Basketball, und ich hatte mich beim Versehrtenschwimmen eingeschrieben. Das war die einzige Möglichkeit, ohne Antreiber im Volksbad schwimmen zu gehen. Für Mexiko reichte das nicht.

Wir trotteten wieder zur Bauarbeiterunterkunft zurück. In einer Baracke nebenan hausten Geologen. Sie gaben uns ein Zimmer ab und teilten mit uns Bier, Wein, Brot und Wurst. Abends gab es noch eine Brigadeversammlung, und es ging hoch her. Es wurde diskutiert und gestritten, und wir verstanden nur, dass es um ihre Baustelle ging, langten aber beim Essen und Trinken kräftig zu.

Die Forelle stank nun schon heftig aus dem Rucksack. Wir beerdigten sie in ihrer bulgarischen Zeitung. Leider ließ sich der Geruch im Rucksack nicht gleichzeitig mitbegraben. Nun ging es auf einer befestigten Straße immer bergab, und wir verließen langsam das Gebirge. Ein Taxifahrer hielt an, ohne dass wir ihn aufgefordert hatten. Als wir die Schultern hochzogen und die Handflächen nach oben drehten, grinste er und half uns beim Verstauen des Gepäcks. Er erwies sich als ein echter Menschenfreund. Wir sahen ja auch nicht nach Geld aus. Als mich einmal nach der Wende einer fragte, was das Beste an der DDR gewesen wäre, antwortete ich ihm spontan: »Das Beste an der DDR war, dass das Geld nichts wert war!«

Bei unserer Fahrt nach Burgas kamen wir auch in größerer Entfernung an Kazanlak und an dem berühmten Tal der Rosen vorbei, das ich bei einer anderen Reise schon besucht hatte. Dort wird sicherlich auch heute noch aus den Blütenblättern recht unscheinbarer Rosen Rosenöl gewonnen, damals ein bulgarischer Exportschlager. Heute kostet ein Kilogramm davon über 5.000 Euro. Dazu müssen über dreitausend Kilogramm Rosenblüten mit Wasserdampf extrahiert werden. Jeder Chemiker weiß, dass Duftstoffe in hohen Konzentrationen recht übel riechen können, bei Rosenöl ist das nicht anders. Den Geruch kannten wir gut von den Frauen der sowjetischen Offiziere, die davon nie genug kriegen konnten.

In Jena gibt es eine berühmte alte Gaststätte am Markt:

Zur Sonne. 1971 war sie berühmter als heute, aber alt und ziemlich vergammelt. Eines Tages stellte man zwei bulgarische Frauen als Hilfskräfte ein, die am Tresen Gläser spülen sollten. Seit diesem Tage schmeckte plötzlich das Bier nicht mehr, das heißt, es schmeckte ohnehin nicht, obwohl man sich seit Hunderten Jahren redliche Mühe gab, aber nun schmeckte es, als käme es aus dem Reformhaus *Tonndorf* nebenan. Dazu kam noch, dass man auch mit allen Tricks am Zapfhahn keine Blume mehr auf das Bier bekam. Des Rätsels Lösung wurde schnell gefunden. Die beiden Bulgarinnen wollten etwas für ihre zarten Hände tun und würzten das Spülwasser mit einigen Tropfen Rosenöl. Das verursachte nicht nur den abartigen Geschmack nach Apotheke, sondern verhinderte auch effektiv die Schaumbildung. Die Physikalische Chemie gibt dafür jede Menge Erklärungen. In dieser Fachrichtung habe ich mich dann später spezialisiert.

Kurz hinter einem Ort mit dem zweideutigen Namen Popoviza hatten wir einen echten Durchhänger. Das Warten in der sengenden Sonne war ohne Wasser eine Zumutung. Schatten gab es nicht. Albrecht war im Straßengraben verschwunden und betrieb intensive Körperpflege, das heißt, er suchte nach Läusen, und er wusste, wo sie waren. Mich hatten sie verschont.

Nach langem Harren näherte sich uns ein Trupp Straßenarbeiter, ausgerüstet mit Hacken und Schaufeln, den Oberkörper frei, die schwarze Baskenmütze keck über die großen Ohren gezogen, wie wir das schon aus Rumänien kannten. In einem wahrhaft babylonischen Sprachgewirr wollten sie wissen, woher wir kamen und wohin wir wollten. Die erste Frage war leicht, zu beantworten: aus der DDR. Aber Englisch, Französisch, Russisch, nichts half – die DDR war ihnen unbekannt. Das konnte nicht sein! Wir waren die größte DDR im sozialistischen Lager, und hier kannte man uns nicht?

Wir öffneten die Landkarte und zeigten, wo Bulgarien war und wo die DDR. Die Reaktion war anerkennendes Kopfwackeln. Allerdings legte das den Verdacht nahe, sie verstanden nicht, was wir ihnen zeigten. Eines hatten wir schon gelernt: Nickten Bulgaren mit dem Kopf, hieß das nein, wackelten sie damit, hieß das ja. Nicht immer waren Nicken und Wackeln eindeutig voneinander zu unterscheiden.

Die Frage nach dem Wohin war noch leichter zu beantworten: Wir zeigten einfach mit dem Finger die Straße hinunter. Bei der Erklärung, wie wir uns fortbewegten, hatten wir dann mehr Glück: Die Worte »Auto« und »Stopp« und ein Brummen mit dem Mund reichten vollauf. Als es unmittelbar danach tatsächlich verdächtig am Horizont brummte, drückten die Proletarier uns Verbündete freundlich in den Graben und gestikulierten, dass sie für uns dieses Problem erledigen würden. Als das Auto in Sichtweite kam, sprang eine Horde halbnackter Verrückter wie Straßenräuber aus dem Graben mitten auf die Fahrbahn, Hacken und Schaufeln schwingend. Man konnte deutlich das Entsetzen im Gesicht der Fahrerin sehen, die das Steuer herumriss, um die Horde herumkurvte und mit Vollgas davonjagte.

Das Vergnügen war ganz auf unserer Seite. Der Vorgang wiederholte sich noch einige Male; ich konnte wegen Zwerchfellschmerzen schon nicht mehr lachen.

Schließlich gaben sie mit dem ortsüblichen nickenden Kopfwackeln auf und trotteten von dannen. Vermutlich war ihre Mittagspause beendet.

Am 21. August 1971 erreichten wir nach 2.358 Kilometern endlich Burgas. Wir waren ordentlich stolz auf uns. Eine bulgarische Familie – Vater, Mutter und eine Tochter in unserem Alter – vermietete uns ihr Schlafzimmer und schlief dafür auf dem Balkon. Im Bad hatten wir stets den Vortritt.

Ein Besuch am Strand von Burgas war mehr als enttäuschend: Die Hitze war gigantisch, der Sand schwarz und kochend heiß, und alle liefen auf Bohlenstegen herum und legten sich auf hölzerne Dörrgestelle, vergleichbar mit jenen, auf denen man früher in Thüringen Dörrpflaumen erzeugte. Deshalb waren wir nicht hierhergekommen. Kulturhistorische und andere Schönheiten fanden wir in Burgas auch nicht.

Wir gingen zurück ins Quartier und schliefen uns aus. Nach zwei Tagen Schlaftherapie beschlossen wir, mit dem Zug nach Hause zu fahren. Trotz stundenlangem Warten ergatterten wir keine Platzkarten – vielleicht hatte es auch nie welche gegeben. Unsere Ansprüche an die Beförderung waren in den zurückliegenden Tagen sowieso auf ein Minimum gesunken.

Nach fünfzig Stunden Bahnfahrt kamen wir wieder zu Hause in Jena an. Eine gemeinsame Tramptour haben Albrecht und ich leider nie wieder gemacht. Obwohl ich den Spruch nicht mag, hatte er sich hier bestätigt: Der Weg war unser Ziel.

13. Kapitel

Forschungsstudium • Ungenießbare Genossen • Eine feste Liebe • Die Jugend der Welt in Berlin • Sand oder Tulpen • Eine Heirat auf dem Lande • Umzug mit der Straßenbahn und endlich eine eigene Wohnung • Ich werde Klubleiter • Krach mit der Obrigkeit • Schnecken auf der Flucht • Ein steiniger Weg zur Promotion • Sozialistischer Realismus • Kalte Winde

Ich begann 1971 ein Forschungsstudium im Fachbereich Physikalische Chemie. Mit der Einführung des Forschungsstudiums wollte man in der DDR beschleunigt graduierte Wissenschaftler ausbilden. Die Phase der Diplomarbeit wurde weggelassen, man bekam ein Thema für die Dissertation, und dann ging es ans Arbeiten. Nur die Studenten mit den besten Leistungen wurden zugelassen. Auch das Studienjahreskollektiv hatte die Möglichkeit, jemanden vorzuschlagen oder abzulehnen. Davon wurde auch Gebrauch gemacht.

Mein Forschungsthema war die Bildung dünner organischer Schichten in Gasentladungen und im Hochvakuum. Man erhoffte sich von solchen ultradünnen Schichten verwertbare elektrische Eigenschaften für die sich entwickelnde Mikroelektronik. Der technische Aufwand war sehr hoch, und ich war die ganze Zeit am Basteln spezieller Apparaturen zur Erzeugung von Elektronenstrahlen. Meine Ausbildung zum Feinmechaniker war da ungemein von Vorteil. Vorgesehener Abgabetermin der Arbeit war der 1. August 1974.

Meine Freizeitarbeit im *Rosenkeller* – ich war inzwischen seit 1970 Barchef der Chemikermannschaft – war, glaube ich, nicht gut gelitten, aber bislang hatte ich mir nichts zuschulden kommen lassen, und meine Hauptprüfungen hatte ich 1971 mit »sehr gut« oder »gut« abgeschlossen.

An die Prüfung in Physikalischer Chemie erinnere ich mich heute noch mit Freude. Prüfer war der schon erwähnte Herr Prof. Dr. D., der, wie man munkelte, großen Wert auf Etikette legte. Also war mindestens dunkler Anzug angesagt, den ich mir borgen musste, denn für so etwas hatte ich bislang keine Verwendung gehabt. Es war August, das Wetter war heiß, und die Prüfungsaufregung tat ihr Übriges. Ich spürte, wie mir beim Warten auf dem Flur des Instituts die Schweißperlen den Rücken herunterkullerten. Als man mich hereinrief, hatte ich große Mühe, einen Lachanfall zu unterdrücken. D. saß hinter seinem Schreibtisch, ohne Schlips und Jackett, das Fenster war weit offen, und seine Füße standen in einer Wasserschüssel. Ich merkte, dass es ihn amüsierte, mich so irritiert zu sehen, doch er kam ohne Umschweife direkt zu seinem Thema. Er sprach meine Arbeit im *Rosenkeller* an, kam dann zum Bierausschank, und schon waren wir bei den Schäumen, einem seiner Arbeitsgebiete. Es wurde ein entspanntes Gespräch, ich bekam »sehr gut« und erzählte zum Abschluss noch die Geschichte mit dem Rosenöl im Bier der Gaststätte *Zur Sonne*. Der Professor war nie im *Rosenkeller*, da hatte er etwas verpasst, doch die Geschichte gefiel ihm.

Die Prüfung in Glaschemie legte ich bei Professor V. ab. Der kannte meinen Vater vom Schottwerk in Jena her und auch meine Arbeiten im Betriebspraktikum und wollte mich unbedingt für die Glaschemie begeistern. Das Prüfungsthema war die Struktur hochmolekularer Wolframoxide. Ich erzählte, was ich wusste, und freute mich schon, da verlangte er von mir, ich solle einmal die Struktur skizzieren. Das konnte ich beim besten Willen nicht und bekam ein »gut«. Er hatte seine Chance verspielt.

Wir konnten den Professor gut leiden, seine Vorlesungen waren interessant und manchmal sogar lustig. Von einer Dienstreise in die USA kehrte er mit einem Stapel

Pipetten zurück, die durch eine spezielle Behandlung des Glases besonders stabil sein sollten. Man könne sie wie einen Nagel in die Wand schlagen. Während seiner emphatisch vorgetragenen Rede rollte eine der besagten Pipetten vom Tisch und zerschellte auf dem Fußboden in tausend Stücke. Er seufzte und ergänzte, dass die Pipetten diese phänomenale Eigenschaft nur in Längsrichtung hätten. Er erzählte auch, dass man ihn in New York mehrmals durch ein Kontrollgerät laufen ließ und es immer wieder jaulte. Schließlich musste er sich ausziehen. Sein DDR-Holzbein war von der amerikanischen Elektronik als solches nicht erkannt worden. Seine Glaschemiker arbeiteten eng mit dem VEB Jenaer Glaswerk Schott & Genossen zusammen, und gemeinsam entwickelten sie zum Beispiel sehr dünne und hochfeste Flaschen für Babynahrung. Plasteflaschen konnte sich die DDR nicht leisten, dafür brauchten die Mütter dann auch keine wegzuwerfen.

Ich entschied mich für die Physikalische Chemie. Das erschien manchen meiner Kommilitonen etwas seltsam, hatte ich doch das Physikpraktikum mit der Note »Vier« abgeschlossen. Der Grund war der, dass die Chemiker dieses Praktikum – das in der Sektion Physik abzuleisten war – noch nie ernst genommen hatten, genauso wie die Mediziner das Chemiepraktikum nicht ernst nahmen.

Als Erstes kaufte man sich ein Protokollheft eines älteren Jahrgangs. Da standen schon die Protokolle der Versuche drin, die man selbst erst durchzuführen hatte. Sie hatten sich über Jahre hin nicht geändert. Fünf Mark waren der Standardpreis. Wir wurden auch gewarnt, die Versuche durchzuführen, da sie sowieso nicht funktionierten, vor allem dann nicht, wenn irgendwelche Chemikalien eine

Rolle spielten. Die Flaschen waren aus Jux umetikettiert worden, oder man hatte die Inhalte zusammengeschüttet. Die Investition in das Protokollheft hatte sich nicht gelohnt. Später war ich als Hilfsassistent im Chemiepraktikum der Mediziner tätig. Ich wundere mich noch heute, wie gestandene Mediziner mit Chemikalien umgehen – was anderes sind ja Medikamente nicht –, wenn sie im Chemiepraktikum derartigen Unsinn verzapften. Offensichtlich hatte es ihnen ebenso wenig geschadet wie mir das Physikpraktikum.

1973 machte uns das Mitglied des Politbüros der SED Kurt Hager seine Aufwartung im Studentenklub. Ich weiß nicht, wer ihn eingeladen hatte; ich war zu dieser Zeit Barchef, und meine Truppe hatte Dienst. Es wurde ein richtig großer Bahnhof. In der HSGL, das war die Hochschulgruppenleitung der FDJ, bereitete man Fragen vor, die die »eingeladenen« Studenten zu stellen hatten. Man schnitt die auf dünnem Durchschlagpapier mit Schreibmaschine geschriebenen Fragen als schmale Streifen ab, um sie unter die Diskussionsteilnehmer zu verteilen. Das war zwar sparsam, aber ziemlich grotesk. Tatsächlich kam es dann vor, dass in der Diskussion jemand aufstand, den Streifen gegen das funzelige Licht hielt und die Frage ablas. An Peinlichkeit war das kaum zu überbieten, aber keiner sagte etwas dazu.

Ich stand mit dem *Keller*-Chef Peter, genannt »Barsch«, hinter der Sichtblende, die die Treppe von der ersten Tonne trennte. Das war eine solide Kunstschmiedearbeit aus der Gründerzeit des *Kellers*. Ich hatte sogar mein FDJ-Hemd an, was nicht so oft vorkam. Hager und das Podium diskutierten eigentlich nur mit sich selbst. Mich erinnerte das an eine dicke grüne Schwarte, die mein Vater einmal von einem Gewerkschaftslehrgang mitgebracht hatte. Er hatte sie dort für eine Mark erworben, weil die Bibliothek sie loswerden wollte. Es war Stalins *Fragen des Leninismus* in einer Ausgabe von 1947. Mehrere seiner Reden waren dort abgedruckt, die einen Diskurs mit dem Publikum vorgaben, aber eigentlich kein Publikum brauchten. Das ging nach dem Schema: »Ist es nicht so, Genossen, dass es so ist?« – Kunstpause – »Ja, so ist es, Genossen!« Dieselbe Diktion konnte man später bei Erich Honecker vernehmen. Gelernt war eben gelernt.

Wir amüsierten uns über diese Art politischer Selbstgespräche, als plötzlich ein Mann auf uns zukam und uns leise aber bestimmt aufforderte, hier zu verschwinden. Wir sagten ihm, dass wir hier richtig wären und ich der diensthabende Barchef sei. Er wollte mit uns diskutieren, aber wir nicht mit ihm. Vorgestellt hatte er sich auch nicht. Da er während der Diskussion keinen Krawall anzetteln konnte, trollte er sich schließlich. Später erfuhr ich, dass die Erste Sekretärin der SED-Kreisleitung Jena diesen Menschen mit folgenden Worten losgeschickt hatte: »Die da vorne müssen weg! Die zeigen Mimik!«

Ich hatte damals schon meine eigenen Informanten. Mit diesem Satz ging die Genossin in mein Langzeitgedächtnis ein. Ein Glück für mich war, dass ich wusste, was Mimik ist, denn Grimassen hatten wir nicht geschnitten.

Als ich nach oben ging, um die Toilette aufzusuchen, knallte mir einer die Tür von innen gegen die Nase. Ein anderer, der den Türsteher machte, schickte mich wieder nach unten. Wir waren sozusagen von Hager und seinen Personenschützern okkupiert worden. Das waren also auch meine Genossen. Mit denen befreundet sein, wollte ich eigentlich nicht. Allerdings hatte ich erfreulicherweise auch schon andere, bessere Genossen kennengelernt. Langsam lernte ich, dass es einen Unterschied gab zwischen einer Sache, für die man eintrat oder kämpfte, und denen, die sie zu vertreten glaubten oder es behaupteten. Blieb man bei der Sache, konnte man einiges mehr ertragen, ohne gleich aus der Fassung zu geraten. Menschen ändern sich dauernd – von der Geburt bis zum Tod, und das nicht nur körperlich.

In diesem Jahr gab es dann einen Auftritt, der zumindest unter der Decke die Gemüter heftig erregte. Der Schauspieler Eberhard Esche, seine Frau Cox Habbema und der Komponist Reiner Bredemeyer stellten im *Keller* »Deutsche Balladen« vor. Dass dabei Friedrich Schiller eine besondere Rolle spielen würde, war natürlich anzunehmen, immerhin waren wir ja die »Friedrich-Schiller-Universität« Jena. Das Publikum war begeistert. Esche führte vor, wie man mit exzellenter Vortragskunst verborgene Inhalte sichtbar machen konnte.

Zum Höhepunkt des Abends zählte zweifellos die Rezitation von Ludwig Uhlands Ballade »Des Sängers Fluch«. Die Interpretation Esches, dass ein Künstler nicht dazu da sei, Loblieder auf irgendwelche Herrscher zu singen, und dass als Rache der Obrigkeit für diese Haltung dann schon mal ein Schwert fliegen könne, verstanden wohl die meisten Zuhörer so wie ich. Ich dachte mir schon damals, wenn der Esche das so in einem öffentlichen Theater gemacht hätte, wäre er von der Bühne geholt worden.

Esche ist bis zu seinem Tod Kommunist geblieben, auch wenn er wohl selbst nicht mehr genau wusste, was das war. Auch dafür habe ich ihn geliebt. Er war der passende Gegenentwurf zu solchen Typen wie Hager mit seinen Toilettenwächtern.

Im selben Jahr, ich war inzwischen stellvertretender Parteigruppenorganisator des Instituts für Physikalische Chemie, bereiteten wir im Foyer unserer Einrichtung eine Wandzeitung zum 25. Jahrestag der DDR vor. Es waren eine Reihe Studenten und Assistenten beteiligt, die Leitung hatte Frau Professor D. Als ich einen Artikel über herausragende Wissenschaftler des Instituts las, den sie gerade ans Brett geheftet hatte, wurde ich unruhig. Mit leiser Stimme machte ich sie darauf aufmerksam, dass es doch nicht anginge, zu diesem Jahrestag einen Wissenschaftler herauszustellen, der gerade von einer Dienstreise nach dem Westen nicht zurückgekommen war. Ich hatte meinen Satz noch nicht beendet, da ging sie voll auf mich los. Ich hörte nur das Klappen von Türen, und dann standen wir beide allein vor der Treppe. Es kam nicht zu einem Dialog, sondern ich wurde gewissermaßen von ihr schon am Boden abgeschossen. Nach wenigen Sekunden war der Spuk vorüber, ich war allein, und der Zettel vom Brett war weg.

Was hatte ich da bloß wieder angerichtet! Ich hatte die Gutachterin meiner noch unfertigen Dissertation öffentlich auf ihre mangelnde politische Wachsamkeit hingewiesen! Das konnte nicht gut ausgehen. Das interne, halbherzige Lob von der Parteileitung für meine tapfere Haltung machte mich nicht glücklich. Es waren ja auch einige Genossen nach hinten aus dem Graben gesprungen, als der Panzer angerollt kam. Alle hatten mich unbewaffnet sitzen lassen. Genau diese Frau Professor und der fahnenflüchtige Gewerkschaftsvertreter hatten mir noch ein halbes Jahr vorher in einem Kadergespräch bescheinigt: »Seine ideologische Haltung steht in völliger Übereinstimmung mit der Politik von Partei und Regierung.« Ich verträte in jeder Diskussion konsequent den Standpunkt der Arbeiterklasse. Jetzt wusste ich, was man von solchem gestelzten Gewäsch halten musste. Die Zündschnur war lang, aber man konnte das leise Zischen vernehmen. Irgendwann würde sie mir das heimzahlen, und ich kannte den Termin schon recht genau.

Aus der Freundschaft mit Irmtraud war inzwischen eine feste Liebe geworden. Sie war mittlerweile aus den Baracken an der »Muskelkirche« mit ihrer Freundin in eine Studentenbude an der Brauerei gezogen. Die »Muskelkirche« war der Sitz der Sektion Sportwissenschaften und hatte ihren Spitznamen offenbar von einem kleinen Türmchen auf dem Dach erhalten, der wie ein kleines Kirchtürmchen aussah. Der Begriff »Muskelkirche« war in Jena Allgemeingut. Ich fand die Baracken nicht schlecht, man konnte dort ungestört übernachten, vorausgesetzt die Sportstudentinnen hatten nichts dagegen. Das kam aber nie vor. Prüderie war kein Studienfach. Irmtraud erzählte, dass manchmal eine Polizeistreife mit und ohne Hund über den langen Mittelgang spazierte. Die Türen an den beiden Enden waren nicht verschlossen.

Inzwischen war Irmtraud gewissermaßen in meine Familie aufgenommen worden, sie verstand sich gut mit meinen Eltern und meinen Geschwistern, und manchmal übernachtete sie auch in meinem Zimmer, obwohl ich nur ein altersschwaches Klappbett hatte und wir nachts immer wie in einer Hängematte aufeinander rollten, aber damit kamen wir zurecht.

Unsere Freizeit verbrachten wir oft gemeinsam im *Rosenkeller*, und der Weg von dort in die Schlossgasse war erheblich kürzer als der vom *Keller* zur Brauerei, wenn die letzte Bahn schon weg war. Nach wie vor war der »ReziSong«-Singeklub häufiger Gast im *Keller*. Ihren besten Auftritt hatte sie immer mit der »Ode einer Berlinerin«. Sie beherrschte den Berliner Dialekt perfekt, und passend dazu trat sie immer mit einem Minirock auf. Mir gefiel das sehr.

Irmtraud tanzte gern, und so war fast jeder Sonnabend ausgebucht, denn sie fuhr nur selten nach Hause. Auf unserer Tanzfläche war nicht viel Platz, und man kam sich ohne Zwang viel näher als früher bei der Tanzstunde, selbst wenn wir uns am Rock 'n' Roll versuchten. Wir hatten viele Freunde, so dass wir am Abend immer irgendwo unterwegs waren – meistens natürlich in der *Rose*.

Schließlich beschlossen wir, zu heiraten. Der Termin der Hochzeit wurde auf den 3. August 1973 festgelegt. Das Standesamt befand sich in Velten, unweit des Dorfes, in dem Irmtraud aufgewachsen war und in dem auch ihre Eltern wohnten. Sie hatten dort einen Bauernhof, ihr Vater arbeitete als Schlosser auf der LPG, und die Mutter kümmerte sich um die Wirtschaft. Meinen schwarzen Hochzeitsanzug ließ ich mir tatsächlich beim Schneider machen. Der verstand sein Handwerk ausgezeichnet, und was er schneiderte, saß wie angegossen.

Ein Blick auf Ammerbach, Thüringen, im Jahr 1978

1953: Urgroßmutter Elsa (mittlere Reihe, Zweite von links) mit ihrem Mann Richard (rechts neben ihr) sowie Kindern, Enkeln und Urenkeln zur Goldenen Hochzeit. Vordere Reihe rechts: meine Schwester Martina; hintere Reihe rechts: meine Mutter

1957: Ich, als Schüler der zweiten Klasse

1955: Auf Westreise mit meinem Vater (Mitte)
und einem Cousin (links). In meiner bayerischen Verkleidung
fühlte ich mich schlicht unwohl.

Augezd, Mähren, um 1937:
Die Jazzband meines Vaters (rechts mit dem Akkordeon)

Augezd, Mähren, um 1935:
Der Bauernhof meines Großvaters väterlicherseits

1982: Nach fast vierzig Jahren wieder in Augezd (Újezd).
Von links nach rechts: die Kinderfrau meines Vaters, mein Vater,
die neue Hausherrin, meine Mutter

1982: Mein Vater Josef am *Praděd* (Altvater),
dem höchsten Berg des Altvatergebirges und von Mähren

Ich, als Student

Während meiner Studienzeit beim *Rosenkeller*-Fasching in Jena

Das »berühmte Chemikerball-Männerquartett«.
Von links nach rechts: Erhard Schmidt,
Albrecht Dittrich alias Jack Barsky, Attila Ritzmann und ich

Kuba, 1987: In geheimer Mission

Berlin-Alt-Hohenschönhausen, um 1990:
Das Objekt der Abteilung 35 des Operativ-Technischen Sektors
des MfS, Eingang Friedhofstraße/Roedernstraße.
Eines der letzten Bilder des Objekts, welches nicht mehr
existiert. Dort befindet sich nunmehr eine Wohnanlage.

Die im Objekt der Abteilung 35 damals vorhandene
Papiermaschine

Die im Objekt der Abteilung 35 damals vorhandene Anlage
zum Verarbeiten von Polyesterfolie für die Herstellung des
fälschungssicheren Personalausweises

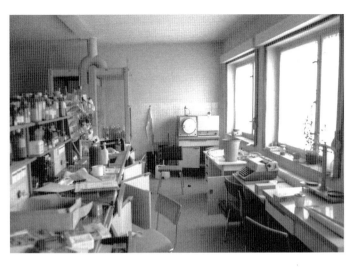

Ein Labor im Objekt der Abteilung 35

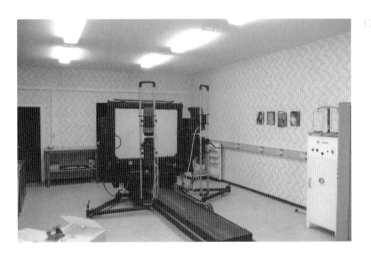

Die im Objekt der Abteilung 35 damals vorhandene
Zweiraumkamera, mit der vergrößerte Abbildungen der
Originalpässe hergestellt wurden. Sie stammte aus der
Landkartenproduktion Hermann Haack, Gotha.

Tschechien, Tatenice, 2008: Bei unseren Reisen durch Mähren
trafen wir immer wieder auf Spuren meiner Vorfahren,
wie hier am alten Gasthof in Tatenice. Mich erinnerte das an
Bertolt Brechts Gedicht »Die unbesiegliche Inschrift«. Mittlerweile
ist der Hinweis auf den alten Besitzer jedoch verschwunden;
die Gaststätte heißt heute *Restaurant zu den sieben Wölfen.*

2009: Meine Frau Irmtraud und ich – sechsunddreißig Jahre gemeinsam »durch dick und dünn«

2014: Ein Wiedersehen nach vierzig Jahren – der KGB-Spion Jack Barsky (rechts) aus den USA, geboren als Albrecht Dittrich in der DDR, und der MfS-Major Dr. Günter Pelzl.

Unmittelbar vor der Hochzeit gab es allerdings noch ein Ereignis, an dem ich unbedingt teilnehmen wollte: Es waren die X. Weltfestspiele der Jugend und Studenten vom 28. Juli bis 5. August in Berlin. Diesmal begleitete mich Frank, ein befreundeter Student aus Jena, der Jahre später bis zur Wende an der DDR-Botschaft in den USA arbeiten sollte.

Albrecht war aus meinem Gesichtskreis fast verschwunden. Er hatte sich nicht für ein Forschungsstudium beworben und begnügte sich mit dem Abschluss als Diplomchemiker. Als wir uns das letzte Mal in Jena trafen, machte er Andeutungen, dass er vermutlich in die Sowjetunion gehen werde, in die Weltraumforschung. Ich grinste und dachte an die Liste für das MfS, auf der an erster Stelle sein Name gestanden hatte. Vermutlich hätten sie in Baikonur einen promovierten Chemiker besser brauchen können als einen einfachen Diplomchemiker. Auf jeden Fall stammte der Pfeifentabak, den er mir mitbrachte, nicht aus der Sowjetunion, eher aus Westberlin. Bekanntlich führen ja viele Wege nach Rom, bei manchen auch alle. Genaueres wollte ich lieber nicht wissen, er wusste von mir ja auch nicht alles. Auf jeden Fall war er zu meiner Hochzeit eingeladen und versprach, nach Möglichkeit zu kommen.

Die Weltfestspiele waren für mich ein prägendes Ereignis. Die Jugend aus hundertvierzig Ländern war in Berlin zu Gast. Es ging hoch her, alle waren entspannt und fröhlich. Nirgendwo entdeckte ich Druck, Bevormundung oder überzogene Kontrollen. Natürlich gab es bei einer derartigen Großveranstaltung auch Polizei, aber man musste schon genau hinschauen, um sie zu finden.

Ich nahm mit Frank an vielen Diskussionen auf offener Straße teil. Sie waren manchmal laut, konträr, aber nie in irgendeine Richtung feindselig. Hier war sie tatsächlich zu spüren, die Sache, für die es sich lohnte, zu kämpfen: eine Welt ohne Krieg und Elend, eine Welt der Völkerverständigung. Dass Musik und Tanz dabei die ihnen gebührenden Rollen einnahmen, war selbstverständlich.

Am 2. August wechselte ich dann von Berlin aufs Land zum nächsten großen Ereignis. Irmtraud wartete schon. Alle Hochzeitsvorbereitungen waren bereits ohne mich nahezu abgeschlossen, Irmtraud hatte dafür auf die Teilnahme an den Weltfestspielen verzichtet, nur aus mir musste man noch einen ansehnlichen Bräutigam machen. Die Friseuse des Dorfes brachte das Kunststück fertig, meinen Haarschopf so zu bearbeiten, dass ich mich danach tatsächlich noch im Spiegel ansehen konnte.

Ein lustiges Ereignis verkürzte uns vor dem Polterabend noch die Zeit. Nach langem Planen wurde endlich der nördliche Teil des Berliner Autobahnrings geschlossen. Große Mengen Sand wurden für den Unterbau der Fahrbahn benötigt, und im Minutentakt rollten riesige Kipper auf der völlig ramponierten Dorfstraße langsam am Haus vorbei. Ein Fahrer bemerkte offenbar die Hochzeitsvorbereitungen, hielt an, der Kipper rollte rückwärts an das kleine Vorgärtchen von Schwiegermutter Elfriede heran, und der Fahrer stieg aus. Lachend zur bevorstehenden Hochzeit gratulierend, stellte er ein einfaches Ultimatum: Entweder bekomme er eine Flasche Wodka, oder er schütte seine tonnenschwere Last Sand in den Vorgarten.

Elfriede wurde bleich, alle wussten, so wie der Fahrer aussah, würde er den Sand abkippen. Der Vorgarten wäre damit samt Blumenschmuck und Zaun erledigt gewesen. Willi, Irmtrauds Vater, überlegte krampfhaft. Nie wieder würde er so eine Menge Bausand zu solchen Bedingungen, nämlich umsonst, bekommen. Das mit dem Vorgarten würde sich später sicher irgendwie regeln lassen. Irgendeiner war jedoch schneller. Die Flasche wurde aus dem Haus gereicht, der Fahrer bedankte sich und wollte einsteigen, doch ich fragte ihn noch, ob er den Sand wirklich in den Garten geschmissen hätte. »Ja, natürlich, was dachtest du denn! Ich wäre aber morgen mit einem Bagger wiedergekommen und hätte alles wieder aufgeladen.« Das hätte Elfriedes Vorgarten dann wohl endgültig den Rest gegeben. Wir waren mit der Flasche Schnaps offensichtlich gut weggekommen. Auch Willi atmete schließlich auf.

Überraschend erschien Albrecht doch am Polterabend, obwohl er eigentlich gar nicht hätte kommen dürfen. Da die meisten schon ihr altes Geschirr vor der Tür zerdeppert hatten, holte er aus seiner Tasche Teller und Tassen mit einem schönen Zwiebelmuster hervor und knallte sie zu Irmtrauds Entsetzen auf die Treppe. Es war Geschirr von seiner Wirtin. Der Schmerz verging, und es wurde noch ein schöner Abend.

Als Brautpaar waren wir unübertroffen. Irmtraud, in weißem Kleid mit Schleier und weißen Handschuhen und den roten Rosen, war einfach umwerfend. Alle Leute auf dem Gehweg drehten sich nach ihr um. Ich sah ein wenig wie George Harrison aus, einen passenden Schnauzer hatte ich auch, dazu lange Koteletten, lange Haare, und auch mein schwarzer Anzug samt weißer Fliege saß perfekt. Ich fand mich rundum gelungen. Mutter war sichtlich gerührt und Vater ordentlich stolz. Auch Irmtrauds Eltern freuten sich.

Die Prozedur im Standesamt Velten war so, wie solche Ereignisse gewöhnlich abliefen. Die Standesbeamtin gab sich redliche Mühe, aber man merkte deutlich, dass sie den Text schon an die tausendmal vorgetragen hatte. Die Unterschriften, den Tausch der Ringe und den Kuss bekamen wir gut hin.

Lustiger wurde es erst, als Albrecht darum bat, alles noch einmal zu wiederholen, da seine Kamera mit dem Licht nicht zurechtgekommen wäre. Er hatte versprochen, einen Hochzeitsfilm zu drehen, und der wäre ohne die Zeremonie der Trauung unbrauchbar. Die Leiterin des Standesamtes wich von ihrer offiziellen Linie ab. Offensichtlich war das auch für sie eine willkommene Abwechslung. Wir machten alles noch einmal, diesmal aber auf Anweisung des Regisseurs. Nur bei den Unterschriften taten wir so, als ob. Eine zweite Heiratsurkunde gab es nicht.

Anschließend war Fototermin bei *Foto-Hartwig* um die Ecke, und dann ging es nach Hause zum Essen. An der Tür wurden wir aber aufgehalten. Mit der erbärmlichsten Säge des Bauernhofs mussten wir vorher noch einen verknorzten Ast durchsägen. Auch das schafften wir.

Es war ein wunderschöner Tag, und ich erinnere mich noch, wie mein Vater, mein Bruder Thomas und mein Freund Albrecht im Hof Skat droschen. Ich hielt die Szene mit der Kamera fest. Das war das letzte Mal, dass Albrecht und ich uns trafen. Von diesem Zeitpunkt an war er verschwunden, er hatte sich gewissermaßen in nichts aufgelöst.

Der Hof war fast vollständig mit großen Kieselsteinen gepflastert. Da jede Menge Hühner und Enten den ganzen Tag herumliefen und alles vollschissen, konnte man auf so einem ökologisch präparierten Stein gehörig ausrutschen. Statt die Hühner und Enten einzuzäunen, baute Schwiegervater lieber einen Zaun für Menschen um einen kleinen Teil des Hofes. Wir saßen im Käfig und tranken Kaffee und verspeisten Kuchen. Erst mehr als vierzig Jahre später nahm ich die Kassette mit dem Hochzeitsfilm aus dem Schrank und brachte sie zum Digitalisieren. Wir hatten den Film bis dahin noch nie gesehen, aber wir kannten ja die lebensechte Wirklichkeit.

Nun wollten wir uns nach einer Wohnung umsehen. Wir hatten zwar bei meinen Eltern zu Hause ein Zimmer für uns, aber das reichte uns nicht. Wir wollten unabhängig sein. Die Universität hatte ein Wohnheim für Studentinnen mit Kind, ob sie verheiratet waren oder nicht, in dem auch eine Studienkollegin von Irmtraud wohnte. Vielleicht gab es so etwas auch für Studenten-Ehepaare. Ich hörte mich um, und es gelang mir, mit Hilfe der FDJ für uns beide ein Zimmer in einem Neubau im Studentenwohnheim in Zwätzen zu ergattern. Es war nicht groß, aber es reichte uns. Viel Umzugsgut hatten wir nicht, also zogen wir mit der Straßenbahn um, immer einen Wäschekorb mit Sachen und ein paar Taschen dabei. Das meiste Gepäck bestand allerdings aus meinen Büchern. Es wurden doch etliche Fuhren, aber finanziell fiel das nicht ins Gewicht. Eine Straßenbahnfahrt kostete 20 Pfennige.

Trotzdem hatte sich so etwas wie eine sportliche Übung unter Studenten herausgebildet, schwarz zu fahren. Wurde man erwischt, kostete das 5 Mark Strafe. Gelang es dem Kontrolleur in den Studentenausweis Einsicht zu nehmen, hatte das eine Meldung an die Uni zur Folge. Das war schon weniger gemütlich. Ein findiger Student kam auf eine besondere Idee. Als er erwischt wurde, zahlte er brav seine Strafe und bekam dafür eine ordentliche Quittung. An der nächsten Station – der Kontrolleur war weg – stieg er in einen anderen Wagen um, in dem Studenten niedrigerer Jahrgänge saßen, setzte ein wichtigtuerisches Gesicht auf, griff sich einen potentiellen Schwarzfahrer heraus und forderte: »Ihren Fahrtausweis bitte!«. Volltreffer! Der Delinquent stammelte, er hatte keinen Fahrschein und erhielt postwendend eine Quittung über 5 Mark für eine Ordnungswidrigkeit. Es war die Quittung des Kontrolleurs, sie war noch frisch. Leider hatte der verkappte Tugendwächter kein Glück. Irgendeiner der anderen Fahrgäste hatte ihn erkannt und verpfiffen. Auf der Quittung, die er nun von der Uni bekam, stand: »Ein Jahr Bewährung in der Produktion«.

Als ich einmal nach Neulobeda fahren musste, stieg ich in den Bus und wollte mein Fahrgeld in die neu im Bus eingebaute Fahrscheinbox werfen. Das eingeworfene Geld war in einem Fenster sichtbar, bis man einen Hebel zog. Die Maschine gab dann einen Fahrschein heraus, und das Fahrgeld rückte ein Fach weiter, war aber immer noch zu sehen. Kam der nächste, bezahlte und zog dann seinen Fahrschein, rückte das Geld seines Vorgängers wieder weiter, klimperte nach unten in eine Kasse und verschwand. Das Problem war, man musste passend zahlen. Auch eine Busfahrt kostete 20 Pfennige. Ich hatte aber keine 20 Pfennige, ich hatte nur ein Zweimarkstück. Der Bus war schon losgefahren, und ich hatte eine Weile nach meinem Geld gesucht. Es kam mir vor, als würde ich von allen Fahrgästen beobachtet, ob ich auch tatsächlich bezahle. Seufzend warf ich mein Zweimarkstück in die Box, doch anstatt mir einen Fahrschein zu ziehen, kam ich auf die Idee, mir zehn Fahrscheine aus dem »Automaten« zu holen. Rechnerisch war das korrekt, aber nach dem zweiten Fahrschein verschwand mein Geld im Nirwana. Ich riss meine Fahrscheine ab, die Fahne war fast einen Meter lang, da stand ein älterer Herr auf und stellte sich mir als Kontrolleur vor. »Was machen Sie da?«, fragte er.

Ich erklärte ihm, dass ich zehn Fahrscheine für zwei Mark gekauft hatte.

»Für Sie allein?«

»Ja«, sagte ich, aber er glaubte mir nicht.

»Und wo ist das Geld?« Das wusste er so gut wie ich, er hatte mich ja beobachtet. Ich konnte nicht beweisen, dass ich bezahlt hatte. Er drückte auf eine Klingel, der Bus hielt an und der Kontrolleur bedeutete mir, auszusteigen. Der Bus würde erst weiterfahren, wenn ich draußen sei. Keiner der anderen Fahrgäste sprang mir bei. Der Bus fuhr weiter, und ich stand mit meinen zehn Fahrscheinen draußen. Ich konnte sie im nächsten Bus nicht mehr verwenden, sie waren nach einer Fahrt abgelaufen.

Schon sehr schnell erwies sich unser neues Zimmer als Fehlgriff. Unzählige Mücken piesackten uns jede Nacht. Die breitgeschlagenen, vollgefressenen Raubtiere hinterließen rote Flecke an den Wänden. Auch unsere Vorgänger hatten sich an dieser Schlacht erfolgreich beteiligt.

Toiletten und Waschräume befanden sich auf dem Flur, das wäre ja noch gegangen, aber die Küche bestand nur aus elektrischen Kochern mit zwei Platten, die auf einem Tisch im Gang standen. Das Haus wurde von etlichen vietnamesischen Studenten bewohnt, die auf diesen Kochern ihren Reis zubereiteten, das heißt, sie schütteten den Reis in einen Topf, Wasser kam dazu, Strom an und zurück ins Zimmer. Wenn sie dann nach einer Weile zurückkamen, war der Reis übergekocht, und um den Topf herum hatte sich eine angebrannte schwarze Mauer gebildet. Niemand machte das wieder sauber, so dass die Platten aussahen wie kleine Vulkane. Wir konnten hier nicht bleiben, wir mussten uns etwas anderes suchen.

Gegenüber der Wohnung meiner Eltern stand ein altes Haus aus dem 18. Jahrhundert. Viel später erfuhr ich, dass es einmal ein Bordell gewesen war. Dort hatte die Mutter des Schneiders gewohnt, der mir den Hochzeitsanzug angefertigt hatte. Die war inzwischen gestorben, und meine Schwester hatte die Wohnung übernommen. Als Irmtraud mitbekam, dass auch meine Schwester ausziehen wollte, ging sie zum Wohnungsamt und bewarb sich für diese Wohnung. Mit vielen Tricks und Charme gelang es ihr schließlich, die Einweisung zu bekommen.

Wir hatten nun endlich eine eigene Wohnung. Drei Zimmer, Küche, Toilette, alle von der Treppe aus begehbar. Natürlich Ofenheizung. Miete 28 Mark im Monat. Dass die Wohnung erhebliche Mängel hatte, störte uns weniger. Wir richteten uns ein, das heißt, wir bauten uns unsere Möbel selbst, strichen die Fensterrahmen und hängten Bilder auf. Der Fußboden hatte ein beträchtliches Gefälle zur Tür hin. Wenn einem am Fenster eine

Blumenvase umfiel und man in die Küche lief, um einen Lappen zu holen, war das Wasser weg, wenn man zurückkam. Es war unter dem Sofa verschwunden.

Als junge Familie bekamen wir einen zinsfreien Ehekredit, 5.000 Mark. Mit jedem Kind wurde die rückzahlbare Summe geringer, und mit drei Kindern wurde einem die Kreditsumme ganz erlassen. Irgendwann wurde diese Kinderregelung ganz aufgehoben. Wir kauften uns eine Waschmaschine und einen Fernseher und diversen Kleinkram.

Zwischen Kinderzimmer und Küche befand sich ein Hinterhof, eigentlich nur ein enger Schacht. Wir konnten uns sozusagen in die eigene Küche sehen. Zwischen beiden Fenstern hatten wir Leinen über Rollen gespannt, hängten die Wäsche in der Küche auf, wo ja die Waschmaschine stand, und nahmen sie im Kinderzimmer wieder ab, wenn sie trocken war. Das erinnerte uns immer an italienische Filme, in denen die Wäscheleinen oft vollbepackt über der Straße hingen.

Einmal bat mich ein Mieter, der die oberste Etage bewohnte, ihm zu helfen. Die Dachrinne war verstopft, es wuchs eine Birke darin, und das Wasser lief ihm durch die Decke in die Küche. Es war uns unmöglich, die Ursachen zu beseitigen. Den Gang zur Wohnungsverwaltung konnten wir uns sparen, die hätten höchstens das Haus abgerissen. Wir banden also einen Hammer an einen Besenstiel, ich hängte mich aus dem Küchenfenster und schlug möglichst weit vom Fenster entfernt ein Loch in die Dachrinne. Nun konnte das Wasser ihn nicht mehr belästigen. Bei Regen lief es als frei fallender Strahl in den Hinterhof. Dort war aber auch der Hintereingang der

Bank, die neben uns ihren Sitz hatte. Oft hörten wir, wie die Säcke mit Kleingeld ausgeladen wurden. Das Regenwasser schien die Mitarbeiter zu stören, also überdachten sie den Hof in einigen Meter Höhe mit einem Plastedach. Nun hatten wir das Nachsehen. Regnete es in der Nacht, mussten wir uns die Ohren zustopfen.

1974 stieg ich auf der *Keller*-Treppe noch eine Stufe höher und wurde Klubleiter. Es hatten sich schon mehrere andere Studentenklubs in Jena etabliert, und so fasste die FDJ in diesem Jahr alle Klubleiter in einem Zentralen Klubrat zusammen. Leiter wurde Dr. Peter »Barsch«. Alle Programme wurden hier als Vorschläge gesammelt, beraten und abgesegnet. Der Vorlauf von der Idee bis zur Umsetzung betrug etwa drei Monate.

Es war schon zu spüren, dass die Schrauben des Kulturbetriebs fester angezogen wurden und die scheinbar unbekümmerte *Rosen*-Zeit der 1960er vorbei war. Das erste Mal wurde es mir bewusst, als ich gemeinsam mit dem *Keller*-Chef »Barsch« zu einer Weiterbildung zum Zentralrat der FDJ nach Berlin fuhr. Mir war nicht klar, was ausgerechnet von dort Neues für uns kommen konnte, gehörte die *Rose* doch zu den Vorreitern in der Klubszene der DDR.

Diese Unklarheiten wurden aber bald beseitigt: Es gab ellenlange Referate über Kulturpolitik und heftige Attacken gegen die Kombination von Bierausschank und Kultur. Aber genau das war es doch, was den Ruhm der *Rose* begründet hatte! Die anarchistischen Kurvenfahrten des *Rosenkellers* sollten offensichtlich in betonierte Fahrrinnen geleitet werden. Wir stiegen beide aus den

Diskussionen aus, ließen die weitere Bildung an uns vorüberziehen und dachten, dass wir doch unseren »alten Stiefel« weitermachen würden, vielleicht mit etwas neuer Schuhcreme, aber die wurde hier nicht angeboten.

Roland hatte mir ein tolles Angebot gemacht. Ich sollte eine Reisegruppe in die Mongolische Volksrepublik übernehmen. Ich nahm natürlich sofort an. Um eine eventuelle Freistellung musste ich mich aber selbst kümmern. Also meldete ich mich beim Scktionsdircktor Prof. Dr. Adalbert F. an. Er war auch in der Partei, und ich empfand ihn zwar als etwas hochnäsig, aber ich dachte, mit ihm auszukommen. Außerdem hatte er mich ja als wachsamen Klassenkämpfer bei meinem Zusammenstoß mit der Frau Professorin persönlich gelobt.

Eigentlich wollte ich ja nur wissen, ob ich einen Teil der Ferien dafür verwenden konnte. Einen Aufschub oder eine Verlängerung hatte ich nicht im Sinn. Ich versuchte, mein Anliegen so unverfänglich wie möglich zu formulieren, aber ich hatte nach wenigen Minuten verspielt. Er schnauzte mich an und fragte, was mir wichtiger sei, in der Weltgeschichte herumzufahren oder an meiner Dissertation zu arbeiten.

Der Bierausschank im *Rosenkeller* kam dann auch noch zur Sprache, die kulturelle und politische Arbeit nicht. Ich konnte meine Klappe nicht halten, und wir gerieten in einen heftigen Streit. Schließlich stand ich auf, mit der Bemerkung: »Ich dachte nicht, dass man sich unter Genossen so unterhält«, drehte mich um und verließ sein Zimmer. Die Tür ließ ich offen. Die Sekretärin, die ich gut leiden konnte, saß mit entsetztem Gesicht hinter ihrem Schreibtisch. Im Treppenhaus war es totenstill. Das Gebrüll des Sektionsdirektors, ich solle gefälligst die Tür zumachen, hallte durchs ganze Haus. Die Tür blieb offen. Der Minengürtel, den ich um mich herum legte, wurde dichter.

Meine Frau hatte ihre Diplomarbeit 1974 erfolgreich abgeschlossen, nannte sich jetzt »Diplomlehrerin für Sport und Biologie« und durfte Schüler bis zur zwölften Klasse unterrichten. Eine Arbeitsstelle hatte sie auch schon. Ihre Schule war in Camburg, einer kleinen Stadt unweit von Jena, eine halbe Stunde Bahnfahrt entfernt. Sie war also die Erste von uns beiden, die selbst erarbeitetes Geld nach Hause brachte. Ich bekam ja noch Stipendium.

Für ihre Prüfungsstunde, die sie in Camburg ablegen musste, hatte sie sich das Thema »Bau und Funktion der Weinbergschnecke« gewählt. Was also lag näher, als für diese Stunde lebende Objekte einzusammeln. Wir nutzten den Sonntag vorher für eine Schnecken-Exkursion. In Jena und Umgebung bestand noch kein Mangel an den Tierchen, und so hatten wir nach ein paar Stunden mindestens fünfundzwanzig Schnecken beisammen. Jede Schülerin und jeder Schüler sollte eine Schnecke vor sich auf dem Tisch haben und beobachten können, wie eine Weinbergschnecke frisst und wie sie sich fortbewegt. Diese praktische Einstellung zu ihrem Unterricht hat meine Frau ihr weiteres Lehrerinnenleben immer im Auge gehabt. Entweder sie ging mit den Schülern hinaus in die Natur, das Wetter spielte dabei keine Rolle, oder sie holte sich die Natur ins Klassenzimmer.

Natürlich hatte sie vorgesehen, die Schnecken nach der Biologiestunde wieder in die Natur zu entlassen. Bis dahin sollten sie mit etwas Grünzeug in einem großen Einmachglas ausharren, das wir mit Aluminiumfolie und einem Gummi verschlossen hatten. Dann kamen uns aber Bedenken, ob sie in ihrem Gefängnis auch genug Luft bekämen, und so schnitten wir ein paar Luftlöcher in die Folie. Als wir am nächsten Morgen, wie immer eilig, das Frühstück absolvieren wollten, Irmtraud musste ja zum Zug, waren alle Schnecken aus dem Glas verschwunden. Glücklicherweise hatten sie bei ihrer Flucht durch die aufgeknabberte Folie reichlich Spuren hinterlassen. Sie waren in der ganzen Küche an den unmöglichsten Plätzen verteilt, und es dauerte eine ganze Weile, bis wir das Glas wieder gefüllt hatten. Meine Frau schaffte noch ihren Zug, und die Stunde verlief erfolgreich. Als sie nach Hause kam, machten wir uns sofort auf den Weg in den Griesbachgarten, der unmittelbar neben dem Botanischen Garten lag, und entließen die widerspenstigen Schnecken in die Freiheit.

Bei mir war abzusehen, dass ich aus technischen Gründen um eine Verlängerung des Forschungsstudiums ersuchen musste. Die Gründe wurden akzeptiert und eine Verlängerung von drei Monaten gewährt. Ich musste nun bis November 1974 fertig sein. Ich schaffte es nicht. Die Gründe für die Verzögerung der Arbeit lagen im Wesentlichen immer noch in technischen Problemen, und ich bekam noch einmal eine dreimonatige Galgenfrist.

Im Dezember 1974 wurde ich als wissenschaftlicher Assistent auf ein Jahr befristet eingestellt und bekam mein erstes Gehalt: 890 Mark brutto. Damit konnte man schon eine Menge anfangen.

Dann verschwand mein Freund Albrecht endgültig. Wir hatten uns doch noch einige Male getroffen. Sein Ziel, Baikonur, schien klar, und ich bohrte nicht weiter nach, aber ich glaubte ihm nicht so recht. Alle Andeutungen, die er machte, wiesen weit über Baikonur und die kasachische Steppe hinaus. Es sollten Jahre vergehen, bis wir uns wiederbegegneten.

Irmtraud war schwanger. So richtig war das nicht geplant, aber wir hatten auch nichts dagegen unternommen. Auf jeden Fall freuten wir uns. Wir hatten eine Wohnung, konnten von unseren Einkünften leben und betrachteten alle anderen Probleme als zweitrangig. Im September sollte das Kind zur Welt kommen.

Im März 1975 organisierten wir unsere erste Ausstellung im *Keller*. Es sollten Bilder zweier junger Künstler sein, die in Jena lebten. Die Beurteilung von Bildern war nicht meine starke Seite, aber dafür gab es ja an der Universität Experten. Drei Tage sollte die Ausstellung dauern, und wir wollten anschließend eine Diskussion über die Bilder veranstalten. Der Plan wurde vorgelegt und abgesegnet.

Irgendwie bekam ich mit, dass es doch unter der Decke rumorte, und ich spürte, dass es Kräfte gab, die die Ausstellung am liebsten verhindert hätten. Die beiden jungen Künstler waren gegenüber den Verhältnissen in der DDR nicht unkritisch, aber das traf auch auf mich und andere zu und war noch lange kein Grund, das Vorhaben zu stoppen. Waren die Bilder schlecht, würde sich das schon herausstellen.

Bei der Diskussion drehte es sich schnell um die Frage, ob das Sozialistischer Realismus sei, und man diskutierte heftig gegeneinander. Ich kramte in meinen Erinnerungen an den Schulstoff und bekam noch »die getreue Wiedergabe typischer Charaktere unter typischen Umständen« zusammen. Selbst das stimmte meiner Meinung nach, wenn man die Umstände genau unter die Lupe nahm. Das war aber nicht der Impetus der Fachleute.

Zentraler Diskussionsgegenstand war das Bild eines alten Genossen, gemalt von Gerd Sonntag. Der alte Genosse schaute mit einer Flasche in der Hand nicht gerade fröhlich in eine ziemlich düstere Zukunft. Jedenfalls gab es auf dem Bild keine helle Stelle. Heute würde ich sagen, der ahnte zu dieser Zeit schon etwas, aber damals meinte ich lakonisch: »Wenn er eben so guckt, dann guckt er eben so«, und besoffene Genossen hatte ich selbst schon reichlich erlebt. Ich war aber vorsichtig genug, Letzteres nicht in die Diskussion einzubringen.

Die beiden Maler eierten ein wenig herum, denn sie erkannten schnell, dass man sie in der Diskussion auf eine negative Position festnageln wollte. Auf jeden Fall war zu erkennen, dass hier nicht ein kunstinteressiertes Publikum miteinander diskutierte, sondern dass man versuchte, Barrikaden zu bauen. Erst viele Jahre später verstand ich, warum alte und verdiente Genossen versuchten, ihren Kummer mit Schnaps zu ertränken. Zumindest das hatte mir der Maler Gerd Sonntag damals an Realismus voraus.

Es dauerte nicht lange und wir organisierten uns das nächste Problem. Im April 1975 war ein Abend mit der Sängerin Bettina Wegner geplant. Auch hier gab es keine Hindernisse im Klubrat. Unerwartet schnell kam aber das

Stoppzeichen. »Die Veranstaltung muss ausfallen, Bettina Wegner hat Auftrittsverbot«, wurde mir mitgeteilt. Wir strichen also die Veranstaltung.

Kaum war das geschehen, wurde ich informiert, dass die Veranstaltung nun doch stattzufinden habe. Ich wusste nicht genau, warum sie erst Auftrittsverbot hatte, aus dem dann quasi ein Auftrittsbefehl wurde. Ein elendes Geschachere um die Vergabe der Eintrittskarten begann. Bisher wurden zwar bei interessanten Veranstaltungen Kontingente abgegeben, aber hier wurde von oben versucht, den freien Verkauf von Karten zu verhindern.

Wir protestierten, hatten aber nur mäßigen Erfolg. Ich selbst fand die Veranstaltung ausgezeichnet – aber es war wie bei dem Maler Gerd Sonntag: Auch Bettina Wegner legte mit ihren Liedern den Finger in offene Wunden, und das passte offensichtlich einigen ganz und gar nicht. Die saßen aber noch weiter oben als die Kritiker des Malers Sonntag.

Nach dem Konzert kam es seltsamerweise im Hotel *Schwarzer Bär* und nicht im *Keller* zu einer langen Aussprache mit Bettina Wegner und einigen *Keller*-Leuten. Damit sollte wohl verhindert werden, dass nach der Veranstaltung noch eine unerwünschte Diskussion mit nichterwünschten Gästen im Klub entstand. In der Diskussion im Hotel wurde versucht, verhärtete Positionen aufzulösen, aber das gelang nicht. Es gab Barrieren, die im Raum standen und die von Bettina Wegner benannt wurden. Sie hatte in vielen Punkten recht, aber wir waren nicht in der Position, etwas zu ändern.

Aus heutiger Sicht war es ein tragisches Beispiel dafür, wie eine hervorragende Sängerin mit hohem politischem und moralischem Anspruch regelrecht von uns, das heißt von der DDR, weggetrieben wurde. Der schon erwähnte peinliche Auftritt von Kurt Hager im Studentenklub hatte bereits angedeutet, aus welcher Ecke dieser kalte politische Wind wehte.

14. Kapitel

Hart am Schiffbruch • Ein Kind wird geboren • Guten Tag, Herr Doktor • Mauseloch und Mausefalle • Studentenfasching • Mitten im kalten Winter • Wie sehr sind wir frei von Hunger, Not und Pein • Ein alter Krug und eine tickende Bratpfanne

Langsam wurde die Zeit knapp. Ich schrieb wie ein Besessener an meiner Dissertation. Eine Schreibmaschine hatte ich nicht, meine Schrift war schlecht, aber in meiner Arbeitsgruppe war eine Laborantin, die sogar die Schrift unseres Arbeitsgruppenleiters Dr. T. – er war mein Betreuer – lesen konnte. Manchmal las sie ihm seine eigenen Texte vor, weil er nicht mehr entschlüsseln konnte, was er selbst geschrieben hatte. Sie wollte mein Manuskript mit der Maschine abschreiben. Das war nicht trivial, denn es gab jede Menge Grafiken und komplizierte Formeln.

Schließlich war alles fertig, und ich brachte den Stapel Papier in großer Eile zur Buchbinderei *Vater* in der Jenaer Johannisstraße, gleich neben dem *Rosenkeller*. Das war eine berühmte Werkstatt, die schon seit 1824 existierte und bei der auch Goethe hatte arbeiten lassen. Das hatte aber leider keine positiven Auswirkungen auf die Qualität meiner Arbeit. Der Endtermin für die Fertigung der Pflichtexemplare war zwar sehr knapp, aber ich hatte keine Wahl. Als ich am Freitag drei Minuten nach zwölf die Treppe im Institut für Anorganische Chemie mit meinem Bündel hochkeuchte, stand die Sekretärin schon im Mantel vor der Tür, sie hatte noch auf mich gewartet. Es war dieselbe Sekretärin, die so erschrocken war, als ich beim Sektionsdirektor meinen unterirdischen Abgang hingelegt hatte. Ich schwor mir, es mir nie in meinem Leben mit Sekretärinnen zu verderben. Sie haben mehr Macht über ihre Chefs, als diese es jemals wahrhaben wollen, wenn sie gut sind – die Sekretärinnen.

Die Schicksalsgöttinnen waren mir nicht hold. Eines Tages hörte ich im Institut hinter vorgehaltener Hand, dass meine Gutachterin wütende Schmähreden über meine Arbeit abhielt. »Alles Mist, alles falsch!«, war der Tenor. Sie hatte ihr Büro in einer Baracke, und jeder, der es wollte, konnte mithören. Ich war entsetzt. Die Sprengladung war hochgegangen, und ich war nicht unschuldig daran.

In einer Kopie ihres vorläufigen Gutachtens, die ich mir besorgt hatte, erkannte ich, was sie mir vorwarf. Eine Reihe von mathematischen Gleichungen war fehlerhaft aufgeführt, das heißt, ich hatte die Schreibweise nicht kontrolliert, obwohl meiner Meinung nach die Rechnungen dazu stimmten. Das war mein Verschulden. Aus der Ecke meines anderen Gutachters hörte ich nichts.

Ich wusste nicht ein noch aus und heulte mich beim FDJ-Sekretär der Universität aus. Der gab mir schließlich den Rat, mit dem stellvertretenden Parteisekretär der Universität zu reden. Ich kannte ihn bisher nur vom Sehen. Er war ein ruhiger Mann und stand nie im Vordergrund. Ich hatte von ihm gehört, dass er am 17. Juni 1953, als Randalierende die SED-Kreisleitung am Holzmarkt stürmten und alles auf die Straße warfen, was ihnen unter die Finger kam, mit den Demonstranten auf der Straße diskutierte und versuchte, sie zu beruhigen. Er hörte sich meine Schilderung an, beruhigte mich und versprach, sich darum zu kümmern. Fachlich könne er da nicht eingreifen, aber über die Art und Weise, wie mit mir umgegangen worden sei, müsste man reden. Bis dahin solle ich nichts weiter unternehmen. Ich gab ihm die Kopie des Gutachtens und verabschiedete mich.

Nach einigen Tagen hatten wir ein kurzes Gespräch. Er teilte mir mit, dass ich einen Termin beim Prorektor bekäme, ich sollte ihm zuhören, alle Vorschläge akzeptieren und um Himmels willen die Klappe halten. Wegen der Sache mit dem Gutachten würde der Prorektor mir eine Rüge verpassen. Das sei richtig.

Es kam so, wie er es mir mitgeteilt hatte. Der Prorektor, ein von mir sehr geschätzter Hochschullehrer, der nicht in der Partei war, donnerte mich tatsächlich zusammen. Dann teilte er mir mit, dass das Promotionsverfahren unterbrochen würde und ich die Gelegenheit erhielte, die kritisierten Fehler zu beseitigen. Dann sollte ich die Arbeit neu einreichen. Das sei mit beiden Gutachtern und dem Sektionsdirektor so vereinbart worden. Ich bedankte mich höflich und trat den Rückzug an. Am 30. August 1975 sollte der Tag der Entscheidung sein: Freigabe der Promotion oder Anerkennung der Reste als Diplomarbeit.

Diesmal gelang es. Ich wusste, dass ich unter Druck immer mehr schaffte als üblich, und das vergaß ich auch später nicht. Ich glaubte, der Dampf wäre nun endlich aus dem Kessel.

Da sich unser Kind langsam auf sein Erscheinen in der Welt vorbereitete, suchten wir nach einem passenden Namen. Aber wie in so vielen jungen Familien gelang uns das nicht auf Anhieb. Streiten wollten wir darüber nicht, also vertagten wir das Problem.

Eines Nachts war es dann so weit. Wir waren bei der Wohnungseinweihung unseres Freundes »Barsch« eingeladen, hatten lange gesessen, geredet und getrunken und machten uns erst nach Mitternacht auf den Heimweg. Seine Wohnung lag nur ein paar Hundert Meter von der Universitätsklinik entfernt. Wir kullerten müde in unsere Betten, aber es dauerte nur wenige Minuten und Irmtraud signalisierte: Es geht los. Ein Krankenwagen kutschierte uns früh um drei in das Universitätsklinikum. Meine Frau wurde mir von dem freundlichen Personal abgenommen. Für mich gab es dort keinerlei Verwendung mehr. Die Teilnahme der Männer bei der Geburt war in der DDR noch nicht erfunden.

Ich lief nach Hause und konnte natürlich nicht schlafen. Gegen acht machte ich mich wieder auf den Weg und kam in der Entbindungsstation an, als gerade alle zum Frühstück waren. Ich fand Irmtraud auf einer Liege, vollkommen erschöpft, aber glücklich: Wir hatten einen Sohn, aber einen namenlosen. Meine Frau hatte den Schwestern gesagt, dass sie das erst mit mir besprechen wolle. Vor sich hatte sie ihr Frühstück, aber noch nichts gegessen. Dass ich auch hungrig war, stand für mich nicht in Frage, also langte ich zu, bis sie protestierte, es war ihr Frühstück. Sie hatte in der Nacht etwas geleistet, nicht ich!

Endlich konnten wir uns auch auf einen Namen einigen. Der Junge sollte Jan heißen. Mittlerweile hatten sich auch die Schwestern wieder eingestellt und rügten mich, weil ich so in der Entbindungsstation herumspazierte. Ich zuckte mit den Schultern. Eine von ihnen teilte mir mit, dass meine Frau und das Kind an diesem Morgen in das Mütterheim *Storchennest* verlegt werden sollten. Das Heim befand sich in einem hübschen Tal etwas außerhalb von Kahla. Das waren immerhin mehr als fünfzehn Kilometer von Jena entfernt, dort könne ich sie dann besuchen. Auf dem Rückweg von der Klinik nach Hause machte ich erst noch eine längere Pause bei meinem

Freund »Barsch«, und wir freuten uns, dass Irmtraud und ich am Abend vorher noch rechtzeitig nach Hause aufgebrochen waren.

Schon am nächsten Morgen machte ich mich auf den Weg nach Kahla. Mit einem Klapprad radelte ich die fünfzehn Kilometer bis zum *Storchennest*. Irmtraud und der neue Erdenbürger Jan waren wohlauf. Wir verbrachten eine Stunde miteinander, und dann musste ich wieder zurück. Nach ein paar Tagen kamen sie dann endlich nach Hause.

In Jena waren die Krippenplätze knapp geworden. Der Ehekredit zeigte zwar positive Resultate, aber Irmtraud musste ja nach den damals üblichen sechs Wochen Pause wieder arbeiten. Wir besorgten uns eine Kinderfrau, die Jan tagsüber versorgte. Meine Frau musste jeden Morgen zum Bahnhof, um nach Camburg zu fahren. Mit meiner Institutsarbeit war ich da etwas variabler, aber die Vorbereitungen auf die Verteidigung beanspruchten mich ebenfalls.

Am 8. Oktober war schließlich die Verteidigung meiner Dissertation angesetzt. Nach meinem zehnminütigen Vortrag sollte es eine Diskussion geben. Aufgeregt war ich schon, aber Schlimmes ahnte ich nicht. Alle Zuhörer waren schon im Raum, ich ging hinter meinem Podium auf und ab, aber die Prüfungskommission ließ auf sich warten. Nach einer Viertelstunde kam der Prorektor Professor P. herein und verkündete, der Vorsitzende der Promotionskommission habe soeben sein Amt niedergelegt. Einen Grund nannte er nicht. Dieser Vorsitzende war der Sektionsdirektor. Der Prorektor machte keine

Pause, sondern übernahm das Amt des ausgeschiedenen Vorsitzenden und bedeutete mir, mit meinem Vortrag zu beginnen. Ich hatte keine Zeit, darüber nachzudenken, was passiert war, und trug vor.

Die Diskussion war weichgespült, die Frau Professorin stellte eine Frage, die sie sich schon fast selbst beantwortete, auf die anderen Fragen war ich gut vorbereitet, und dann war es vorbei. Was sich in der Promotionskommission zugetragen hatte und warum deren Leiter zurückgetreten war, erfuhr ich nie. Ich wollte es auch nicht wissen. Eines war mir aber klar: Die Universität war nicht der Ort, wo ich meine nächsten Jahre verbringen würde. Auf der Promotionsurkunde stand, dass man mir das Gesamturteil *cum laude* zuerkannt hatte. Schlechter als *cum laude* gab es nicht, aber dieses »mit Lob« reichte mir vollauf.

Meine Frau hatte sich perfekt auf ihre Rolle als Mutter vorbereitet. Die Wohnung war makellos sauber und nahezu keimfrei. Ohne Händewaschen ging nichts, am wenigsten die Kinderbetreuung. Ich versuchte, in die Rolle eines treusorgenden Vaters hineinzuwachsen, was nicht immer leicht war, denn die Richtung und die Art der Arbeiten gab meine Frau vor, die ja ohnehin den größten Teil der Hausarbeit zu tragen hatte. Anschließend war Qualitätskontrolle angesagt. Es kam nicht selten vor, dass ich dabei durchfiel. Selbst meine Mutter war mit ihren Ratschlägen zur Kinderpflege nur wenig gefragt. Dass sie in weitaus schlechteren Zeiten drei Kinder großgezogen hatte, reichte nicht. Gehorsam wusch sie sich regelmäßig die Hände, wenn sie den Jungen anfassen wollte.

Windeln zum Wegwerfen wurden nicht produziert,

und so lief ständig in der Küche die Waschmaschine im Kochprogramm, um die Windeln aus Baumwolle wieder benutzbar zu machen.

Da wir in der Küche nur ein eisernes Waschbecken hatten, hing der Auslauf der Waschmaschine meistens daneben im Regal, in dem auch unsere Zahnputzbecher standen, weil er sonst störte. Einmal vergaßen wir aber doch, ihn vor dem Start der Maschine wieder ins Becken zu hängen. Als wir nach Stunden wieder die Küche betraten, hatten wir das Gefühl, über einen im Wasser liegenden Bootssteg zu laufen. Von den vielen Waschgängen fanden wir nur einen halben Eimer Wasserreste. Das andere Wasser war unter den Dielen verschwunden. Wir fanden es dann in dem darunterliegenden Raum, in dem wir unsere Kohlen aufbewahrten. Die Deckenfarbe hatte sich abgelöst und unsere Briketts weiß gestrichen. Die Küche roch dann auch danach.

Eigentlich hätten bei dieser Flutung der Küche alle unter den Dielen hausenden Mäuse zu Tode kommen müssen. Wir hatten eh schon den Verdacht, dass es in diesem Hause mehr Mäuse gab als Bewohner. Wenn wir das Tablett mit den Resten des Abendbrots auf dem Tisch stehen ließen, waren am anderen Morgen komischerweise die Wurst- und Käsescheiben verschwunden. Als wir dann Mäusedreck entdeckten, mussten wir handeln. Leider gab es keine Mausefallen zu kaufen, auch nicht in der Drogerie *Tonndorf*, die sonst alles führte, was man nur einmal im Leben gebrauchen konnte.

Nach langem Suchen borgte mir dann im Institut ein Mechaniker, der viel für meine Experimente gebaut hatte, eine Mausefalle mit einer langen mündlichen Gebrauchsanleitung. Ich musste ihm schwören, sie ihm nach Erfolg wieder zurückzugeben. Als ich sie mir genauer betrachtete, fand ich auch den aufgedruckten Preis: 25 Pfennige. Es sind meistens die kleinen Dinge, die einem die größte Arbeit machen.

Zunächst suchten wir das Mauseloch. Irgendwoher mussten die Mäuse ja gekommen sein. Wir fanden es. Es war faustgroß in den schon ziemlich gammeligen Dielen. Vor dem Töten wollten wir es noch mit einer sanfteren Methode versuchen. Irmtraud war ja schließlich Biologielehrerin. Ich kaufte zwei Tüten Gips, rührte ihn an und goss die Plempe in das Mauseloch. Der Gips verschwand, und das Loch war noch da. Nach mehreren Gängen und vielen Tüten Gips gaben wir auf. Wir legten eine kleine Scheibe Käse auf die Falle und stellten sie so an die Scheuerleiste neben das Loch, dass ein Misserfolg nahezu unmöglich schien. Am nächsten Morgen war der Käse weg und die Falle immer noch gespannt. Ich nagelte den Käse mit einer Reißzwecke fest. Das Ergebnis: Die Reißzwecke steckte noch im Holz, die Falle war noch gespannt, der Käse war weg. Ich wechselte von Käse zu Speck mit Schwarte. Das Resultat war das Gleiche. Die Maus hatte auch die Schwarte gefressen, ohne dass die Falle zusammengeklappt war. Beim letzten Versuch hatten wir endlich Glück. Als ich, für die Maus unerwartet, die Küchentür aufriss und das Licht anknipste, sauste sie vom Küchentisch herunter, an der Scheuerleiste entlang zu ihrem Loch. Die Falle stand ihr leider im Weg und klappte zu. Als Henkersmahlzeit hatte sie wenigstens beim Hinweg vorher noch den Speck gefressen.

Wie zum Abtrainieren stieg am 11. November 1975 der *Keller*-Fasching. Das war wie üblich nur die Einstiegsveranstaltung. Unsere »Drei tollen Tage« gab es erwartungsgemäß im Februar. Das hatte aber nichts mit dem üblichen Karneval gemein, der in Jena übrigens damals keine Rolle spielte. Diesmal lautete das Motto »Kellergeister«. Ich schrieb ein langes dramatisches Gedicht und trug es auch vor. Alle Gäste waren aus dem Häuschen. Der *Keller* war vollgestopft mit altem Gerümpel und Bettgestellen. Eine große Wand war bemalt mit dem regelmäßigen Faschingsgemälde, das oft von Jenaer Künstlern erstellt wurde und dann bis zum nächsten »11.11.« hing.

Im Winter 1975 beschlossen wir, Weihnachten bei Irmtrauds Eltern zu verbringen. Meine Eltern hatten inzwischen ihre große Wohnung gegenüber in eine kleinere Neubauwohnung im Stadtteil Neulobeda umgetauscht, das heißt, sie hatten von ihrem Betrieb die neue Wohnung bekommen und waren umgezogen.

Wir machten unsere Wohnung winterfest, wir drehten das Wasser ab und stellten die Blumen und Zimmerpflanzen in Schüsseln mit Wasser. Mit der Eisenbahn ging es nun aufs Land, in die Nähe von Berlin. Es schien alles recht schön zu werden, aber plötzlich wurde es sehr kalt, und es fiel Schnee ohne Ende. Von der Mitte der DDR bis zur Insel Rügen versank alles in meterhohen Schneewehen.

Pünktlich am Weihnachtsabend, das Essen stand schon auf dem Tisch, fiel der Strom aus. Willi zog sich wortlos an, er musste in die Ställe, er war der Verantwortliche. Seine Sorge waren die kleinen Ferkel, die durch Infrarotlampen die nötige Wärme bekamen. Der Strom kam erst viel zu spät wieder. Eine Menge Ferkel waren erfroren.

Aufgrund des Winterwetters beschlossen wir, noch einige Tage zu bleiben, mussten aber schließlich doch zurück nach Jena. In unserer Wohnung herrschten minus fünf Grad. Alle Pflanzen standen im Eis und waren erfroren. Meine Frau und der kleine Jan konnten nicht hierbleiben. Sie packte das Nötigste zusammen und machte sich auf den Weg zu meinen Eltern. Dort war es gemütlicher und vor allem wärmer. Ich versprach, mich zu melden, wenn ich die Wohnung wieder warm hätte.

Zuerst wollte ich lüften, denn es roch muffig, aber ich bekam das Fenster nicht auf und riss einen Teil des Fensterkreuzes mitsamt dem Griff ab. Wir hatten im Herbst die Fenster gestrichen und sie wohl zu früh zugemacht. Ich stopfte den Kachelofen mit Kohlen voll, stapelte alle Betten auf das Sofa und versuchte, den Fernseher anzuschalten. Das ging auch nicht, alle Knöpfe waren eingefroren. Einen elektrischen Heizofen konnte ich nicht verwenden, mehr als ein paar Hundert Watt hielten die Sicherungen nicht aus. Mein Schwager hatte das schon einmal versucht und vorher die Sicherung überbrückt. Das Resultat waren schwarze Streifen überall dort im Zimmer, wo die Elektroleitung unter Putz verlegt worden war. Er entdeckte das noch rechtzeitig, bevor das Haus abbrannte.

Ich kroch in meinen Stapel, musste aber immer wieder Kohlen nachlegen. Erst als der Kachelofen warm wurde, stabilisierte sich das Klima etwas, und ich konnte endlich fernsehen. Ich brauchte drei Tage und Nächte, bis ich Irmtraud Entwarnung geben konnte und sie aus dem Exil in Neulobeda nach Hause holte.

Im April 1976 hatten wir eine Lesung mit dem DDR-Schriftsteller Volker Braun vorgesehen. Es sollte ein Ersatz für eine Veranstaltung in der Sektion Geschichte sein, die aber ausgefallen war. Offensichtlich hatte die Sektion Geschichte Volker Braun ausgeladen. Die Gründe dafür kannte ich zu diesem Zeitpunkt noch nicht. Das Programm war im Zentralen Klubrat genehmigt worden, und so schrieb ich als verantwortlicher Klubleiter an ihn eine Einladung.

Als Motto für die Plakatwerbung hatten wir die erste Zeile seines »Revolutionslieds« gewählt: *Frei, wie sehr sind wir frei von Hunger, Not und Pein ...*, und es mit anderen Utensilien im Foyer der Mensa im neuen Universitätshochhaus ausgehängt. Ich verstand es als Aufruf gegen eine kleinbürgerliche DDR-Selbstzufriedenheit mit dem bisher Erreichten.

Zugegebenermaßen war die Werbung etwas provozierend, da auch die Ketten vorkamen, die das Proletariat in der DDR bereits nach offizieller Lesart schon verloren hatte. Darüber wollten wir im *Keller* diskutieren. Braun war zwar schon bei verschiedenen Obrigkeiten angeeckt, aber genau das machte die Sache noch interessanter.

Das Plakat schlug ein wie eine Bombe. Wir hatten sie gewissermaßen unter unserem eigenen Hintern gezündet. Ich wurde aus dem Institut zur FDJ-Hochschulgruppenleitung zitiert und man befahl mir, das Plakat sofort abzuhängen. Meine Einwände, das Gedicht sei doch schon in Buchform gedruckt, galten nicht; es war eine Weisung von höherer Stelle, basta. Ich hängte das Plakat also ab, aber es hatte seine Wirkung bereits getan. Dass ich das Plakat bei vollem Mensabetrieb abhängte und nicht heimlich, machte die ganze Sache auch nicht besser. Allerdings gab es keine Auflassung, die Veranstaltung abzusagen.

Einige Tage später wurde ich erneut zur Hochschulgruppenleitung zitiert. Braun hatte auf meine Einladung per Express geantwortet. Sie war direkt an die Adresse des *Rosenkellers* gerichtet, kam aber dort nicht an. Auf der Rückseite war neben mehreren Poststempeln vermerkt: »Empfänger nicht angetroffen«. Wie der Brief mit etlichen Tagen Verspätung den Weg in die FDJ-Hochschulgruppenleitung gefunden hatte, wusste ich nicht. Damals war mir das Wirken der Abteilung M des MfS, die für die Postüberwachung zuständig war, noch nicht bekannt.

Volker Braun sagte die Veranstaltung ab. Grund war unter anderem die geplante Exmatrikulation des Studenten Lutz Rathenow, er war Student der Sektion Geschichte, den er als hoffungsvolles Talent auf einem Poetenseminar kennengelernt hatte. Jetzt dämmerte es mir, warum die Sektion Geschichte Braun ausgeladen hatte. Mit seiner Absage wolle Braun dagegen protestieren, er eröffne aber die Möglichkeit, sich am Veranstaltungstag stattdessen in der Jenaer *Ratszeise* – einer Gaststätte im Jenaer Rathaus – um dreizehn Uhr für ein Gespräch mit der Universitätsparteileitung bereitzuhalten. Er wolle vermeiden, sich auf einer öffentlichen Veranstaltung zum Problem Rathenow äußern zu müssen. Der Brief war zwar persönlich an mich gerichtet, aber der FDJ-Sekretär gab ihn mir nicht. Gudrun, die treue Seele des Sekretariats, bei der wir immer die Einnahmen des *Kellers* abrechneten, schrieb den Brief von Braun schließlich heimlich für mich ab.

Das Ganze entwickelte sich zu einem Skandal. Die Parteileitung wollte sich nicht von Volker Braun vorführen lassen. Ich wurde angewiesen, Brauns Vorschlag abzulehnen. Das ärgerte mich gewaltig, dass man nun mich vors Loch schob.

Einen Tag vor der Veranstaltung ging ein mit meinem Namen unterzeichnetes Fernschreiben an Volker Braun ab. Ich hatte keinen Fernschreiber. Ich ließ nicht locker und gab zu bedenken, was passierte, wenn die Absage der Parteileitung Braun nicht oder zu spät erreichte. Man konnte doch einen Schriftsteller nicht am langen Arm in der *Ratszeise* verhungern lassen!

Irgendwie mussten die Verantwortlichen das geradebiegen und heckten einen ziemlich schrägen Plan aus: Ich sollte Volker Braun am Veranstaltungstag um dreizehn Uhr in Empfang nehmen und ihn nun doch zu einem »klärenden« Gespräch in die Universitätsparteileitung bitten. Meine Bedenken, dass ich nicht einmal wisse, wie Volker Braun aussieht, konnte man nicht zerstreuen – niemand hatte ein Bild von ihm. Trotzdem ließ ich mich auf diesen Plan ein.

Als ich meinen Führungsoffizier über die ganze Sache informierte, schien mir, dass der schon Bescheid wusste, aber es sich nicht anmerken ließ. Auch er hatte kein Bild von Volker Braun, was mich nun einigermaßen verblüffte. Ich sollte mich also mit jemandem treffen, den ich nicht kannte und von dem ich nicht wusste, wie er aussah! In Kriminalfilmen wird an dieser Stelle entweder eine weiße Chrysantheme ins Knopfloch gesteckt, oder man hält eine *New York Times* auffällig mit dem Titel nach unten in der Hand. Beides war unter DDR-Bedingungen nicht realisierbar. Das konnte nicht gut gehen, aber ich wollte nicht kapitulieren, denn ich hoffte, die Veranstaltung doch noch zu retten, schließlich hätte ich zeitlich vor der Parteileitung die Möglichkeit gehabt, mit Volker Braun zu reden.

Am Tag X – Volker Braun hatte auf das Fernschreiben nicht geantwortet, oder man hatte mir das nicht gesagt – überredete ich Karin, die Sekretärin für Kultur der FDJ-HSGL, mich in die *Ratszeise* zu begleiten, und weihte sie ein. Wir könnten uns dort im schlimmsten Falle ein ordentliches Mittagessen genehmigen. Das überzeugte sie.

Als wir die *Ratszeise* betraten, war alles klar: Die dämlichsten Klischees über das MfS erfüllten sich. Die Gaststätte war zur Hälfte mit jungen Männern besetzt, die zu zweit oder zu dritt an den Tischen saßen. Jedem von ihnen konnte man an der Nasenspitze ansehen, dass er hier nicht zum Biertrinken oder Bratwurstessen anwesend war. Andere Gäste waren nicht da, weder Dicke noch Dünne, nur diese konfektionierten Aufpasser. Ich konnte mir kaum das Lachen verkneifen.

Wir setzten uns an einen Zweiertisch, der Ober kam sofort, es war wirklich der Ober – ich kannte ihn vom Sehen –, und wir bestellten Bier, Sauerbraten mit Thüringer Klößen und Rotkohl, wie geplant. Das Essen kam unerwartet schnell, die anderen Gäste hatten ja nur Bier vor sich. Wir zogen das Ganze etwas in die Länge, aber nach einer Stunde war Schluss. Es war niemand gekommen, und es war auch keiner gegangen. Wir bezahlten, ich steckte die Rechnung sorgfältig ein, dann gingen wir. Ich meldete mich beim FDJ-Sekretär ab: *mission failed*, die Mission war gescheitert.

Kurz darauf traf ich mich mit meinem Führungsoffizier Roland. Er grinste breit und schob mir ein Blatt Papier zu, das einen kurzen Text mit Schreibmaschine enthielt, der sinngemäß lautete: »... dass um dreizehn Uhr Volker Braun in Begleitung einer unbekannten weiblichen Person die Gaststätte betreten hätte. Sie hätten als Mittagessen Bier, Sauerbraten und Klöße zu sich genommen und nach einer Stunde das Lokal verlassen, ohne mit anderen Personen gesprochen zu haben.« Donnerwetter! Ich war Volker Braun! Die beschatten einen, den sie nicht kennen, und dann kommen zwei, die sie auch nicht kennen, und dann verwechseln sie den einen mit dem anderen! Ich konnte es kaum glauben, aber es entsprach den Tatsachen.

Die Veranstaltung fiel also aus mit der Begründung, Volker Braun habe abgesagt. Ich ließ es mir nicht nehmen, Karin zu erzählen, was sich eigentlich abgespielt hatte.

Die Angelegenheit war aber noch nicht zu Ende. Einen Tag später erschien in der *Thüringischen Landeszeitung*, einem Organ der Liberal-Demokratischen Partei Deutschlands (LDPD), ein Artikel von mir mit dem Titel »Ein Keller ist zehn Jahre jung« mit einem ausdrücklichen Verweis auf die Lesung mit dem Schriftsteller Volker Braun und den guten Erfahrungen, die die Studenten damit gemacht hatten! Den Artikel hatte ich auf Wunsch gewissermaßen auf Vorrat geschrieben. Der Verweis auf Braun war ebenfalls »von oben« gewünscht worden, da niemand erwartet hatte, dass alles so gründlich schiefgehen könnte. Das war so etwas wie vorauseilende Berichterstattung, heute würde man das *Fake News* nennen.

Ich schämte mich in Grund und Boden für meine Blödheit und schwor, mich niemals wieder mit Zeitungsfritzen einzulassen. Komischerweise hat mich damals und auch später nie jemand auf diesen Artikel hin angesprochen, obwohl gerade diese Zeitung zu den in Thüringen am meisten gelesenen gehörte. Eine Erklärung dafür habe ich nicht. Übrigens rechnete ich meine Quittung aus der *Ratszeise* bei der FDJ ab und bekam das Geld erstattet. Ordnung musste sein.

Noch ein wichtiges kulturelles Ereignis fiel in meine Zeit als Leiter des Studenten-*Kellers*. 1976 veranstalteten wir ein Konzert mit Manfred Krug, Christiane Ufholz und dem Günther-Fischer-Sextett. Aufgrund der großen Nachfrage fand es nicht im *Keller*, sondern im Jenaer Stadttheater statt. Es war restlos ausverkauft.

Trotz guter Musik war das nicht mehr der Krug, den ich verehrte. Das Feuer war weg, der Gesang lustlos. Meines Wissens war es das letzte Konzert, das er in der DDR gab. Offensichtlich hatte das auch Auswirkungen auf die Qualität des Konzerts, denn seine Ausreise in den Westen war wohl schon beschlossene Sache. Nach dem Konzert bekam er hinter der Bühne von mir die vereinbarte Gage für alle Beteiligten, eine nicht unbeträchtliche Summe in bar, ohne Quittung. Anschließend war eigentlich noch ein »Nachwaschen« im *Keller* angesagt, aber Krug kam nicht, nur die Mitglieder von Fischers Band. Sie benahmen sich nicht so, dass sie einem sympathisch werden konnten.

Manchmal waren es aber unglückliche Zufälle, die eine Veranstaltung zu Fall bringen konnten. Wir hatten die Schriftstellerin Inge von Wangenheim zu einer Lesung eingeladen. Sie war eine der meistgelesenen Schriftstellerinnen in Thüringen und außerdem die Ex-Gattin des großen deutschen Stummfilmstars und späteren DDR-Schauspielers Gustav von Wangenheim. Ich kannte Wangenheim als Darsteller in Murnaus Stummfilm *Nosferatu*, der im Jenaer Universitätsfilmclub mehrmals vor vollem Hause gelaufen war.

Die Programmgruppe machte einen kapitalen Fehler und nahm das neueste Werk der Schriftstellerin als Vorlage für das Plakat: *Die tickende Bratpfanne.* In der DDR gab es tatsächlich Küchenuhren, die als Bratpfannen getarnt waren. Irgendein Scherzbold machte auf dem Plakat an der Tür des *Rosenkellers* in der Johannisstraße aus einem »t« im Titel ein »f«. Die Veranstaltung fiel aus. Inge von Wangenheim hatte auch keinen Humor. Hier konnte ich das aber beinahe verstehen.

15. Kapitel

Auf der Suche nach Arbeit • Die Polizei
will sich nicht festlegen • Visite in der
Robert-Rössle-Klinik • Ein seltsamer
Wohnungseinbruch • Abschied von den
Drei Gleichen • Das letzte Ufer

Die letzten Schlachten um meine Promotion waren geschlagen, unsere kleine Familie lernte nun, auf eigenen Beinen zu stehen. Jetzt war es an der Zeit, sich eine neue Arbeit zu suchen. Die Wirtschaftspolitik der DDR hatte sich geändert, die versprochenen Großforschungszentren, für die wir eigentlich ausgebildet worden waren, hatte man nicht gebaut.

Ich tastete mich vorsichtig vor, merkte aber bald, dass niemand in der DDR nach Chemikern rief. Es gab zwar eine Absolventenlenkung in der Universität, aber die war keine Hilfe für mich. In der Zwischenzeit wurde meine Assistentenstelle noch bis zum 31. Dezember 1976 verlängert.

Ich schrieb Bewerbungen. Am Anfang waren sie noch ausführlich, später wurden sie immer kürzer und ich immer ärgerlicher. Ich bewarb mich unter anderem bei der Polizei und der Feuerwehr, immerhin gab es auch kriminalistische Institute, aber beim Ministerium des Innern (MdI) wollte man sich nicht festlegen, ob ich als Chemiker arbeiten könnte. Das war mir zu wenig. Verkehrspolizist oder Abschnittsbevollmächtigter waren nicht meine Traumberufe. Als mir keine Betriebe mehr einfielen, besorgte ich mir ein Branchenverzeichnis der DDR. Schließlich kam ich auf mindestens hundertvierzig Stellengesuche. Die Bilanz war ernüchternd. Fast die Hälfte der angeschriebenen Betriebe antwortete überhaupt nicht, die andere Hälfte ablehnend. Viele begründeten ihre Ablehnung damit, dass ich für sie überqualifiziert sei. Man suchte Lagerverwalter oder Laboranten. Ich wurde langsam wütend.

Ich erinnerte mich an einen Artikel in der Jenaer *Volkswacht*, das war die örtliche SED-Zeitung, über die schlechte Arbeitsmarktlage in der BRD, wo Absolventen zwanzig und mehr Bewerbungen schreiben mussten. Das veranlasste mich zu einer sarkastischen Bemerkung in der Parteiversammlung, dass es auf diesem Gebiet in der DDR schon wesentlich besser liefe.

Bisher hatte ich nie versucht, Roland mit meinen persönlichen Schwierigkeiten zu behelligen, auch nicht bei den Querelen um meine Dissertation, aber hier konnte ich nicht anders. Er hörte mir zu und versprach, etwas zu unternehmen. Nach ein paar Tagen rief er mich an und teilte mir mit, dass sich jemand vom Zentralkomitee bei mir melden würde. Das Problem sei bekannt, und man arbeite an einer Lösung.

Es kam tatsächlich jemand in meine Wohnung. Ob er vom ZK war, weiß ich nicht mehr. An einen Ausweis kann ich mich auch nicht erinnern. Er hörte mir besorgt zu, packte meinen Ordner mit den Bewerbungen ein und versprach mir, dass ich ihn zurückbekäme, wenn man die Sache geregelt hätte. Das Versprechen hielt er nicht. Das ZK gibt es auch nicht mehr. Ich hatte ihm vertraut, er mir nicht. Immerhin enthielt der Ordner gehörig politischen Sprengstoff. Ich hatte ja auch ausdrücklich darauf hingewiesen.

Da die Absolventenlenkung nicht nur Chemiker, sondern auch Physiker, Biologen und Mathematiker betraf, gab es schließlich doch die Weisung von Oben an die Absolventenlenkung, jedem Kandidaten eine Stelle anzubieten: Nähme er die nicht, wäre der Rest seine Sache.

Ich bekam eine Einladung zur Vorstellung in der Robert-Rössle-Klinik in Berlin-Buch. Die Klinik gehörte zum Forschungszentrum der Akademie der Wissenschaften und hatte die Krebsforschung als Arbeitsschwerpunkt. Das versöhnte mich, und ich hatte wieder Hoffnung.

Der Leiter war Professor Friedrich J., ein führender Pharmakologe und Toxikologe der DDR, der auch im Widerstand gegen Hitler aktiv gewesen war. Er empfing mich in seinem Arbeitszimmer. Es war kalt, aber alle Fenster waren geöffnet, er saß in einen schwarzen Mantel gehüllt hinter seinem Schreibtisch und rauchte. Die Zigarettensorte kannte ich, es war »Duett«, die roch unangenehm süßlich, der Aschenbecher war übervoll. Er kam ohne Umschweife zum Thema. Er wäre angewiesen worden, mich zu nehmen, obwohl er niemanden brauche. Zur Not könne er mich als Sachbearbeiter für Neuerervorschläge einsetzen, aber das nur befristet auf zwei Jahre. Einen Anspruch auf eine Wohnung hätte ich wegen der Befristung aber nicht. Die Liste seiner Mitarbeiter, die keine Wohnung hätten, wäre lang genug.

Das Ganze dauerte nicht einmal zehn Minuten. Alles war darauf angelegt, dass ich ablehnte. Das tat ich dann auch. Diskutieren war zwecklos. Das Rettungsboot hatte ein Leck, ich ruderte schnell zurück nach Jena.

Eines Tages kündigte mir mein Führungsoffizier Roland einen Mann an, der mich unbedingt sprechen wolle. Es sei sehr wichtig für mich. Der Besucher kam ohne Umschweife zur Sache und fragte mich, ob ich mir vorstellen könne, für die DDR im Ausland zu arbeiten. Natürlich konnte ich mir das vorstellen, aber als er präzisierte, dass das keine offizielle Arbeit sein würde, verstand ich. Sie suchten einen Kundschafter oder etwas Ähnliches. Er wollte sich nicht genauer auf das Land festlegen und wie ich dahin kommen sollte.

Ich wollte unter diesen vagen Angaben keine Zusage machen und bat um Bedenkzeit. Ich müsse das erst mit meiner Frau besprechen. Das lehnte er sofort ab, das sei unmöglich. Ich dürfte über diesen Vorschlag mit niemandem sprechen, weder mit meiner Frau noch mit Roland. Ich war ungehalten und fragte, ob er der Meinung sei, dass ich bei Nacht und Nebel in den Westen abhauen und Frau und Kinder zurücklassen solle? Er zuckte nur mit den Schultern. Wenn ich meine Frau nicht einweihen dürfte, wäre ich dazu nicht bereit. Er hatte keinen Spielraum, das spürte ich. Das Gespräch war beendet.

Heute weiß ich, dass das ein ziemlich dilettantischer Anwerbungsversuch, von wem auch immer, gewesen war. Mit einigem Geschick und mehr Menschenkenntnis aufseiten des Werbers hätte mein Leben von da an auch ganz anders verlaufen können.

Nun hatte ich keinen Plan mehr. Die paar Monate bis zum Jahresende waren eine kümmerliche Frist.

Im Institut hatte ich genug Arbeit. Ich beschäftigte mich mit der Oberflächenbehandlung von Siliziumwafern. Das waren dünne Scheiben aus Silizium, aus denen später die fertigen integrierten Schaltkreise geschnitten wurden. Ziel war die Verkleinerung der Strukturen, die über lichtempfindliche Fotolacke aufbelichtet wurden. Kooperationspartner war Zeiss. Ich behandelte die Wafer mit Wasserstoff bei 1.200 Grad in einem Spezialofen, den ich selbst gebaut hatte. Das Herzstück war ein zwei Meter langes geheiztes Quarzrohr, durch das hochreiner Wasserstoff geleitet wurde. Das war nicht ungefährlich, denn ein Austritt des Gases hätte unzweifelhaft eine Explosion verursacht. Deshalb arbeitete ich auch meist nach Feierabend allein, wenn die anderen Mitarbeiter nach Hause gegangen waren. Das war denen auch lieber, denn sie wussten ja, was ich da machte. Die so behandelten Wafer transportierte ich dann in einem Spezialbehälter zu Fuß in den Zeiss-Betrieb. Es gelang tatsächlich, die Breite der belichteten Strukturen durch die Vorbehandlung zu verringern.

Eines Tages holte mich meine Frau mit dem Kinderwagen vom Institut ab. Das kam eigentlich sonst nicht vor. Ich wunderte mich, und sie sagte mir dann, sie hätte ihren Schlüssel vergessen. Das war kein unlösbares Problem.

Im Hausflur fiel mir auf, dass das Brett mit den Briefkästen so schräg an der Wand hing, aber es ging ja hier um den Schlüssel der Wohnung. Alle Zimmer hatten, bis auf das Kinderzimmer, einen eigenen Zugang zum Treppenhaus. Wir nahmen gewöhnlich nur den Schlüssel zur Küche mit. Dort hingen dann die anderen Zimmerschlüssel. Die Schlösser waren noch alte Kastenschlösser und die Schlüssel entsprechend groß. Ich schloss die Küche auf und drückte die Klinke, die Tür war zu. Mehrere Versuche scheiterten. Natürlich passte der Schlüssel bei den anderen Zimmern nicht. Guter Rat war teuer.

Das Schloss ließ sich einwandfrei betätigen, auf und zu, es schnappte, wie es sollte, aber die Tür ging nicht auf. Ich fragte noch einmal nach, und Irmtraud gestand dann, dass sie versucht hatte, mit einem vom Nachbarn geliehenen Dietrich, das war ein einfacher Haken, mit dem man unter günstigen Umständen solche Schlösser öffnen konnte, die Tür zu öffnen. Es gab nur eine Erklärung: Die Sperre, mit der man die Tür von innen ohne Schlüssel verriegeln konnte, war zu. Das zumindest hatte Irmtraud mit dem Werkzeug geschafft.

Jetzt gab es nur noch die grobe Lösung. Ich ging nach unten. Unsere Wohnung lag in der ersten Etage, da die untere unbewohnbar war. In einem der vergammelten Zimmer lagen unsere Kohlen. Hier holte ich mir die Axt, es war dieselbe, die uns einmal bei einem Hochwasser in Ammerbach angeschwemmt worden war, und ging wieder nach oben. Irmtraud fand das lustig und kicherte. Ich benötigte meine ganze angestaute Wut, um mit der Axt die Türfüllung einzuschlagen, was schwieriger war, als ich gedacht hatte. Als das Loch groß genug war und ich durchfassen konnte, bestätigte sich die Vermutung. Der Riegel war zu. Nun ging die Tür wie von selbst auf, sah aber wesentlich schlechter aus als vorher. Auf dem Küchentisch lag Irmtrauds Schlüssel.

Ich nahm den Schlüssel für das Schlafzimmer vom Haken. Klack, klack, das Schloss war auf, die Tür blieb zu. Irmtraud gestand nun unumwunden, auch an diesem Schloss herumgefummelt zu haben. Sollte ich nun wegen so viel Unverstand die halbe Wohnung mit der Axt zertrümmern? Irmtraud hatte auch keine Lösung, zeigte aber wenig Schuldbewusstsein.

Es blieb uns noch die dritte Tür. Der Schlüssel hing in der Küche und passte. Das Problem aber war, dass wir den Rahmen dieser Tür zum Wohnzimmer von innen als Regal umgestaltet hatten, das voller Krimskrams stand, der nun besonders wichtig und unverzichtbar war. Vor dem Regal stand unser aus zwei alten Bettkästen selbstgebautes Sofa. Der Schaden, den wir anrichten konnten, war anstelle einer zweiten eingeschlagenen Tür etwas geringer. Das Regal zerfiel mit Klimpern und Poltern und unser Kanapee auch. Wir waren drin. Endlich.

Die Laune besserte sich, wir kochten uns einen Kaffee, und unser Sohn verlangte mit Geschrei nach Zuwendung. Irgendwie schien mir, dass noch nicht alles gesagt worden war, was Irmtraud hätte sagen müssen. Ich bohrte noch einmal nach, und dann erzählte sie die Geschichte mit dem Briefkasten.

Nachdem sie vergeblich versucht hatte, die Wohnung zu öffnen, wollte sie wenigsten die Post aus dem Briefkasten holen. Unsere Briefkästen waren aufgereiht auf ein altes Brett geschraubt, das man quer über eine verschlossene Ladentür im Eingangsbereich des Erdgeschosses genagelt hatte. Außer uns wohnten noch zwei Parteien im Haus. Dumm war nur, dass der Briefkastenschlüssel unerreichbar in der Küche hing. Sie musste sich auf die Zehenspitzen stellen, um an den Briefkasten heranzukommen. Dann versuchte sie, durch den Schlitz zu fassen, um wenigsten irgendeinen Zipfel zwischen die Finger zu bekommen, ertastete auch etwas und kam nicht mehr aus dem Briefkastenschlitz heraus. Der Ehering verhinderte das. Nichts half, die Stellung war schrecklich ermüdend, und schließlich ging meine Frau mit Gewalt gegen den Briefkasten vor. Die Nägel hatten ein Einsehen, das Brett mit allen Briefkästen löste sich, und sie stand wieder sicher auf beiden Füßen. Nun bekam sie auch ihre Finger wieder ohne Brief aus dem Schlitz heraus, klebte das Brett mit den Kästen notdürftig wieder an und beschloss, mich von der Arbeit abzuholen.

Aus dem *Keller*-Leben hatte ich mich inzwischen verabschiedet. Man konnte das ja nicht sein ganzes Leben lang machen. Außerdem wuchs eine neue Generation von Studenten heran, die eigene Vorstellungen hatten und diese auch verwirklichen wollten. Das fand ich gut. Da musste mir auch nicht immer gefallen, was sie vorhatten. Dieser Selbsterziehungsprozess und die Beharrlichkeit halfen sicher mit, dass der Studentenklub *Rosenkeller* die Wende überlebte. Am 3. Mai 1976, dem traditionellen *Keller*-Geburtstag, war ich nur noch als Gast mit etwas Wehmut dabei.

Mein Freund Frank, mit dem ich die Weltfestspiele besucht hatte, hatte seine Freundin Monika inzwischen geheiratet und ihre gemeinsame Tochter war nur wenige Monate älter als unser Jan. Sie waren nach Erfurt gezogen, und wir hatten uns ein wenig aus den Augen verloren. Im Sommer verabredeten wir uns noch einmal zu einer gemeinsamen Wandertour mit den Kindern.

Irmtraud hatte von ihrer Freundin ein Tragegestell bekommen, mit dem man Jan bequem auf dem Rücken transportieren konnte. Auch Frank und Monika hatten einen solchen Kinderrucksack, und so machten wir uns von Erfurt aus auf den Weg. Mit der Bahn ging es nach Gotha und mit dem Bus dann nach Mühlberg, einem kleinen Dorf mit einer ebenso kleinen Burg.

Mühlberg ist das älteste urkundlich erwähnte Dorf Thüringens, das schon um das Jahr 700 existierte. Der irische Mönch Bonifatius versuchte zwar, die Thüringer zum Christentum zu bekehren, aber es blieben reichlich Heiden übrig. Die Mühlburg war für mich besonders interessant, weil dort die Reste einer Kapelle zu sehen waren, die der Heiligen Radegunde gewidmet war. Radegunde war die Tochter des letzten Thüringer Königs Berthachar. Nach dem Untergang des Thüringerreichs musste sie den Sieger, den Frankenkönig Chlotar, heiraten. Den mochte sie wohl nicht besonders und ging stattdessen nach Poitiers, wo sie ein Kloster stiftete. In Deutschland ist sie fast vergessen, in Frankreich kennt sie jedermann.

In Mühlberg fing es heftig zu regnen an. Es war zwar warm, aber wir hatten Sorge, dass den Kindern das nicht bekommen würde. Eine Bauersfrau sah uns pitschnass über den Dorfplatz wandern, rief uns herein und gab uns trockene Kleidung von ihren Enkeln, aus denen diese bereits herausgewachsen waren.

Inzwischen war die Sonne wieder am Himmel, und wir kletterten auf die Mühlburg hinauf. Von der sagenhaften Kapelle waren nur einige Steine im Gras zu sehen, der Turm war verschlossen, und sonst war das Gelände ziemlich trostlos. Schön war aber die Aussicht. In der frischen, vom Regen saubergewaschenen Luft konnte man die beiden anderen Burgen der Drei Gleichen sehen.

Ein wunderschöner Wanderweg führte uns über die Schlossleite, einen schmalen, bewaldeten Bergrücken entlang zur Wachsenburg. Die Wachsenburg war damals ein exklusives Hotel, aber man hatte auch ein Herz für Wanderer wie uns. Frisch gestärkt ging es nun durch die Felder zur Burg Gleichen. Unterwegs legten wir noch eine Badepause ein und mussten schließlich durch einen Bach waten. Glücklicherweise fanden wir einen Durchschlupf unter der Autobahn, die uns noch von der Burg Gleichen trennte. Die Burg Gleichen ist bestens bekannt durch die lustige Geschichte von einem Grafen von Gleichen, der als Christ zur gleichen Zeit mit zwei Frauen verheiratet war, von denen er eine dazu noch bei einem Kreuzzug aus dem Nahen Osten mitgebracht hatte. Die Wanderung über die Drei Gleichen war eigentlich der Abschied von meiner Heimat Thüringen.

Schließlich meldete sich Führungsoffizier Roland wieder. Er fragte nicht nach dem Besucher und tat so, als hätte es ihn nicht gegeben. Das MfS brauche mich – als Chemiker –, sagte er, allerdings in Berlin. Meine Familie könne dann innerhalb eines Jahres nachkommen. Eine Arbeitsstelle als Lehrerin würde meine Frau auch bekommen. So recht konnte ich mir das nicht vorstellen, aber das war bisher das beste Angebot.

Wir hielten Familienrat, Irmtraud war mit Berlin einverstanden, und ich sagte zu. Kurz darauf bekam ich dann aber doch noch ein anderes Angebot. Einer unserer Dozenten im Institut wurde an die Technische Hochschule in Karl-Marx-Stadt berufen und wollte mich als Assistenten mitnehmen. Offensichtlich schätzte er meine Fähigkeiten. Ich sagte ihm, dass ich mich schon für eine Stelle in Berlin entschieden hätte. Insgeheim bedauerte ich diese Absage ein wenig.

16. Kapitel

Eine bekannte Adresse • Ab jetzt wird's militärisch • Stempelfarbe und radioaktive Substanzen • Ich kann fast alles essen und darf fast alles lesen • Geheimschriften und eine streng geheime Studie • Ein echter Doppelgänger • Dienstsport und Manöver • PS-Einsätze

An das Vorstellungsgespräch in Berlin kann ich mich kaum noch erinnern, es war wohl nur noch eine Formsache. Ich hatte den Tag zuvor bei den Schwiegereltern meines Bruders in der Karl-Marx-Allee übernachtet. Ich erzählte ihnen irgendetwas von einer Arbeitsstelle im Innenministerium, aber an den Blicken erkannte ich, dass sie ahnten, was wirklich dahintersteckte. Der Hausherr hatte als Mitarbeiter von Otto Grotewohl gearbeitet und kannte wohl die Verrenkungen, die gemacht wurden, um das MfS zu verschleiern.

Als ich mit meinem Koffer in Berlin-Lichtenberg ausstieg, war mir nicht gerade froh zumute. Meine Frau, die immer noch jeden Tag von Jena nach Camburg zur Arbeit pendelte, musste nun für die meiste Zeit in der Woche mit allen Problemen allein zurechtkommen. Was mich erwartete, wusste ich auch nicht so recht. Ich schaute mich auf dem Bahnhofsvorplatz nach einem Taxi um, fand tatsächlich eines, stieg ein und wollte dem Fahrer gerade mein Ziel nennen, da sagte er: »Ich weiß schon, Anna-Ebermann-Straße«, und fuhr los. Ich war so verblüfft, dass mir der Unterkiefer herunterklappte. Ich nickte, er grinste und plapperte dann irgendwelches Zeug, wie es Taxifahrer immer tun, wenn sie glauben, ihre Fahrgäste unterhalten zu müssen. Ich grübelte, woher er das gewusst hatte, denn die Adresse stimmte haargenau, aber mir wollte keine Erklärung dafür einfallen. Fragen wollte ich nicht, das hätte die Sache auch nicht besser gemacht. Vielleicht hatte er mich mit meinem Köfferchen als Landei identifiziert.

Die Berliner Taxifahrer waren eine Klasse für sich. Viele Jahre später, als ich eine Delegation des kubanischen Geheimdienstes betreute, hatte sich eine schwarze Kubanerin verlaufen und fand den Weg vom Alexanderplatz zurück nach Hohenschönhausen nicht. Ihr Deutsch war nicht gut, aber ein Hinweis fiel ihr schließlich noch ein: In der Konrad-Wolf-Straße befand sich ein Fischladen mit dem übertreibenden Titel *Alles vom Fisch*. Der Taxifahrer musste nicht lange überlegen und setzte sie sicher vor dem Laden ab.

Das MfS-Wohnheim in der Anna-Ebermann-Straße im Berliner Stadtteil Hohenschönhausen war wohl unter Taxifahrern genauso stadtbekannt und sollte in den nächsten Monaten mein Zuhause werden. Ich bekam ein Einzelzimmer mit Dusche und Toilette, spartanisch eingerichtet. Auf Gemütlichkeit war man hier nicht aus.

Mein neuer Arbeitsort wurde der Operativ-Technische Sektor, kurz OTS, des Ministeriums für Staatssicherheit. Das war ein durch Mauern eingegrenztes Areal in der Nähe der Gehrenseestraße. Der Bereich, in dem ich arbeiten sollte, nannte sich Abteilung 34.

Der Abteilungsleiter, Rolf K., ein Chemieingenieur, legte mir nach einer kurzen Einleitung mehrere Seiten Gedrucktes vor, die ich zunächst mit der Hand abzuschreiben und zu unterzeichnen hatte. Das war ziemlich mühselig, und ich begriff nicht, warum man mich nicht einfach den gedruckten Text unterschreiben ließ. Die Plackerei hätte man sich doch sparen können.

Viel später verglich ich diese Prozedur mit einer Szene aus Goethes *Faust*, in der Faust den Pakt mit Mephisto unterzeichnet. Faust konnte nicht mehr zurück, ich auch nicht. Auch fünfzig Jahre später hätte ich niemals behaupten können, die Unterschrift sei von anderen gefälscht worden. Ich hatte ja den ganzen Text mit der Hand geschrieben. Darin lag wohl auch der tiefere Sinn der umfangreichen Handschriftenprobe. Was solche Verpflichtungserklärungen in der Hand anderer Leute bewirken können, ist bekannt. Besonders in meinem Gedächtnis haftengeblieben ist der markige Schlusssatz: »Sollte ich jemals diesen meinen Eid brechen, so möge mich die ganze Härte des Gesetzes und die Verachtung des werktätigen Volkes treffen.« Starker Tobak! Ich bin mir nicht mehr sicher, ob vor dem Wort »Eid« nicht »heiligen« stand, gepasst hätte es auf jeden Fall.

Die Dienstzeit betrug fünfundzwanzig Jahre, mein erster Dienstgrad war Leutnant, und ich verdiente etwa 1.300 Mark im Monat. Ich hatte keine Lust, mir auszurechnen, wann ich das Ministerium regulär hätte wieder verlassen können, und zum Dienstgrad fiel mir nur der blöde Spruch vom Leutnant zu Leuthen ein, der seinen Leuten das Läuten befahl, oder auch nicht. Das MfS war ein militärisches Organ. Darüber hatte ich mir bis dahin keine größeren Gedanken gemacht. Eigentlich fehlte mir der Hang zum Militärischen völlig. Zum Glück hatte das mein Vater mir nicht vererbt.

Mir wurde eröffnet, dass ich zuerst eine vierwöchige Grundausbildung absolvieren müsse. Ich vertauschte also, mein Zimmer in der Anna-Ebermann-Straße mit einem Feldbett in einer Baracke des Truppenübungsplatzes in Teupitz bei Berlin, auf dem das Wachregiment »Feliks Dzierżyński« stationiert war, das ebenfalls dem MfS unterstand, aber bei dem auch Wehrpflichtige Dienst taten. Die Soldaten des Wachregiments bewachten unter anderem auch die Gebäude und Objekte der Staatssicherheit.

Der Wald in Teupitz hatte eine besondere Geschichte. Hier war kurz vor dem Untergang des Tausendjährigen Reiches die 9. Armee der deutschen Wehrmacht unter General Busse im Kessel von Halbe eingeschlossen worden, und hier war sie untergegangen. Die Rote Armee verlor dabei über zwanzigtausend Soldaten. Über dreißigtausend deutsche Soldaten wurden auf dem Waldfriedhof in Halbe begraben, der nach der Wende bei alten und neuen Nazis zu trauriger Berühmtheit gelangen sollte. Das Gelände war von den Resten des Krieges nur unvollständig geräumt worden, und wir wurden auf mögliche gefährliche Hinterlassenschaften hingewiesen.

Mit Ende zwanzig war ich schon nicht mehr im besten Rekrutenalter, aber den meisten meiner Lehrgangsteilnehmer ging es genauso. Die Stiefel, die man mir auf den Tresen gestellt hatte, waren bestimmt nicht von meinem Onkel Karl, dem Dorfschuster, denn sie passten nicht. Nach ein paar Tagen hatte ich an allen denkbaren Stellen Blasen. Zum Frühsport versäumte ich ab diesem Zeitpunkt regelmäßig den Start, denn wenn die anderen keuchend wieder in das Zimmer polterten, hatte ich gerade den zweiten Stiefel angezogen.

Irgendwann ging auch das vorbei. Ich wäre ja auch wie meine Kommilitonen zur NVA eingezogen worden, wenn ich in Jena geblieben wäre. Das Studium hob die Wehrpflicht nicht auf, sondern verschob lediglich das Einberufungsdatum. Mit meinen vier Wochen Grundausbildung war ich da nicht schlechter dran. Nun konnte ich also schießen und Handgranaten werfen und auf der Karte nach Norden marschieren.

Eine kleinere Hürde gab es aber dann doch noch zu

überwinden. Ich wurde gefragt, ob ich aus der Kirche ausgetreten sei. »Ich bin dort nie eingetreten«, sagte ich, »aber ich bin katholisch getauft.«

»Dann bist du drin, kläre das in Jena!«

Ich klärte das. Ich ging in Jena auf das katholische Pfarramt, eine freundliche Frau empfing mich, und ich brachte mein Anliegen vor. »Aus unserer Kirche kann man nicht austreten, mein Sohn!«, sagte sie salbungsvoll. Abgesehen davon, dass ich auch nicht ihr Sohn sein wollte, ließ sie sich nicht auf eine Diskussion mit mir ein. Hier hatte ich keine Verpflichtung unterschrieben, hatte nie Kirchensteuer gezahlt und kam auch nach fünfundzwanzig Jahren nicht wieder raus. Was war denn das für ein Verein?

Schließlich erklärte sie mir doch einen weltlichen Ausweg aus dem Himmel hinab in die ewige Verdammnis. Wenn ich eine Bescheinigung brauche, so solle ich auf das staatliche Notariat gehen. Erstaunlicherweise kannte sie die Adresse und die Öffnungszeiten. Ich revanchierte mich und verabschiedete mich höflich. Im Notariat dauerte die Prozedur, die lange Wartezeit abgerechnet, fünf Minuten. Nun hatte ich einen Zettel mit einem Stempel, der besagte, ich war nicht mehr drin. Meine Vorgesetzten, so hießen jetzt meine Chefs, waren damit zufrieden. Glücklicherweise musste ich diesen Zettel nicht noch einmal mit der Hand abschreiben.

Das Einarbeiten in meine neuen Aufgaben erwies sich als schwierig. Die Konspiration, das heißt die Verschwiegenheit, stand immer als Barriere auf dem Weg der Erkenntnis. Man durfte nur so viel wissen, wie zur Erfüllung der gestellten Aufgabe notwendig war, hieß es. Was aber notwendig war, bestimmten in der Regel andere. Für ein wissenschaftliches Arbeiten war das ein ziemliches Hemmnis.

Erst nach der Wende habe ich das ganze Ausmaß dieser Forderung begriffen. Mitarbeiter des MfS verrieten ihre Genossen, die im Ausland arbeiteten, obwohl sie eigentlich von deren Existenz nichts hätten wissen dürfen, aber durch Schwatzhaftigkeit oder andere Umstände doch davon Kenntnis hatten. Wer was zu verraten hatte, konnte auch damit handeln. Konspiration als Befehl war also untauglich. Das kam mir aber damals nicht in den Sinn.

Ich machte mich erst einmal mit allen möglichen alten Akten bekannt. Dabei stieß ich auch auf skurrile Forschungsvorhaben. So blätterte ich zum Beispiel einmal in einer Studie, die die Frage zu beantworten suchte, ob es möglich sei, sich unsichtbar zu machen. Ausgangspunkt war Einsteins Relativitätstheorie und die inzwischen bewiesene Ablenkung des Lichts in starken Gravitationsfeldern. Damals musste ich lachen, aber heute weiß ich sicher, dass ähnliche Aufgaben auch im Arsenal anderer Geheimdienste der Welt schlummern.

Mein Arbeitsgebiet hieß, einfach gesagt, »Markierung« und bedeutete, eine Sache oder eine Person so zu markieren, dass es möglich war, es oder sie an einem bestimmten Ort zu identifizieren. Das klang etwas verworren, aber ich erinnerte mich, dass mir mein Vater einmal eine Geschichte erzählte, in der in seinem Konsum ständig Geld fehlte. Die Polizei markierte daraufhin das Geld in der Kasse mit einem speziellen Stoff. Der Dieb, das heißt, hier war es eine Diebin, wurde mit den unter der UV-Lampe bunt leuchtenden Fingern erwischt.

Bei meiner Arbeit ging es aber in den wenigsten Fällen um Kassendiebstahl und klamme Verkäuferinnen, sondern um die Aufklärung von staatsfeindlichen Handlungen wie Spionage und Sabotage. Auch die Sicherung der DDR-Grenze gehörte in diesen Bereich. Alle Kontrolleure an den Grenzübergängen der DDR waren Mitarbeiter der Hauptabteilung (HA) VI des MfS. Das Referat, in dem ich arbeitete, produzierte und markierte alle an der Grenze eingesetzten Stempelfarben. Die Stempelfarben enthielten Stoffe, welche die Kontrolleure mit einfachen Mitteln und in kürzester Zeit in die Lage versetzen sollten, zu entscheiden, ob die ihnen vorgelegten DDR-Stempel echt waren. In einem festen Rhythmus wurden die markierten Stempelfarben gewechselt und immer neue Verfahren entwickelt. Die dazu passenden Schreibgeräte mit den Kontrollsubstanzen mussten ebenfalls entwickelt, produziert und befüllt werden. Das betraf Faserschreiber genauso wie Füllfederhalter oder Kugelschreiber. Ab diesem Zeitpunkt hatte ich das Privileg, mit Kugelschreibern, Füllfederhaltern und Faserschreibern aus dem Westen zu schreiben. Die analogen DDR-Produkte waren oft unseren Anforderungen und denen an der Grenze nicht gewachsen.

Für die meisten der entwickelten Verfahren, abgesehen von den Grenzkontrollen, waren mir die konkreten Einsätze und ihre Resultate nicht bekannt. Das fiel, wie schon gesagt, unter die strenge Geheimhaltung. Anhand der Aufgabenstellung und der Einsatzbedingungen konnte man sich schon mit einiger Phantasie einen Reim darauf machen. So entwickelte ich einmal ein Spray, mit dem man alte Schlösser, die jahrzehntelang nicht geöffnet worden waren und die der Rost bereits fest im Griff hatte, nach dem Öffnen wieder in den rostigen Zustand versetzen konnte, wie er vor der Öffnung geherrscht hatte. Wer wo und wann unentdeckt durch welche Tür gehen wollte, musste man sich selbst ausdenken. Das gesamte Gebiet der Analytischen Chemie wurde abgegrast und analytische Verfahren neu- oder weiterentwickelt, die in keinem Lehrbuch standen. Die Anwender waren keine Chemiker und mussten sich auf unsere Rezepturen und Arbeitsanweisungen verlassen können.

Es gab lang- und mittelfristige Pläne, und man hatte in der Regel für ein neues Verfahren ein Jahr Zeit, aber es gab auch sehr kurzfristige Aufgaben. Als das Transitabkommen zwischen der DDR und der BRD abgeschlossen wurde, mussten wir zum Beispiel sichere Plomben für den Transitverkehr entwickeln, die garantierten, dass die Lkw und Güterwaggons beim Durchqueren der DDR nicht heimlich geöffnet werden konnten.

Ein besonders sensibles Gebiet war die Markierung mit radioaktiven Substanzen. Solche Substanzen werden in vielen Bereichen der Industrie und der Medizin eingesetzt, zum Beispiel in der Radiologie und der Materialprüfung. Für den Bereich Markierung war es damit möglich, über größere Entfernung berührungslos zu erkennen, ob das markierte Objekt in der Nähe war. Die markierten Objekte konnten dabei sowohl Sachen als auch Personen sein. Da die prinzipielle Schädlichkeit radioaktiver Strahlung bekannt war, musste die Markierung so gestaltet werden, dass die eingesetzten Mengen an Radionukliden unterhalb einer definierten Freigrenze lagen, um Personen nicht zu schädigen. Dazu gab es gültige internationale Listen für entsprechende Radionuklide. Wir arbeiteten immer unterhalb dieser Grenzen, auch wenn nach der Wende etwas anderes behauptet wurde. Dafür wurden in Zusammenarbeit mit dem Zentralinstitut für Kernforschung in Dresden-Rossendorf hochempfindliche Detektoren entwickelt, die es ermöglichten, über große Entfernungen diese sehr geringe Strahlung zu messen. Es konnte niemals bewiesen werden, dass das MfS vorsätzlich versuchte, damit Menschen zu schädigen oder gar umzubringen. Bei den Mitarbeitern, die diese Markierungsverfahren benutzten, herrschte immer eine große Zurückhaltung beim Einsatz dieser Mittel. Auch hier wurden die Entwicklung und die Anwendung von Markierungsmitteln streng getrennt. Zu den Arbeitsgebieten gehörte auch der Einsatz spezieller Röntgentechnik.

In irgendeiner Kreisleitung der SED fiel einmal einem dortigen Mitarbeiter ein Panzerschrank auf, der offensichtlich jahrelang nicht beachtet worden war und zu dem niemand einen Schlüssel besaß. Bei der Suche nach seiner Herkunft stieß man dann auf die Tatsache, dass im selben Gebäude vor 1945 die Ortsleitung der NSDAP residiert hatte. Nun wollte man unbedingt wissen, was in diesem Safe war. Um den Schrank aus dem Gebäude zu holen, hätte man die Vorderwand des Hauses öffnen müssen, das wollte man aber vermeiden. Ein Mitarbeiter des Referats rückte mit entsprechender Technik aus und durchleuchtete den Schrank an Ort und Stelle. Anhand der Aufnahmen konnte man die Konstruktion der Schließen ermitteln und wo der Bohrer der Spezialisten am besten anzusetzen war. Als sich schließlich die Tür öffnen ließ, lagen darin der Schrankschlüssel und eine

Schachtel Streichhölzer. Der hohe Aufwand hatte sich nicht gelohnt.

Bis 1945 wurden die Wirkungen radioaktiver Strahlung auf den menschlichen Körper sträflich vernachlässigt, obwohl bekannt war, dass schon Marie Curie schließlich an den Folgen ihres unkontrollierten Umgangs mit radioaktiven Stoffen gestorben war. Sie »markierte« selbst mit ihren Händen viele ihrer Aufzeichnungen so stark radioaktiv, dass sie auch heute noch nur unter großen Sicherheitsvorkehrungen gelesen werden können. Als die Amerikaner kurz nach dem Abwurf der ersten Atombombe das total zerstörte Hiroshima betraten, interessierten sie sich in erster Linie für die Auswirkungen der radioaktiven Strahlung auf die Menschen. Dabei ging es nicht darum, den strahlengeschädigten Opfern zu helfen, sondern um die Sammlung von Daten zwecks Einschätzung der Effektivität derartiger Waffen. Das dabei von den US-Medizinern gesammelte Material ist bis heute nicht in vollem Umfang freigegeben. Heute verschießt die US Army ihre strahlenden Uranabfälle überall auf der Welt als DU-Munition, allein im Irakkrieg über vierhundert Tonnen. Das dazu verwendete abgereicherte, aber immer noch radioaktive und dazu hochgiftige Uran stammt aus Atomkraftwerken und der Rüstungsproduktion und ist eigentlich Abfall. Aber auch die Sowjetunion ließ die Soldaten der Roten Armee mit Hurra kurz nach einer Atombombenexplosion ohne Schutzausrüstung auf das Gefechtsfeld stürmen. Da der Mensch keinerlei Sinnesorgane für radioaktive Strahlung besitzt und viele der Folgen erst nach Jahren oder, bei genetischen Schäden, erst bei den Kindern und Enkeln auftreten, ist die Vorsicht und Zurückhaltung der meisten Menschen durchaus verständlich und auch vernünftig. Dass wir von natürlicher Radioaktivität überall auf der Erde umgeben sind, kann man oft nur schwer vermitteln.

Zum qualifizierten Umgang mit radioaktiven Stoffen absolvierte ich einen vierwöchigen Lehrgang am Zentralinstitut für Isotopen- und Strahlenforschung in Leipzig. Die anderen Teilnehmer stammten aus anderen Wissenschaftsbereichen der DDR oder der Industrie. Hier schlug die schon erwähnte Konspiration dem MfS ein Schnippchen, das für mich ziemlich peinlich war. Alle zivilen Teilnehmer waren in Wohnheimen der Universität untergebracht. Nur für mich hatte das MfS ein Zimmer im damals mondänen *Hotel zum Löwen* reserviert. Das blieb den anderen nicht verborgen, und man beäugte mich misstrauisch, was ich denn für ein besonderer Vogel sei. Niemand fragte mich aber nach dem MfS, allen reichte die Erklärung MdI aus. Das passierte mir noch mehrere Male, aber ich konnte nichts dagegen unternehmen, denn die Regeln waren einzuhalten, und die hatte ich nicht gemacht.

Als ich einmal einen internationalen Kongress in Ungarn besuchte, tauchte ich als Mitglied der DDR-Delegation, die einen offiziellen Leiter hatte, erst am Veranstaltungsort auf, obwohl die DDR-Delegation geschlossen in Schönefeld abgeflogen war. Ich hatte eine Kuriermaschine benutzt. Der Chef der Delegation war regelrecht beleidigt, dass er von mir keine Kenntnis hatte. Auch hier segelte ich unter der Flagge des Ministeriums des Innern und wohnte in einem schönen Hotel in Szeged, während die anderen DDR-Teilnehmer im Wohnheim kampierten.

Die Arbeit war der in einem wissenschaftlichen Institut nicht unähnlich, und in manchen Fällen hatten wir unbestreitbare Vorteile. Unsere Bibliothek war sehr gut mit Zeitschriften ausgestattet, von denen die meisten aus dem Westen kamen, wie zum Beispiel die Fachzeitschrift *Kriminalistik*, in der oft Artikel über Markierungsverfahren – auch unter Verwendung radioaktiver Isotope – erschienen. Brauchte man eine Zeitschrift, die nicht regelmäßig geführt wurde, konnte man sie bestellen. Es gab keinerlei Beschränkungen für die Bestellung von Chemikalien oder Geräten, wenn man begründen konnte, dass sie notwendig waren. Die Struktur war natürlich anders als in einem Akademieinstitut, und nach oben wurde die wissenschaftliche Luft manchmal etwas dünn. Selten sind die besten Wissenschaftler auch die besten Militärs. Das MfS hatte nie für sich beansprucht, der Erfinder von Geheimschriften, Markierungsverfahren und -mitteln zu sein, ob sie nun radioaktiv waren oder nicht. Die entsprechenden Arbeitsgebiete im Ministerium waren erst in den 1960er Jahren aufgebaut worden, da hatten die anderen Geheimdienste auf diesen Gebieten schon einen erheblichen Vorsprung.

Die Abteilung 34 des OTS war in mehrere Referate aufgegliedert, die sich mit unterschiedlichen Aufgaben im Bereich der Chemie und Physik beschäftigten. Mein Referatsleiter, Dr. Franz L., war Physiker und beherrschte sein Arbeitsgebiet souverän. Wir duzten uns, wie es für Genossen üblich war, was aber kein Hinderungsgrund bedeutete, sich auch zu streiten, manchmal auch heftig. Da ich Chemiker war und er Physiker, gab es wenig

Gründe, sich in das Arbeitsgebiet des jeweilig anderen einzumischen. Befreundet waren wir aber im engeren Sinne nicht. Nach einem großen Streit mit dem Referatsleiter versuchte ich, meinem Abteilungsleiter zu erklären, dass hier eben zwei starke Charaktere aufeinandergeprallt waren. Das hat er nicht verstanden, vielleicht wollte er es auch nicht verstehen.

Neben der Markierung bearbeitete die Abteilung 34 auch Geheimschriften. Man entwickelte eigene Geheimschriften und machte fremde sichtbar. Für die Qualität der beteiligten Wissenschaftler und Laboranten – ich schätze ungefähr ein Drittel davon waren Frauen – spricht, dass die meisten der vom BND und von der CIA benutzten Geheimschriften entdeckt und entschlüsselt wurden.

Besonders wichtig für die Suche nach Geheimschriften war die Kontrolle der Post im grenzüberschreitenden Verkehr. Während Kontakte der DDR zu ihren Auslandsagenten oft über Kuriere erfolgten, musste der BND in der Regel den Postweg zur Nachrichtenübermittlung nutzen. Das MfS begann schon frühzeitig, mittels einer ausgefeilten Postkontrolle nach Kontaktwegen ausländischer Geheimdienste zu suchen, vor allem nachdem die Grenze durch die Mauer für Kuriere nur sehr schwer passierbar war. Erst nach der Wende kam heraus, dass die entsprechenden Organe in der BRD in erheblichem Maße ebenfalls die Post von Ost nach West kontrollierten. Die Behörden der BRD erlaubten sogar ausländischen Geheimdiensten den Zugriff auf die Post der Bundesbürger.

Dass die Postkontrolle der DDR nicht ohne Lücken war, hatten wir schon in unserer Studentenzeit erprobt. Ein Kommilitone schrieb von Zeit zu Zeit Briefe an Unternehmen in der BRD, in denen er um Unterstützung bei seinen Arbeiten als Chemiker bat. Zielobjekte waren in der Regel Tütensuppen. Das Ergebnis war in den meisten Fällen positiv, und er brauchte in die echte Knorr-Suppe nur DDR-Eier einzurühren. In wenigen Fällen lag der Postsendung aus der BRD ein Entnahmeschein der Zollverwaltung Erfurt bei, in der mitgeteilt wurde, dass Teile der Sendung entnommen worden waren. Dann war die Suppe auch einmal etwas dünner.

Ich wurde beauftragt, eine Studie über moderne Sicherungssysteme zu erarbeiten. Der zu bearbeitende Bereich wurde sehr breit abgesteckt. Zu diesem Zweck bekam ich einen ungehinderten Zugang zum Patentamt der DDR, genauer: dem Amt für Erfindungs- und Patentwesen (AfEP) in der Mohrenstraße. Mehrere Wochen ging ich dort täglich ein und aus, entnahm eigenhändig aus den Ablagen die Patente und kopierte dann die von mir selektierten Schriften auf Mikrofilm. Das war in diesem Umfang nicht einmal den Mitarbeitern des Patentamts gestattet. Natürlich waren die BRD und die anderen kapitalistischen Länder die Zielgruppe. Über einen normalen Abfrage-/Ausleihmodus wäre ich nie zu dem erforderlichen Material gekommen, denn zu dieser Zeit gab es noch keine funktionierende Datenbank, in der man hätte recherchieren können. Ich entdeckte dabei natürlich, dass die Furcht, andere könnten die eigenen Erkenntnisse stehlen und zu Geld machen, eine bestimmte Geheimhaltung unterlief. Hier erwies sich die kapitalistische Marktwirtschaft als eindeutig schwächer als die sozialistische Volkswirtschaft. Uns reichten manchmal nur Andeutungen in Patentschriften, ja, selbst in populärwissenschaftlichen Zeitschriften. Das Weiterdenken beherrschten wir ganz gut. In der DDR gab es sogar Geheimpatente, die eigentlich keinen Nutzen brachten, weil sie ja keiner lesen durfte. Als nach der Wende das AfEP im Deutschen Patent und Markenamt unterging, verschwand auch mein in der DDR erteiltes Geheimpatent. Die als geheime Verschlusssache eingestufte Studie war das einzige Schriftstück, das ich kurz vor der Wende nicht vernichtete.

Eines Tages wurde ich zum Abteilungsleiter befohlen, der mir einen Artikel aus einer wissenschaftlichen Zeitschrift vorlegte und mich barsch fragte, wieso ich in Zeitschriften Artikel publiziere, ohne die notwendige Genehmigung dafür einzuholen. Ich hatte nirgendwo etwas publiziert und sah mir die Veröffentlichung genauer an. Ein Namensvetter hatte etwas über Flüssigkristalle geschrieben. Ich war verblüfft. Ich hatte einen Doppelgänger!

Beim genaueren Hinsehen bemerkte ich, dass er Gerhard hieß und an der Universität in Halle arbeitete. Bisher hatte ich immer geglaubt, einen recht seltenen Namen zu besitzen, und sah mich eines Besseren belehrt. Viele Jahre später sollte ich erfahren, dass mein Name in anderen Gegenden der Welt so häufig war wie Müller in Thüringen. Wie es der Zufall so wollte, traf ich dann auf einer Tagung in Reinhardsbrunn auf genau diesen Doppelgänger aus Halle. Aus den Tagungsunterlagen wussten wir beide von der Existenz des anderen und dass ich als Teilnehmer des MdI angetreten war. Wir schritten mit eisernen Mienen aneinander vorbei. Ich hatte sofort das Gefühl, dass er sich mit einem Mitarbeiter dieses MdI nicht unterhalten wollte.

Die regelmäßigen militärischen Übungen unterbrachen zwar das tägliche Arbeitseinerlei, waren aber nicht sonderlich beliebt. Ob man in Kriegszeiten irgendwo im Wald Geheimschriften einsetzen konnte, war rein theoretischer Natur, doch die Militärs hatten da eigene Vorstellungen.

Ich hatte mich nebenbei zum Funker qualifizieren müssen und durfte bei solchen Übungen Funksprüche chiffrieren und dechiffrieren. Über den Inhalt dachte ich dabei besser nicht nach, sonst hätte ich meine Aufgabe nicht erfüllen können. Als wir einmal bei einer derartigen Übung in einen fingierten Hinterhalt gerieten, versuchten die Chefs vergeblich, das Auto zu verlassen, bis ich ihnen empfahl, sich abzuschnallen. Sie sausten in den Graben und nahmen volle Deckung, während ich seelenruhig im Auto sitzen blieb. Ich hatte keinen Befehl bekommen, auszusteigen, und außerdem konnte ich doch das Funkgerät, die Schlüsselunterlagen und Chiffriertabellen nicht unbeaufsichtigt im Auto lassen. Sie in den dreckigen Graben schmeißen, wollte ich auch nicht. Die vielen Pannen, die bei solchen militärischen Übungen auftraten, veranlassten mich einmal zu der Bemerkung, dass die militärische Bedeutung des MfS wohl eher darin bestehe, den Feind zu irritieren.

Eine ähnlich wichtige Rolle spielte der Dienstsport. Eigentlich wurde, außer im Winter, nur Fußball gespielt. Was die Frauen machten, weiß ich nicht mehr, es kam aber eigentlich nur Gymnastik in Frage. In den Mannschaften waren alle Dienstgrade und Altersstufen vertreten, vom Fähnrich bis zum Oberstleutnant. Das konnte auf die Dauer nicht gutgehen, zumal es einige höhere

Dienstgrade gab, die sich auf ihren militärischen Rang etwas einbildeten. Als dann einmal eine niedrige Charge einen Oberstleutnant in Turnhose beim Sturmlauf auf das gegnerische Tor überlief, ihn noch im Vorbeilaufen dienstlich korrekt fragte: »Genosse Oberstleutnant, gestatten Sie, dass ich ein Tor schieße?«, dann durch die dreckige Pfütze stürmte, in der der Verteidiger stand, und ein Tor schoss, waren die niedrigen Dienstgrade beim nächsten Dienstsport unter sich. Der bekleckerte Offizier konnte das mit seiner Ehre offensichtlich nicht mehr vereinbaren.

Eines Tages entdeckte ich plötzlich beim Sport ein mir bekanntes Gesicht: Mein Freund Helmut aus Studententagen stand mir unvermittelt gegenüber. Wir hatten uns zuletzt in Varna gesehen. Das war nun schon fast fünf Jahre her. Er hatte nach dem Studium einige Jahre in einer Kreisdienststelle des MfS gearbeitet und war nun als Chemiker zum OTS versetzt worden. Seine zukünftige Arbeit würde die Entwicklung neuer und Sichtbarmachung fremder Geheimschriften sein. Natürlich musste das gebührend gefeiert werden. Von da an waren wir oft in der Freizeit zusammen unterwegs.

Der OTS hatte in Biesenthal, in der Nähe von Bernau, ein Grundstück mit mehreren Bungalows, die von Mitarbeitern am Wochenende oder im Urlaub genutzt werden konnten. Pro Tag kostete das eine Mark. Da wir oft auch im Urlaub mit Arbeit überhäuft wurden, konnten wir es durchsetzen, dass die Frauen sich mit unseren Kindern in den Ferien zuweilen allein in diesem Objekt aufhalten konnten.

Eine oft kontrovers diskutierte Aufgabe, die nichts mit unserer wissenschaftlichen Arbeit zu tun hatte, waren die sogenannten PS-Einsätze. So hießen die Einsätze, bei denen es in der Regel um den Schutz von Personen ging. Jeder ausländische Gast der DDR wurde von einem großen Aufgebot von Mitarbeitern des MfS abgeschirmt, die an den Fahrtstrecken in kurzen Abständen bewaffnet und in Zivil patrouillierten. Das bedeutete stundenlanges Hin- und Herlaufen bei jedem Wetter. Da kam es dann schon vor, dass man frühmorgens bei strömendem Regen Passanten begegnete, die man dann mittags bei strahlendem Sonnenschein wieder traf, den Regenschirm immer noch in der Hand, die einen lachend wiedererkannten. Jeder Berliner war in der Lage, diese Posten als MfS-Angehörige zu erkennen, und das sollte wohl auch so sein.

Einmal verschwand bei einem solchen Einsatz in Pankow ein Genosse in einer Eckkneipe, weil er auf die Toilette musste. Nach kurzer Zeit war er wieder da, und wir machten stupide unseren Weg: hundert Meter hin und hundert zurück. Plötzlich wurde er aschfahl und stammelte, dass er seine Pistole auf der Toilette vergessen hätte. Es war schon eine gute Stunde vergangen. Ich beruhigte ihn, so gut ich konnte, und wir gingen zurück zur Kneipe, die, wie üblich, um die Mittagszeit voll besetzt war. Ich blieb an der Tür zum Gastraum stehen, keiner beachtete mich. Mein Genosse kam freudestrahlend aus der Toilette zurück. Die Pistole samt Schulterhalfter hatte er dort wiedergefunden, wo er sie hingehängt hatte. Es fehlte keine Patrone. Wir waren uns sicher, dass sie bemerkt worden war, aber jeder einigermaßen intel-

ligente Kneipengast hätte das auch für eine Falle halten
können, und keiner von ihnen wäre in ein offenes Messer
gerannt.

Es gab aber auch PS-Einsätze zu Parteitagen, FDGB-
Kongressen oder anderen Großereignissen. Besonders
unbeliebt waren PS-Einsätze bei Fußballspielen. Mein
Referatsleiter Franz hasste diese Einsätze dermaßen, dass
er sich im Dynamostadion immer in die letzte Reihe setzte und statt auf das Spielfeld über die Mauer blickte. »Einer muss doch das Hinterland sichern!«, meinte er.

Bei einem FDGB-Kongress waren wir an der Brücke
vor dem Museum für Deutsche Geschichte eingesetzt
worden. Unsere Aufgabe bestand eigentlich nur darin,
die Fußgänger auf die andere Straßenseite zu bitten, da
die Seite zum Palast der Republik hin abgesperrt war. Wir
unterhielten uns die ganze Zeit mit den Anglern, die am
Kanal vor dem Außenministerium saßen und angelten.
Unter den uns entgegenkommenden Fußgängern tauchte
plötzlich ein General auf. Generale zu Fuß waren auch
in der DDR nicht alltäglich. Einer unserer Genossen,
den man in eine VP-Uniform gesteckt hatte, baute sich
wichtigtuerisch vor ihm auf: »Genosse General, würden
Sie bitte die andere Straßenseite benutzen?«

Der General war so verdattert, dass er das auch tatsächlich machte. Auf der anderen Seite schiss er dann aus
Ärger einen Soldaten zusammen, der ihn angeblich nicht
richtig gegrüßt hatte. Plötzlich fuhr ein schwarzer Volvo
an uns vorbei. Die gesamte Straße Unter den Linden war
für den Verkehr gesperrt. Alle hielten das aus diesem
Grunde für ein Regierungsauto, die Obrigkeit fuhr Volvo,
aber ich hatte Teile vom Nummernschild erkannt. »OF«

deutete ich als Offenbach, und das war ja im Westen. Wir kurbelten an unserem Feldtelefon, aber am anderen Ende war keiner. Der Offenbacher wurde also mit seinem schwarzen Volvo von den Posten am Palast der Republik zum Eingang der Volkskammer umgelenkt. Erst dort erkannte man den kapitalen Irrtum und scheuchte den Offenbacher Geisterfahrer wieder auf die Straße.

17. Kapitel

Falsche Diplomaten • Menschenhändler
oder Schleuser • Berlin nimmt
uns auf • Ein großes Unglück und ein
verlorener Schlüssel • Die Stasi
schippt Schnee und wir haben
Wohnungsprobleme • Endlich
motorisiert • Alte Freunde • Ein
Weihnachtsmann mit BH

Durch die Zusammenarbeit mit den Grenzkontrolleuren wurde ich auch schnell mit dem Problem falscher Reisepapiere und Pässe bekannt gemacht. Mit der fortschreitenden internationalen Anerkennung der DDR versuchten am Anfang, zumeist Kriminelle mit gefälschten Diplomatenpässen in die DDR einzureisen. Sie waren sozusagen die Testfahrer für die politischen Interessen anderer Staaten und ihrer Geheimdienste.

Dabei wurden Länder erfunden, die überhaupt nicht existierten, und die internationalen Regeln für die Gestaltung solcher Pässe zum Teil in katastrophaler Weise ignoriert. Es mutete schon wie ein Witz an, wenn in einem russischen Text des Passes – Diplomatenpässe waren mehrsprachig – plötzlich lateinische Buchstaben auftauchten, weil die Drucker die für die Fälschung erforderlichen kyrillischen Lettern nicht auftreiben konnten. Jeder Staat, der die DDR anerkannte, musste im Außenministerium Muster seiner Pässe hinterlegen. Die Grenzkontrolleure besaßen schon nach wenigen Wochen umfangreiche Dokumentationen über die Pässe anderer Staaten.

Für das nach den Gesetzen der DDR illegale Verlassen des Staates hatten sich unter anderem in der BRD und Westberlin Gruppen organisiert, die bei der Fälschung von Ausreisepapieren professionell vorgingen. Im DDR-Sprachgebrauch hießen sie »Menschenhändler«, weil oft große Geldsummen mit einer Schleusung verbunden waren. Sie selbst nannten sich »Fluchthelfer«. Bei ihrer Arbeit wurden sie oft von den westdeutschen Behörden unterstützt. Kuriere schmuggelten zum Beispiel einen echten BRD-Pass, ausgestellt auf die zu schleusende Person, in die DDR ein. Das erforderliche Passbild war vorher in die BRD »geschickt« worden. Dieser Pass war »echt«, es fehlten darin lediglich die DDR-Einreisestempel. Die Schleuser entwickelten Methoden, echte DDR-Stempel von einem Pass in einen anderen zu übertragen. Damit konnte dann die betreffende Person als eingereister BRD-Bürger wieder ausreisen.

Wir konnten viele dieser Methoden ermitteln und die Fälschung von Stempeln erkennen. Zusammen mit einem Genossen der HA VI reiste ich innerhalb eines Monats durch fast alle europäischen sozialistischen Länder und machte deren Geheimdienste mit solchen Methoden und den erarbeiteten Gegenmitteln bekannt.

Eine andere Variante der Schleuser benutzte eine Fälschung des Formulars PM12, des vorläufigen Personalausweises der DDR. Ein verhafteter Westberliner Schleuser erzählte beim Verhör ausführlich und lustig über seine Versuche, gerade dieses Formular zu fälschen. Die Papierfabrik, die er aufgesucht hatte, bot ihm an, das erforderliche Papier zu produzieren. Die Mindestabnahmemenge waren mehrere Tonnen. Er brauchte aber nur einige Kilo. Zähneknirschend stimmte er zu. Zur Realisierung des Drucks reiste er wochenlang in der BRD umher, um in Druckereien die für ihn völlig veralteten Typen zu suchen. Er versicherte dem Vernehmer in seiner schnodderigen Berliner Art, dass er, wenn er wieder herauskäme, sofort weitermachen würde, denn der Rest des Papiers liege ja noch in seiner Garage, und der müsste noch zu Geld gemacht werden, er hätte ja dafür eine Menge bezahlt.

Dass die Menschen in der DDR nicht ungehindert reisen konnten, hatte ja zuerst politische Gründe. Die BRD maßte sich eine Art Obhutspflicht für jeden DDR-Bürger an, der sich im westlichen Ausland aufhielt. Das war im Selbstverständnis der DDR nicht hinnehmbar. Dass die Gesetze der DDR ein illegales Verlassen des Landes unter Strafe stellten, akzeptierte ich. Ohne die Sowjetunion war das ohnehin nicht zu ändern. Weniger beschäftigte ich mich mit den Motiven der Republikflüchtigen. In der Regel gab es darüber auch keine Informationen, auch nicht in meiner Abteilung.

Bei spektakulären Aktionen, wie der Flucht einer ganzen Schicht des Krankenhauses Friedrichshain in den Westen, gab es aber auch Ausnahmen. Dass ein Arzt seine Patienten auf diese Art im Stich lässt, ordne ich auch heute noch als Verrat eines Arztes an seinen Schutzbefohlenen, den Patienten, ein. Als ich einige Jahre später einen Artikel im *Spiegel* von 1973 über die Schleusungen von Ärzten aus der DDR las, klappte mir förmlich der Unterkiefer herunter. Hier wurde ein Motiv genannt, das ich in dieser Ausprägung kaum für möglich gehalten hatte: Geld. Für fünfstellige Summen waren Ärzte bereit, ihre Patienten im Stich zu lassen. »1.400 Mark hat meine Frau im Monat als Ärztin verdient, das kriegt bei uns auch eine Schweinezüchterin«, sagte einer der Geschleusten. Das war für mich ein starkes Motiv, meine Arbeit so gut wie möglich zu machen. Ich verdiente zu dieser Zeit etwa genauso viel wie diese Schweinezüchterin. Hätte man die DDR durch die BRD staatlich anerkannt, hätte die DDR diese Reisebeschränkungen aufheben müssen.

Das Verhörprotokoll des Schleusers hätte ich eigentlich

aufgrund des Geheimnisschutzes nicht lesen dürfen. Später, als ich bereits in der Abteilung 35 arbeitete, bekamen wir den Auftrag, für Mielke eine Dokumentation mit reichlich Bildmaterial zu fertigen, in der alle spektakulären erfolgreichen und nicht erfolgreichen Fluchtversuche aufgelistet waren. Es gab davon, so glaube ich, nur drei Exemplare. Die sind bestimmt nicht verschwunden, sondern gut verwahrt. Eigentlich sollte man sie veröffentlichen, als Beweis für die Findigkeit von DDR-Bürgern, die Grenze zum Westen zu überwinden.

Ende 1977 bekamen wir endlich eine Wohnung in Berlin. Sie war nur wenige Hundert Meter vom Operativ-Technischen Sektor entfernt, und ich konnte zu Fuß zum Dienst gehen. Es war für uns drei eine relativ große Wohnung, zwei Zimmer, Küche, Balkon, kein Bad, Ofenheizung und ziemlich baufällig, aber wir waren endlich wieder zusammen. Der Umzug verlief problemlos, wir hatten ja so gut wie keine Möbel aus Jena nach Berlin mitzunehmen.

Unser Leben hatte sich nun nach meiner Arbeit auszurichten. Zwar gab es feste Dienstzeiten, aber das war eher theoretischer Natur. Wenn es notwendig war, wurde länger gearbeitet, und in bestimmten Fällen waren auch die Wochenenden oder Feiertage betroffen. Auf die Schulferien wurde bei der Urlaubsplanung aber Rücksicht genommen, viele Mitarbeiter waren mit Lehrerinnen verheiratet.

Es gab im MfS ein ausgeklügeltes Benachrichtigungssystem, das garantieren sollte, dass alle Mitarbeiter in kürzester Zeit die Dienststelle aufsuchten. Über Telefon wurde dann ein Codesatz mitgeteilt, und die Mitarbeiter benachrichtigten sich in einer Art Schneeballsystem. Wer kein Auto hatte, wurde nach einem festen Plan von anderen mitgenommen. Wer kein Telefon besaß, wurde dann nachts durch Klingeln an der Haustür geweckt. Das Prinzip funktionierte ganz gut und wurde ständig überarbeitet.

Der wichtigste Mann war der sogenannte ODH, der Operative Diensthabende. Das war ein Mitarbeiter, der Nachtdienst hatte und der diese Benachrichtigungskette anstoßen musste, natürlich auf Befehl von weiter oben. Der ODH wurde von Gehilfen unterstützt, die in den einzelnen Gebäuden des OTS saßen und sich GvD nannten: Gehilfen vom Dienst. Jeder kam einmal an die Reihe. Nächtliche Kontrollgänge und ständiger Telefondienst waren die Regel. Einmal kam es vor, dass ein Mitarbeiter aus nicht mehr nachvollziehbaren Gründen diesen Alarm anstieß, ohne dass von oben ein Befehl dazu erteilt worden war. Die Lawine war nicht mehr aufzuhalten. Manche beneideten ihn um die Strafe. die er erhielt: Er wurde nie wieder als ODH eingesetzt.

Die Abteilung 34 teilte sich ein großes Gebäude mit der Abteilung 32, deren Aufgaben denen eines kriminalistischen Instituts glichen. Sie war wissenschaftlich-technisch hervorragend ausgerüstet und arbeitete eng mit der Sektion Kriminalistik der Humboldt-Universität zusammen. Sie führte auf Anforderung eigenständig Untersuchungen durch und übergab die Resultate der Staatsanwaltschaft. Das betraf vor allem politische Delikte wie Spionage und Sabotage, aber auch Mord oder große

Unglücke oder Flugzeugabstürze im Ausland. In einer Kassette wurden die Reisepapiere der betreffenden Mitarbeiter aufbewahrt, die dann ohne Verzögerung reisen konnten.

Nach der Wende wurde behauptet, dass die Staatssicherheit die Aufgabe gehabt hätte, die wahren Ursachen zum Beispiel von Unglücken zu vertuschen. Was über ein Unglück und zu welcher Zeit veröffentlicht wurde, war ausschließlich eine politische Entscheidung der Staatsführung. Dass die Untersuchungsergebnisse geheim waren, hatte nichts mit Vertuschung zu tun. Ich nahm einmal an einer Veranstaltung im OTS teil, in der die Verantwortlichen der Abteilung 32 über die Untersuchungsergebnisse nach dem Explosionsunglück 1979 im Ölwerk Riesa berichteten, bei dem mehrere Arbeiter ums Leben gekommen waren. Hier wurden nur wissenschaftlich fundierte Ergebnisse vorgestellt. Allen Beteiligten wurde klar, dass der enorme politische Druck auf die Betriebsleitung, die Produktion von dringend benötigtem Speiseöl zu erhöhen, letztlich zur Überlastung der veralteten Anlagen und zum Unglück führte. Dabei wurden auch die geltenden Sicherheitsbestimmungen missachtet. Ausbaden mussten das allein die Verantwortlichen der Betriebsleitung, die zu hohen Haftstrafen verurteilt wurden. Dass bei der Explosion die bereits fast fertige neue Anlage ebenfalls total zerstört wurde, vergrößerte den angerichteten Schaden erheblich. Das MfS befasste sich mit dem Fall, da Sabotage zunächst nicht ausgeschlossen werden konnte. Nach der Wende begegnete mir zufällig die damals verantwortliche Staatsanwältin, mit der ich mich über diesen Fall unterhielt. Rein rechtlich war das

Urteil kaum anzufechten, aber die politischen Ursachen wurden bei der Urteilsfindung nicht berücksichtigt. Es hätten möglicherweise sonst noch andere auf die Anklagebank gehört.

Das Sicherheitsbedürfnis innerhalb des MfS nahm mitunter eigenartige Züge an. Oft hatte ich das Gefühl, etwas Wichtiges nicht beachtet zu haben. Der schon erwähnte GvD hatte zum Beispiel die Aufgabe, auf seinen Rundgängen darauf zu achten, dass alle Türen verschlossen und versiegelt waren. Mein Schlüsselbund wuchs ständig. Einmal wollte ich durch einen selten benutzten Nebeneingang das Haus verlassen, aber kein Schlüssel passte. Ich probierte und probierte, doch ich fand den Schlüssel nicht. Ich meldete das natürlich dem Abteilungsleiter, der mich fürchterlich abkanzelte und mir mangelnde Wachsamkeit vorwarf. Ich bekam eine Rüge. Das ärgerte mich natürlich, aber der Schlüssel war ja weg, und das war meine Schuld. Wochen später ging ich durch eben dieselbe Tür. Als ich sie hinter mir verschloss, wunderte ich mich sehr. Den Schlüssel hatte ich doch verloren! Schließlich stellte ich fest, dass meine Verlustmeldung ein Irrtum war. Er war nie weg gewesen. Freudestrahlend ging ich wieder zum Leiter der Abteilung und bekam postwendend die zweite Rüge. Ein Mitarbeiter habe gefälligst nur das zu melden, was tatsächlich stimme! Ich hatte geglaubt, dass der wiedergefundene Schlüssel meine erste Rüge hinfällig machen würde, aber ich war ja hier nicht in der katholischen Kirche, und die Vergebung von Sünden war sowohl beim Militär als auch bei der Partei nicht vorgesehen.

Regelmäßig gab es Jahresfeiern des OTS. Eine, an die

ich mich noch gut erinnere, fand im *Palasthotel* statt. Es wurden bekannte Künstler der DDR engagiert, denen bestimmt nicht entgangen sein dürfte, für wen sie da sangen. Berührungsängste oder Ablehnung habe ich nie vernommen. Zwar waren nicht gerade meine Lieblingskünstler darunter, aber dass der OTS auf einer solchen Feier einmal aus der Anonymität auftauchte, war schon erstaunlich. Was viele aber nicht wussten, war, dass das *Palasthotel* eigentlich von der Hauptabteilung VI des MfS gemanagt wurde. Das traf auch auf das beliebte Urlauberschiff *Völkerfreundschaft* zu. Das war so etwas wie eine gut getarnte schwimmende Grenzbefestigung. Der Chef der HA VI redete bei vielen Gelegenheiten von »seiner *Völkerfreundschaft*« ebenso, wie er von »seinen Genossen Ingenieuren« redete, wenn er die wissenschaftlichen Mitarbeiter meinte. Das hatte für mich immer etwas feudale Züge, obwohl er sehr leutselig war und gut Akkordeon spielen konnte.

Der Winter 1978 ließ auf sich warten. Ende Dezember war es noch mild, der Mieter über uns war ausgezogen, die Wohnung stand leer und war nicht wieder vergeben worden. Unser Nachbar versuchte, mit eigenen handwerklichen Mitteln etwas aus seiner Wohnung zu machen, und war ständig am Hämmern und Bohren. Über den Jahreswechsel hin wurde es bitterkalt, und wir hatten Mühe, mit unserem einzigen Kachelofen einen Teil des Wohnzimmers mit seinen fünf Fenstern einigermaßen warm zu bekommen.

Kurz nach Neujahr wurde ich dann abkommandiert zum Schneeschippen in der Rigaer Straße am Bersarinplatz. Einige Hundert MfS-Mitarbeiter sollten die meterhoch verschneite Straße beräumen. Platz für den Schnee gab es nicht, und abgefahren werden konnte auch nur eine geringe Menge. Also schippten wir die rechts und links parkenden Autos zu, ließen aber schmale Passagen für Fußgänger frei.

Als dann unser Frühstück eintraf, die Küche des OTS hatte belegte Brote gemacht, mussten wir feststellen, dass sie alle inzwischen steinhart gefroren waren. Die Anwohner halfen uns aus der Klemme. Ein Fleischer und ein Bäcker stifteten eine große Menge Bockwürste mit Brötchen, und aus einer nahe gelegenen Kirche bekamen wir Tee und Glühwein. Ich denke schon, dass alle wussten, woher wir kamen. In unseren Winteruniformen sahen wir zwar aus wie Wehrpflichtige, aber das Alter und die Schulterstücke sprachen eine andere Sprache. Die meisten waren Offiziersdienstgrade vom Leutnant aufwärts. Ohnehin waren die Berliner, wie gesagt, ziemlich helle und den Umgang mit der Stasi gewohnt.

Als dann später das Tauwetter einsetzte, bekamen wir die Folgen dieses vorhergegangenen Frostes hautnah zu spüren. Wir saßen in der Küche beim Frühstück, als mich meine Frau auf unsere seltsam glitzernde Tapete aufmerksam machte. Ich tippte mit dem Finger dagegen, und da spritzte mir das Wasser ins Gesicht. Über die gesamte Breite der Wand lief das Wasser über die Tapete und verschwand in einer Spalte hinter der Scheuerleiste. Ich lief in den Flur und öffnete die Wohnungstür. Im selben Augenblick erschien mein Nachbar. Er sah aus, als wäre er gerade in einen Betonmischer gefallen. Wir hasteten die Treppe hinauf, aber die Wohnungstür der leeren Wohnung war verschlossen. Wir hatten keine Zeit, uns von irgendjemandem einen Schlüssel zu besorgen, und traten kurzerhand die Wohnungstür ein, das heißt, wir hatten einige Mühe damit, denn es war ein altes Bürgerhaus, das schon bessere Zeiten gesehen hatte. Wenn in diesem Haus noch etwas in Ordnung und stabil war, dann waren das die Wohnungstüren.

In der Wohnung gurgelte und gluckste es, aus allen Hähnen im Bad schoss das Wasser, und in der Küche begrüßte uns ein Wasserstrahl, der dirckt gegen die ge genüberliegende Wand ging. Darunter lag unsere Küche. Die meisten Fenster standen offen. Der Frost hatte ganze Arbeit geleistet. Hier oben konnten wir die Flut nicht stoppen, denn die Leitungen waren geplatzt. Wir stürmten hinunter in den Keller, und es gelang uns tatsächlich, in einem Verschlag den Haupthahn für das Wasser zu finden. Als wir schließlich atemlos auf dem Treppenabsatz saßen, erzählte mir mein Nachbar, dass er gerade mit dem Verputzen der Decke im Bad fertig geworden war, als ihm sein ganzes Kunstwerk auf den Kopf fiel. Im Gegensatz zu ihm hatten wir nur eine feuchte Wand, den größeren Schaden hatte der Mieter unter uns.

1979 wurde unsere Tochter Anne geboren. Das verschärfte die Probleme mit unserer Wohnung. Der Wunsch, ein Bad einbauen zu lassen, war abgelehnt worden, die Decken wären zu schwach, um die Last zu tragen. Die Küche ließ sich nicht heizen, und um sie einigermaßen zu erwärmen, ließen wir den gasbetriebenen Backofen laufen. Das Baden lief dann immer in einer großen Kinderbadewanne ab, die Kleinen zuerst und dann die Großen, denn das Badewasser mussten wir auf dem

Gasherd warm machen. Natürlich hatten wir einen neuen Wohnungsantrag gestellt, aber die Wohnungssituation war nicht besonders gut, obwohl ringsherum gebaut wurde. Ich erinnere mich an einen Mitarbeiter, der in der Brunnenstraße direkt an der Mauer wohnte. Von seinem Schlafzimmer aus konnte er nach Westberlin sehen. Der Hausflur war schon Grenzgebiet. Wenn man ihn besuchen wollte, musste man einen Passierschein beantragen. Das galt auch für MfS-Mitarbeiter.

Mittlerweile hatte ich auch meine Fahrerlaubnis abgelegt und war im Besitz eines Führerscheins, der tatsächlich so hieß. Wir hatten zwar kurz nach der Hochzeit eine Anmeldung für ein Auto abgegeben, hätten aber bei sofortiger Lieferung nicht einmal das Lenkrad bezahlen können. Die Wartezeiten betrugen damals etwa zehn Jahre, vergrößerten sich aber von Jahr zu Jahr. Ich musste schließlich dreizehn Jahre auf mein Auto warten. Ich schaute mich deshalb nach einem gebrauchten Auto um und hatte Glück. Ein Mitarbeiter verkaufte mir seinen Trabant Kombi zu einem für mich akzeptablen Preis.

Jetzt waren wir endlich motorisiert. Zu Fuß oder mit öffentlichen Verkehrsmitteln hatten wir zuerst nur die nähere Umgebung erkundet. Die Gegend zwischen Obersee und Orankesee war sehr schön, und in den ruhigen Einfamilienhaus-Siedlungen konnte man stundenlang spazieren gehen. Am Orankesee gab es ein Strandbad, und im Winter konnte man dort Schlittschuh laufen oder mit den Kindern Schlitten fahren. Es kam auch seltener vor, dass wir uns mit dem Kinderwagen an den Müggelsee wagten. Die Hinfahrt mit der Straßenbahn war noch einigermaßen erträglich, aber die Rückfahrt jedes Mal eine Katastrophe. Die Bahn war für Kinderwagen nicht eingerichtet und hoffnungslos überfüllt. Da half es auch nicht, wenn die Fahrgäste beim Ein- und Aussteigen behilflich waren.

1979 marschierten sowjetische Truppen in Afghanistan ein. Die Begründungen für diesen Schritt, der mich und viele meiner Freunde und Genossen erschreckte, glichen auffällig denjenigen, die 1968 den Einmarsch in die ČSSR begleitet hatten. Damals verstand ich noch, dass man verhindern wollte, dass ein sozialistisches Land mit Hilfe des Westens versuchte, das sozialistische Lager zu verlassen. Viele Einzelheiten waren mir zu der Zeit unbekannt, aber einen Teil der Vorgänge um den Prager Frühling hatte ich ja selbst erlebt. Die vorgetragenen Argumente über die Richtigkeit des Einmarschs in Afghanistan teilte ich aber von Anfang an nicht. Es war deutlich genug, dass diese von der sowjetischen Führung kamen. Wir hatten immer gelernt, dass man eine Revolution nicht exportieren könne, und die tragischen Fehlschläge des auch von mir sehr verehrten kubanischen Revolutionärs Che Guevara in Afrika und Südamerika schienen das zu bestätigen. Der Einmarsch in Afghanistan verstieß nicht nur für mich gegen diesen »ehernen« Grundsatz, aber eine Diskussion darüber wurde nicht zugelassen, im MfS nicht und auch nicht außerhalb. Es war zu spüren, dass die Partei damit so ihre Schwierigkeiten hatte.

In dieser Zeit trafen wir auch alte Freunde aus Jena wieder, die wir noch vom Studium kannten. Ulrich, ein Philosoph, arbeitete irgendwo beim Zentralrat der FDJ, und seine Frau Helga leitete die Bibliothek an einer FDJ-Schule in Leegebruch, in der die FDJ-Auslandsbrigaden auf ihren Einsatz vorbereitet wurden. Das waren nicht nur Einsätze in sozialistischen Ländern, sondern auch in Afrika und Lateinamerika. Einige Jahre später lernte ich auch Helgas Vater kennen, der mich sehr beeindruckte. Er hieß Adolf und war Jude. In einem längeren Gespräch erzählte ich ihm, wo ich arbeitete, und er sagte mir so nebenbei, dass er, wenn er in England sei, schon das eine oder andere Mal Aufträge für meinen Verein erledigt habe. Er sei als junger Mann auf der Flucht vor den Nazis nicht ganz freiwillig nach Palästina gekommen und dort in einem Internierungslager gelandet. Man suchte dort unter den jüdischen Immigranten Personal für die Spitze des zukünftigen israelischen Staates. Als man versuchte, ihn für eine paramilitärische Truppe zu werben, sei er nach England abgehauen. Er hätte keine Lust gehabt, in einer jüdischen SA arabische Bauern mit Knüppeln aus ihren Dörfern zu vertreiben. Das haute mich fast um. Er, der bestimmt genau wusste, wovon er sprach, benutzte gezielt die Bezeichnung »jüdische SA«. Als er meinen verdutzten Blick bemerkte, meinte er, nichts ist so, wie es scheint, und es ist besser, nachzufragen, als irgendetwas einfach zu glauben.

Auch Frank und Monika, mit denen wir in Thüringen über die Drei Gleichen gewandert waren, fanden sich wieder ein. Sie hatten inzwischen eine Wohnung in Erkner bezogen, waren aber schon auf dem Sprung nach Amerika. Sie sollten eine Arbeit an der DDR-Botschaft in den USA aufnehmen.

Ende 1980 konnten wir dann endlich umziehen. In der Werneuchener Straße bezogen wir eine Dreiraumwohnung in einem fünfgeschossigen Neubau. Hier waren alle Mieter beim MfS. Das Haus stand ziemlich frei, wir hatten einen großen Spielplatz, an den sich der Sportplatz einer Schule anschloss. Es entwickelte sich schnell ein guter Kontakt zu allen Mietern unseres Aufgangs, und wir halfen einander nach Möglichkeit, vor allem bei der Kinderbetreuung. Oft saßen eine oder mehrere Mütter umringt von Kinderwagen und spielenden Kleinen hinter dem Haus auf dem Spielplatz.

Meine Auftritte als Weihnachtsmann des Hauses sind mir noch gut in Erinnerung. Der aus Watte bestehende Rauschebart war eine Glanzleistung der Bastelkunst meiner Frau. Ursprünglich als Zwergenbart für einen Kinderfasching meines Sohnes gedacht, wurde er für den Weihnachtsmann umgearbeitet. Das Körbchen eines BH, mit reichlich Watte beklebt, passte gut auf mein Kinn und wurde mit einem Gummiband hinter den Ohren festgehalten. Die Zwergenmütze übernahm ich gleich mit. Ein langer schwarzer Mantel und die Stiefel meiner Uniform komplettierten das Ganze.

Problematisch war nur, dass ein Hausbewohner seine kleine Tochter ein ellenlanges Gedicht hatte einüben lassen. Ich stand in einer für zweistellige Minustemperaturen vorzüglichen Winterkleidung in der überheizten Neubauwohnung. Die Kleine stand vor mir, die Hände auf dem Rücken, hatte so ziemlich keinen Respekt vor mir in meiner albernen Verkleidung und sagte, ohne anzuhalten, ihre Verse auf. Alle schmunzelten. Ich konnte nicht richtig atmen, denn mir geriet immer die Watte zwischen die Lippen. Kurz bevor ich in Ohnmacht fiel, durfte ich in das rettende, kühle Treppenhaus hinaus. Damit war es aber noch nicht zu Ende. Ein Stockwerk höher wartete die nächste Bescherung. Damit noch nicht genug, hatte ich mich dummerweise bereitgefunden, bei unseren Freunden in Berlin-Marzahn auch noch aufzukreuzen. Die Fahrt mit dem Trabant nach Marzahn entschädigte mich für die bereits durchgestandenen Strapazen. Die mehrspurige Straße war gut befahren, aber ich war an jeder Ampel der Schnellste. Alle kamen vor Staunen und Lachen über einen Weihnachtsmann im Trabant nicht in Schwung.

18. Kapitel

Eine Reise in die Vergangenheit • Camping im Internierungslager • Vertrieben oder umgesiedelt • Fahnenflucht • Die Kinderfrau • Großvaters Hof • Und was ist Heimat?

1982 bat mich mein Vater, mit ihm in die ČSSR, in seine alte Heimat, zu fahren. Natürlich kam meine Mutter mit. Die achthundert Kilometer mit dem Trabant nach Mohelnice, das vor 1945 Müglitz hieß, wollte ich an einem Tag schaffen.

Kleine Probleme gab es an der Grenze zur ČSSR. In der DDR war gerade die Maul- und Klauenseuche ausgebrochen, die tschechoslowakischen Grenzer sammelten bei den Touristen alle Esswaren ein und warfen sie in große Container. Nichts davon durfte über die Grenze. Meine Mutter, die gut für uns vorgesorgt hatte, reichte unseren großen Frühstücksbeutel heraus und bekam ihn leer wieder zurück. Wir machten lange Gesichter, sahen aber doch die Notwendigkeit dieser Maßnahme ein. Einige Kilometer hinter der Grenze hielten wir auf einem Parkplatz an. Mutter fragte gutgelaunt, ob wir Hunger hätten. Vater wollte schon lospoltern, da reichte sie jedem ein Käsebrötchen. »Ich hatte den Beutel zwischen meinen Knien ganz vergessen«, sagte sie lachend. Auch diesen Beutel hatte sie gut gefüllt, allerdings nur mit gekochten Eiern und Käsebrötchen. Die Wurst hatten wir eingebüßt.

Eigentlich hatte ich gedacht, dass mein Vater etwas mehr als bisher von seiner Jugendzeit und seinem Dorf Augezd erzählen würde, aber er war ziemlich still. Offensichtlich war er mit seinen Gedanken bereits in die Vergangenheit eingetaucht, ließ es sich aber nicht anmerken. Nur einmal konnte ich ihn überreden, unterwegs einen kleinen Ausflug zu machen.

Auf halbem Weg zwischen der Grenze und Hradec Králové, dem einstigen Königgrätz, fiel mir die schon weithin sichtbare Burg Trosky auf. Auf zwei Felsnadeln thronten zwei wuchtige Gebäude, verbunden durch hohe Mauern. Meine Vorliebe für alte Gemäuer siegte, und ich konnte meine Eltern von der Notwendigkeit dieser Pause überzeugen. Der Trabant schaffte kaum die Steigung bis hin zum Parkplatz, aber wir hatten Pech. Die Burg war geschlossen. »Heute Ruhetag«, las Vater vor. Auf dem Schild stand kein einziges deutsches Wort.

Wir schafften es tatsächlich noch vor dem Abend bis nach Mohelnice und fanden auf einem Campingplatz am Stadtrand ein Quartier. Wir mieteten einen einfachen Bungalow, er war für uns völlig ausreichend. Der Campingplatz befand sich genau an derselben Stelle, an der 1945 die Deutschen aus der Umgebung – unter ihnen die Eltern meines Vaters und eine seiner beiden Schwestern – interniert worden waren, bevor sie endgültig heim ins Reich mussten.

Mizzi, die andere Schwester, war mit einem Tschechen befreundet, musste nicht in das Lager und konnte der Familie nachts, obwohl sie von den Posten bemerkt wurde, Nahrungsmittel durch den Zaun zustecken. Dafür bekam sie dann in der Bundesrepublik als Dank von den Mit-Vertriebenen den Beinamen »Tschechenhure«. Leider hat sie aus diesem Erleben andere Lehren gezogen. Meinen Vater beschimpfte sie nach der Wende als üblen Kommunisten.

Auf den akribisch geführten Listen, die für die Aussiedlung der Deutschen aus Újezd, wie das Dorf jetzt hieß, durch die örtlichen Behörden vorbereitet worden waren, befand sich unter den Personen auf dem Hof meines Großvaters noch ein kleines Mädchen mit dem Namen

Gerta, das 1944 geboren worden war. Ich denke heute, dass es das Kind von Mizzi Pelzl und diesem erwähnten Tschechen war. Was aus Gerta geworden ist, konnte ich leider nicht in Erfahrung bringen.

Wenn man nicht über die Verbrechen der SS und der deutschen Wehrmacht in der Tschechoslowakei nachdenken will und über die Politik die dahin führte, ist man natürlich »Vertriebener«, was ja bedeutet, dass primär ausschließlich das eigene Leid wahrgenommen wird.

Ohne den Überfall auf die Tschechoslowakei hätte keiner der dreihunderteins deutschen Einwohner von Augezd seine Heimat verlassen müssen, und mein Vater wäre nie Feldwebel der Wehrmacht geworden, sondern vielleicht doch Lehrer. Rache und Vergeltung sind die unzivilisierten Nachwehen von Kriegen, die ja selbst nie zivilisiert ablaufen, obwohl die Politiker in Friedenszeiten immer wieder glauben machen wollen, mit Regeln und Konventionen dem beizukommen, und gerade dabei sind, humanitäre Kriege zu erfinden.

Eines aber wird nur allzu oft vergessen: Vor der Rache, vor der Vergeltung kamen die Verbrechen des faschistischen Krieges über die Tschechen und die Slowaken. Nahezu tausend Jahre hatten Deutsche und Tschechen nebeneinander und miteinander in Böhmen und Mähren gewohnt und sich den verschiedensten Obrigkeiten mal mehr und mal weniger gut angepasst, auch wenn diese sich oft um die Macht stritten. Todfeinde waren sie nie.

Erst als unter nationalistischen Flaggen die Bevölkerungsgruppen gegeneinander aufgehetzt wurden, änderte sich das grundlegend. Warum liefen die Deutschen plötzlich hinter dem Turnlehrer Konrad Henlein her? Hatte der SS-Obergruppenführer ihnen blühende Landschaften oder gar das Himmelreich versprochen? Kein einziger deutscher Bewohner von Augezd hatte Einspruch erhoben, als das tschechische Dorf Javoříčko – nur fünfzehn Kilometer vom deutschen Dorf Augezd entfernt – von der SS niedergebrannt und alle achtunddreißig Einwohner erschossen wurden. Sie wussten es alle. Kannte niemand das Schicksal der Bewohner von Lidice? Hatten die Deutschen tatsächlich geglaubt, dass diese Mordtaten für alle Zeit ungesühnt bleiben würden?

Natürlich erfasst auch das Wort »Umsiedler« den Verlust der Heimat und die dahinterstehende Tragik nicht im Geringsten, ja, blendet sie geradezu aus. Wenigstens ist »Umsiedler« nicht vordergründig moralisierend und weist nicht mit dem Finger nur auf andere.

Kurz vor dem Einmarsch der deutschen Wehrmacht im Sudetenland verschwanden die jungen Männer von Augezd im wehrfähigen Alter in den Wäldern, um nicht noch in der tschechischen Armee dienen zu müssen, denn die Tschechoslowakei hatte im September 1938 die Generalmobilmachung ausgerufen. Der Krieg mit dem Deutschen Reich stand vor der Tür.

Es gibt ein schönes koloriertes Foto von meinem Vater und seiner Musikgruppe, den Jazz Bojs, in der er Akkordeon spielte. Dazu kamen noch eine Geige, eine Mandoline, ein Saxophon und das Schlagzeug. Alle Musiker gingen in die Wälder, mein Vater hat als einziger von ihnen den Krieg überlebt. Auch die Sudetendeutschen waren tschechische Staatsbürger, und eine Flucht in die

Wälder war in dieser Situation gleichbedeutend mit Fahnenflucht. Darauf stand damals die Todesstrafe. Dass der spätere Ortsbauernführer von Augezd den tschechischen Behörden 1945 die Fotos der Fahnenflüchtigen übergab, die er selbst von den jungen Männern im Wald gemacht hatte, verschaffte ihm den »geordneten Rückzug« heim ins Reich mit Sack und Pack. Eben dieser Mann versuchte, meinen Vater später ohne Erfolg zu einer Mitarbeit an einer Heimatchronik zu überreden.

Am nächsten Morgen fuhren wir von Mohelnice in das Dorf Újezd. Wir parkten das Auto am Dorfkonsum unterhalb des Dorfteichs. Es waren nur noch wenige Schritte in einen kleinen, unbefestigten Seitenweg hinein, an dessen Ende der ehemalige Hof meines Großvaters lag. Selbst ich erkannte den Hof sofort – das große Hoftor mit seiner schönen Kassettenfront war noch dasselbe wie auf den letzten Fotos von 1945, die ich im Familienalbum meines Vaters gesehen hatte. Von allen drei Geschwistern gibt es jeweils ein Foto, das hier aufgenommen worden war.

Wir gingen wortlos auf das Tor zu. Linker Hand war ein kleiner Garten, das sogenannte Ausgedinge, mit einem Häuschen, in dem die Alten wohnen mussten, nachdem sie den Bauernhof an den ältesten Sohn übergeben hatten. Dieser Bereich war vom Hof getrennt, um zu verhindern, dass der alte Bauer seinem Sohn in die Wirtschaft hineinredete. Der Krieg hatte diesen bis dahin normalen Lauf der Geschichte zerstört. Vater hätte als ältester Sohn den Hof übernehmen müssen, so waren die Regeln. Der jüngste Sohn Hugo war, neunzehnjährig, als Soldat der SS-Leibstandarte »Adolf Hitler« beim Prager Aufstand vermutlich getötet worden. Die SS hatte das Lazarett, in dem er lag, bis zur letzten Patrone verteidigt, er galt als vermisst. Mit seinen 2,04 Metern gehörte er zu den »langen Jungs« des Führers. Hausherr war nun nach dem zu Recht verlorenen Krieg ein ehemaliger Panzermajor, der mit General Ludvig Svobodas Truppen gemeinsam mit der Roten Armee seine Heimat befreit hatte. Svoboda wurde später Präsident der ČSSR.

In dem Gärtchen am Ausgedinge arbeitete eine alte Frau, schwarz gekleidet, mit einem karierten, fest um den Kopf gebundenen Kopftuch, das nur einen handtellergroßen Gesichtsausschnitt freiließ, und einer bunten Schürze. Mein Vater blieb plötzlich stehen, die Alte drehte sich zu ihm hin, beide sahen sich an, und die alte Frau sagte etwas zu ihm. Meine Mutter flüsterte: »Sie hat ›Pepik‹ zu ihm gesagt, das war sein Spitzname, als er noch ein kleiner Junge war!«

Die Alte war seine tschechische Kinderfrau – sie musste nun schon an die neunzig Jahre alt sein. Sie hatten sich beide sofort erkannt. Er unterhielt sich plötzlich fließend tschechisch mit ihr. Vater war 1944 das letzte Mal hier auf Urlaub gewesen.

Mutter nahm mich still am Arm, und wir gingen eine Runde um den Dorfteich. Als wir zurückkamen, war Vater schon im Gespräch mit den Bewohnern. Sie luden uns ein, und wir tranken in der kleinen Küche einen Kaffee. Es gab keine Verständigungsschwierigkeiten, Vater sprach ja Tschechisch, und ich hatte den Eindruck, dass die neuen Bewohner nach anfänglicher Zurückhaltung erfreut waren, uns zu begegnen. Im Gespräch erfuhren wir auch, dass mein Vater so ziemlich der letzte Deutsche war, der sich auf den Weg nach Augezd in seine verlorene Heimat gemacht hatte. Er war ja auch der Einzige, der nach 1945 in die DDR gegangen war. Der Grund war keineswegs politischer Natur. Seine Frau lebte in Thüringen. Dass sich mein Vater dafür schämte, 1938 sein Land im Stich gelassen zu haben, indem er in die Wälder flüchtete, weiß ich heute. Das war vielleicht der Grund dafür, dass er sich erst nach so vielen Jahren auf den Weg in seine alte Heimat machte.

Großvaters Hof wies wie viele deutsche Höfe in dieser Gegend einige Besonderheiten auf. Er hatte einen rechteckigen Grundriss und war von allen Seiten von Gebäuden umgeben. Das Hoftor war Teil des Wohnhauses und besaß eine wunderschöne, getischlerte Front aus quadratischen ineinander verschachtelten Kassetten. Der Hof war nicht gepflastert, und in der Mitte thronte ein großer Misthaufen. Damit die Bewohner beim Betreten der Ställe und Speicher nicht ständig durch die Mistpfützen laufen mussten, gab es einen umlaufenden Wandelgang, der zur Hofseite mit steinernen Säulen abgestützt war. Das gäbe dem ganzen Innenhof ein etwas vornehmes Gepräge, wenn denn der Misthaufen nicht gewesen wäre.

Großbauern waren die Pelzls nicht. Eigentlich nannte man sie hier Gärtler. Angeblich soll der Urgroßvater seinen ersten Hof beim Kartenspiel verloren haben, aber er hatte seiner Frau Theresia versprochen, wieder der größte Bauer in Augezd zu werden. In den Unterlagen zur Volkszählung von 1911 wird der Hof des Urgroßvaters in Augezd mit zwei Pferden, drei Kühen, einer Ziege, zwei Gänsen, zwanzig Hühnern und vierzehn Tauben aufgeführt. Das wird sich in den folgenden Jahren nicht wesentlich geändert haben.

Es gibt nur ein kleines Foto vom Abschied aus Augezd. Mutter und Vater stehen vor dem großen Hoftor neben der lachenden Hausherrin, und die alte Kinderfrau wischt sich mit einem Zipfel ihrer Schürze die Tränen aus den Augen.

Mein Vater versuchte sein ganzes Leben lang, auch für komplizierte Probleme einfache Lösungen zu finden. Damit war er nicht immer erfolgreich. Als er Anfang der 1950er Jahre in die SED eintreten wollte, nahm man ihn nicht. Er war ja Zwölfender, Wehrmachtsfreiwilliger, gewesen. Er ging in die NDPD, in die viele ehemalige Offiziere der Wehrmacht eingetreten waren, und war dort bis zur Wende politisch aktiv. Als er von der FDP einen Brief bekam, in dem man ihn als neues Mitglied begrüßte, ging er wütend zu seinem Parteibüro und schmiss sein Parteibuch dem dort hinter dem Schreibtisch Sitzenden auf die Tischplatte. Sein zur FDP konvertiertes Gegenüber war ein ehemaliges NDPD-Mitglied und guter Bekannter.

Nach der Wende überlegte er, den Hof den neuen Bewohnern für eine Mark zu verkaufen, damit ein für alle Mal Ruhe sei. Er wusste aus eigener Erfahrung, dass auch die neuen, die richtigen Deutschen bereits ein Auge auf ihren ehemaligen Besitz im Osten geworfen hatten. Vor der Wende hatten es seine beiden im Westen lebenden Schwestern fertiggebracht, ihn für tot erklären zu lassen, obwohl er sie ja schon mehrmals besucht hatte und sie wussten, dass er in der DDR lebte. Hintergrund dieser

Ungeheuerlichkeit war das Bestreben, an den auf der nun tschechischen Bank in Mohelnice immer noch liegenden letzten Wehrmachtssold meines Vaters heranzukommen. Und das, was ihnen mit ihrem vermissten Bruder Hugo gelang, funktionierte auch bei meinem Vater. Die sozialistischen tschechischen Behörden zahlten seinen Schwestern auf der Grundlage der von den westdeutschen Behörden ausgestellten Bescheinigung das Geld aus! Mein Vater war des Geldes wegen für sie gestorben. Das führte zum endgültigen Bruch und ließ vermuten, dass die Schwestern auch versuchen würden, auf irgendeine Weise an den alten Hof heranzukommen. Aber rein rechtlich gehörte der Hof meinem Vater nicht mehr. Und was mit jedem DDR-Betrieb für eine D-Mark ging, ging hier nicht. Die Frage, wie lange denn dieses Recht gelten wird, wurde ihm nicht beantwortet.

Wir besuchten am nächsten Tag das Dorf Javoříčko und die unweit davon gelegene Burg Bouzov, von der am 5. Mai 1945 diejenige SS-Einheit ausgerückt war, die Javoříčko dem Erdboden gleich gemacht hatte.

Später fand ich im Nachlass meines Vaters einen Brief einer Bundesbehörde an ihn, dass er nach dem Vertriebenenzuwendungsgesetz keinen finanziellen Anspruch auf den Verlust seiner Heimat hätte, da er diese freiwillig verlassen habe. Ich fand aber auch Briefe, die er mit den Besitzern des Hofes in Augezd in Freundschaft ausgetauscht hatte. Er hatte für sich doch eine Lösung dieses für ihn komplizierten Problems gefunden, und ich bin ihm dankbar dafür. Heute denke ich, Heimat ist dort, wo einem die Menschen zulächeln, wenn man über die Straße geht.

19. Kapitel

Eine hoffnungsvolle Schwimmerin • Mit und ohne Doping • Sternenkrieg in der Bowlingbahn • Eins rauf mit Mappe • Ein neues Objekt und seine Geschichte • Richard Großkopf

Unsere Tochter Anne war mittlerweile von den Talentsuchern des DDR-Sports als potentielle Leistungssportlerin entdeckt worden. Man hatte sie als zukünftige Sportschwimmerin entdeckt. Ständig waren die Sucher in den Kindergärten unterwegs, vor allem in den Bereichen Turnen und Schwimmen. Noch bevor sie den Schulranzen auf dem Rücken hatte, trat sie mit einer Freundin aus dem Hause wöchentlich zum Training in der Dynamo-Halle in Berlin-Hohenschönhausen an. Die beiden bewältigten die Straßenbahnfahrt von der Freienwalder Straße bis zum Sportforum souverän. Gleich nebenan hatte man eine neue Schule gebaut, in die auch unser Sohn eingeschult wurde. Irmtraud hatte eine Arbeitsstelle an einer Schule, die nur wenige Schritte von der Wohnung entfernt war.

Ich war beeindruckt, was die kleinen Schwimmerinnen bereits nach wenigen Monaten sportlich leisteten. Wenn ich Zeit hatte, holte ich Anne vom Training ab und konnte von der Zuschauertribüne aus zusehen, wie die Kinder auf der 50-Meter-Bahn das Tauchen übten. Ich wäre unter Wasser nicht einmal halb so weit gekommen. Wettkämpfe standen von Beginn an auf dem Programm, und unsere Tochter schlug sich nicht schlecht. Man merkte jedoch deutlich, dass der Ehrgeiz der Eltern oft größer war als der der Kinder.

Die medizinische Betreuung der Wasserratten war aus meiner Sicht vorbildlich. Regelmäßig wurden Untersuchungen vorgenommen und die körperliche Entwicklung kontrolliert und bewertet. Mittlerweile war die Diskussion über Doping im Sport, vor allem bei den Schwimmerinnen, bereits in vollem Gange.

Ein Arbeitskollege, dessen Tochter als Turnerin bereits auf der Liste für die nächsten Olympischen Spiele stand, erzählte mir eines Tages, dass man ihm ein Schriftstück vorgelegt hätte, mit dem er sich einverstanden erklären sollte, dass seiner Tochter leistungsunterstützende Mittel verabreicht werden dürften. Welche Mittel das sein konnten, stand nicht dabei. Unter Doping verstand man ja die Einnahme unerlaubter Substanzen. Das war ein weites Feld. Es war mir klar, dass eine Gegenfrage, um welche Mittel es sich dabei handelte, nicht beantwortet werden würde. Man müsste sich bestenfalls mit dem Verweis auf das Vertrauen, auf wen auch immer, zufriedengeben. Das wäre mir aber zu wenig. Da mein Kollege wusste, dass Anne Schwimmerin war, fragte er mich um Rat. Spontan riet ich ihm davon ab.

Für Anne hatte ich bisher so etwas nicht unterschreiben müssen, aber es wurde mir klar, dass das auch auf mich zukommen könnte. Ich sagte meinem Kollegen, dass ich das für Anne nicht unterschreiben würde, ganz gleich, was das für Folgen hätte. Er kam nicht mehr auf unser Gespräch zurück, aber ich glaube, er hat den Zettel nicht unterschrieben. Als ich meiner Frau davon berichtete, waren wir einer Meinung: So etwas käme für Anne nicht in Frage.

Bei einer der Untersuchungen wurde schließlich festgestellt, dass Anne Probleme mit der Stabilität der Wirbelsäule hätte, die sich auf die Leistungen beim Delphinschwimmen negativ auswirken würden. Sie wurde aus der Leistungsgruppe entlassen, die Betreuung auf ein Minimum reduziert. Das war natürlich eine Enttäuschung für unsere Tochter, aber es gelang uns, einen Ersatz zu finden, der ihr mindestens ebenso viel Freude machte. Anne wurde in die Wasserballett-Gruppe des Friedrichstadt-Palastes aufgenommen, der gerade erst eröffnet worden war. Mit ihren Vorkenntnissen hatte sie gegenüber Hunderten Bewerberinnen die besten Chancen. Damit hatte sich das Doping-Problem für uns persönlich erledigt.

Welch janusköpfigen Charakter die Politik in der DDR mitunter annahm, bekam ich zu spüren, als ich eines Tages eine Eingabe an die Parteileitung des OTS richtete. Mit unseren Freunden hatten wir das *Bowling-Zentrum* in der Rathauspassage in Berlin besucht. Es war auf dem neuesten technischen Stand, und es war nicht einfach, dort Plätze zu bekommen.

In der Pause entdeckte ich im Vorraum einen Computer, auf dem man ein interessantes Videospiel spielen konnte. Das war ungewöhnlich, denn diese Art von Freizeitbeschäftigung war in der DDR eigentlich noch nicht üblich. Der Computer war von Jugendlichen umlagert, und ich schaute interessiert zu, was da ablief. Installiert war eine ASCII-Version eines Spiels, das ich nicht kannte, das heißt, zur Darstellung des Spielablaufs wurden lediglich Buchstaben verwendet. Es gab keinerlei graphische Elemente. Es erinnerte mich an das Spiel »Ladder«, das wir oft auch auf Arbeit spielten.

Der Inhalt des Spiels ärgerte mich sehr. Aus U-Booten heraus musste man mit Raketen die aus dem All angreifenden Raumschiffe vernichten. Das war schon blöd genug, aber dass man fehlende Munition gegen Mitglieder der Besatzung eintauschen konnte, fand ich nicht zum Lachen. Im Spiel hieß das: »Tausche Leben gegen Munition.« Hauptsache war, dass auf dem U-Boot nur noch einer übrig blieb, der die eingetauschten Raketen abschießen konnte. Das war für mich unmoralisch und für meinen Freund Uli auch. Wir ahnten aber gleich, dass es nicht einfach sein würde, etwas dagegen zu unternehmen.

Uli war inzwischen persönlicher Referent beim Stellvertretenden Minister für Leichtindustrie geworden. Wir verabredeten, dass jeder bei seiner Obrigkeit eine Eingabe machen würde, deren Erledigung mit dem Hinweis auf die jeweils andere Eingabe beschleunigt werden sollte.

Ich brachte meine Eingabe zu Papier und ging damit zum Parteisekretär des OTS. Zugegebenermaßen hatte ich meine Eingabe ziemlich drastisch formuliert. Ich hatte Bezug auf Reagans Konzept des Krieges der Sterne genommen und die rhetorische Frage gestellt, ob wir unsere Kinder tatsächlich so erziehen wollen, dass Töten am Computer Spaß bereite.

Seine erste Antwort hatte ich schon erwartet: Ich hätte da bestimmt etwas falsch verstanden. Die verantwortlichen Genossen würden sich schon das Richtige dabei gedacht haben. Natürlich gab es auch die Möglichkeit, dass ich mich geirrt haben könnte, und so bat ich ihn, meine Angaben doch überprüfen zu lassen.

Als ich nach einigen Tagen wieder bei ihm vorstellig wurde, brachte er außer den alten Argumenten noch vor, dass das Spiel in der Industrie in Karl-Marx-Stadt entwickelt worden war. Er diskutierte mit mir eine Weile herum, aber ich ließ nicht locker. Als ich langsam das Gefühl bekam, dass er mich loswerden wollte, ohne etwas tun zu müssen, zog ich meine Trumpfkarte und erzählte von der parallelen Eingabe an den Minister für Leichtindustrie. Es wäre doch nicht in Ordnung, wenn wir die Lösung solcher Probleme der Leichtindustrie überließen. Er wurde sauer, traute sich aber nicht, mir zu unterstellen, dass Uli und ich uns verabredet hätten. Ich ließ mein Papier da, und er versprach, sich darum zu kümmern.

Nach ein paar Tagen rief er mich an und teilte mir mit, dass meine Beobachtungen richtig gewesen wären. Der Computer samt Computerspiel sei entfernt worden. Die Frage, wo er denn jetzt aufgestellt worden wäre, verkniff ich mir.

Die Jagd nach Devisen war in der DDR ein offenes Thema, das auch Bereiche erfasste, die die Arbeitsgebiete des MfS berührten. Da die DDR durch ihr zentralistisches Wirtschaftssystem in der Lage war, Waren scheinbar billiger als im Westen zu produzieren, wurde davon auch reger Gebrauch gemacht. Ob der Erlös im Westen den Aufwand im Osten decken konnte, spielte dabei nur eine untergeordnete Rolle. Das konnte auf die Dauer nicht gutgehen.

Ein für jeden DDR-Bürger nachvollziehbares Beispiel vollzog sich in der Möbelindustrie. Die DDR-Möbelindustrie versorgte mit ihrer Produktion die großen Warenhausketten der Bundesrepublik. Anfang der 1980er Jahre veränderte die BRD ihre Grenzwerte für Formaldehyd-Belastungen in Möbeln drastisch. Dieser Stoff war Bestandteil der bei der Herstellung verwendeten Kleber für die Möbelspanplatten. Da die DDR nicht schnell genug auf diese auch ihren Export betreffenden Forderungen eingehen konnte, verlor sie erhebliche Valuta-Einnahmen aus dem Export. Das wiederum führte zu einem zeitweisen deutlich höheren Angebot an hochwertigen Möbeln in der DDR. Wir kauften uns in dieser Zeit unsere Möbel aus den Werkstätten Hellerau, die offensichtlich für den Export vorgesehen waren. Sie verrichten auch heute noch ihren Dienst.

Am 1. Dezember 1982 wurde ich in die Abteilung 35 versetzt. Ich war inzwischen Hauptmann und übernahm dort das Referat 1 »Forschung und Entwicklung«. Es war deutlich zu spüren, dass sich das Augenmerk von der handwerklichen Seite der Dokumentenherstellung mehr zur wissenschaftlich-technischen Seite hin verschob.

Immerhin gab es seit 1979 ernsthafte Bestrebungen, in der BRD einen fälschungssicheren Personalausweis einzuführen. Die entsprechenden Gesetzesvorlagen hatten den Bundestag schon passiert, aber die Mühlen mahlten zum Glück langsam. Es gab großen Gegenwind in der BRD gegen dieses Projekt. Das MfS war von Beginn an durch seine Kundschafter informiert und erkannte schnell, dass es erforderlich war, langfristige Vorlaufarbeiten auf diesem Gebiet durchzuführen. Aber auch die Presse der BRD »fütterte« uns mit Informationen. Die Intention von Journalisten ist es ja eher, etwas aufzudecken, als mitzuhelfen, etwas zu verheimlichen. Da wir in der DDR schon lange gelernt hatten, zwischen den Zeilen zu lesen, entdeckten wir in westlichen Publikationen, wie zum Beispiel im Magazin *Der Spiegel*, Informationen, die für uns wichtig waren und die wir im umgekehrten Falle so nicht hinausposaunt hätten.

Die Aufgabe war für mich sehr interessant, interessanter als das Markieren von Stempelfarben. Hier ging es um die gesamte Dokumentation der im Ausland arbeitenden Kundschafter und Kuriere, oder weniger genau: Hier wurden die für diese Arbeit benötigten Dokumente gefälscht. Das hatte für mich neben der politischen Funktion auch eine nicht zu unterschätzende Bedeutung als wissenschaftliche Forschungsaufgabe.

Die Abteilung hatte ihren Sitz in Berlin-Hohenschönhausen in der Roedernstraße, außerhalb des OTS, auf einem mit einer Mauer umgebenen Gelände zwischen dem Orankesee und dem Friedhof der St.-Hedwigs-Gemeinde. Die Friedhofsmauer war gleichzeitig die Objektmauer. Als sie eines Tages einzustürzen drohte, bauten die MfS-Bauleute in Abstimmung mit der Kirche eine neue. Bewacht wurde das Objekt von Soldaten des Wachregiments.

Auf diesem Gelände befand sich vor dem Krieg ein kleines Villenviertel, und ein paar Häuser davon waren nach dem Krieg noch übrig geblieben. Dominierend war ein großes Fabrikgebäude, in dem unsere Papiermaschine untergebracht war. Die Papiermaschine war ein Einzelstück, gebaut von Ingenieuren und Technikern der DDR, und konnte sowohl mit Lang- als auch mit Rundsieb betrieben werden. Das waren neben dem handgeschöpften Büttenpapier die beiden wesentlichen technischen Methoden der Papierherstellung. Das Papier für Pässe stammte fast ausschließlich von Rundsiebmaschinen. Eigentlich hätte man diese Maschine nach der Wende unter Denkmalschutz stellen müssen, aber man hat es vorgezogen, das gesamte Objekt dem Erdboden gleichzumachen.

Zu der Papiermaschine gehörte natürlich auch ein Heizhaus mit einem hohen Schornstein. Ohne Dampf konnte man kein Papier herstellen. Mit diesem Dampf beheizten wir nicht nur unsere Räume, sondern auch ein auf der anderen Seite zum Orankesee hin gelegenes kirchliches Pflegeheim. Es gab eine Druckerei, eine Buchbinderei, eine galvanische Abteilung, eine Fotoabteilung, Räume für die Zeichner und Graveure und eine mechanische Werkstatt. Ein mehrstöckiges Laborgebäude für die Druckfarbenherstellung und die Papieranalyse und ein großes Gebäude mit einem Notstromaggregat komplettierten das Ensemble, in dem mehr als hundert Mitarbeiter ihren Dienst taten. Allein hätte ich nicht einmal einen Busfahrschein fälschen können.

Das Notstromaggregat war ursprünglich installiert worden, um das gesamte Objekt bei Stromausfall betriebsfähig zu halten. Herzstück war ein zehntausend PS starker Schiffsdiesel mit einem angeschlossenen Generator. Wie die alten Genossen erzählten, war die Maschine nur wenige Male in Betrieb gegangen, da sie einen höllischen Lärm verursachte. Dieses Aggregat in der stillen Villengegend um den Orankesee herum zu betreiben, war auch aus konspirativen Gründen einfach nicht möglich.

Neben den Gebäuden der Abteilung 35 befanden sich ein Haus, in dem die Abteilung E des OTS untergebracht war, und zwei Gebäude, die die Hauptabteilung Aufklärung (HVA) nutzte. In einem davon befand sich die Abteilung VI der HVA, im zweiten die HVA VIII. Im ersten saßen diejenigen Mitarbeiter, die die von uns gefertigten Dokumente ausfüllten oder, wie wir sagten, personalisierten, im zweiten die Funkspezialisten.

Leiter der Abteilung war seit 1961 Karl-Heinz S., Jahrgang 1930, von Beruf Drucker, und er war Thüringer wie ich.

Im Gegensatz zu dem Leiter der Abteilung 34, der, sicher auch aus dienstlich-militärischen Gründen, immer auf etwas Distanz bedacht war, fand ich sofort einen guten Kontakt zu meinem neuen Leiter. Ich wusste noch relativ wenig von meinem Arbeitsgebiet, und ihm hatte ich es zu verdanken, dass mir der Einstieg in kürzester Zeit gelang.

Anfangs waren die anderen Mitarbeiter etwas reserviert, denn ich war der Erste mit einem Doktortitel in ihren Reihen. Aus vielerlei Gründen gab es Ressentiments gegenüber »Intellektuellen« im MfS bis hin zum Minister Mielke. Eines Tages verbot dieser sogar den Gebrauch akademischer Titel im MfS. Die Begründung rief bei den meisten nur noch Kopfschütteln hervor, verstieß er doch damit offenkundig gegen Gesetze der DDR. Der Klassenfeind sollte angeblich darüber getäuscht werden, wie schlau wir eigentlich waren. Den wahren Grund erzählte mir später mein Abteilungsleiter, der eine unerschöpfliche Quelle von Anekdoten war: Mielke hatte sich fürchterlich darüber aufgeregt, dass die Sekretärin des Rektors der Juristischen Hochschule Potsdam ihren Chef, Professor Opitz, am Telefon häufig mit den Worten »Der Genosse Professor ist nicht im Hause!« entschuldigte. Mielke hatte zwar so ziemlich alle Orden der DDR an der Jacke, aber eines konnte er mit Sicherheit nicht werden: Genosse Professor.

Diese Abneigung gegen Intellektuelle fiel mir eigentlich schon in den ersten Monaten auf. Ich hatte immer wieder darüber nachgedacht, konnte mir aber lange keinen Reim darauf machen. Heute glaube ich, zu wissen, dass es diese seltsame Mischung zwischen Position durch Wissen und militärischer Hierarchie war, bei der letztlich die militärische Unterordnung den Sieg davontrug. Ein Versuch Mielkes, für den OTS die Pflicht zum Tragen der Uniform einzuführen, scheiterte am breiten Widerstand.

In einer militärischen Ordnung sind Autoritätsbeweise allgegenwärtig. Der General hat immer recht und nicht der Soldat. Der wird auch nicht nach seiner Meinung gefragt, sondern hat zu gehorchen, auch einem falschen Befehl. Am deutlichsten wurde das am Begriff des »Parteisoldaten« demonstriert, den ständig manche MfS-Oberen im Munde führten. Auch hier hatte die Partei – gemeint waren aber die Parteiführer – immer recht, auch wenn die Parteiführer im Unrecht waren. Mit einem Bein standen wir immer noch im nicht trockengelegten Sumpf des Personenkults unseres großen Bruders, und Mielke war der Letzte, der etwas dagegen unternahm. Er ließ es sich nicht nehmen, noch lange nach Stalins Tod diesen bei entsprechenden Gelegenheiten hochleben zu lassen. Ich und viele andere hatten immer gehofft, dass wir mit der Zeit diesen Zustand überwinden könnten und dass sich schließlich die Vernunft durchsetzen würde. Mielke war gegen solche Hoffnungen immun.

Dass es auch anders möglich war, erlebte ich eben an dem Beispiel meines Abteilungsleiters. Er vertraute meinem Können als Wissenschaftler und setzte es sich zum Ziel, genau dieses Können zur Lösung der gestellten Aufgaben einzusetzen. Ich vertraute seiner Kompetenz als Leiter, die Bedingungen zu schaffen, die mir und allen Mitarbeitern ein bestmögliches Arbeiten gestatteten. Karl-Heinz erzählte mir auch viel über den Mann, der die Grundlagen für die Abteilung 35 und ihre erfolgreiche Arbeit gelegt hatte. Dieser Mann hieß Richard Großkopf.

Als ich unter seinem Nachfolger zu arbeiten begann, war Großkopf leider schon verstorben. Ich hätte ihn gern persönlich kennengelernt.

Richard Großkopf, Jahrgang 1897, gelernter Kartograph, wurde bereits 1919 Mitglied der KPD und arbeitete seit dieser Zeit auf dem Gebiet der Beschaffung und Anfertigung von Pässen für die illegale Arbeit der Kommunistischen Partei. Zuerst unter Willi Münzenberg, später dann unter Hugo Eberlein wurde diese Arbeitsgruppe »Papiere« unter seiner Leitung zu einem kleinen, geheimen und äußerst wichtigen Bestandteil der KPD. Nach dem missglückten Hamburger Aufstand 1923 gelang es, mit Hilfe falscher Papiere über dreihundert Illegale in Sicherheit zu bringen. Als Ernst Thälmann 1932 trotz Einreiseverbots auf einer Veranstaltung der Französischen Kommunistischen Partei in Frankreich auftrat, gelang das nur durch die von Großkopf für Thälmann gefertigten falschen Dokumente. Am 3. Mai 1933 wurde Richard Großkopf mit sechs anderen Genossen seiner Arbeitsgruppe von den Nazis verhaftet. Die Gestapo versuchte, ihn in den Reichstagsbrandprozess hineinzuziehen, und veranlasste eine Gegenüberstellung mit Georgi Dimitroff, der als vermeintlicher Hintermann der Brandstiftung für die Nazis bereits feststand. 1934 gelangte die Gestapo in den Besitz von Teilen der Arbeitsmaterialien der Gruppe, die im Sockel des großen Fernrohrs der Treptower Sternwarte verborgen waren. Erst im Januar 1935 stellten die deutschen Faschisten Großkopf vor Gericht. Er wurde zu neun Jahren Zuchthaus verurteilt. Über das Zuchthaus Luckau und die Moorlager im Emsland kam er schließlich in das KZ Buchenwald, nachdem es der Gestapo nicht gelungen war, ihn zur Mitarbeit an den Geldfälschungen der Nazis zu bewegen. Im KZ Buchenwald gehörte er bald zu den führenden Köpfen der illegalen Widerstandsorganisation. Durch die Solidarität der Häftlinge gelang es Richard Großkopf, am Leben zu bleiben. Die SS wollte ihn und fünfundvierzig andere Häftlinge noch kurz vor der Befreiung des Lagers ermorden. Das misslang durch den Beistand der Häftlinge. Nach 1945 beteiligte er sich zunächst in Weimar, später dann in Berlin am Aufbau einer neuen Ordnung in der Sowjetischen Besatzungszone (SBZ). 1951 schließlich kam er wieder zu seiner alten Tätigkeit zurück und wurde in den damaligen Außenpolitischen Nachrichtendienst der DDR eingestellt, dem Vorläufer der HVA. Auch hier war er also wieder von Anfang an dabei. Manchmal allerdings hatte ich das Gefühl, solche Genossen wie Großkopf wurden von der DDR-Obrigkeit in einer Art Quarantäne gehalten, damit sie mit ihrem Wissen über die sonderbaren Wege der Politik keinen Unfug anstellten. Aus seiner Abneigung gegen seinen damaligen Chef, den Leiter des OTS, Hentschke, ein alter KPD-Genosse, wie er selbst einer war, machte er gegenüber seinen Mitarbeitern keinen Hehl.

Vieles davon wurde mir erst kurz vor der Wende bekannt, nachdem ich mich zielstrebig mit Großkopf und seinem Aufenthalt im Konzentrationslager Buchenwald zu beschäftigen begann. Er war auch zu DDR-Zeiten ein Illegaler, quasi eine Unperson, die in offiziellen Schriften und Büchern nirgendwo auftauchte. Er hatte nicht wie alle anderen Mitarbeiter ein Bankkonto, auf das sein Gehalt gezahlt wurde, sondern ließ sich das Geld immer bar auszahlen. Nach seinem Tod fand man unter seinem Bett einen Schuhkarton voller Geldscheine. Er hatte auch in der DDR offensichtlich so gelebt, als wäre das nicht von langer Dauer und als müsste er von heute auf morgen wieder die Flucht ergreifen, wie das schon so oft in seinem Leben passiert war. Seine Frau stand dabei seit 1925 immer an seiner Seite. Seine persönlichen Papiere wurden nach seinem Tod vom MfS streng unter Verschluss gehalten. Er kannte viele wichtige DDR-Obere bereits aus einer Zeit lange vor der Gründung der DDR und hatte nicht immer eine positive Meinung über sie. Das traf auch auf Walter Ulbricht und einige andere hohe Funktionäre zu. Immerhin war sein Lehrer Hugo Eberlein unter Stalin als Verräter und Trotzkist verleumdet, gefoltert und schließlich vom NKWD erschossen worden. Ich glaube nicht, dass er sich damit so einfach abgefunden hatte. Dazu kannte er die Verhältnisse vor 1945 sowie die danach zu gut. Er selbst war nach 1945 zeitweise aus der Partei ausgeschlossen worden.

20. Kapitel

Meine Hand für mein Produkt • Was ist ein Schießbefehl? • Der fälschungssichere Personalausweis • Ein Schalk in der Wallstraße • Die nächste Stufe auf der Leiter • Eine Wohnung in Berlin-Mitte • Berliner Pflanzen • Ein Wolf geht, ein Stalinist bleibt • Mustermann und Musterfrau • Ohne Milch kein Laserstrahl

Eine meiner ersten Aufgaben war es, ein System der Analyse und Qualitätskontrolle vor allem für die produzierten Pässe zu entwickeln, das es möglich machen sollte, die eingebauten Sicherheitsmerkmale möglichst alle zu erkennen und Fehler bei der Produktion weitgehend auszuschließen. An die einzelnen Bestandteile eines Passes, wie Papier, Druckfarben, Kunstleder und so weiter, wurden schriftlich fixierte Anforderungen gestellt, die auch regelmäßig überprüft wurden. Dazu nutzten wir nicht nur die eigenen analytischen Möglichkeiten, sondern vor allem auch die der Abteilung 32 des OTS. Die analytischen Fähigkeiten aller Mitarbeiter gingen so weit, dass wir in der Lage waren, die für uns wichtigen Druckfarben- und Papierbestandteile zu ermitteln. Viele ausländische Pässe enthielten seltene Faserstoffe, die langfristig irgendwo in der Welt beschafft werden mussten.

Wir waren uns immer der Tatsache bewusst, dass unsere falschen Papiere einer wissenschaftlichen Laboruntersuchung trotz dieser hohen Qualität nicht lange standhalten würden. Das wurde auch nie als das Kriterium unserer Arbeit betrachtet. Es war deshalb von besonderer Wichtigkeit, genaue Kenntnis von den Einsatzbedingungen, zum Beispiel an Grenzübergängen und Flughäfen, zu besitzen, vor allem von den dort installierten technischen Kontrollgeräten. Die dazu notwendigen Informationen bezogen wir von der Aufklärung (HVA).

Natürlich fielen dem Gegner auch unsere falschen Pässe in die Hände, wenn Kundschafter oder Kuriere verhaftet wurden. Das Bundeskriminalamt (BKA), das für die Echtheitsuntersuchung von Pässen und Papieren zuständig war, fand zwar im Labor heraus, dass es Fälschungen waren, aber es gelang nie, mit den daraus gewonnenen Erkenntnissen falsche Papiere oder Pässe bereits bei normalen Kontrollen zu entdecken. Im BKA erhielten deshalb unsere Dokumente den Stempel der »Vorzüglichkeit« und wurden in einem Schulungsfilm aus dem Jahre 1985 ausdrücklich als im normalen Gebrauch nicht zu identifizierende Totalfälschungen eingeordnet.

In der Regel hielten wir uns an den Produktionsrhythmus der Bundesdruckerei und fertigten jedes Jahr eine neue, aktuelle Auflage. Das Eindrucken der Ausweisnummern und das »Ausfüllen« mit persönlichen Daten übernahm die HVA, wobei sichergestellt wurde, dass jede Auflage nur für einen bestimmten Nummernbereich zugelassen war.

Die Regeln der Geheimhaltung waren sehr streng, und ich bekam niemals Kenntnis über Personen, die mit unseren Pässen Aufgaben in anderen Ländern durchführten, bis auf eine Ausnahme: Der Verräter Werner Stiller, selbst Mitarbeiter der HVA, benutzte zu seiner Flucht nach Westberlin einen unserer falschen Pässe. Es fällt mir nicht schwer, Stiller als Verräter zu bezeichnen. Er hat für sein persönliches Wohlergehen Menschen verraten, die auch ihm anvertraut waren und die ihm vertrauten. Dazu gehörten auch seine Frau und seine zwei Kinder.

Bei meiner Arbeit stellte ich mir oft die Frage: »Würdest du mit einem deiner falschen Pässe auf die Reise gehen?« Ich habe diese Frage für mich immer mit Ja beantwortet und sie später auch meinen Mitarbeitern gestellt. Hätte ich das zu irgendeiner Zeit nicht mehr gekonnt, hätte ich die Arbeit auch nicht weitergemacht. Die Kundschafter, Kuriere oder Instrukteure hatten es da mental etwas einfacher. Sie vertrauten unserer Arbeit uneingeschränkt, sie konnten gar nicht anders, wir aber wussten, was wir produziert hatten. Ich wusste aber auch, was sie damit an persönlichen Risiken auf sich nahmen. Mir wäre es nicht besonders schwergefallen, zu zeigen, woran man unsere Produkte erkennen konnte. Ich bin heute noch stolz darauf, dass keiner derjenigen, die unsere Papiere benutzten, aufgrund von Mängeln verhaftet wurde.

Natürlich fertigten wir auch Pässe und verschiedene Papiere anderer Länder an, das hing von den jeweiligen Aufgabenstellungen der Aufklärung ab oder von Hilfeersuchen befreundeter Geheimdienste. Ich persönlich kann mich an keine Aufgabe erinnern, die wir ablehnen mussten, weil sie uns zu schwer war. Diskussionen gab es höchstens über Termine oder die Bereitstellung von Materialien und Technik.

Unsere Dokumente halfen unter anderem den vietnamesischen Kämpfern bei der Einnahme von Saigon. Die Abteilung 35 produzierte eine große Anzahl von Kennkarten aus Plastik, die die südvietnamesische Marionettenregierung ausgegeben hatte, um den Zustrom von Menschen nach Saigon zu kontrollieren. Mit unseren falschen ID-Karten gelang es den Kämpfern, große Mengen an Waffen nach Saigon zu bringen. Bei einem Besuch vietnamesischer Geheimdienstler bei uns, erzählte einer dieser Soldaten, wie sie bereits durch die Lüftungsschächte in die amerikanische Botschaft eingedrungen waren, als oben auf dem Dach noch der Hubschrauber stand, der das Personal ausfliegen sollte. Wir halfen palästinensischen Kämpfern nach dem israelischen Überfall auf Beirut im Libanonkrieg, unsere falschen Papiere wurden benutzt, um chilenische Patrioten vor der Pinochet-Junta über die Grenze nach Argentinien in Sicherheit zu bringen.

Ich hatte immer Vertrauen, dass unsere Dokumente nie für menschenfeindliche oder kriminelle Zwecke eingesetzt wurden. Dieses Vertrauen hat sich bei mir bis heute erhalten. Das bestätigte sich auch in vielen Gesprächen mit ehemaligen Kundschaftern und Kurieren, die ich nach der Wende führen konnte. Dass es einzelne Menschen gab, die auch unsere Dokumente missbrauchten, war mir so bewusst wie die Tatsache, dass es auch unter den offiziell hochgelobten MfS-Mitarbeitern Schurken und Verräter gab. Die Welt war für mich schon lange nicht mehr schwarzweiß, auch wenn man in der DDR-Politik oft solche einfachen Töne vernehmen konnte.

Schon nach wenigen Monaten im Ministerium hatte ich meiner Frau gesagt, dass sie ja nicht glauben solle, hier wären die Edelsten der Edlen versammelt. Auch hier gäbe es Mitarbeiter, die ihre Frauen verprügeln, die saufen und stehlen und sich am Eigentum anderer bereichern. Ich erklärte ihr auch, dass ich ihr nichts über meine Arbeit erzählen würde, weil das geheim sei. Sie müsste mir vertrauen, dass ich nichts Unrechtmäßiges täte. Das war ziemlich viel verlangt und nach so kurzer Zeit auch reichlich theoretisch. Sie kam damit zurecht, und so unterhielten wir uns in der Freizeit über ihre Arbeit in der Schule und nicht über meine. Da in recht vielen uns bekannten Familien beide Partner beim MfS arbeiteten, hätte es bei denen beim Abendbrot und am Frühstückstisch ziemlich wortkarg zugehen müssen.

Als Referatsleiter musste ich einmal im Monat meine Mitarbeiter schriftlich über den Gebrauch von Schusswaffen belehren. Jeder von uns hatte persönliche Waffen, die aber außerhalb der militärischen Ausbildung in der Waffenkammer lagerten. Lediglich der Abteilungsleiter und seine Stellvertreter hatten eine Makarow, die sie in ihrem Panzerschrank aufbewahren mussten. Das Aufbewahren einer Waffe zu Hause war verboten, es sei denn, man hatte einen Waffenschrank. Bei diesen Belehrungen musste der Paragraph 27 des Gesetzes über die Staatsgrenze immer wörtlich verlesen werden. Das hatte mit einem Schießbefehl, das heißt, mit dem Einsatz einer Waffe jemanden gezielt zu töten, nichts zu tun. Da wir bei den schon erwähnten PS-Einsätzen in Zivil immer mit Pistolen ausgerüstet waren, war diese Belehrung auch unbedingt erforderlich.

Ich kann mich nur an einen Unfall mit einer Waffe erinnern, der beim Waffenreinigen passierte. Obwohl vorher die Waffe unbedingt zu entladen war, hielt ein Mitarbeiter die Pistole hoch und drückte ab. Es knallte, und der Schuss ging in die Decke der alten Villa. Dummerweise war das Zimmer darüber besetzt, und das Projektil fuhr dem dort Sitzenden zwischen den Füßen hindurch und blieb im Schreibtisch stecken. Er kam mit dem Schrecken davon. Der Schütze bekam eine Rüge. Gesetze und Verordnungen sind das eine, die Reaktion und die Auslegung in konkreten Situationen das andere.

Noch schwieriger wurde es, wenn Begriffe wie »unschädlich machen« oder »vernichten« aus dem militärischen Sprachgebrauch in unsere Ausbildung Eingang fanden. Ich beneidete die Grenzsoldaten nicht, die in kürzester Zeit Entscheidungen treffen mussten, wie sie bei einer Grenzverletzung mit den Grenzverletzern umgehen sollten. Da wir bei den angeordneten PS-Einsätzen immer mit Pistolen und scharfer Munition ausgerüstet waren, hätte hier durchaus die Möglichkeit bestanden, in eine ähnliche Lage geraten zu können. Ich würde mir auch heute nicht anmaßen wollen, zu wissen, wie ich dann wohl reagiert hätte.

1986 traten wir in die »heiße« Phase der Vorbereitungen zur Produktion des neuen fälschungssicheren Personalausweises der BRD ein. Die schlimmen Vorahnungen, man würde einen Chip einbauen, der an der Grenze von den Beamten ausgelesen werden konnte, hatten sich nicht bewahrheitet. Die Zeit war offensichtlich noch nicht reif dafür. Außerdem gab es große Meinungsverschiedenheiten über die Handhabung der dabei anfallenden persönlichen Daten. Das verschaffte uns eine kleine Atempause.

Dass dem Personalausweis nach kurzer Zeit der fälschungssichere Pass folgen würde, stand außer Zweifel. Mit großer Energie gingen wir daran, die dafür notwendigen Voraussetzungen zu schaffen. Dazu gehörten unter anderem die Lasertechnik, die Holographie und natürlich der Einsatz leistungsfähiger Rechentechnik. Der Standort für ein Holographie-Labor war bereits festgelegt. Ich hatte mich auf einer Dienstreise davon überzeugen können, dass unsere ausländischen Partner in der Lage waren, Hologramme zu fälschen. Ich konnte mir eine fabelhafte Kopie des Hologramms ansehen, das 1985 das erste Mal auf der Titelseite der Zeitschrift *National Geographic* erschienen war.

Bei der Beschaffung der erforderlichen Technik kam ich zum ersten Mal mit dem Bereich Kommerzielle Koordinierung, kurz KoKo, in Berührung, da ein Großteil der von uns benötigten Technik nur über diesen Bereich beschafft werden konnte. Das betraf zum Beispiel eine MicroVax, einen damals hochmodernen 32-Bit-Rechner von DEC, der unseren Zeichentisch und einen Photoplotter, beide von Agfa, ansteuern sollte. Die Beschaffungswege waren aber derart kompliziert, dass wir mit langen Wartezeiten vorlieb nehmen mussten. Die MicroVax und die ebenfalls über diesen Weg gekaufte Tiefdruckmaschine erreichten uns vor der Wende nicht mehr. Der Rechner schaffte es wenigstens noch bis in eine Garage an den Stadtrand von Berlin. Der Besuch bei Alexander Schalck-Golodkowski, der von seinen guten Freunden nur »Alex« genannt wurde, in seiner Residenz in der Wallstaße hinterließ bei mir keinen bleibenden Eindruck. Ich fand ihn etwas arrogant, aber das war schon alles und sicher oberflächlich. Später verhandelte ich mit Gerhardt R., der seinen Sitz im *Haus der Elektroindustrie* am Alexanderplatz hatte. Dessen Etage des Hauses war besser gesichert als unser Objekt. Über diese Wege wurde die gesamte Ausrüstung beschafft, die der DDR einen vorderen Platz bei der Entwicklung der Rechentechnik sichern sollte. Das enorme Missverhältnis von Aufwand und Nutzen kam mir damals nicht in den Sinn.

Meine Laufbahn war von anderen bereits vorgezeichnet, ich sollte stellvertretender Leiter der Abteilung 35 werden, aber mir fehlten noch die dazu im MfS nötigen höheren politischen Weihen. Zwar hatte man mich bereits zum

Parteisekretär der Abteilung gewählt, aber der Versuch, dort ausgetretene Pfade zu verlassen, stieß offensichtlich nicht auf Gegenliebe. Als Erstes hatte ich die ellenlangen Referate zu Beginn jeder Parteiversammlung rigoros gekürzt. Ich dachte mir, maximal zehn Minuten müssten reichen, dann könnten wir über wichtige Fragen diskutieren. Ältere Genossen erzählten mir, dass es lange Brauch war, auf der Bühne ein Präsidium zu errichten, in dem immer ein Stuhl frei blieb. Das war der Platz für den Genossen Stalin. Der hätte ja unvermittelt hereinkommen können, und dann wäre möglicherweise nur ein Stuhl in der letzten Reihe frei gewesen. Man konnte ja nie wissen, der Genosse Stalin war überall. Zwar war die Zeit darüber hinweggegangen, aber der dahinterstehende Geist war hartnäckig und verschwand nicht von selbst.

In den Augen der Führung waren wir Tschekisten. Das bezog sich eigentlich auf die Mitglieder einer Organisation zur Bekämpfung von Konterrevolution, Spekulation und Sabotage, die 1917 nach der Oktoberrevolution in Russland gegründet worden war und deren erster Leiter Feliks Dzierżyński wurde. Dass aus der Tscheka die spätere GPU und das NKWD hervorgegangen waren, wurde nicht so hervorgehoben. Diese Traditionspflege im MfS »übersah« die Ausschreitungen der sowjetischen Geheimdienste bei den Stalin'schen Verfolgungen und Hinrichtungen aufrechter sowjetischer und auch deutscher Kommunisten.

Ich glaube, es war Anfang der 1980er Jahre, als mir ein großer, zweiseitiger Bericht in der DDR-Zeitung *Freie Welt* in die Hände fiel. Der bebilderte Artikel befasste sich mit dem Massaker von Katyn, bei dem mehrere Tausend polnische Offiziere, die beim Einmarsch der Roten Armee in Polen 1939 gefangen genommen worden waren, ermordet wurden. In dieser Zeitung wurde noch einmal mit großem Aufwand betont, dass es keinen Zweifel darüber gäbe, dass dieses Massaker von deutschen Soldaten nach dem Überfall auf die Sowjetunion verübt worden war. Die schon vorher bei mir aufgetauchten Zweifel an dieser offiziellen Lesart konnte diese Veröffentlichung nicht beseitigen.

Dass die Mörder tatsächlich vom NKWD kamen und auf Stalins Befehl handelten, traute sich nicht einmal der als großer Reformer apostrophierte Gorbatschow zuzugeben, obwohl die Akte »Katyn« wie eine heiße Kartoffel von einem Generalsekretär zum anderen vererbt worden war. Zuletzt lag sie in einem Panzerschrank des KGB.

Gorbatschow hatte seinen Posten als Generalsekretär der KPdSU 1985 angetreten und machte zunächst auf mich einen hoffnungsvollen Eindruck. Zunehmend erschien er mir jedoch dünkelhaft, und mit seinen Wunderworten »Perestroika«, »Glasnost« und »neues Denken« jonglierend, versuchte er, mit den alten Machtmitteln von oben ein bereits verrottetes System zu retten. Um sich baute er eine Aura auf, die man in seiner letzten Phase vor seinem Abgang auch nur noch als Personenkult bezeichnen konnte. Er brach nicht mit dem Stalinismus, wie er es vollmundig versprochen hatte. Das hätte ihm meine weitere Sympathie eingebracht. Er versuchte es häppchenweise von oben, wie es auch schon Chruschtschow versucht hatte, der daran gescheitert war. Erst nach der Wende las ich in den Erinnerungen sowjetischer Diplomaten, dass auch Gorbatschow von der Akte »Katyn« gewusst hatte.

Als ich die Idee umsetzen wollte, eine Auszeichnung für hervorragende Kollektive zu schaffen, die aus einem Wimpel mit dem Bildnis Richard Sorges bestand, gab es spürbare Widerstände. Es hatte den Anschein, als müsse man sich die Genehmigung dazu erst aus Moskau beschaffen. Was ich damals nicht wusste war, dass es schon eine Dr.-Richard-Sorge-Medaille gab, die der Minister persönlich verlieh. Schließlich gelang es, die Herausgabe einer Richard-Großkopf-Medaille durchzusetzen, die in unserer Abteilung in Silber und Gold hergestellt wurde und bei entsprechenden Anlässen an Mitarbeiter verliehen wurde.

Man wollte mich zum Direktlehrgang an die Parteischule des MfS in Köpenick delegieren, um mich aufstiegstauglich zu machen. Ich wäre dann für die Arbeit ein ganzes Jahr lang ausgefallen. Mit vereinten Kräften konnten das der Leiter der HVA, der stellvertretende Leiter des OTS, Oberst H., und mein Chef verhindern. Die Parteischule blieb mir zwar nicht erspart, aber ich durfte sie extern absolvieren und musste nur ein- oder zweimal in der Woche nach Köpenick.

Vor der Parteischule befand sich ein kleiner Zeitungskiosk. Es war auffällig, dass jedes Mal, noch vor Beginn der ersten Vorlesung, dort keine brauchbare Zeitung oder Zeitschrift mehr zu kaufen war, außer vielleicht *Der Deutsche Hund*. Die Lehrgangsteilnehmer hatten sich mit allen möglichen Publikationen eingedeckt und lasen sie zum Teil ungeniert während der Vorlesung, bis einer der Dozenten deswegen einen großen Krawall veranstaltete. Am Verhalten änderte sich jedoch nur, dass das Lesen jetzt konspirativer ablief. Die meisten Mitarbeiter waren ja darin bewandert. Auch ich gehörte zu den Lesern. Viel Neues hatten die Dozenten ohnehin nicht zu bieten, und die meisten Sprüche kannte ich schon.

In den Pausen wurden auf dem Hof oft Witze erzählt. Ich kann mich erinnern, dass ich mich einmal über einen dieser Witze sehr aufregte: »Für die Witze, die wir uns hier auf dem Hof erzählen, sperren unsere Genossen die Leute ein, wenn sie die in der Kneipe erzählen!« Es gab keinen Widerspruch, alle wussten, was ich meinte. Den Lehrgang schloss ich als Bester ab und erhielt als Auszeichnung einen Bildband über Ernst Thälmann.

Wie geplant, wurde ich nach dem Abschluss der Parteischule stellvertretender Abteilungsleiter. Der Anteil meiner praktischen Arbeit nahm ab, die Zahl der Sitzungen nahm zu. Schließlich musste ich auch noch die Führung der militärischen Ausbildung übernehmen, die einmal im Monat für alle, die laufen konnten, auf irgendeinem Übungsplatz stattfand. Mein Chef war froh, dass er nicht mehr in Uniform im Wald herumlaufen musste. Die zentralen Punkte waren immer die Schießausbildung mit MPi und Pistole. Die anderen Übungen, wie das Herumrobben im Wald und auf der Wiese, reduzierte ich nach Möglichkeit.

Bei militärischen Besprechungen wurden auch viele brisante Dokumente unserer obersten Führung diskutiert. Die Rolle der DDR bei einer militärischen Auseinandersetzung mit dem Westen ließ sich schnell zusammenfassen. Wir waren das Aufmarschgebiet für die Rote Armee, die ohne Zweifel ihre Atombomben auch auf unser Land abwerfen würde, um den Gegner bereits vor der Grenze zur Sowjetunion aufzuhalten. Von uns würde nichts übrig bleiben. Das machte mir den Krieg noch verhasster. Ich verstand diese Strategie als das logische Ergebnis des faschistischen Überfalls von 1945. Es war so etwas wie das politische Trauma der Sowjetunion. Das MfS hatte in diesen Szenarien für mich militärisch keine Bedeutung, auch wenn sich manche gewaltig aufspielten. Da ich genügend eigene Erfahrungen mit unseren militärischen Fähigkeiten gemacht hatte, war mir klar, dass wir im Ernstfall die Aufgabe hatten, den Feind in die Irre zu führen, denn dort, wo wir waren, war die Front bestimmt nicht. Ich konnte das in kleinem Kreis auch zum Besten geben. Voraussetzung war aber, dass man schon einige Biere getrunken hatte.

Während der Diskussionen um meinen Parteischulbesuch richtete ich das erste Mal eine persönliche Bitte an meine Vorgesetzten. Mein Sohn Jan war inzwischen aufgrund eines Augenleidens in die Sehschwachenschule in Berlin-Mitte umgeschult worden. Das bedeutete, dass immer einer von uns das Kind in die Schule bringen musste. Mit der Straßenbahn war das zeitlich nicht möglich, da meine Frau als Lehrerin ja auch pünktlich in der Schule sein musste. Ich bat um die Zuweisung einer Wohnung in Berlin-Mitte in der Nähe der Schule meines Sohnes, die sich in der Auguststraße befand. Sie war nach dem sowjetischen Schriftsteller Nikolai Ostrowski benannt, der infolge einer Verletzung im Bürgerkrieg erblindet war. Sein Buch *Wie der Stahl gehärtet wurde* war zweifelsohne ein DDR-Bestseller und hatte auch mich als Jugendlichen begeistert und mich eine Einteilung der Welt in Gut und Böse gelehrt, von der ich im Laufe der Jahre erkannte, dass sie zu einfach war. Aber nichts anderes lehrte die Märchenwelt der Brüder Grimm den Kindern, und ich stehe deswegen diesen Erfahrungen mit Pawel Kortschagin auch heute nicht feindselig gegenüber. Der Wunsch, eine Welt ohne Krieg und Elend aufzubauen, war untrennbarer Bestandteil dieses Buches, und deshalb akzeptierte ich es.

Im Februar 1986 bekamen wir dann tatsächlich eine Vierraumwohnung in der damaligen Wilhelm-Pieck-Straße am Rosenthaler Platz. Das Haus war ein Neubau, der ein im Krieg bombardiertes Eckhaus ersetzte. Unter den fünfzehn Mietparteien waren diesmal nur zwei MfS-Angehörige.

Als wir nach einem Jahr immer noch keine Stromrechnung bekommen hatten, rief ich in der zuständigen Abteilung des Stadtbezirks Mitte an. Nachdem ich der Frau am anderen Ende der Leitung das Problem geschildert hatte, war eine Weile Ruhe, ich hörte Papier rascheln und bekam dann die Auskunft, dort gäbe es kein Haus, sondern nur zwei Pappeln und eine Parkbank. Die gute Frau war mit ihren Unterlagen mindestens zwei Jahre im Verzug. Schließlich versprach sie mir, alles noch einmal zu prüfen. Nach zwei Wochen bekamen wir einen Brief, dass wir ab jetzt Strom zu bezahlen hätten. Den bisher verbrauchten Strom mussten wir nicht nachträglich erstatten.

Meiner Frau gelang dann auch ein Wechsel der Schule. In der Wilhelm-Pieck-Straße wurde gerade eine neue Schule gebaut. Das Besondere an ihr war, dass sich die Sporthalle in der fünften Etage, also gewissermaßen auf dem Dach, befand. Für eine Sporthalle zu ebener Erde war in dem Bereich zwischen Linienstraße und der Wilhelm-Pieck-Straße kein Platz.

Lotti, unsere direkte Nachbarin, die eigentlich Charlotte hieß, war eine typische Berliner Pflanze, obwohl sie aus Sachsen-Anhalt stammte. Viele »echte« Berliner wurden außerhalb von Berlin geboren, wie zum Beispiel Heinrich Zille, der Sachse war, oder Claire Waldoff, die aus dem Ruhrgebiet kam.

Lotti war Jahrgang 1924, der Krieg hatte sie nach Berlin verschlagen. Sie war aus besserem Hause, wie sie manchmal erzählte, aber was bedeutete das 1945 schon. Sie hatte keine guten Erfahrungen mit den in Berlin einziehenden Soldaten der Roten Armee gemacht, sprach aber nur selten darüber. Seit ihrer Jugendzeit arbeitete sie in Berliner Kneipen als Kellnerin. Von dort bezog sie ihre Lebenseinstellung und ihr unverstelltes Misstrauen gegenüber jeder Art von Obrigkeit, sei es nun die im Osten oder die im Westen. Vor dem Mauerbau arbeitete sie als typische Grenzgängerin in Westberlin, danach in Hennigsdorf in der Mitropa, wo schon früh um zehn die harten Jungs der Nachtschicht aus dem Stahlwerk auftauchten. Später in der Borsigstraße in Berlin-Mitte fand sie eine Kneipe, der sie lange Jahre als Kellnerin treu blieb. Sie hatte eine ausgesprochen direkte Art, sagte unverblümt, was sie dachte, und nahm kein Blatt vor den Mund. Das gefiel mir. Wir kamen sofort gut miteinander aus.

Sie hatte eine Einraumwohnung gleich neben uns, was sich als sehr praktisch erwies, denn wir überließen uns bald gegenseitig unsere Wohnungsschlüssel. Lotti versorgte unsere Fische, goss die Blumen auf dem Balkon oder kümmerte sich um unsere Katze, wenn wir unterwegs waren. In Lotti hatte ich genau das unbedingte Vertrauen, das die Partei immer von mir einforderte. Lotti würde mich nie in die Pfanne hauen, bei manchen Genossen meiner Partei war ich mir da nicht so sicher.

Als Rentnerin konnte sie in den Westen fahren, was sie auch ausgiebig tat. Jedes Jahr reiste sie nach Mailand zu ihrer Schwester. Sie war die einzige Verwandte, die sie noch hatte. Giovanni, ihr Schwager, war ein sehr bekannter italienischer Möbel-Designer. Sie mochte ihn, aber zu seinen Produkten meinte sie nur lakonisch: »Da tut mir schon der Arsch weh, wenn ich einen von seinen Stühlen nur ansehe!«

Wenn ich den Regeln des MfS gehorcht hätte, hätte ich maximalen Abstand zu Charlotte halten müssen, das tat ich aber nicht. Ich hatte auch kein schlechtes Gewissen dabei. Bis zu ihrem Tod habe ich nicht herausbekommen, ob sie wusste, wo ich arbeitete. Ich hatte es ihr nicht gesagt, und sie fragte mich auch nicht danach. Unbekümmert schimpfte sie auf die Stasi und erzählte, wie sie ihre Kneipengäste zusammendonnerte, dass sie doch ihr loses Maul halten sollten, weil die Stasi in ihrer Kneipe ein und aus ging.

Als sie wieder einmal nach Italien aufbrach, sagte sie mir so nebenbei, dass sie mir eine Karte aus Mailand schicken werde. Eigentlich hätte ich ihr das verbieten müssen, aber so blöd war ich nicht, denn damit hätte ich mich ihr gegenüber ja gewissermaßen enttarnt. Also flog sie nach Mailand, wir versorgten ihre Blumen, und nach vier Wochen war sie wieder da, obwohl sie ja auch in Mailand hätte bleiben können, aber Mailand war Mailand und Berlin war Berlin. Ihre erste Frage war, ob ich ihre Postkarte aus Mailand erhalten hätte. Hatte ich nicht. Ich redete mich mit der schlampigen Deutschen Post heraus und meinte, die Karte würde schon noch kommen.

Am nächsten Morgen war ich kurz nach Dienstbeginn bei meinem Abteilungsleiter Karl-Heinz. Ich erklärte ihm die Sachlage und forderte meine offensichtlich von den eigenen Leuten abgefangene Postkarte zurück, ansonsten würde ich Lotti die Wahrheit sagen, wo ihre Postkarte abgeblieben sei. Er wurde wütend, aber nicht auf mich. »Ich sage dir heute noch Bescheid«, versprach er. Es war noch nicht Dienstschluss, da rief mich die Sekretärin an. Als ich die Tür zum Chefzimmer öffnete, lag die Karte auf dem Tisch. Er winkte nur ab und meinte, manche wissen offensichtlich auch nicht mehr, was rechts und was links ist. Ich nahm die Karte und stand schon in der Tür, da rief er mich noch einmal zurück: »Dir ist doch klar, dass du noch einen Bericht schreiben musst, warum du Karten aus Italien kriegst!« Er grinste breit, ich nickte.

Lotti kochte gern, aber allein Essen machte ihr natürlich keinen Spaß. Wir luden sie manchmal sonntags zum Essen ein, und sie revanchierte sich dafür mit selbstgemachter Sülze. Das konnte sie ausgezeichnet und hatte dabei mein uneingeschränktes Lob. Als sie einmal im Urlaub meine Chili-Zucht auf dem Balkon betreute, konnte sie sich nicht zurückhalten. Obwohl ich ihr eingeschärft hatte, die reifen, knallroten Früchte nicht einmal anzufassen, kochte sie sich ein Gulasch und schnitt zwei von diesen Schoten hinein. Als wir aus dem Urlaub zurückkamen, polterte sie in ihrer unnachahmlichen Art herum, dass sie wegen meiner blöden Dinger ihr gesamtes Gulasch ins Klo hätte schmeißen müssen. Außerdem wäre sie von der Schärfe fast gestorben.

»Ich habe dich doch gewarnt!«, sagte ich.

»Aber dass die Schoten so scharf sind, hast du nicht gesagt!«, gab sie zurück.

Lotti lud zu ihren Geburtstagen nur »junge« Leute ein. »Die Alten«, sagte sie, »erzählen mir nur was von ihren Krankheiten, und die habe ich alle selber!«. Ich fuhr mit ihr oft zu einem Arzt nach Köpenick, der ihr gegen starke Schmerzen Morphiumtabletten verschrieb.

Trotzdem sie ihr ganzes Leben lang hart gearbeitet hatte, reichte nach der Wende ihre Rente nicht mehr aus. Sie musste Wohngeld beantragen und drehte jeden Pfennig zweimal um. Sie hatte deshalb rechtzeitig für ihre Beerdigung vorgesorgt und mit einem windigen Westberliner Bestattungsunternehmen einen Vertrag abgeschlossen. Es würden für sie keinerlei Kosten mehr anfallen, und die Zinsen für das hier angelegte Geld – das waren ihre gesamten Ersparnisse – würden ihr jedes Jahr ausgezahlt, versprach man ihr. Jahre später kam aber dann doch ein Brief von den Zukunftsbestattern. Das Geld reiche nicht, und sie solle doch etwas nachlegen, sonst müssten sie die Urnengrabstätte von der polnischen Grenze bei Forst noch weiter nach Osten verlegen. Ich hatte Lotti lange nicht so wütend gesehen. »Keinen Pfennig kriegen die Betrüger von mir. Meinetwegen können sie meine Urne hinter dem Ural runterschmeißen! Wenn ich tot bin, stört mich das auch nicht mehr«, war ihr Kommentar dazu.

Lotti wurde fünfundneunzig Jahre alt. Eigentlich wollte sie nicht so alt werden. Die letzten Jahre brachte sie in einem recht guten Pflegeheim zu. Sie wurde von allen gemocht, gerade wegen ihrer direkten Art. Lotti hatte immer etwas gegen Ausländer. Eine Begründung dafür brauchte sie nicht. Als sie mir einmal ihren Lieblingspfleger im Heim zeigte, musste ich schmunzeln. Es war ein junger Schwarzer. Der wäre immer freundlich zu ihr.

Das für Lottis Begräbnis fehlende Geld musste schließlich das Sozialamt aufbringen. Das Amt legte dann auch den Begräbnisort fest: Es war der Domfriedhof in Berlin. Ihre engsten Freunde standen in der Friedhofskapelle, wir erzählten uns lustige Geschichten über Lotti, lachten und leerten eine Flasche Sekt auf ihr Wohl. Ihre beste Freundin, die ihre Tochter hätte sein können, sagte zum Abschied: »Mach's gut, alte Eule!«, und dann kullerten doch ein paar Tränen. Lotti wurde im Ostteil Berlins, in ihrem Kiez begraben. Ich glaube, darüber hätte sie sich sehr gefreut.

1986 quittierte Markus Wolf, der Chef der HVA, seinen Dienst. Nachfolge wurde Werner Großmann. Die meisten Mitarbeiter der unteren Ebenen traf das ebenso überraschend wie mich. Weiter oben in der Hierarchie war seit langem bekannt, dass die Differenzen zwischen Mielke und Wolf immer größer wurden. Als kolportiert wurde, Mielke hätte Wolf abgesägt, weil er von dessen Weibergeschichten die Nase voll habe, sagte mir mein Chef, dass das Blödsinn sei, da stecke viel mehr dahinter. Genaueres wusste er nicht oder wollte es mir nicht sagen. Markus Wolf war immerhin einer von Mielkes Stellvertretern.

Dieser Rückzug wurde ihm von vielen als Kapitulation ausgelegt und kommentiert, er habe »seine« Kundschafter im Stich gelassen. Aber es waren doch nicht Wolfs

Privatspione, die ihre Aufgaben an vielen Orten der Welt erledigten, und die HVA war nicht seine Privatarmee. Über die vielen Jahre hinweg war es tatsächlich zu einer beachtlichen Identifikation seiner Mitarbeiter mit ihrem Chef gekommen. Das lag natürlich sowohl an seinen Fähigkeiten als auch an seiner Art, mit den Menschen umzugehen. Ich konnte das zwar nur aus einer gewissen Entfernung beurteilen, aber die Zusammenarbeit mit der HVA war eng genug, dass mir das nicht entging. Aus meiner Sicht wurde Wolf sehr geachtet, Mielke als Minister nur deshalb akzeptiert, weil er die Macht hatte und es gefährlich werden konnte, ihm in die Quere zu kommen, aus welchem Grunde auch immer. Ich hatte ihn einmal bei einer Veranstaltung erlebt, die keinen Zweifel darüber aufkommen ließ, dass Mielke von niemandem einen Rat brauchte, da er immer alles schon vorher wusste, jeden kannte und alles schon erlebt hatte. Laut, überheblich und selbstgerecht kam er mir vor, und ich hätte jede Gelegenheit genutzt, ihm nicht unter die Augen zu kommen.

Auch mein Chef, der ja als Abteilungsleiter mitunter die Ehre hatte, Mielke zu begegnen, erzählte mir von Auftritten Mielkes, die mich sprachlos machten. Einer davon fand zu einer Feier anlässlich des Jahrestags der Gründung des MfS statt. Alle Beteiligten waren in Uniform und Mielke ließ keine Gelegenheit aus, sich ständig in den Vordergrund zu stellen. Der Chef der Volkspolizei, Friedrich Dickel, Armeegeneral wie Mielke, war auch anwesend. Bei irgendeiner Diskussion drehte sich Mielke zu Dickel um und sagte: »Na, Fritz, sag doch auch mal was dazu!«

Alle Gespräche erstarben. Es entstand eine peinliche

Pause, und jeder wusste, Dickel würde Mielke auf diese plumpe Ansprache nicht antworten. Mielke beendete die Situation mit den Worten: »Na, ist ja auch egal, du hast ja sowieso nichts zu sagen!«

Im deutschen Kaiserreich hätte eine vergleichbare Situation mit einem Duell im Tiergarten geendet. Dickel war Spanienkämpfer und im Zweiten Weltkrieg Kundschafter des sowjetischen Militärgeheimdienstes gewesen und saß wie Richard Sorge mehrere Jahre in Japan im Gefängnis. Man hatte ihn dort schwer gefoltert. Mielke war Politbüromitglied, Dickel nicht.

Dass mir mein Abteilungsleiter diese Geschichten erzählte, war schon etwas Besonderes. Er musste das irgendwie loswerden und zog mich oft ins Vertrauen. Wir machten mehrmals die Woche unsere Zweiergespräche, die immer von ihm ausgingen und von Anneliese, seiner Sekretärin, am Telefon mit den Worten eingeleitet wurden: »Günter, komm mal sofort hoch zum Chef, er hat was Wichtiges mit dir zu besprechen!«

Ich machte mich natürlich augenblicklich auf den Weg. Im Sekretariat roch ich schon den Kaffee, und Anneliese öffnete mir die Tür zum Chefzimmer. »Setz dich«, sagte er und schob mir eine Schachtel Zigaretten zu. Es waren immer Westzigaretten, meistens HB, die er aber im Gegensatz zu anderen Mitarbeitern in ähnlicher Dienststellung in der Leipziger Straße im Lebensmittel-Exquisit kaufte. Kurz darauf ging die Tür auf, Anneliese brachte den Kaffee herein und zog die Tür mit einem vielsagenden Lächeln hinter sich zu. Manchmal hörte ich sie dann, wie sie andere Besucher abwimmelte: Der Chef habe eine wichtige Besprechung.

In der Orankestraße gab es einen Laden für die MfS-Oberschicht, in der sie manche Schmuggelwaren, die der Zoll einbehalten hatte, relativ billig für DDR-Geld kaufen konnte, allerdings musste man wohl mindestens Oberst sein. Karl-Heinz ging auch als Oberst aus Prinzip nie in dieses Geschäft, was ihm bei denen, die dort einkauften, keine Sympathien eintrug. Er mochte diesen Laden und die Privilegien nicht. »Bei dem Geld, das ich verdiene, kann ich meine Zigaretten so bezahlen wie andere auch.«

Die Zollverwaltung der DDR veranstaltete immer an ihrem Jahrestag eine Ausstellung mit den von den Zöllnern an den Grenzübergängen entdeckten Schmuggelwaren. Am einfallsreichsten fand ich einen ziemlich wertvollen Tisch, dessen Beine aufgebohrt worden waren und voller Goldmünzen steckten. Die Ausfuhr des Tisches war zwar legal, aber den Zöllnern war das erhebliche Gewicht aufgefallen. Natürlich befand sich unter dem Schmuggelgut auch jede Menge Rauschgift, da die sozialistischen Länder als ideale Transportroute zwischen der Türkei und Westeuropa galten.

Markus Wolf bezog nach seinem Ausscheiden ein Quartier in unserem Objekt. Eine kleine Villa wurde für ihn zurechtgemacht. Was er dort arbeitete, wusste keiner so genau, aber es wurde gemunkelt, dass er seine Memoiren schrieb. Manchmal saß sein Fahrer bei Anneliese im Sekretariat und trank einen Kaffee.

Mielke traute Wolf nicht, das war ziemlich sicher. Alles, was Wolf schrieb, wollte er kontrollieren. Sicher hat er dort die Ideen seines 1982 verstorbenen jüngeren Bruders Konrad in dem Buch *Die Troika* umgesetzt. Konrad

Wolf war Filmregisseur und zuletzt Präsident der Akademie der Künste der DDR. Sein Film *Ich war neunzehn* hatte mich besonders beeindruckt, vor allem eine Szene, in der Ernst Busch das Lied von der Jarama-Front singt. Gespenstisch war für mich auch die Passage, in der der junge Leutnant durch eine menschenleere Straße der gerade befreiten Stadt Bernau geht, und aus den Fenstern hängen rote Fahnen, alle mit einem großen Loch in der Mitte. Dort hatte man das Hakenkreuz herausgeschnitten. Das verstand ich schon 1968 als Warnung, dass 1945 auch die Deutschen in der DDR nicht einfach auf dem Absatz kehrtgemacht hatten, um hinfort in die entgegengesetzte Richtung zu marschieren.

Organisatorisch warf die neue Generation von Ausweisen Fragen auf, die eng mit der Struktur des Ministeriums verknüpft waren. Die alte Generation von Ausweisen und Pässen setzte die Personalisierung als eigenständigen Verwaltungsakt an das Ende des Prozesses, nach deren Herstellung. Blankodokumente wurden einfach bei den zuständigen staatlichen Stellen ausgefüllt. Die Reproduktion der Dokumente übernahm die Abteilung 35, das Ausfüllen die HVA. Das war nun so nicht mehr möglich, da die Personalisierung innerhalb des Produktionsprozesses in der Bundesdruckerei in Westberlin erfolgte. Der logische Weg wäre gewesen, die Abteilung 35 in die HVA einzugliedern und die dortigen Strukturen entsprechend anzupassen. Bei der Diskussion dieser Probleme wurden die technischen Spezialisten zwar gefragt, aber letztlich bei der Entscheidung nicht mit einbezogen. Man entschloss sich für eine andere Variante. Die Struktur blieb, wie sie war, und der Produktionsprozess wurde unterbrochen. Wir lieferten zukünftig nur die Halbfabrikate, wie Fotopapier und bedruckte Folien, die Fertigstellung des Ausweises erfolgte in der HVA. Für mich war das die schlechtere Variante, da meiner Meinung nach die Gefahr von Fehlern bei der Herstellung damit erheblich größer war. Ob für diese Entscheidung Kompetenzstreitigkeiten, Rivalitäten oder die Geheimhaltung der persönlichen Daten ausschlaggebend waren, konnte ich nur ahnen.

In technischer Hinsicht stellten sich für uns bei der Reproduktion des geplanten neuen Personalausweises mehrere schwierige Aufgaben. Erstmals wurde als Einlage ein spezielles Fotopapier verwendet. Wir hatten uns bis dahin nicht mit der eigenen Herstellung von Fotopapier beschäftigt. Die ersten Kontakte mit der Industrie stimmten wenig hoffnungsvoll. Wir hatten im Objekt nur wenig Platz und konnten die Forderung nach einer mehrere Hundert Meter langen Trocknungsstrecke nach dem Beschichtungsprozess mit Gelatine nicht erfüllen. Schließlich gelang es doch, eine kurze Fotopapiermaschine zu projektieren. Dazu wurde ein entsprechendes Gebäude errichtet und die Strecke nach oben hin gewissermaßen gefaltet, was sowohl unsere Platzprobleme als auch alle anderen Anforderungen berücksichtigte. Ohne eine sehr enge Kooperation mit der Industrie wäre das nicht möglich gewesen, die ja dann auch die Maschine baute und installierte.

Wir stellten einen promovierten Physiker ein, der über das entsprechende Fachwissen verfügte und sich hauptsächlich um diesen neuen Arbeitsbereich kümmerte. Die erforderliche Fotogelatine erhielten wir aus dem Fotochemischen Kombinat Wolfen, die dort nach unserer Rezeptur hergestellt wurde. Ähnlich verhielt es sich mit dem Einsatz und der Verarbeitung der benötigten Folien. Die Herstellung dieser speziellen Folien in der DDR war aus verschiedenen Gründen ausgeschlossen, also mussten sie aus dem Ausland beschafft werden, was schließlich auch gelang. Da die erforderlichen technischen Anlagen zur Folienbearbeitung auf der Embargoliste der NATO-Staaten standen, mussten wir auch hier einen geeigneten Ausweg finden und konnten über Tests an einer kleinen Pilotanlage schließlich eine eigene Strecke für das Bearbeiten und Bedrucken von Folien entwickeln. Dazu war es wiederum notwendig, wie bei der Fotopapierherstellung, ein eigenes Gebäude zu errichten.

Hier wurde mir auch ein Grundproblem der DDR-Wirtschaft besonders deutlich. Unsere Wissenschaftler waren nicht dümmer als anderswo und unsere Arbeiter nicht fauler. Jede Wirtschaft lebt vom Handel mit anderen Ländern und kauft sich diejenigen Waren, die sie nicht selbst herstellen kann oder will. Die DDR war aber von einem gleichberechtigten Handel mit dem Westen definitiv ausgeschlossen. Dafür gab es lange Listen bei der NATO über entsprechende »strategisch« wichtige Erzeugnisse. Diese Verbote waren aber ausgesprochen politische Entscheidungen. Die westliche Wirtschaft hätte es lieber gesehen, mit uns Handel zu treiben und daran zu verdienen. Dass sich die DDR dagegen zur Wehr setzte, fand ich richtig. Dass wir diesen Widerspruch zwischen Politik und Wirtschaft erkannten und versuchten, ihn für uns auszunutzen, war nur die Folge dieser Embargopolitik. Wir durften zwar Möbel für das Versandhaus Otto liefern oder Benzin und Heizöl nach Westberlin, aber moderne Rechentechnik zu kaufen, war ausgeschlossen, es sei denn, wir bezahlten hohe Bestechungssummen und fuhren die Waren um die halbe Welt, um die Spuren ihrer Herkunft zu verwischen. Nach der Wende war es opportun, die Bestecher zu verfolgen. Die Bestochenen konnten sich zurücklehnen. Das waren wiederum politische Entscheidungen der Obrigkeiten. An die »bösen Buben« in der Wirtschaft traute man sich nicht heran, man war ja von ihr abhängig.

Bei den Aufgaben für den Personalausweis arbeitete ich auch mit der Staatsbank der DDR zusammen. Mein Kontaktpartner war der stellvertretende Leiter der wichtigsten Bank der DDR. Die Bank bemühte sich sehr um die Einführung einer Geldkarte mit Magnetstreifen in der DDR, wie sie bereits in der Bundesrepublik üblich war. Bei den Überlegungen zu Technologien für die Herstellung solcher Karten konnte ich ihm mit unserem Wissen helfen, die Herstellung der Geldautomaten war aber nicht mein Metier.

Eines Tages fragte mich mein Partner, ob ich ihm nicht eine Handvoll EEPROM-Bauelemente besorgen könne. Die gäbe es nur im Westen, und sein Kontingent an Valuta sei ausgeschöpft. Mehr bekäme er nicht. Notwendig wären sie für den Bau eines Geldautomaten. Das Projekt war von Günter Mittag im Prinzip gestoppt wurden, es gab für ihn Wichtigeres. Fast alle für dieses Projekt geeigneten Betriebe, die er um Zusammenarbeit gebeten hatte, hatten abgelehnt. Als einzige Partner fand er einen Betrieb in Sachsen, der Konsumwaagen herstellte, und die Hochschule für Verkehrswesen in Dresden.

Den Geldautomaten wollte er als Vorführmuster für die Partei- und Staatsführung bei einer Ausstellung zum XI. Parteitag der SED zeigen. Honecker sollte »zufällig« an diesem Automaten vorbeigeführt werden, um ihm dann diese neue Errungenschaft der DDR-Industrie zu präsentieren. Das wäre ein gangbarer Weg, den allmächtigen Günter Mittag auszutricksen. Diese Eulenspiegelei gefiel mir, und ich versprach ihm Hilfe. Der Einzige, dem ich das erzählen konnte und der Aussicht bot, zu helfen, war Oberst H., der stellvertretende Leiter des OTS. Von ihm war ja auch der Kontakt zur Staatsbank hergestellt worden. Er hörte sich die Geschichte an, kommentierte sie nicht weiter und rief mich ein paar Tage später wieder an. Auf seinem Tisch lag eine kleine Tüte mit den Schaltkreisen. Mein Staatsbank-Partner freute sich sehr, als ich die Tüte aus der Tasche zog. Als er mir ein Probe-Exemplar der Geldkarte zeigte, musste ich lachen. Der Inhaber hieß Hans Mustermann. Dieser Hans war aber nicht der Ehemann von Erika Mustermann, die man auf den ersten Exemplaren des westdeutschen Personalausweises bewundern konnte. Anfang 1987 wurde der erste Geldautomat der DDR – und der erste im sozialistischen Lager – in Dresden aufgestellt.

Eines Tages rief mich Oberst H. an und fragte mich, ob wir Verwendung für eine Elektronenstrahl-Bedampfungsanlage hätten. Er sähe die Möglichkeit, eine derartige Anlage aus DDR-Produktion zu beschaffen. Die Technologie zum Aufbringen dünner metallischer Schichten auf Folien war Bestandteil der Vorarbeiten für die Reproduktion neuer Dokumente. Mein Interesse war groß, denn ich kannte solche Verfahren schon aus meiner Zeit an der Universität und hatte mit ihnen gearbeitet. Hersteller der Anlage war der VEB Hochvakuum Dresden.

Die Maschine passte auf einen kleinen Lkw, und wir holten sie kurzerhand selbst in Dresden ab. Um die verwaltungstechnischen Einzelheiten brauchte ich mich nicht zu kümmern. Natürlich bekamen wir sie nicht geschenkt. Parallel dazu wurden wir auf eine Lasergravieranlage aufmerksam, die seltsamerweise in einem kleinen Betrieb in Thüringen entwickelt wurde, der eigentlich Mikrofone herstellte. Bei einem Besuch erkannten wir schnell, dass wir auch auf diese Technologie nicht verzichten konnten. Die findigen Mitarbeiter steckten aber in der Klemme, da keine Zusammenarbeit mit dem VEB Carl Zeiss Jena organisiert werden konnte, der sich meiner Meinung nach hier eigentlich hätte engagieren müssen.

Dass in Jena Zielsuchsysteme für den Panzer T72 auf der Basis dieses Lasertyps gebaut wurden, wusste ich damals nicht. Der Nd:YAG-Laser hatte eine relativ hohe Leistung und sollte zum Kennzeichnen von Werkzeugen in einem Werkzeugbetrieb in Schmalkalden eingesetzt werden. Es fehlte aber an Oberflächenspiegeln für den Laserstrahl. Dazu benötigte man Gold und eine Bedampfungsanlage. Den Entwicklern fehlte beides. Wir hatten beides. Mit einem Gramm Gold konnte man Hunderte solcher Spiegel fertigen. Unsere Galvaniseure konnten mir aus den Vorräten etwas abgeben. Schließlich hatte sich ja auch Mielke bei uns seine ramponierten Manschettenknöpfe vergolden lassen. Die Kooperation kam schnell in Gang, und wir lieferten kurzfristig die gewünschten von uns mit Gold bedampften Spiegel. Die gesamte Kühlung für die energieliefernden Krypton-Bogenlampen aus sowjetischer Produktion stammte aus einer Anlage, die eigentlich Milch kühlen sollte. Man musste sich eben etwas einfallen lassen.

Im Grunde genommen waren wir mit unserer modernen Technik für die Ausweisfälschung und ihre Art der Beschaffung doch nur kleine Lichter im Gesamtrahmen der DDR. Was war schon der Nachbau eines Ausweises gegen den Nachbau eines 1-MB-Speicherchips. Beides war ohne die Beschaffung von Know-how, Technik und Material durch die HVA und den Bereich KoKo nicht aus eigener Kraft zu schaffen. Dass wir in der Lage waren, für Robotron einmal eine illegal beschaffte Mehrebenen-Leiterplatte zu analysieren, und dass wir das von unseren Zeichnerinnen gefertigte Layout zusammen mit der unzerstörten Platte übergaben, änderte daran auch nichts. Ich fasste das einmal spaßig so zusammen: »Wir können froh sein, dass es die BRD gibt, sonst hätten wir niemanden, der uns hilft, sie zu bekämpfen.« Diejenigen, die wussten, was dahinterstand, lachten darüber, manche andere lachten darüber nicht.

21. Kapitel

Reisen nach Moskau bildet und ein Papagei mit Gummimotor • Wo die Neufundländer wohnen • Ein Tor für die Freiheit • Angeln mit Lasso • Bunker und Schaukelstühle • Mit einer Pumpgun auf Entenjagd • Kulturprogramm oben ohne • Socialismo o Muerte • Eine Hütte für Vietnam • Glasnost ohne Wodka • Kein Licht am Ende des Tunnels

Bei meiner ersten Dienstreise in die Sowjetunion im zeitigen Frühjahr 1980 besuchte ich eine Ballettaufführung von Tschaikowskis *Schwanensee* im herrlichen, bis auf den letzten Platz besetzten Kremlpalast. Schon an der Kleidung konnte man erkennen, dass hier nicht eine elitäre Oberschicht den Saal bevölkerte, sondern überwiegend einfache Leute das Publikum stellten. In der Pause konnte man mit der breiten Rolltreppe zum Bankett fahren und den Kaviar förmlich mit dem Löffel essen und ihn anschließend mit Krimsekt hinunterspülen. Ich hatte ohne Dolmetscher fliegen müssen, da gerade keiner frei war. Man vertraute meinen Russischkenntnissen. Moskau bereitete sich gerade auf die Olympischen Spiele vor, und ich staunte nicht schlecht über die moderne Ausrüstung der technischen Abteilung des KGB, die ich besuchte. Offensichtlich war sie gerade mit der Herstellung der Eintrittskarten befasst. Die Muster, die ich sehen konnte, brauchten einen internationalen Vergleich nicht zu scheuen.

Meinen Kindern wollte ich etwas mitbringen und besuchte das *Detski Mir* am Lubjanka-Platz, das größte Kinderkaufhaus der Sowjetunion. Ich konnte mich nicht entscheiden, bis mich mein Begleiter auf die neueste Attraktion aufmerksam machte: einen Papageien aus hauchdünnem Blech, bunt bemalt, der angeblich fliegen konnte. Das glaubte ich nicht. Wir überzeugten die Verkäuferin, uns das vorzuführen. Über einen Gummimotor – einen mehradrigen Gummi, der verdrillt wurde – wurden die Flügel bewegt. Die Verkäuferin zog ihn auf und ließ ihn quer durch das riesengroße Haus fliegen. Weil es ihr selbst großen Spaß machte, ließ sie einen zweiten Vogel fliegen. Den dritten nahm ich. Dazu kam noch eine lustige Gliederpuppe: ein Burattino. Den kannte in der DDR jedes Kind. Burattinos Neffe Pinocchio wohnte im Westen, genauer in Italien. Burattinos Vater hieß Alexej Tolstoi, der von Pinocchio war Carlo Collodi.

Natürlich war auch ein Besuch im Mausoleum bei Lenin geplant. Die Schlange war trotz der Kälte lang und reichte quer über den Roten Platz. Wir standen noch nicht lange, als wir von jungen Leuten umringt wurden, die mir irgendwelche Prospekte und einen Stift vorhielten. Mein Begleiter grinste und flüsterte mir ins Ohr, dass sie mich mit einem Schauspieler des Wachtangow-Theaters verwechselten, und ich solle einfach Autogramme geben, statt sie zu enttäuschen. Genau das machte ich, und alle waren zufrieden. Als die anderen Schlangesteher dann doch erkannten, dass ich Ausländer war, wurde ich höflich und herzlich immer weiter nach vorn komplimentiert, so dass sich die Wartezeit erheblich verkürzte. Mit Herzklopfen ging ich durch die rote Marmortür und wurde kurz dahinter unvermittelt von einem Uniformierten zwar sanft, aber mit Bestimmtheit in einen Seitenraum umgeleitet. Er deutete auf meine Manteltasche, die etwas ausgebeult war. Ich zog eine große Keksrolle heraus, er nahm sie mir schweigend ab und schob mich wieder in die Reihe.

Lenin war klein, das hatte ich nicht erwartet. Er lag da in seinem Glassarg, und ich dachte unwillkürlich an Schneewittchen. Ohne stehen zu bleiben, ging ich an ihm vorbei zum Ausgang, da drückte mir ein anderer Uniformierter von der Seite meine Keksrolle wieder in die Hand. Erst nach dem Tode werden Helden groß, dachte ich, und wusste nur zu gut, dass Lenin für sich ein Mausoleum nicht gewollt hätte, er wäre auch mit einem einfachen Grab zufrieden gewesen, so wie er auch mit einer einfachen Hose zufrieden gewesen war, wie man nachlesen konnte … Sein Todfeind Stalin hatte ihn mit Bedacht hierhergebracht.

1985 begannen auch meine regelmäßigen Reisen nach Kuba. Mein Chef Karl-Heinz war bereits kurz nach der Revolution in Kuba gewesen, konnte mir viel erzählen und gab mir viele gute Ratschläge. Er warnte mich auch als Erster davor, das allgemein verbreitete sozialistisch-optimistische Kuba-Bild allzu wörtlich zu nehmen. Die Kubaner lagen am dichtesten an ihrem großen Gegner USA und zählten auch auf unsere Hilfe. Er war es auch, der mich darauf aufmerksam machte, den Kubanern zu zeigen, wie sie mit ihren Mitteln und unter ihren Bedingungen erfolgreich arbeiten können.

Schon die Hinreise war für mich abenteuerlich. Bis in die 1970er Jahre waren die Maschinen, die nach Kuba flogen, auf Santa Maria, einer portugiesischen Insel im Atlantik, zwischengelandet, da sie noch nicht nonstop fliegen konnten. Dann entdeckte die NATO eine weitere Möglichkeit, Kuba zu isolieren, und untersagte den Maschinen aus der Sowjetunion und der DDR die Zwischenlandung auf der Insel. Schließlich gab es nur noch eine Variante: eine Zwischenlandung im kanadischen Gander, einem NATO-Flugplatz auf der dem amerikanischen Festland vorgelagerten Insel Neufundland. Die Zwischenlandung dort war von einer besonderen Art. Die Piloten bezahlten ihren Sprit mit Dollars aus einem Aluminiumköfferchen, das sie mitführten, in bar. Alle Passagiere mussten die Maschine verlassen und warteten in der Flughafenhalle. Die Ankunftszeiten waren in der Regel nachts. Ein kleiner Shop öffnete, aber die meisten hatten keine Dollars, um etwas einzukaufen. Ich hatte zwar einen Packen Dollars als »Notgroschen« in der Tasche, aber ich hütete mich, auch nur einen Cent davon auszugeben. Als ich einmal eine kurzfristige Reise nach Budapest unternehmen musste, hatte man vergessen, für mich ein Hotelzimmer zu reservieren. Da ich nur eine Nacht bleiben sollte, nutzte ich eben diese Dollarreserve, um mir dort ein Hotelzimmer zu mieten. Bei der Rückkehr rechnete ich alles ordnungsgemäß ab, hatte aber meine dortige Rechnung ohne den hiesigen Wirt gemacht. Man stauchte mich zusammen und ließ mich ellenlange Berichte zur Rechtfertigung ungerechtfertigter Devisenausgaben schreiben.

In der Abfertigungshalle des Flughafens prangte über einer großen Tür, die aussah, wie das Tor zur Ponderosa und von zwei martialisch ausgerüsteten Bonanza-Cowboy-Cops flankiert wurde, die Aufschrift: »Wenn Sie diese Tür durchschreiten, gelangen Sie in die Freiheit«, oder so ähnlich. Jeder, der diese Strecke schon einmal geflogen war und auch wieder nach Hause wollte, hoffte, dass keiner der Passagiere auf diese Idee kam, dort hindurchzugehen, denn die Folgen fielen auf alle diejenigen zurück, die nicht an dieser Bonanza-Freiheit interessiert waren. Da wir uns nicht gegenseitig belauerten, fiel das Fehlen von Passagieren erst auf, wenn wir schon wieder startbereit im Flugzeug saßen. Alle mussten dann auf das Rollfeld aussteigen. Das Flugzeug war umringt von Polizeiautos mit blau-weiß blinkenden Lampen. Unsere Piloten und die Stewardessen luden unterdessen über eine Rutsche das Gepäck wieder aus. Kein Mitarbeiter des Flughafens machte auch nur einen Finger krumm. Schließlich musste jeder Passagier sein Gepäck identifizieren und sich danebenstellen. Logischerweise blieb das der abgehauenen DDR-Bürger oder Kubaner übrig und wurde von den Cops vorsichtig abtransportiert, es hätte ja auch eine Bombe darin sein können. Zum Schluss wurde der Rest wieder von der Crew verladen. Das dauerte natürlich eine lange Zeit und verursachte eine ziemliche Aufregung. Das passierte mir in den nächsten Jahren noch einige Male.

Während des langen Fluges mit der IL-62 entlang der Küste der USA, kam mir immer in den Sinn, was wohl passieren würde, müssten wir auf amerikanischem Festland notlanden. Als ich einmal meine Vorgesetzten nach der Nummer unserer Botschaft in den USA fragte, gaben die Verantwortlichen sie mir nicht. Selbst Markus Wolf war so eine Notlandung schon einmal passiert, aber davon wusste ich noch nichts. Es würde schon nichts passieren, war die Einstellung der Verantwortlichen. Dass ich etwas im Gepäck hatte, was bei den USA-Behörden bestimmt keine Freude ausgelöst hätte, wäre es in ihre Hände gefallen, war kein Anlass für derartige Vorsichtsmaßnahmen. Prompt passierte auch etwas. Wir konnten nicht in Gander landen, weil dort fünf Meter Schnee lagen, und wurden nach Montreal umgeleitet. Das war tausendfünfhundert Kilometer weiter hinein nach Kanada. Von dort waren es nur noch fünfzig Kilometer bis in die USA. In Montreal fiel ich niemandem auf.

Die Herzlichkeit der Kubaner übertraf alle meine Erwartungen. Wir waren meistens im *Riviera* untergebracht, einem lindgrünen Hotel direkt am Malecon, der breiten Uferstraße in Havanna. Bei Sturm gingen die Wogen in hohem Bogen bei laufendem Verkehr über die Straße hinweg. Bei Sonnenschein saßen die Verliebten auf der Ufermauer, die so breit war, dass man sie auch als Fußweg benutzte.

Zahlreiche Angler frönten ihrem Hobby, allerdings die meisten ohne Angel. Auf dem Daumen eines dicken Handschuhs steckte eine Rolle Angelschnur, an deren Ende ein dreifacher Haken mit dem Tintenfisch-Köder befestigt war. Ein durchlochter, tennisballgroßer Bleiklumpen komplettierte das Ganze. Der Angler schwang die Sehne mit dem Blei in der einen Hand wie ein Lasso um den Kopf und ließ Meter für Meter Schnur nach, bis er im geeigneten Augenblick die Angelsehne freigab. Das Blei flog in Richtung Meer und musste, um ins Wasser zu gelangen, die mindestens fünfzig Meter breit aufgeschütteten Wellenbrecher überwinden. Die Sehne spulte sich derartig schnell von der Rolle ab, dass der handschuhbewehrte Daumen qualmte. Dass dabei die Schnur mit der Bleikugel über die Köpfe der Passanten und die Dächer der Autos auf der Straße hinweg pfiff, störte niemanden.

Weit draußen im Kabbelwasser der Bucht schwamm ein Junge in einem Autoreifen, der die auf Grund gegangenen Haken einsammelte und sie wieder an Land brachte. Ich habe mehrmals lange diesem interessanten Schauspiel zugesehen, aber Fische wurden dabei nie gefangen. Kräftige Angelschnur aus DDR-Produktion stand bei den Kubanern als Geschenk hoch im Kurs.

Vor dem *Riviera* steht eine wunderbare Marmorskulptur einer Seejungfrau, die mit einem Seepferdchen spielt. Das Hotel war noch vor der Revolution gebaut worden, als Havanna der Ort war, wo die USA-Mafia ihre illegalen Einnahmen in Spielhöllen, Bordelle und Hotels investierte. Das traf ebenso auf das *Riviera* zu, das von dem Mafioso Meyer Lansky gebaut worden war und 1957, kurz vor der Revolution, in Betrieb ging. Für die Einweihungsfeier hatte Lansky die singende und tanzende Schauspielerin Ginger Rogers engagiert.

Für mich ungewöhnlich waren die klimatischen Bedingungen. Temperaturen von über fünfunddreißig Grad und eine Luftfeuchtigkeit, die man selbst zu Hause nur im Badezimmer mit Mühe erreichen konnte. Was das praktisch für die Arbeit bedeutete, wurde mit sehr schnell klar. Das nach dem erfrischenden Bad im Swimmingpool des Hotels vor dem Fenster aufgehängte hellbraune Baumwoll-Handtuch aus Malimo, einem originären DDR-Baumwollgewebe, war nach drei Tagen nicht trocken, sondern verschimmelt und schwarz.

Der technische Bereich des kubanischen Geheimdienstes lag etwas außerhalb am Rande Havannas. Den Chemikern, Druckern und Papiermachern machten die klimatischen Verhältnisse bei der Produktion sehr zu schaffen. Alle Klimaanlagen liefen unter Hochdruck und mussten dazu noch von Luftentfeuchtern unterstützt werden. Papier ist ja ein sehr feuchtigkeitsabhängiger Werkstoff. Bei mehreren Druckgängen unterschiedliche, andersfarbige Linienmuster deckungsgleich auf dasselbe Papier zu bringen, verlangte von den Druckern hohe Fertigkeiten.

Einige Papiermacher hatten im Rahmen der Kooperation ihre Ausbildung in der DDR erhalten, sprachen gut Deutsch und wurden als Dolmetscher eingesetzt. Es entstanden langjährige Freundschaften, obwohl das im MfS allgemein nicht gern gesehen wurde. Bei einer »Familienfeier« auf dem flachen Dach eines dreistöckigen Wohnhauses bot mir der Vater eines kubanischen Freundes eine echte Cohiba an. Das war Fidels Marke. Der grauhaarige Alte mit dem Schnauzbart ließ es sich nicht nehmen, die Zigarre für mich vorzubereiten. Er schnitt mit einem Messer eine Kerbe in das eine Ende, befeuchtete es ordentlich mit Spucke und brannte dann das andere Ende an. Nachdem er ein paarmal gezogen hatte, reichte er sie mir. Ich nahm einen Zug, als hätte ich eine F6 im Mund, und inhalierte tief. Wenn der Opa mich nicht festgehalten hätte, wäre ich vom Dach gefallen, so schwindlig wurde mir. Für den tiefen Zug wurde ich gelobt, aber das machte man mit diesen Zigarren nicht, wurde mir erklärt, es wurde nur gepafft.

Einer der alten Kämpfer schenkte mir seine Uniform, die er bei der Schlacht an der Playa Girón in der Schweinebucht getragen hatte, als sie die kubanischen Söldner der CIA zurück ins Meer jagten. Deren Hinterlassenschaften konnte man sich im Revolutionsmuseum ansehen. Sie hatten also ihren Feinden bereits direkt in die Augen geblickt. Dass es den Kubanern damit sehr ernst war, zeigten mir unter anderem die am Strand bei Santa Maria del Mar aufgereihten Bunker. Von hier sind es nur hundertfünfundvierzig Kilometer bis nach Key West, Florida. Bei meinem ersten Besuch hatte das Meer schon die meisten davon in Besitz genommen. Die kubanischen Genossen betonten aber, dass sie sich niemals kampflos ergeben würden. Sie hätten zwar militärisch keine Chance gegen die USA, aber eines ihrer Flugzeuge würde es bestimmt bis nach New York schaffen. Die mir das erzählten, waren nicht die Alten mit den Bärten, die in der Sierra Maestra gekämpft hatten, sondern junge Leute wie ich. Das imponierte mir sehr.

Vor einem Rückflug wurde ich von unserem Verbindungsoffizier in Havanna beauftragt, auf eine geheime Fracht aufzupassen, die aus Nicaragua kam und deren Entladung ich in Berlin persönlich überwachen sollte. Wenn wir mit Linienmaschinen flogen, verließen wir immer als Erste das Flugzeug, noch vor den anderen Passagieren der ersten Klasse, so wie wir auch in Havanna als Erste das Flugzeug bestiegen. Das hatte mir einmal den Zorn irgendeines Ministers der DDR eingebracht, der nicht begreifen konnte, dass in der ersten Klasse schon jemand saß, als er hereinkam und sich nicht einmal vorstellte. Ich ging also direkt von der Gangway unter das Flugzeug zur Ladeluke. Das war eigentlich streng verboten.

Vor der Ladeluke standen zwei bewaffnete Posten. Vielleicht sind sie aus demselben Grunde hier wie ich, ging es mir durch den Kopf. Nach längerer Diskussion kapitulierten sie. Dann kam die »wichtige« Fracht auf dem Förderband herunter. Schon aus zehn Metern Entfernung konnte man erkennen, worum es sich handelte. Es waren Stühle, Schaukelstühle aus Nikaragua. Ich war gehörig wütend. Jetzt konnte ich auch die bissigen Anspielungen der Kubaner über den Leiter des OTS verstehen, in denen immer ein Tretboot vorkam, das der so gern gehabt hätte.

Der Einzige, dem ich davon erzählen konnte, war mein Abteilungsleiter. Der winkte nur resigniert ab, die Tretbootgeschichte kannte er schon. Das Tretboot schaukelte schon lange auf einem See am Berliner Stadtrand.

Schwerpunkt der Arbeit waren natürlich spezielle Fragen zur Dokumentenfertigung und zu technischen Ausrüstungen. In der Freizeit machten wir viele Ausflüge ins Landesinnere. Immer auf dem Programm standen das berühmte *Tropicana*, die *Bodeguita del Medio* und *El Floridita*, die Stammkneipen Hemingways, der hier sehr verehrt wurde. Was mir nicht so sehr gefiel, war, dass die Mittagspausen im *Riviera* sich oft über Stunden hinzogen. Für mich ging das immer von der kostbaren Arbeitszeit ab. Jedes Mal waren andere kubanische Genossen aus dem technischen Bereich dabei. Ich sprach das an und wünschte mir, dass wir gemeinsam mit ihnen in ihrem Objekt Mittagessen sollten, das würde Zeit sparen und verwöhnt mit dem Essen seien wir nicht. Die Kubaner drucksten herum, und da ich nicht nachließ, willigten sie schließlich ein. Der Speiseplan wurde nun sehr einfach. Es gab nur zwei Gerichte: Reis mit Hühnerfleisch und Hühnerfleisch mit Reis. Als mir später einer meiner kubanischen Freunde erzählte, warum sie dagegen waren, im Objekt zu essen, schämte ich mich etwas. Unsere gemeinsamen Mittagessen im *Riviera* hatten reihum immer anderen Mitarbeitern einmal ein ordentliches Essen beschert.

Viele Probleme Kubas lernte ich erst richtig vor Ort kennen. Eines der wichtigsten war die Stromversorgung. Ohne eine verlässliche Stromversorgung konnte keine

Industrie aufgebaut werden. Kuba nutzte ausschließlich Öl für die Erzeugung von Elektroenergie. Die entsprechenden Anlagen waren als Erbe Somozas natürlich USA-Fabrikate. Das bedeutete, dass nirgendwo eine deutsche oder sowjetische Schraube passte. Damit war eine Ersatzteilversorgung praktisch ausgeschlossen. Zuerst fiel mir das im Hotel im wahrsten Sinne körperlich auf, als ich gegen die Tür rannte, weil man den amerikanischen Türknauf genau andersherum drehen musste als den europäischen. Jetzt erst begriff ich, warum sich die Amerikaner nie verbindlich dem metrischen System angeschlossen hatten. Auch mit Schrauben kann man einen Staat stilllegen. Dass man gerade mit dem Bau eines sowjetischen Atomkraftwerks begonnen hatte, stimmte mich hoffnungsvoll. Jeden Tag traf ein sowjetischer Tanker mit Rohöl in Havanna ein, um die Energieversorgung zu sichern.

Als wir Fischer in der Nähe Havannas besuchten, weil wir zur Entenjagd auf einem großen Stausee eingeladen waren, der der Trinkwasserversorgung diente, warteten die Fischer schon zwei Wochen auf das Eisauto aus Havanna. Vorher konnten sie die Netze nicht herausholen. Bei den herrschenden Temperaturen hätte der Fang nicht einmal eine halbe Stunde Autofahrt überstanden. Fisch wurde nur in den großen Hotels frisch angeboten. Für Fischläden gab es keine Kühlkapazitäten. Dafür wurden wir von den Piraten, wie wir sie bezeichneten, mit ausgezeichnetem, in Öl gebratenem Fischfilet und Zitrone bewirtet. Zum Trinken gab es Rum.

Zur Entenjagd hatten die Genossen ein paar Flinten und einen Eimer voll Patronen mitgebracht. Das waren alles Beutestücke der Schweinebucht-Invasion. Ich entschied mich für eine kurzläufige Winchester, eine Pumpgun, ähnlich denen, mit denen die Polizisten in den USA in ihren Streifenwagen herumfuhren. Bei den Patronen musste man probieren, ob sie passten. Wann die Munition hergestellt worden war, fragte ich lieber nicht. Wir benutzten bei der Schießausbildung im MfS regelmäßig überlagerte Munition der NVA. Als ich den ersten Schuss, im Boot stehend, aus dieser Waffe abgab, dachte ich, mir hätte es die halbe Schulter weggerissen, so stark war der Rückschlag. Zwei Mann fingen mich auf, sonst wäre ich aus dem Ruderboot gefallen. Zum Cop fehlte mir mithin noch einiges. Wie durch ein Wunder hatte ich die Ente tatsächlich getroffen. Die Ballerei fand erst dann ein Ende, als wir einen Mann bemerkten, der in unserem Schussfeld in einem Autoreifen herumschwamm und seelenruhig angelte. Meine Ente blieb die einzige Beute, doch wir konnten sie nicht erreichen, da die Uferzone dicht mit Schwimmpflanzen bewachsen war.

Das Eisauto kam schließlich doch noch. Es war aber kein Kühlfahrzeug, sondern ein offener Lkw, der mit meterlangen Eisbarren beladen war. Die wurden mit der Axt zerkleinert und dann das Eis gemeinsam mit den Fischen in die mit Zinkblech ausgeschlagenen Kisten gepackt.

Als ich das letzte Mal als DDR-Bürger Kuba besuchte, war ich mit unserem Spezialisten für Fotografie unterwegs. Die Kubaner nannten ihn nur »Colorado«, denn er hatte rote Haare. Die waren in Kuba so selten wie blonde, etwas füllige Frauen. Unsere Dolmetscherin bediente das letztere Ideal und wurde ständig von Männern umschwärmt.

Diesmal waren wir in der ehemaligen Villa des letzten Stadtarchitekten von Havanna untergebracht. Sie war noch in dem Zustand, wie der Architekt sie 1957 in Richtung Miami verlassen hatte. Sie diente jetzt als Gästehaus der Regierung. Für uns zwei war das wirklich eine Nummer zu groß, aber die Kubaner wollten damit wohl ihre Wertschätzung uns gegenüber ausdrücken. Beeindruckt war ich von der riesigen Bibliothek, in der die deutsche Sprache bei den Büchern vorherrschte. Ich schlug mir mit Lesen halbe Nächte um die Ohren. Hier las ich zum ersten Mal *Georg Christoph Lichtenbergs vermischte Schriften* in einer Ausgabe von 1844. Mit Lichtenbergs Bänden war eine ganze Regalreihe gefüllt. Der Architekt war wohl ein großer Verehrer dieses Physikers und Philosophen mit seinem skurrilen Humor gewesen. Der *Kinsey-Report* in der amerikanischen Originalausgabe war dagegen wesentlich humorloser.

Wenn die kubanischen Genossen nach Berlin kamen, wurde ich als ihr Betreuer auch für die Freizeitaktivitäten abgestellt. Irgendwann musste ich mir etwas Neues ausdenken, da ich die ständigen Besuche auf dem Fernsehturm satt hatte. Die Kubaner waren ziemlich prüde, stichelten aber ständig gegen die angebliche Freizügigkeit in der DDR. Ich beschloss also, ihnen einmal das wahre Leben in der DDR zu zeigen. Ich weihte unsere Dolmetscherin ein, die sofort zustimmte. Wir fuhren mit unserem Kleinbus an den Stadtrand von Berlin, nach Prenden. Dort gab es am Mittelprendener See einen FKK, der versteckt hinter einer Kiefernschonung lag. Wir parkten den Bus am Waldrand und gingen dann auf einem Trampelpfad durch die mannshohen Kiefern. Außer dem

Fahrer, der Dolmetscherin und mir wusste keiner, wohin wir liefen. Die Kubaner und die einzige Kubanerin waren wie vom Donner gerührt, als sie plötzlich zwischen lauter Nackten standen.

Flucht war nicht möglich, und so durchquerten wir den FKK in seiner ganzen Länge. Niemand interessierte sich für uns. Es war einfach grandios. Hier war die Praxis allemal besser als die Theorie. Die kubanischen Männer waren alle ziemliche Machos, aber das nur mit dem Mundwerk. Die heimlichen Versuche, ein paar Erinnerungsfotos zu schießen, konnten wir geschickt vereiteln, wenn wir sie bemerkten. Als wir wieder die Straße erreicht hatten, wäre die Gruppe am liebsten umgekehrt und den gleichen Weg zurückgegangen, aber der Fahrer wartete schon. Ich bat sie eindringlich, diesen Ausflug für sich zu behalten, da ich Chefs kannte, die mindestens genauso verklemmt waren. Ich fürchtete, für dieses nicht genehmigte Kulturprogramm Ärger zu bekommen.

Bei der Abschlussbesprechung fragte der stellvertretende Leiter des OTS, was die Besucher bei uns am meisten beeindruckt hätte. Als ich den Blick des kubanischen Delegationsleiters sah, wusste ich, was jetzt kam und wäre am liebsten aus dem Fenster gesprungen, aber wir saßen im zweiten Stockwerk. Die Antwort kam unisono: »Der Besuch am FKK!« Die Dolmetscherin übersetzte seelenruhig das darauffolgende spanische Geschnatter, und ich versuchte, Oberst H.s scharfen Blick in meine Richtung zu parieren. Er überging das Ganze mit staatsmännischer Größe und meinte, dass er die meisten unserer Kulturprogramme auch ziemlich langweilig fände.

Wenn wir mit dem Auto in Richtung Baracoa oder Pinar del Rio fuhren, fiel mir immer ein riesengroßes Transparent über dem Eingang zum Tunnel auf, der unter dem Rio Almendares hindurchführt: »Patria o Muerte!« Das war der Schlachtruf, mit dem die Kubanische Revolution begonnen hatte: »Vaterland oder Tod!« Als ich 1998 zur Silbernen Hochzeit zusammen mit meiner Frau Kuba besuchte, hatte sich der Titel dieses Transparents bemerkenswert geändert: »Socialismo o Muerte!«

Die Besuche in den anderen Ländern des sozialistischen Lagers waren ebenso herzlich und in fachlicher Hinsicht nie einseitig. Natürlich waren die Arbeitsrichtungen entsprechend der geographischen Lage der Länder etwas unterschiedlich, aber es ging immer um prinzipielle Erfahrungen und um Erkenntnisse aus der Forschung. Die tschechischen Genossen waren in der Bearbeitung von Hologrammen schon sehr weit fortgeschritten, und wir hatten vor, mit ihnen in dieser Frage zu kooperieren. Auch in der Papierfertigung waren sie Meister ihres Fachs, und unsere Spezialisten hatten viel von ihnen gelernt.

In Budapest freundete ich mich mit zwei ungarischen Chemikern an. Beide sprachen sehr gut Deutsch. In einer stillen Pause zeigte einer von ihnen mir eine blaue, in seinen Unterarm eintätowierte Nummer. Er war dem Vernichtungslager Auschwitz nur knapp entronnen. Zum Abschied schenkte er mir einen Stahlstich mit dem Bildnis von Sándor Petőfi, einem Dichter und Volkshelden der Revolution von 1848 in Ungarn. Es war ein fabelhafter Entwurf für eine 500-Forint-Note der Ungarischen Staatsbank, die aber leider nicht gedruckt wurde.

1986 besuchte ich den anderen Genossen zusammen mit meiner Familie im Urlaub. Wir zelteten in Leányfalu am Donauknie. Er hatte einen kleinen Garten in der Nähe, und wir bewunderten seine Fertigkeiten bei der natürlich illegalen Herstellung von Birnen- und Aprikosenschnaps und wanderten mit ihm in die Berge. Die Qualität seiner Produkte war unübertroffen. Seine Tochter arbeitete in einer Sektkellerei und übernahm für ihn die Qualitätskontrolle. Natürlich blieb das Treffen unter uns.

Es gab nur drei europäische sozialistische Länder, mit denen wir keine Beziehungen unterhielten. Das waren Rumänien, Jugoslawien und Albanien. Alle drei Länder ordneten sich aus verschiedenen Gründen nicht vorbehaltlos der Sowjetunion unter. Albanien klebte so dicht an China wie wir an der Sowjetunion, und von Rumänien ging das Gerücht um, der Geheimdienst sei mit amerikanischen Spionen durchsetzt. Jugoslawien war mit Tito bei der Sowjetunion in Ungnade gefallen. Es konnte nur einen Stalin geben. Es gelang auch Chruschtschow nicht, nach Stalins Tod den sowjetisch-jugoslawischen Scherbenhaufen zu kitten. Damit waren die Grenzen für uns gezogen.

Ich wäre auch gern nach Vietnam gefahren, aber für diese Linie war ein anderer Genosse der Abteilung verantwortlich. Mit unserer Hilfe entstand dort eine vietnamesische Wertpapierdruckerei. Als die ersten Druckmaschinen aus DDR-Produktion im Hafen von Hanoi eintrafen, war das dafür vorgesehene Gebäude noch nicht fertig. Außerdem fehlte Transportkapazität für die schweren Maschinen, die in riesengroßen, seewasserfesten Kisten verpackt waren.

Als man Wochen später wieder einmal nach der Fracht schaute, standen die Maschinen am Kai, aber ohne die Verpackung. Die polierten Zylinder der Druckmaschinen waren schon verrostet. Hier herrschte ein ähnliches Klima wie in Kuba. Die Kisten waren weg. Später fand man heraus, dass die Kisten gestohlen worden waren, weil sie sich bestens als Unterkunft für mehr als eine Familie eigneten. Wie man die Maschinen ohne Kran aus den Kisten herausgeholt hatte, konnte keiner sagen, aber die Vietnamesen hatten ja auch die Amerikaner besiegt, warum hätten sie dann vor ein paar Holzkisten aus der DDR kapitulieren sollen. Wolfgang, der Fahrer meines Chefs, hatte sich seine erste Gartenlaube aus solch einer ähnlichen Kiste gebaut, in der die sowjetischen Genossen eine sechs Meter lange SIL-Limousine für die DDR-Regierung verpackt hatten. Er brauchte sich nur mit der Säge Löcher für Tür und Fenster herauszuschneiden und Dachpappe aufs Dach zu nageln.

Als ich 1988 meine letzte Dienstreise nach Moskau absolvierte, wieder ohne Dolmetscher, bat mich ein anderer Abteilungsleiter aus dem OTS, ein Geschenk für seine Schwiegermutter mitzunehmen, die in Moskau lebte. Er selbst hatte in Moskau studiert und auch dort geheiratet. Der Karton kam mir schon komisch vor, doch als ich ihn bewegte, hörte ich das verdächtige Gluckern. »Mal sehen, ob das was wird«, sagte ich. Gorbatschow hatte ja seinem Volk die berüchtigte Anti-Wodka-Kampagne verordnet, als würden die Sorgen der Russen kleiner, wenn man ihnen nun auch noch den Alkohol wegnahm.

Es gelang mir tatsächlich, natürlich nur mit Begleitung,

die alte Schwiegermutter aufzusuchen. Bei der Überreichung des Geschenks gluckerte es wieder verdächtig. Die Frau wurde rot, ich auch, und mein Begleiter murmelte laut und halbherzig, man solle doch stets die Vorschriften und Ratschläge des Genossen Gorbatschow beachten. Das Verschenken von Alkohol war aber noch erlaubt.

Am Abend war in meiner Wohnung in Moskau ein großes Abendessen geplant. Ich war der einzige deutsche Gast. Der Tisch war, wie gewöhnlich, festlich gedeckt, nur Alkohol fehlte. Mir fiel auf, dass jeder ankommende Gast einen Beutel dabeihatte. Natürlich ging das Essen mit Trinksprüchen los. In den Beuteln war der konspirative Wodka in die Wohnung geschmuggelt worden. Wer russische Trinksprüche kennt, weiß, dass das bei vielen Gelegenheiten ein abendfüllendes Programm sein kann.

Es waren vielleicht zehn Personen am Tisch, die meisten in Uniform samt der dazugehörigen Orden. Ich kam als Letzter an die Reihe und wusste, du musst einen Trinkspruch auf Russisch aufsagen, aber alle Zielobjekte eines sowjetischen Trinkspruchs, die Partei, der Generalsekretär, die Frauen und Mütter, alle waren schon mehrfach genannt, und ich wollte keine Kopie zum Besten geben. Der Kopf war völlig leer, ich glaubte, alle russischen Vokabeln vergessen zu haben, und als alle mich erwartungsvoll ansahen, sagte ich einfach mit erhobenem Glas: *много пить, лучше чем много говорить*. Das hieß in etwa: »Viel trinken ist besser als viel reden.« Es brach ein ohrenbetäubendes Gelächter los, meine beiden Nachbarn hauten mir rechts und links auf die Schultern, ich verschüttete den meisten Wodka, und mein Trinkspruch wurde zum Besten des Abends gewählt. »Wir hätten dich zuerst reden lassen müssen«, meinte mein Gegenüber, »dann wäre uns die qualvolle Suche nach neuen Trinkspruch-Varianten erspart geblieben.«

Am nächsten Tag unternahm ich mit den sowjetischen Genossen einen Stadtbummel. Wir kamen an einem Kaufhaus vorbei, vor dem eine lange Schlange stand. Plötzlich ging einer unserer Begleiter auf die Eingangstür zu, zückte seinen Dienstausweis vom KGB, die Menschen machten ihm stumm Platz, und er verschwand im Gebäude. Wir warteten nicht auf ihn, und ich stellte auch keine Fragen. Ich war entsetzt. Nie hätte ich mir in Berlin erlaubt, mir mit Hilfe meines Dienstausweises Vorteile zu verschaffen. Das wäre auch nicht möglich gewesen.

Mein Chef erzählte mir eine dazu passende Geschichte: Er hatte sich seine Telefonleitung von der Anschlussdose im Flur bis ins Wohnzimmer verlängert, um bequemer telefonieren zu können. Eines Tages klingelte es an der Tür, und ein Mechaniker der Post, die für die Telefone zuständig war, wollte seinen Telefonanschluss sehen. Als er das Verlängerungskabel bemerkte, raunzte er: »Hab ich's mir doch gedacht!« Er riss die Leitung ab und wickelte sie mit dem Unterarm auf. Mein Chef wollte etwas sagen, aber der Postler kam ihm zuvor: »Ach, ick weeß schon, Klappkarte, wa?« Damit spielte er auf den Dienstausweis des MfS an, den man aufklappen konnte. Mein Chef nahm das mit Humor und erzählte die Geschichte zu jeder passenden Gelegenheit.

Abends im Kremlpalast lagen in den Kühlfächern des Bankettsaals einsame Brötchen mit sich schon an den

Rändern aufrollenden Käsescheiben. Die Frauen am Büfett sahen nicht besonders fröhlich aus, was bei dem Angebot nicht verwunderte. Sekt gab es keinen. Das geschah drei Jahre nach dem Machtantritt Gorbatschows. Vielleicht hätte er eine Chance gehabt, aber jetzt hatte ich das Gefühl, dass sie verspielt war.

Als in der DDR das berühmte Gorbatschow-Buch über seine Umgestaltung und sein neues Denken erschien, stapelten sich bei uns in der Abteilung beim Buchverkauf mehr Exemplare, als wir Mitarbeiter hatten. Es sah so aus, als versuche das MfS, möglichst viele Bücher auf diese Weise aus dem Verkehr zu ziehen.

Ich mochte es erst nicht lesen, aber ich wollte auch nicht über Dinge reden, von denen ich keine Ahnung hatte. Nach der Lektüre sagte ich im kleinen Kreis: »Wenn er mit dem, was er vorhat, nicht in einem Jahr fertig ist, ist es vorbei. Um aber in so kurzer Zeit sein Ziel noch zu erreichen, müsste er so rigoros und mörderisch vorgehen wie Stalin. Sein eigenes Volk vertraut ihm nicht mehr.« Ich wusste, unsere Lichter würden in Moskau ausgeknipst, wenn es so weit war. Wir würden es erst merken, wenn wir schon im Dunkeln säßen. Aus eigener Kraft waren wir nicht überlebensfähig, und vom Westen würde es keine Medizin geben, es sei denn wir zahlten dafür den Preis, den sie verlangten.

22. Kapitel

Kein Aprilscherz • Orden in feuchten Tüchern • Der Garten Eden Nr. 1 • Kadavergehorsam • Wer die Wahl hat, hat die Qual • Neue Technik ohne Zukunft • Freunde für immer • Wir können auch vernichten • Plötzlich ist die Mauer weg • Ein totgeborenes Kind • Mein letztes Referat • Der Panzerschrank bleibt zu • Einladung an das Bürgerkomitee • Unsichtbare Gräben

Am 1. April 1987 war es dann endlich so weit. Der neue Personalausweis der Bundesrepublik Deutschland wurde ausgegeben. Er hatte fälschungssicher sein sollen, aber auch wir waren mit unseren Hausaufgaben rechtzeitig fertig geworden. Anfang oder Mitte Mai erzählten mir die Genossen der HVA, dass die ersten unserer Exemplare schon durch die BRD gereist wären. Das war sehr erfreulich, aber wir hatten keine Zeit zum Luftholen. Der nächste Schritt, der neue Reisepass der BRD, stand noch bevor. Außerdem gab es ja noch die Produktion der aktuellen grünen BRD-Pässe und der roten Pässe der Schweiz.

Natürlich stand jetzt eine Abrechnung für die geleistete Arbeit an. Im MfS war das verbunden mit Orden oder Beförderungen oder beidem. Der Abteilungsleiter und ich waren für einen Orden vorgeschlagen worden. Dabei muss es wohl etwas strittig zwischen den Verteilern zugegangen sein. Mein Chef erzählte mir, dass die HVA für ihn wie für mich den Vaterländischen Verdienstorden vorgeschlagen hatte, aber nur bei ihm damit durchgekommen war. Ich bekam den Orden »Banner der Arbeit Stufe I«, als Trostpreis sozusagen.

Wurden Orden verliehen, welcher Art auch immer, gab es im MfS kein Geld dazu. Natürlich mussten wir zur Verleihung eine Paradeuniform anziehen, die gab es kostenlos von der Kleiderkammer. Den dazugehörigen Ehrendolch durfte ich mir kaufen, er kostete 80 Mark. Hatte man den am Koppel hängen, musste man neu laufen lernen, sonst bestand die Gefahr, dass man sich langlegte. Wurst und Käse konnte man damit auch nicht schneiden.

Als wir uns im Sekretariat gegenseitig in Uniform betrachteten, ein Oberst und ein Major, der Chef und sein Stellvertreter, konnte ich mich nicht enthalten: »Hoffentlich drückt uns im Staatsratsgebäude niemand ein Tablett in die Hand, wir sehen aus wie Oberkellner.«

Verliehen wurden die Auszeichnungen durch Egon Krenz. Er übergab uns die Orden, wir mussten die Hacken zusammenknallen und im Chor rufen: »Wir dienen der Deutschen Demokratischen Republik!«

Im Abgang sah ich noch, wie ein Bediensteter Egon Krenz ein feuchtes Tuch reichte, mit dem dieser sich die Hände abwischte. Das empfand ich als kein gutes Omen. Ich jedenfalls hatte mir die Hände vorher ordentlich gewaschen. Viele Jahre nach der Wende sprach ich Egon Krenz einmal auf diese Ordensverleihung an, als ich bei einer Veranstaltung zufällig neben ihm zu sitzen kam. Er konnte sich nicht daran erinnern und hatte auch kein Interesse, sich mit mir darüber zu unterhalten.

1987 wurde bei meiner Frau der Wunsch nach einem Garten übermächtig. Ich hatte mich lange dagegen gewehrt, obwohl viele meiner und ihrer Arbeitskollegen bereits am Wochenende gemütlich in ihrer Gartenlaube saßen. Ich hielt das mit dem Sozialismus in der DDR für unvereinbar und dazu noch für kleinbürgerlich. Man konnte doch nicht alle freien Flächen zu Kleingärten zerhacken, um jeder DDR-Familie so ein Grundstück zu verpachten. Aber meine rationalen Argumente verpufften, gegen einen gemütlichen Blick in die untergehende Sonne.

Ich gab also klein bei, zumal ich derjenige war, der mit seiner von anderen vorgegebenen Gestaltung der Arbeitszeit die Freizeitplanung unserer Familie regelmäßig durcheinanderbrachte. Ausbaden musste das meine Frau, die dann allein mit den Kindern dasaß, da ich noch dazu das Auto für mich mit Beschlag belegte. Die Gleichberechtigung war da nur rein theoretischer Natur.

Irmtraud meldete sich also bei ihrem Arbeitgeber, der Volksbildung, für ein Gartengrundstück an. Am Stadtrand von Berlin wurden Flächen für die Freizeitnutzung bereitgestellt. Wartezeiten waren inbegriffen. Im Stillen hoffte ich, es würden ähnliche Wartezeiten wie beim Auto herauskommen, aber ich irrte mich gewaltig. Noch im selben Jahr präsentierte mir meine Frau stolz eine Besichtigungskarte für ein Gartengrundstück in Niederlehme, bei Königs Wusterhausen. Die vierhundert Quadratmeter lagen zwar nicht am Wasser, aber man konnte bis dorthin laufen.

Wir setzten uns ins Auto und fuhren zur Besichtigung. Es war ernüchternd. Die abgesteckten und nummerierten Parzellen waren auf einer riesigen Fläche verteilt, nirgendwo war etwas Grünes zu sehen. Ich hatte das Gefühl, ein Flugplatz sollte hier entstehen. Wir saßen in unserer Parzelle auf zwei alten Bierkästen, die irgendeiner dort vergessen hatte. Selbst zu zweit brachten wir es nicht fertig, uns hier einen blühenden Garten samt Häuschen vorzustellen. Ich konnte von meinem Sitzplatz aus bequem in jeden der drei zukünftigen Nachbargärten spucken. Dafür hatte man also einen ganzen Wald abgeholzt.

Das Hochgefühl, Gartenbesitzerin zu sein, schwand bei meiner Frau zusehends. Bei mir war es ja aufgrund ideologischen Starrsinns gar nicht erst entstanden. Schließlich einigten wir uns ohne große Diskussion. Das ist nichts für uns. Bei der ersten Nutzerversammlung konnten wir erleben, was Gartenbesitzerbewusstsein und Vereinsmeierei aus den Menschen machte. Es gab ständig Streit. Streit um Wasser, Streit um Strom, Streit um die Zufahrten. Schließlich gaben wir die Parzelle zur großen Freude anderer zurück und waren sogar noch froh darüber. Damit war der Traum vom Garten Eden erst einmal auf Eis gelegt. Irgendwann würde er taufrisch wieder zum Vorschein kommen, das wusste ich.

Das Jahr 1988 verlief so zäh, als würde die gesamte DDR auf der Stelle treten. Offensichtlich war es auch so. Die Obrigkeiten wurden immer unduldsamer mit den Ungehorsamkeiten und Widerworten ihrer Untergebenen.

Bei einem Besuch meiner Eltern wurde ich aus einiger Entfernung zufällig Zeuge, wie die Volkspolizei eine Gruppe Jugendlicher auf dem Zentralen Platz vor dem Uni-Hochhaus auseinanderjagte. Sie hatten weder Fahnen noch irgendwelche Transparente bei sich. Ich sah nur ein paar Gitarren. Die Polizei ging grob und handgreiflich vor, und ein paar der Jugendlichen wurden in ein Polizeiauto verfrachtet. Ich konnte das von meinem entfernten Standpunkt natürlich nicht bewerten, aber mir gefiel das überhaupt nicht. Wenn das die uns einzig verbliebenen Mittel waren, mit jungen Leuten ins Gespräch zu kommen, sah es für die Zukunft nicht rosig aus. Ich konnte mich noch gut an den Spruch der Partei erinnern: »Der Jugend mehr Verantwortung und Vertrauen!« Genaugenommen besagte das auch: »Zu wem ich kein Vertrauen habe, der bekommt auch keine Verantwortung!«

Regelmäßig mussten im MfS die dienstlichen Leiter Einschätzungen ihrer Kollektive abliefern. Mein Chef war froh, als er das auf mich abschieben konnte, instruierte mich aber, wie ich dieses Papier abfassen musste, damit es keinen Ärger gab. Diese Einschätzungen wurden »Analyse des politisch-moralischen Zustands« genannt, abgekürzt hießen sie noch weniger poetisch POLMOZ. Kernstück war jedes Mal die Aussage, dass der oder die unbedingtes Vertrauen in die Politik von Partei und Regierung hätten oder auch nicht. Zwischentöne gab es da nicht. Man konnte einen Mitarbeiter allein damit erledigen, dass man das Wort unbedingt wegließ. Eigentlich war das die Forderung nach einem Kadavergehorsam.

Ich traute meinen Augen nicht, als ich nach der Wende diesen Spruch fand: *Wir sollen uns dessen bewusst sein, dass ein jeder von denen, die im Gehorsam leben, sich von der göttlichen Vorsehung mittels des Oberen führen und leiten lassen muss, als sei er ein toter Körper ...* Das hatten die Jesuiten schon im 16. Jahrhundert ausgeknobelt, um ihre Mannschaft zu disziplinieren! Wir hatten das nur etwas moderner zu formulieren.

Ebenfalls 1988 flatterte mir eine Karte ins Haus: Ich sollte mir mein 1975 bestelltes Auto abholen. Das hatte ich schon fast vergessen. Das Geld hatte ich zusammengespart, ich glaube, es kostete damals so um die 18.000 Mark. Aufgeregt fuhr ich in das Autohaus. In einem großen Ausstellungsraum stand ein einzelner Wartburg. Das war meiner, und er war gelb wie ein Postauto, aber er hatte wenigstens Knüppelschaltung. Auf die vorsichtige Frage nach einer anderen Farbe, wurde mir wie im Sender Jerewan geantwortet: »Im Prinzip ja, aber das würde dauern!«

Die Formalitäten waren kurz, ich meldete mich gleich

für das nächste Auto an, und dann fuhr ich vom Hof. Als meine Frau das Auto sah, meinte sie: »Da fehlt nur noch rechts und links ein Posthorn an der Tür, dann kannst du ab morgen Pakete und Briefe ausfahren.« Eigentlich hatte sie recht, aber schwarz wäre noch schlechter gewesen.

Bei den Kommunalwahlen im Mai 1989 gab es heftige Vorwürfe der nun schon offensiv auftretenden DDR-Opposition über Wahlfälschungen. Ich wollte das zuerst nicht glauben, denn ich war der Meinung, selbst mit 90 Prozent Ja-Stimmen für die Nationale Front wären wir noch stark genug. Andere sahen das anders und wollten wohl auf ihre gewohnten 99 Prozent nicht verzichten. Wie man dazu kam, war zweitrangig.

Als Student hatte ich in Jena einmal die Aufgabe übernommen, Wahlverweigerer zu besuchen und sie zu überzeugen, doch zur Wahl zu gehen. Als ich bei einigen dieser Menschen die Wohnverhältnisse sah, in denen sie lebten, sah ich mich außerstande, diese Aufgabe zu erfüllen. Was hatten sie eigentlich selbst für eine Wahl? Ja zu sagen oder nicht hinzugehen.

Als wir Mitarbeiter der Abteilung zur nachträglichen Auszählung der Wahlzettel abstellen mussten, war für mich offensichtlich, dass die Vorwürfe berechtigt waren. Ich hatte mich in Vorbereitung der Wahlen an einer öffentlichen Vorstellung der Kandidaten in meinem Wahlkreis in Berlin-Mitte beteiligt. Die meisten Kandidaten der SED machten keinen guten Eindruck und waren vielen Fragen der reichlich erschienen Zuschauer nicht gewachsen. Dabei waren diese Fragen nicht provokativ, sondern einfach nur ehrlich gemeint. Einer fragte zum

Beispiel, warum man in der Rosenthaler Straße keine Bäume pflanze. Von den Kandidaten wusste keiner eine Antwort. Erst ein anderer Besucher meinte, das ginge doch überhaupt nicht, unter der Rosenthaler führe doch die U-Bahn.

Der über Schalck-Golodkowski »bestellte« Zeichentisch von Agfa-Gevaert war endlich eingetroffen. Obwohl sich die Firma normalerweise vorbehielt, den hochpräzisen Tisch selbst zu montieren, war erreicht worden, dass das DDR-Monteure erledigen würden. Dafür büßten wir aber alle Garantien ein.

Natürlich konnte der Tisch nicht direkt in die Roedernstraße geliefert werden. Wir hatten dazu eine Kooperation mit der Werbeabteilung des Konsums abgeschlossen, da man mit diesem Gerät auch Folien für Werbezwecke schneiden konnte. Heute kleben solche geschnittenen Folien an jeder Dönerbude. Der große Lkw verstopfte für einige Zeit die Sophienstraße in Mitte. In einem Hinterhof befand sich die besagte Werbeabteilung. Wir luden das Gerät selbst aus und montierten es zusammen mit den dortigen Mitarbeitern.

Es sollte hier auch einige Zeit stehen bleiben, da wir in der Abteilung 35 noch dabei waren, einen speziellen abgeschirmten Arbeitsraum herzurichten. Der Raum war fensterlos, klimatisiert und komplett mit verlöteter Kupferfolie ausgekleidet. Die Fahrzeuge der westlichen Militärverbindungsmissionen belauerten hin und wieder unser Objekt. Natürlich erledigten sie dabei auch Spionageaufgaben. Die Technik des Abhörens von Computermonitoren war schon weit entwickelt. Mit den geeigneten Geräten konnte man tatsächlich außerhalb der Mauern verfolgen, was dahinter auf unseren Computern vorging. Bei regelmäßigen Spionageflügen quer über unser Objekt wurde mit Sicherheit auch jede bauliche Veränderung erfasst. Wir scherzten immer, dass die Amis schneller darüber informiert wären, wenn bei uns ein Loch gebuddelt würde, als die Leitung des OTS auf der anderen Seite der Konrad-Wolf-Straße. Nach der Fertigstellung des abgeschirmten Raumes setzten wir den Zeichentisch sehr zum Leidwesen der Mitarbeiter der Werbeabteilung, die ihn auch gut hätten gebrauchen können, in die Roedernstraße um. Ich konnte sie verstehen. Die Software zum Betreiben des Tisches war ebenfalls illegal beschafft worden und hatte einen sechsstelligen Betrag »gekostet«. Diese Software beziehungsweise der Datenträger, auf dem sie gespeichert war, sollte später noch eine besondere Rolle spielen.

Als 1989 der große Bruder unseres Zeichentisches, der Photoplotter, eintraf, wurde er zuerst in der Akademie der Wissenschaften (AdW) der DDR in Berlin-Adlershof aufgestellt. Mit diesem Tisch konnte man mit einem feinen Lichtstrahl direkt auf Filme zeichnen. In der Industrie spielten solche Geräte in der Leiterplattenherstellung eine große Rolle. Als wir ihn nach Gründung des Amtes für Nationale Sicherheit dort wieder abholen wollten, rückten die Mitarbeiter der AdW ihn nicht mehr heraus.

Was in Adlershof nicht gelang, erreichten wir mit unserem Mikroskop-Spektralphotometer. Das Gerät hatten wir gemeinsam mit dem Institut für Kriminalistik der Humboldt-Universität betrieben. Aufgestellt war es in einem nur bestimmten Mitarbeitern zugänglichen Raum im Institut für Gerichtliche Medizin in der Hannoverschen Straße. In einer Nacht-und-Nebel-Aktion bauten wir es dort ab und schafften es zu uns in die Abteilung. Es gelang auch, einen der damals modernsten Farbkopierer – er war bereits in Karlshorst gelandet – wieder in die Abteilung zurückzuholen. Vielleicht hat die Existenz dieses Geräts manche Erfinder von Stasi-Legenden beflügelt, wir hätten Geld gefälscht.

So wie wir bereits im Mai zu Hilfsdiensten bei den Wahlen herangezogen worden waren, geschah das auch im Juli 1989, als DDR-Bürger über Ungarn massenweise die Flucht in den Westen antraten. Die ungarische Regierung hatte sich bei der DDR-Regierung beschwert, dass die Geflüchteten ihre Autos mit aller Habe in Ungarn zurückgelassen hatten. Man wollte sie so schnell wie möglich loswerden. Wir stellten also wieder Mitarbeiter ab. Einige drehten mehrere Runden zwischen den beiden Ländern und brachten die herrenlosen Pkw zurück.

Die Freundschaft zwischen der DDR und Ungarn war auf dem Tiefpunkt angelangt, die zur Sowjetunion bewegte sich in die gleiche Richtung.

Stalin hatte 1936 in einer Rede zum Verfassungsentwurf der UdSSR über das Recht einer jeden Unionsrepublik fabuliert, aus der UdSSR austreten zu können. Unionsrepubliken konnten seiner Meinung nach aber nur diejenigen sein, die am Rande der UdSSR lägen, denn die wüssten dann, wohin sie austreten könnten. Gorbatschow hatte nun mit einer cäsarischen Geste alle sozialistischen Länder in die Freiheit entlassen, unabhängig davon, ob sie nun am Rande lagen oder nicht. Das machte er außerordentlich generös, es klang aber für mich wie »Macht doch ab jetzt, was ihr wollt, ich habe ganz andere Sorgen!«

In der Praxis jedoch wusste Gorbatschow ganz genau, dass die DDR für ihn ein Faustpfand war, mit dem er dem Westen Geld abpressen konnte. Solange noch die Rote Armee in der DDR stationiert war, waren wir also noch nicht von der Leine, obwohl wir am Rande lagen und es schon genügend Leute gab, die wussten, wohin sie austreten wollten. Er handelte nicht anders als Henry Kissinger, über den wir uns aufgeregt hatten, als dieser es öffentlich zugab: »*We have no permanent friends or enemies, we have only interests.*«

Als ich im Rahmen einer Stabsausbildung als militärischer Leiter der Abteilung mit streng geheimen Ernstfall-Plänen des Warschauer Vertrags vertraut gemacht wurde, erkannte ich schnell, dass im Falle eines Krieges von der DDR nicht einmal ein nasser Fleck übrig bliebe. Auf unserem Staatsgebiet und dem der BRD würde die Sowjetunion versuchen, die NATO mit allen, auch nuklearen Mitteln aufzuhalten. Für den konventionellen Fall aber stand die Rote Armee im Feindesland. Die Soldaten blieben in den Kasernen, eine Verbrüderung fand nur in der Zeitung oder an Feiertagen statt. Auf Freunde schießt man nicht, auch nicht auf Verwandte, aber das war das Problem der NVA und der Bundeswehr. Man konnte die eigenen Soldaten nicht durch persönliche Rücksichtnahme verunsichern. Für die sowjetischen Militärs war alles klar: Das Feindesland hieß auch DDR, und so brachte man es den Soldaten der Roten Armee bei.

Die politischen Ereignisse entwickelten eine ungewöhnlich negative Dynamik, und so war es nicht überraschend, dass wir im September 1989 unsere Arbeit in Absprache mit der HVA endgültig einstellten, das heißt, wir produzierten keine Dokumente mehr. Eigentlich hätten die Planungen für 1990 anlaufen müssen, aber die Auslandsaufklärung hatte andere Sorgen. Die wurden auch nicht geringer, als Egon Krenz seinen Ziehvater Honecker beerbte.

Als dann am 4. November die große Demonstration auf dem Alex stattfand, blieb ich zu Hause. Uns war empfohlen worden, nicht dorthin zu gehen. Man fürchtete um unsere persönliche Sicherheit. Der Versuch von Markus Wolf, seine Vorstellungen für Reformen in der DDR wenigstens ansatzweise zu erläutern, scheiterte. Alle wussten, was sie nicht wollten, keiner der Redner hatte belastbare Pläne, was stattdessen aus der DDR werden sollte. Das war auch für mich der Schlusspunkt. Von jetzt ab konnte es eigentlich nur noch bergab gehen.

Die Art und Weise, wie die Mauer geöffnet wurde, zeigte nur, wie unfähig die Regierung war, das Heft des Handelns in der Hand zu behalten. Ausgerechnet Schabowski, der jeden Abweichler von der Parteilinie postwendend auf die Galeere geschickt hätte, als er noch das *Neue Deutschland* regierte, war es vorbehalten, irgendetwas von Maueröffnung von einem Einkaufszettel herunter zu stammeln. Von was für Menschen wurden wir eigentlich regiert? Hatte Schabowski nicht mit einer Silbe daran gedacht, dass er damit einen Bürgerkrieg hätte auslösen können? Es reichte nicht aus, nur ein paar alte Männer in die Wüste zu schicken. Irgendwann würde man für dieses politische Desaster Schuldige brauchen und sie auch finden. Das MfS war geradezu dafür prädestiniert. In einer der letzten Parteiversammlungen der Abteilung sagte ich das meinen Genossen deutlich, man würde uns den ganzen Dreck der DDR anhängen, auch den, für den wir nicht verantwortlich wären. Keiner der noch führenden Genossen würde für uns auch nur einen Finger krumm machen, wenn es hart auf hart käme. Irgendeine Art Dankbarkeit, dass wir für sie »Schild und Schwert« gewesen waren, würde es nicht geben.

Das Begrüßungsgeld war eine überraschende Idee unserer Brüder und Schwestern im Westen. Ich hatte sofort die Assoziation, dass man den DDR-Bürgern gewissermaßen die Anteile an ihrem Staat abkaufte. Das kostete die BRD eigentlich nichts, denn das Geld wurde postwendend im Westen wieder in Waren umgetauscht. Ich schwor mir, dieses Handgeld nicht zu nehmen. Meine Frau fuhr mit unserem Sohn über den nun offenen Grenzübergang Chausseestraße bis zum Kaufhaus Karstadt in der Müllerstraße. Als sie am Nachmittag zurück waren, zitterte Jan am ganzen Leibe und musste sich ständig übergeben. Wir steckten ihn in die Badewanne und dann ins Bett. Das bunte Gewimmel und Geglitzer und die Angebote, von denen jedes besser schien als das vorhergehende, hatten ihm sehr zugesetzt. Darin waren wir noch ungeübt. Bisher kannte ich das Wort »Reizüberflutung« nicht, nun wusste ich genau, was es bedeutete. Ich kann mich nicht mehr erinnern, was die beiden damals gekauft hatten.

Das Amt für Nationale Sicherheit (AfNS) wurde aus der Taufe gehoben. Chef wurde Generalleutnant Schwanitz, einer der Stellvertreter von Mielke. Auch die SED versuchte, bereits verlorengegangene Positionen zurückzuholen. Im OTS bereiteten wir mit einer Delegiertenkonferenz den außerordentlichen Parteitag der SED vor.

Die Parteileitung schlug mir vor, das Referat zu halten. Ich tat mein Bestes und schrieb, was ich dachte, versuchte aber, niemandem auf die Füße zu treten, da auch bei uns schon die Suche nach Schuldigen begonnen hatte. Auf andere mit dem Finger zu zeigen, machte den eigenen Anteil an der katastrophalen Lage nicht kleiner. Ich fühlte mich nicht nur verantwortlich, ich war auch verantwortlich für vieles, was jetzt erst auf den Tisch kam. Als ich mein Manuskript in der Parteileitung vorstellte, hatte ich gedacht, es gäbe eine heftige Diskussion, aber die gab es nicht. Ohne Korrekturen wurde es abgesegnet. Das war Kapitulation auf der ganzen Linie.

Bei der Delegiertenkonferenz saß ich im Präsidium neben Schwanitz. Ich hielt mein Referat, man klatschte, aber es war auch schon Rumoren und Unzufriedenheit zu spüren. Ich setzte mich wieder auf meinen Platz, Schwanitz nickte mir kurz zu. Aufmunternd war das nicht, eher resignierend. Die Abteilung 35 hatte ihren Chef, Oberst S., als Delegierten vorgeschlagen. Er war unter den Abteilungsleitern des OTS derjenige, der bisher am meisten geachtet wurde, aber das galt jetzt nicht mehr. Er brauchte drei Wahlgänge, bevor er die notwendige Stimmenzahl zusammenhatte. Alle anderen »Alten« fielen durch. Als ich ihn nach dem Parteitag in seinem Dienstzimmer aufsuchte, winkte er nur ab. »Das wird nichts mehr, ob mit oder ohne Besen«, sagte er.

Man wollte den OTS verjüngen und abspecken. Viele

ältere Mitarbeiter wurden in Rente geschickt, auch unser Abteilungsleiter, Karl-Heinz, und Anneliese, seine Sekretärin. Nun, auf dem Höhepunkt der Krise der DDR, erreichte auch ich den Gipfel meiner Laufbahn: Ich wurde als sein Nachfolger Abteilungsleiter der Abteilung 35. Die Ernennung war für mich emotional so, als müsste ich mit meinen paar Genossen nun in den vordersten Graben steigen, um den Rückzug der Einheit zu decken, so wie ich es aus den sowjetischen Kriegsfilmen kannte.

Jetzt war ich der oberste Fälscher des MfS. Ein Grund zu besonderer Freude war das nicht. Es gab zwar vorsichtige Überlegungen, die Abteilung in die HVA einzugliedern und sie mit der HVA VI zusammenzulegen, aber die Regierung Modrow konnte die Erosion der DDR nicht aufhalten, und es bestand die reale Gefahr, dass uns die Ereignisse überrollten.

Eine meiner Hauptaufgaben wurde nun, uns von allen Materialien zu trennen, die nicht in die falschen Hände geraten durften. Ausgenommen davon waren die Unterlagen und Materialien zur Produktion der Ausweise der Abgeordneten der Volkskammer und der Mitglieder des Nationalen Verteidigungsrates. Das waren DDR-interne Sachen. Nach wie vor waren BND und CIA unsere Hauptfeinde, die alles daran setzen würden, bei jeder sich bietenden Gelegenheit auch mit Hilfe unserer Unterlagen an die noch im Westen arbeitenden Kundschafter heranzukommen. Wir hatten keinerlei Skrupel, diese gefährlichen Akten zu vernichten, die nichts mit der DDR-Opposition oder mit den Überwachungsaufgaben des MfS im Inneren zu tun hatten. Wir taten das aus freien

Stücken und in der Hoffnung, wir würden unseren Kundschaftern damit helfen.

Wir waren technisch auch für diese Aufgabe gut ausgerüstet. Wir besaßen eine eigene Verbrennungsanlage, hatten uns zwei große mehrere Meter hohe Turbolöser angeschafft, deren ursprüngliche Aufgabe es war, die Zellulose-Papiergrundstoffe mit Wasser zu einem Brei zu zerkleinern, aus dem die gewünschten Papiere hergestellt wurden. Im Grunde genommen waren das riesengroße Moulinetten aus Edelstahl und Kupfer. Alle Papiere, die wir vernichten wollten, wurden hier wieder zu Brei verarbeitet. Auch viele Unterlagen der HVA gingen diesen letzten Weg. Schließlich schmissen wir auch noch unsere Aufzeichnungen aus den Parteiversammlungen in die Töpfe. Diese Mitschriften hatten wir in rote Bücher schreiben müssen, die natürlich auch geheim waren. Ich machte den Vorschlag, mit diesem Papierbrei zum letzten Male die große Maschine anzuwerfen.

Die Papiermacher verarbeiteten alles zu einer großen, grauen Rolle, und die Buchbinder produzierten daraus ein dickes, in schwarzes Leder gebundenes Buch, das im wahrsten Sinne des Wortes eine komprimierte Zusammenfassung der Arbeit der Abteilung 35 von Beginn an darstellte, da auch unser umfangreiches Archiv wieder in diesem Brei aufgegangen war. Ein Versuch, aus diesem Papier etwas Verwertbares über unsere Arbeit herauszufinden, wäre genauso sinnlos, wie aus einem Rührkuchen wieder dessen einzelne Bestandteile zu isolieren. Das Buch überreichte ich unserem entlassenen Abteilungsleiter als Abschiedsgeschenk.

Alles, was sich nicht wieder zu Altpapier machen ließ,

wurde verbrannt. Übrig blieben Polyesterfilme, Druckplatten, Stempel, die wir mechanisch zerstörten. Schließlich waren wir »besenrein«. Ich kontrollierte das persönlich.

Meine zwei Panzerschränke, die ich nun von meinem Vorgänger übernommen hatte, waren, bis auf drei Sachen, leer: meine noch in der Abteilung 34 angefertigte Patentrecherche über moderne Sicherungssysteme, die als Geheime Verschlusssache eingestuft war, eine größere Flasche mit kristallinem Gold(III)-chlorid, die noch aus Großkopfs Zeiten stammte, und ein Magnetband mit der schon erwähnten teuren Zeichensoftware. Das war meine Botschaft an diejenigen, die nach mir diesen Schrank öffnen würden. Wer das sein könnte, war leicht zu erraten.

Ich setzte mich in meinen Abteilungsleiterstuhl und dachte an die historische Übergabe der Fälscherei von Richard Großkopf an seinen Nachfolger: »Alles, was du nicht im Kopf hast, ist schon so gut wie verraten.« Ich hatte noch eine ganze Menge im Kopf.

Als im Dezember 1989 durch die Regierung die Einstellung jeglicher Vernichtung von Akten im AfNS angeordnet wurde, gab es bei uns schon nichts mehr zu vernichten. Alle Maschinen und Einrichtungen waren noch intakt. Wir hätten zu jeder Zeit wieder anfangen können.

Als protestierende Bürgerrechtler die ersten Dienststellen des MfS belagerten und besetzten, erschien der diensthabende Offizier unserer Wache bei mir im Büro. Ich war ja als Abteilungsleiter gleichzeitig auch Objektkommandant. Wir hatten noch von der Krenz-Regierung den eindeutigen Befehl erhalten, unter keinen Umständen Waf fen einzusetzen. Das war klug, und dieser Befehl wurde auch eingehalten. Bewaffnete Auseinandersetzungen hätten zu einem Bürgerkrieg mit schrecklichen Folgen führen können. Der Rachsucht an Egon Krenz tat das keinen Abbruch, einen musste man ja wenigstens einsperren.

Die Waffenkammer durfte ohne meinen Befehl nicht geöffnet werden. Es mehrten sich die Fälle, bei denen meist junge Leute versuchten, über unsere Mauer zu steigen. Manchmal beschmierten sie das Tor und die Mauer mit Parolen. Mitunter waren auch schon Kamerateams dabei. Ständig klingelte bei mir das Telefon, ich hob ab, lauschte, aber am anderen Ende war Stille. Ich meldete mich dann immer aus Jux mit »Hier ist die Städtische Friedhofsverwaltung, Sie wünschen?«

Als ich einmal mit einem Mitarbeiter die Roedernstraße entlanglief, stand dort auf dem Fußweg ein Zelt, wie es die Arbeiter bei Arbeiten an Kabelschächten gewöhnlich aufstellten. Mein Mitarbeiter sah mich vielsagend an, ich nickte, und er stieß mich wie unabsichtlich gegen das Zelt, das natürlich prompt umfiel. Darunter kam einer erschrocken hervor, der wahrlich nicht aussah, als käme er von der Post. Auf dem Kopf hatte er Kopfhörer. Natürlich entschuldigten wir uns bei ihm.

Der Wachhabende erzählte mir voller Sorge, dass er die Hand nicht mehr für alle seine Soldaten ins Feuer legen könne. Es handelte sich ja um Wehrpflichtige. Viele hätten Angst. Er bat mich, mit ihnen zu sprechen, um sie zu beruhigen. Ich ging mit ihm in den Wachraum, versuchte, den jungen Soldaten die schwierige Situation zu erläutern, die nicht einmal ich selbst ganz verstand. »Wenn ihr den Druck nicht mehr aushalten könnt, dann geht in eure

Kaserne zurück oder nach Hause, aber kommt vorher bei mir im Büro vorbei und gebt mir eure MPi«, sagte ich eindringlich. Bis zu dem Tag, als die Soldaten des Wachregiments abrückten und durch Volkspolizisten ersetzt wurden, kam kein einziger Soldat zu mir, um seine Waffe abzugeben.

Irgendwann kam auch ein Fernsehteam zu uns. Ich wurde zur Wache gerufen. Es war nicht das DDR-Fernsehen, sondern eine Mannschaft von RTL2. Sie standen draußen vor dem Tor. Ich hatte keine Veranlassung, sie hereinzubitten. Ohne mich zu fragen, ging einer mit der Kamera auf mich los, und eine Reporterin begann, mich auszufragen. Ich war sehr reserviert, und es gelang ihr nicht, mich aufzutauen. Schließlich fragte sie mich: »Wollen Sie denn nicht Ihre Akte sehen?«

»Welche Fassung denn, die erste, zweite oder die dritte oder eine frisierte?«, fragte ich zurück. Ich bat sie, zu gehen, und sie taten das auch.

Dummerweise sah meine Mutter diesen Beitrag im Fernsehen und ängstigte sich gewaltig. Es war schwer, sie zu beruhigen. Thüringen war weit, und was so richtig in Berlin los war, wusste sie wohl auch nicht.

Während der ganzen Zeit gab es so gut wie keine Kommunikation mit dem OTS oder einer anderen Leitungsebene des MfS, außer mit den Diensteinheiten der HVA, die noch in unserem Objekt tätig waren. Ich beschloss, auf eigene Faust zu handeln, bevor noch etwas passierte, was ich nicht verantworten konnte. Meine Sekretärin grub mir einen telefonischen Kanal zur örtlichen Bürgerbewegung. Ich lud den Zuhörer am anderen Ende ein, mit einer Gruppe, deren Größe und Zusammensetzung er selbst bestimmen könne, das MfS-Objekt Roedernstraße zu besichtigen. Er war so verdattert, dass er eine ganze Weile schwieg und ich schon dachte, er hätte aufgelegt, als er schließlich sagte, er müsse das erst besprechen und würde sich wieder melden.

Er meldete sich nach relativ kurzer Zeit tatsächlich wieder. Sie kamen zum vereinbarten Zeitpunkt und meldeten sich an der Wache. Es waren weniger Leute, als ich erwartet hatte, vielleicht so um die zehn Personen. Wir hatten vereinbart, dass niemand fotografieren oder filmen sollte, und alle hielten sich daran. Ich führte sie in der Abteilung herum und erklärte kurz, woran wir hier gearbeitet hatten. Niemand der Besucher wusste etwas davon oder hatte etwas geahnt. Meine Mitarbeiter machten sich zum größten Teil unsichtbar. Es war nicht unbedingt gut, in diesen Tagen auf der Straße als Mitarbeiter des MfS erkannt zu werden.

Ich spürte die große Unsicherheit der Gruppe. Man traute mir nicht und hielt das Ganze zunächst für ein einstudiertes Schauspiel. Schließlich stellte dann doch einer die Frage, wo wir unsere Waffen hätten. »In der Waffenkammer«, sagte ich, und wir gingen in den Keller. Wieder gab es großes Unverständnis: An der Waffenkammer hing ein Schild mit den Öffnungszeiten! Das könne doch nicht sein! Das wäre ja wie im Konsum: »Waffen heute nur von 9 bis 12 Uhr!« Ich erklärte geduldig, dass die Waffenkammer nur zu den Terminen des Waffenreinigens geöffnet war, es sei denn, wir rückten zur militärischen Ausbildung oder zu PS-Einsätzen aus. Der Schlüssel läge bei mir im Panzerschrank.

Langsam kamen wir uns etwas näher. Ich verfluchte

innerlich unsere Politik, die es nicht vermocht hatte, in vierzig Jahren DDR das MfS in irgendeiner Form transparenter und damit akzeptabler zu machen. Kundschafterfilme im Fernsehen reichten mit Sicherheit nicht aus. Wer das Kino mit der realen Welt verwechselte, war auch in der DDR nicht auf der richtigen Spur.

Einer der Besucher sagte plötzlich: »Sie wollen das doch nicht alles den Schwarzen überlassen?«

Ich verstand nicht. »Wie, den Schwarzen?« Ich dachte kurz, er meinte wohl Neger, aber er meinte die CDU.

»Würden Sie diese Arbeit auch unter einer demokratischen Regierung weitermachen?«

Über Demokratie hatte ich jetzt nicht die Absicht zu diskutieren. Meine aktuellen Vorstellungen darüber waren gerade am Zerbröckeln. »Wenn ich – anders als in der DDR – auf eine von mir akzeptierte Verfassung vereidigt würde, dann ja«, sagte ich schließlich. »Das Grundgesetz ist für mich aber keine Verfassung, sonst hieße es ja auch Verfassung und nicht Grundgesetz. Verfassungen sind für mich immer das Ergebnis einer Volksabstimmung.«

Ein Kirchenvertreter fragte mich, ob ich ihm seinen Fotoapparat reparieren könnte, der wäre zwar aus dem Westen, aber er habe ja gesehen, was wir alles fertigbrächten. Er hatte ihn tatsächlich bei sich. Ich rief einen unserer Fotografen. Der sah sich das gute Stück an, nickte und kam nach ein paar Minuten mit dem wieder funktionstüchtigen Apparat zurück. Einen passenden Film hatte er auch noch dabei. Der Kirchenmann wollte bezahlen, aber ich lehnte ab.

Wir verabschiedeten uns am Tor unter den Augen der Wachsoldaten mit Handschlag und ohne ein böses Wort.

Ich war erleichtert, aber mein Fazit war trotzdem: Wir hatten das Vertrauen der Bevölkerung verloren. Das war das Ergebnis vieler Jahre ungenügender Politik. Das ließ sich auch durch einen solchen Besuch oder mit flammenden Reden von der Tribüne herunter nicht reparieren. Es hätte auch alles ganz anders kommen können. Immerhin hatten wir vierzig Jahre dafür Zeit gehabt.

Anfang Dezember wurde die Bewachung des Objekts durch die Volkspolizei (VP) übernommen. Der Dezember war auch der Monat, in dem ich meinen letzten Parteibeitrag in der SED entrichtete. Danach fragte mich niemand mehr nach meiner Parteimitgliedschaft. Im Januar 1990 erschienen Beauftragte der Volkspolizei und sammelten unsere Waffen ein.

In der Öffentlichkeit wird das bis heute komplett ausgeblendet. Nicht nur, dass jede Diensteinheit mit Waffen, das heißt mit Pistolen, MPi, Maschinengewehren und Panzerbüchsen, ausgerüstet war, auch ein zehntausend Mann starkes Wachregiment stand unter dem Kommando des Ministers für Staatssicherheit. In anderen Ländern genügten oft ein paar Obristen und eine Handvoll Soldaten, um einen Staat aus den Angeln zu heben. Welche Garantien gab es für die Regierung Krenz, dass das MfS seinen Befehl, keine Waffen einzusetzen, befolgte? Keine! Es fanden sich aber auch keine Obristen, ein Staatsstreich fand nicht statt, und zwar aus Einsicht nahezu aller MfS-Angehörigen und nicht aus Angst vor irgendwem.

Für die NVA galt das genauso. Auch hier fanden sich keine Putschisten. Ein bewaffneter Putsch hätte unweigerlich einen Bürgerkrieg ausgelöst, mit unabsehbaren Folgen. Das einzusehen, war relativ einfach. Die allgegenwärtigen Plakate der Demonstranten mit der Aufschrift »Keine Gewalt!« artikulierten meiner Meinung nach lediglich die Angst vor der Gewalt derjenigen, die noch die Waffen hatten. Auch ich gab meine persönliche Pistole samt Munition ab.

Ich fand es interessant, wie sich auf einmal unsichtbare Gräben zwischen MfS und VP auftaten. Es trat ein, was ich meinen Mitarbeitern schon prophezeit hatte. Die VP glaubte, sie gehöre jetzt zu den Guten, uns sahen sie auf der anderen Seite des Grabens, und das war die falsche.

Postwendend erschien auch ein übereifriger Staatsanwalt der DDR und versiegelte meinen leeren Panzerschrank, ohne hineinzuschauen. Es gingen Gerüchte um, die Staatssicherheit habe Geld gefälscht. Dem musste ein Staatsanwalt natürlich nachgehen. In seiner Wichtigtuerei tat er mir ein wenig leid. DDR-Staatsanwälte waren mit Sicherheit so staatsnah wie MfS-Mitarbeiter, aber jetzt kam es offensichtlich für manche darauf an, sich möglichst weit von uns abzusetzen. Wie man versiegelte Panzerschränke öffnet und wieder verschließt, ohne dass man diesen Eingriff nachweisen kann, hatte ich auch noch nicht vergessen.

Der berühmte Sturm auf die Normannenstraße war ein weiterer, für mich keineswegs spontaner Höhepunkt. Es ist bezeichnend, wie viele sich widersprechende Schilderungen darüber heute existieren. Das reicht von der Zielrichtung der Demonstranten bis zur Zahl der Beteiligten. Dass die Demonstranten und Randalierer das Versorgungsgebäude – von uns immer »Fresswürfel« genannt –

verwüsteten, in dem sich ein Speisesaal, eine Kaufhalle und verschiedene Läden vom Friseur bis zur Buchhandlung befanden, ist so sicher wie das gezielte Eindringen einer kleinen Gruppe erstaunlich Ortskundiger, die nicht Angehörige des MfS waren, in die Räume der Spionageabwehr. Was sie dort suchten, musste man nicht erraten. Wer ihnen den Weg dahin gezeigt hatte, auch nicht. Die große Zeit des Verrats war gekommen.

Die Auflösung des AfNS und die Einrichtung eines Nachrichtendienstes sowie eines Verfassungsschutzes waren zwar am 14. Dezember 1989 vom Ministerrat beschlossen worden, aber ich machte mir keine Illusionen. Sollte es tatsächlich dazu kommen, würden wir Teil des Nachrichtendienstes werden. Auf uns konnte ein Nachrichtendienst nicht verzichten. Eine entsprechende Absprache mit dem Leiter der HVA, Großmann, hatte es bereits gegeben. So wie die Dinge sich entwickelten, war das aber nicht wahrscheinlich. Immer wahrscheinlicher wurde jedoch, dass die DDR das Jahr 1990 nicht überleben würde. Der Druck aus der Bundesrepublik in diese Richtung wurde immer größer und die in der DDR dafür arbeitenden Kräfte immer aktiver. Ein Verfassungsschutz hätte solche Entwicklungen dann eigentlich verhindern müssen. Dieser Plan wurde schließlich auch als erster fallengelassen. Nach den Volkskammerwahlen würde man dann weitersehen.

Inzwischen saßen wir in unserem Objekt und taten eigentlich nichts. Jeden Tag fuhr ich pünktlich auf Arbeit und kehrte genauso pünktlich wieder nach Hause zurück. Freizeit hatte ich nun reichlich.

Meiner Schwiegermutter hatte jemand gesteckt, dass

sich auf einem ihrer Grundstücke plötzlich Gartenbesitzer breitmachten. Dieses Grundstück gehörte zum
Erbe ihres Vaters, der nicht mehr in die LPG eintreten
musste, weil er damals schon zu alt war. Auch das gab
es. Er hatte aus seiner Haltung gegenüber den Russen nie
einen Hehl gemacht, was ihm vor 1945 deutliche War-
nungen des Ortsbauernführers einbrachte. Das Konzentrationslager Sachsenhausen war nur ein paar Kilometer
entfernt.

Großvater Hübner war als deutscher Kriegsgefange-
ner des Ersten Weltkriegs viele Jahre in Sibirien interniert und hatte das harte Leben der russischen Bauern
aus nächster Nähe kennengelernt, konnte sich mit ihnen
verständigen und hatte den Alltag mit ihnen geteilt. Nach
Deutschland zurück kam er vermutlich 1921 mit dem
japanischen Frachter *Kaikyu Maru*. Dreitausend entlas-
sene Kriegsgefangene fuhren von Wladiwostok aus um
die halbe Welt, bis sie endlich in Hamburg an Land gingen. Als Großvater Hübner in Rente ging, verpachtete er
sein Land an den Kreis Oranienburg. Auf einem kleinen
Grundstück aus seinem Erbe war der Parteisekretär der
örtlichen LPG offensichtlich gerade dabei, sich selbst einen Garten einzurichten. Eine Hälfte hatte er an einen
Berliner Bekannten »abgegeben«.

Schwiegermutters Bauerninstinkt erwachte, und sie
war entschlossen, diese auch nach den noch geltenden
DDR-Gesetzen illegale Landnahme zu beenden, zumal sie
die Familie des Parteisekretärs kannte. Der hisste schnell
die weiße Flagge, weil er begriff, dass seine Position unter
den jetzigen politischen Gegebenheiten unhaltbar war.
Schwieriger war es mit dem Berliner. Schwiegermutter

machte den Vorschlag, doch den Garten für uns zu nutzen. Das eingefrorene Projekt »Garten Eden« war wieder aufgetaut. Meine revolutionären Überlegungen zu Kleingärten in der DDR waren mittlerweile so wertlos wie der Staat selbst, und so hatten wir plötzlich und unverhofft eine neue Freizeitbeschäftigung.

Der Wahlkampf zu den Volkskammerwahlen ließ mich ziemlich kalt. Ich hatte mir das erste Mal in meinem Leben vorgenommen, nicht zur Wahl zu gehen.

23. Kapitel

Die Volkskammerwahlen waren vorüber, die Ergebnisse nicht überraschend. Nie hatte es eine Wahl in einem Land gegeben, in die sich so vehement von außen eingemischt worden war. Das war eine Sternstunde der Demokratie. Die DDR war bereits Bananenrepublik. Ich hatte mich dann doch entschlossen, zur Wahl zu gehen, aber es hatten trotz meiner Beteiligung diejenigen gewonnen, die die DDR bald abschaffen würden.

Mir kam die Idee, für die Abteilung wieder etwas Arbeit zu besorgen. Wir hatten in der Vergangenheit für jede bisher durchgeführte Volkskammerwahl die Ausweise der gewählten Abgeordneten der Volkskammer gedruckt und gebunden. Das waren kleine rote Klappausweise mit den Daten und Lichtbildern der Abgeordneten. Warum sollte das diesmal anders sein?

Ich rief im Palast der Republik bei den zuständigen Mitarbeitern an. Die Nummer stimmte noch, und auch der Mitarbeiter, der meinen Anruf entgegennahm, konnte sich erinnern, wie es früher gelaufen war. Wir wurden uns schnell einig: Wir machen das kurzfristig, wenn ein Kurier die Daten und Lichtbilder vorbeibringt. Das alte Layout behalten wir bei. Voraussetzung aber wäre, so sagte ich ihm, dass ein Staatsanwalt vorbeikäme und meinen Panzerschrank wieder freigäbe, denn da lägen die benötigten Unterlagen drin. Das war gelogen, aber ich wollte einfach ausprobieren, ob die Staatsanwaltschaft diese Rolle rückwärts hinbekam. Das schaffte sie auch ohne Probleme. Die Leute waren wendig. Wieder kam einer, das Siegel der Staatsanwaltschaft wurde entfernt, und der Siegelentferner schaute – wie der Versiegler – nicht in den Schrank. Kurz darauf kam der Kurier und brachte uns die komplette Liste aller neuen Abgeordneten mit ihren Daten und Lichtbildern. Eigentlich war das ein Treppenwitz der Wende-Geschichte: Die Fälscherabteilung der Stasi in Abwicklung druckt die Ausweise der ersten frei gewählten Volkskammer der DDR! Wenn das eine Zeitung spitzgekriegt hätte, wäre das Theater groß gewesen. Vielleicht hätte man dann die Wahlen wiederholen müssen.

Ich weiß nicht mehr genau, ob das vor oder nach der Wahl war, aber irgendwie hatte ein Bürgerrechtler, der sich wohl Hoffnung machte, neuer Innenminister der DDR zu werden, mitbekommen, dass es uns gab, und bestellte für sich einen passenden Stempel. Ohne Stempel geht in Deutschland bekanntlich nichts, auch keine friedliche Revolution. Er hatte es sehr eilig, und wir schafften das auch schnell genug. Ich ließ mir von meiner Sekretärin eine Quittung aus irgendeinem Quittungsblock schreiben.

Ich setzte mich in meinen gelben Wartburg. Jetzt trat das ein, was meine Frau Jahre zuvor geulkt hatte: Ich war Stempelbote, allerdings ohne Posthorn. Ich fuhr ins Haus der Ministerien an der Stralauer Straße und suchte das Büro, in dem der Minister *in spe* schon residierte. Er war gerade in einer Besprechung, aber er nahm gnädig den Stempel entgegen. Ich reichte ihm die Quittung über 2,50 Mark, er nestelte verdutzt seine Geldbörse hervor und bezahlte passend. Wechselgeld hatte ich nicht dabei. Ich musste mir das Lachen verkneifen, so grotesk war die Situation. B. wurde zum Glück für mich nicht Innenminister. Innenminister wurde Peter-Michael Diestel.

Am 16. März begann der Umzug der Restbestände der HVA aus der Normannenstraße zu uns nach Hohenschönhausen. Das dauerte zwei Wochen. Die Mitarbeiter der Auflösungsbrigade bezogen unter anderem das leerstehende Gebäude der ehemaligen Abteilung E, deren Mitarbeiter alle schon entlassen waren. Der Bereich wurde durch Bauzäune abgetrennt. Auf der abgetrennten Seite der Straße standen auch die Häuser der Abteilungen VI und VIII der Aufklärung.

Im April lief der stellvertretende Abteilungsleiter der Abteilung VI, Oberst Werner Roitzsch, zum Verfassungsschutz über. Ich kannte ihn gut, und er wusste eine Menge über unsere Arbeit. Ich mochte ihn nicht besonders. Auch bei ihm war die Unterordnung unter Befehlsstrukturen wichtiger als Argumente. Jetzt wusste ich, dass meine Visitenkarte über mich auch durch Informationen von diesem Verräter ergänzt worden waren.

Für uns war das Ende unserer Existenz als Abteilung zum Greifen nah. Ich griff zum Telefonhörer und rief den Innenminister an. Innenminister heben nie selbst ab, aber es gelang mir, seinen Adlatus ans Telefon zu bekommen. Ich erklärte ihm kurz unsere Lage und bat ihn, dem Minister auszurichten, ob er etwas für uns tun könne. Wenn nicht, gingen wir morgen endgültig nach Hause. Die Kinder in Hohenschönhausen würden dann möglicherweise mit falschen Schweizer Pässen auf der Straße spielen.

Der persönliche Mitarbeiter von Diestel hatte glücklicherweise noch genügend Humor, dass er diesen Hinweis nicht in den falschen Hals bekam. Er sagte mir, er spräche mit dem Minister und käme dann bei uns vorbei.

Er war ein umgänglicher Typ, Rechtsanwalt wie sein Dienstherr und etwas jünger als ich. Ich zeigte ihm unsere Abteilung, die ihn, so schien es, beeindruckte. Als er sich verabschiedete, hatte ich den Eindruck, dass das Schiff knapp am Riff vorbeigeschrammt war.

Mein Eindruck hatte mich nicht getäuscht. Wir wurden mit der ganzen Mannschaft rückwirkend zum 1. April 1990 in das Innenministerium übernommen und der Publikationsabteilung des Ministeriums unterstellt. Meinen MfS-Ausweis und das Siegel gab ich in der Gotlindestraße ab, in die wenig später das Arbeitsamt einziehen sollte.

Ich wurde VP-Rat und wieder stellvertretender Leiter. Ich musste erst in den Listen nachschauen, dass ich jetzt wieder Hauptmann war. Majore waren dann wohl Oberräte. Der neue Leiter war ein VP-Angehöriger. Er war jünger als ich und vor der Umwandlung der Volkspolizei in eine Räterepublik Oberstleutnant gewesen. Die Treppen bei der VP waren möglicherweise nicht so steinig wie beim MfS. Dafür durfte ich jetzt die öffentlichen Verkehrsmittel kostenlos benutzen. Zumindest stand das im Ausweis. Das gab es früher für Majore nicht.

Der Antrittsbesuch beim Leiter der Publikationsabteilung, Oberst P., verlief etwas frostig. Sie hatten selbst eine Druckerei und fürchteten wohl die Konkurrenz, zumal sie nicht so schöne Sachen machen konnten wie wir. Dafür druckten sie Fahndungsplakate von RAF-Terroristen, und der neue Chef hängte gleich eines davon bei mir im Büro auf. Vielleicht dachte er, es käme womöglich einer von denen zur Tür herein. Der Stasi war alles zuzutrauen.

Der neue Leiter hatte es nicht leicht mit uns. Er misstraute uns und wir ihm. Er wollte alles wissen, aber wir wollten ihm nicht alles erzählen. Immer wieder kam er auf die Geldfälscherstory zurück. Vielleicht hatte er den Auftrag, uns auszuhorchen, aufpassen sollte er auf uns mit Sicherheit. Sonst war er ein recht umgänglicher Typ. Die Aufträge der Publikationsabteilung erledigten wir, wie wir es gewohnt waren: termingerecht und in hoher Qualität, und druckten Essenmarken und Knastgeld für den Strafvollzug.

Eines Tages bekam ich einen Anruf vom Leiter der Publikationsabteilung, der mir in ziemlich barschem Ton mitteilte, ich solle doch einmal eine schriftliche Aufstellung machen, wann, wie viel und für wen wir welche Pässe gefälscht hätten. Das Telefon war auf Mithören eingestellt, so dass meine Sekretärin alles mitbekam. »Das mache ich nicht«, sagte ich.

Er wurde laut und wiederholte im Befehlston seine Forderung. Ich blieb bei meiner Ablehnung und fragte, wer das wissen wolle. Er hätte es mir ja nicht sagen müssen, aber ich hatte ihn wohl auf dem falschen Bein erwischt, und er antwortete mir, bevor er losbrüllte: »Der Minister!«

Ich hielt mir den Hörer vom Ohr weg, bekam aber doch solche Worte wie Befehlsverweigerung und Entlassung mit. Meine Sekretärin war sichtlich erschrocken. Als er mit seiner Tirade fertig war, sagte ich mit betont ruhiger Stimme: »Wenn der Minister das wissen will, möge er mir einen Termin geben, und ich werde es ihm dann persönlich sagen, aber auch er wird von mir keine schriftliche Aufstellung bekommen.« Dann legte ich auf.

Ich bat um einen Kaffee, und dann beruhigte ich die

Sekretärin, die der Meinung war, ich hätte mich soeben um Kopf und Kragen geredet. Ich wusste selbst nicht, ob sie recht hatte, aber diesem Schleimer hätte ich jetzt nicht einmal mehr die Uhrzeit gesagt. Ich war früher kein Duckmäuser und wollte es jetzt auch nicht werden. Vielleicht hatten ganz andere Leute Interesse an diesen Informationen.

Es dauerte auch nicht lange, dann rief mich der Sekretär des Ministers an, dem ich ja schon bereits begegnet war. Er war freundlich, sagte kein Wort über irgendeine Liste und bat mich, am nächsten Tag um zehn zu Minister Diestel zu kommen.

Der Empfang in seinem Sekretariat war freundlich, und die Sekretärin winkte mich gleich zur offenen Tür, in der Diestel stand. Das Gespräch dauerte vielleicht fünfzehn oder zwanzig Minuten. Mit keinem Wort erwähnte er die Informationen, die Oberst. P. von mir haben wollte. Eigentlich war es eine Plauderei über alles Mögliche. Dann bat er mich, einen Berater von ihm mit in meine Abteilung zu nehmen und sie ihm zu zeigen. Er könne gleich mit mir im Auto mitfahren, wenn er sich getraue, in einen Wartburg zu steigen, bot ich an. Der Berater, der inzwischen hereingerufen worden war, nickte lachend. Ein kurzer Blick genügte, und ich wusste, der war aus dem Westen. Die Jacke mit den Hornknöpfen am Umschlag und die Sprache wiesen weit in den Süden Deutschlands. Wie zur Bestätigung, setzte er dann noch den dazu passenden Hut auf. Diestel verabschiedete uns freundlich, und ich spielte für den bayerischen Berater den Chauffeur nach Hohenschönhausen.

Im Auto gab es Smalltalk, er sagte natürlich nicht, dass

er vom BND war, und ich konnte das durch Raten auch nicht herausbekommen. Der Rundgang verlief problemlos. Der Besucher stellte sachliche Fragen und enthielt sich jeglicher Politisiererei. Am Ende hatte ich bei aller gespielten Abgeklärtheit des Gastes doch das Gefühl, er war überrascht, was er alles so gesehen hatte. Schließlich fuhr ich ihn im Wartburg wieder ins Ministerium zurück.

Oberst P. telefonierte nie wieder mit mir. Da der VP-Aufpasser bei dem Telefongespräch nicht anwesend war, brauchte ich ihm das auch nicht zu erzählen. Ich war mir sicher, auch andere hatten ihm nichts davon gesagt. Über das Gespräch mit Minister Diestel musste ich ihm keine Auskunft geben, was ihn sicher in seinem Gefühl bestärkte, dass er hier im Grunde überflüssig war.

Der Sekretär rief mich einige Tage später noch einmal an. Er hatte in unserer Druckerei den japanischen Farbkopierer gesehen, der auf dem Fundament stand, das eigentlich für die Tiefdruckmaschine vorgesehen war. Er fragte, ob wir für den Minister etwas kopieren könnten. Ich hatte keine Einwände, der Kopierer gehörte mir ja nicht, und Diestel war Minister. Es sei aber privat. Diestel sei großer Fan des *Mosaik*, einer berühmten DDR-Comic-Zeitschrift. Leider fehlten ihm ein paar Hefte. Die Originale habe er sich aus dem Fundus der Zeitung *Junge Welt* geliehen und möchte sie nun kopiert haben.

Das fand ich lebensnah. Da wusste ich vom Innenminister Diestel schon mehr als von Erich Honecker. Noch am selben Tag trat der Sekretär mit einem schwarzen Diplomatenkoffer durch die Tür, und wir lasen beim Kopieren ein paar lustige Abenteuer der Digedags, bis die

Sammlung komplett war. Ein paar Spuren unserer Arbeit würden also die DDR überleben.

Schließlich kam das große Finale. Der letzte Innenminister der DDR, Dr. Peter-Michael Diestel, besuchte mit großem Gefolge die ehemalige Abteilung 35 des ehemaligen Ministeriums für Staatssicherheit. Mit ihm zusammen kamen: der Chef der Bundesdruckerei in Westberlin, Spreen, der Berater des Ministers, Werthebach, der ein Jahr später Chef des Verfassungsschutzes werden sollte, der freundliche Bayer mit den Hornknöpfen und natürlich Diestels Sekretär.

Eine Reihe jüngerer Herren aus der Bundesdruckerei fielen mir nach der freundlichen Begrüßung durch Diestel und meiner kurzen Einführung etwas unangenehm auf. Sie wollten die von uns gefälschten Personalausweise sehen, hier auf dem Tisch. Es gäbe nichts zu sehen, alles wäre vernichtet, sagte ich.

»Sie haben alle Beweise vernichtet, die belegen könnten, dass Sie wirklich dazu in der Lage waren?«, sagte einer von den Jungs.

»Ja«, bestätigte ich, »haben wir.«

»Dann haben Sie das auch nicht gemacht«, klang es patzig.

»Damit kann ich leben«, war meine Antwort. »Wenn Sie sich auf diese Weise beruhigen können, ist das Ihr Problem.«

Sie beruhigten sich aber nicht und stänkerten weiter. »Ist das wirklich das Büro des Abteilungsleiters?«, lautete die nächste Frage, und alle musterten abschätzig die Ausstattung.

Jetzt wäre es zu schön gewesen, wenn wenigstens auf einem der beiden Panzerschränke »Franz Jäger, Berlin« gestanden hätte, wie das immer im Film bei Egon Olsen und seiner Bande gewesen war, das Alter hatten die Tresore ja.

Alles Mobiliar strömte das Flair der frühen 1960er Jahre aus. Es stammte sicher noch von Richard Großkopf. Sein Nachfolger brauchte nur einen bequemen Sessel, der Rest war ihm egal, Hauptsache, die Schranktüren gingen nicht dauernd von allein auf.

Dann versuchten die Herren, mir zu erklären, wie abgrundtief schlecht das SED-Regime gewesen sei, sie hätten ja in Potsdam die Stasi-Gefängniszellen selbst gesehen. Ich ließ mich auf solche Streitereien nicht ein, die die anderen amüsiert beobachteten. Ich kannte nicht einmal die Zellen im Untersuchungsgefängnis in Hohenschönhausen, die ja nur einige Schritte von mir entfernt gewesen waren, als ich in der Abteilung 34 angefangen hatte, zu arbeiten.

Schließlich machten wir den obligatorischen Rundgang durch die Werkstätten und Labore. Auf dem Hof sagte der Chef der Bundesdruckerei leise zu mir, ich solle mich von den jungen Leuten nicht ärgern lassen, ihm reiche das, was er gesehen habe, vollauf als Bestätigung für unsere Leistungen. Dann plauderten wir über Gärten. Ich hatte ja inzwischen selbst einen Garten und fühlte mich auf diesem Gebiet einigermaßen kompetent.

Auf die Frage nach dem Schornstein, erklärte ich geduldig die Funktion des Heizhauses, das nach wie vor auch Wärme für das katholische Altenheim in der Orankestraße lieferte. Als das Wort »Verbrennungsanlage« fiel, schien wieder Streit aufzukommen, das Wort gefiel nicht allen. Alles, was man gegen uns hätte verwenden können, hätten wir vernichtet, das wäre unerhört! Der Besuch endete aber dennoch so freundlich reserviert, wie er begonnen hatte.

Das Projekt »Garten Eden Nr. 2« nahm langsam Gestalt an. Allerdings gab der Berliner »Gartenbesitzer« nicht kampflos auf. Wir hatten ihm zwar schriftlich mitgeteilt, dass er auf dem Grundstück nichts zu suchen hatte, aber er konterte mit einem ellenlangen Schreiben seines Rechtsanwalts. Er hätte ja schon investiert, einen Maschendrahtzaun gebaut und einen Brunnen bohren lassen. Wir boten an, ihm seine Auslagen zu erstatten, wenn er uns die entsprechenden Rechnungen vorlegte. Als Termin nannten wir ihm einen Tag kurz vor dem Inkrafttreten der Währungsunion. Das war der ausgehandelte Sterbetag der DDR-Mark. Für alte Ostarbeiten wollte ich keine neue Westmark ausgeben. Wenn er das nicht wolle, könne er ja seine Sachen wieder mitnehmen.

Wir kannten die Art und Weise, wie in der DDR privat gebaut wurde, und der Berliner kannte sie auch. Rechnungen gab es in der Regel nicht. Oft wusste niemand genau, wo das Material herkam und wie es beschafft worden war. Es kam noch ein dämliches Schreiben des Rechtsanwalts, aber das war dann schon die Kapitulationsurkunde.

Irgendwann erschien der Berliner mit Frau, als wir im Garten aufräumten, und versuchte, seinen Gartenzaun mitzunehmen. Das gelang ihm aber nicht. Er konnte zwar den Maschendraht abknipsen und aufrollen, ohne das Grundstück betreten zu müssen, aber die Betonpfähle saßen unverrückbar einbetoniert im Boden. Es war eben eine solide Arbeit ohne Quittung.

Schließlich passte die Drahtrolle nicht in seinen Lada. Er musste sie liegen lassen. Der Brunnen bestand ja ohnehin nur aus einem Loch in der Erde. Der Berliner verschwand auf Nimmerwiedersehen. Wir hatten kein einziges Wort miteinander gewechselt. Der Garten war unser. Wir kauften uns ein Blockhaus, statt dem noch zu DDR-Zeiten bestellten Bungalow.

Ich hatte nur ein wenig den 28. Parteitag der KPdSU verfolgt, aber ich konnte nicht übersehen, Gorbatschow befand sich bereits im freien Fall. *Der Spiegel* titelte auf die KPdSU gemünzt: »Die Partei ist tot«, und auch die eifrigsten Betreiber der deutschen Einheit wussten wohl, ohne Gorbatschow würde ihnen der ganze Einheitsladen um die Ohren fliegen. Eile war dringend geboten.

Am 14. Juli 1990 verhökerte Gorbatschow im Kaukasus die DDR an die Bundesrepublik Kanzler Kohls für ein paar Milliarden, die die heruntergewirtschaftete Sowjetunion dringend brauchte, die sie aber letzten Endes auch nicht retten würden. Kein DDR-Bürger war bei diesem Deal anwesend, wozu auch. Noch ein paar Monate vorher hätte man das unter Genossen eindeutig Verrat genannt, jetzt war es einfach nur noch ein schlechtes Geschäft, jedenfalls für Gorbatschow. Der Satellit Moskaus war dabei nicht ganz zufällig in tiefere Schichten der Atmosphäre geraten und verglüht.

Jetzt war es an der Zeit, sich Sorgen um die Zukunft der Abteilung zu machen. Nur wenige Mitarbeiter hatten uns bisher verlassen, um sich in der nun freier werdenden Wirtschaft eine andere Arbeit zu suchen. Wir hatten uns inzwischen selbst zur »Spezialdruckerei Berlin« ernannt. Am Tor prangte ein gleichlautendes Schild, und meine Mitarbeiter druckten mir repräsentative Visitenkarten, aber das waren nur aktuelle Potemkinsche Dörfer. Wenn es nach der Leistung gegangen wäre, hätte uns die Bundesdruckerei übernehmen müssen, aber es ging nicht nach der Leistung, sondern es wurden die politischen Prämissen vom Rhein bedient. Das konnte ich verstehen.

Nicht ganz unerwartet erschien neuer Besuch, angekündigt durch Diestels Büroleiter. Diesmal war es die freie, private Wirtschaft. Dort ging es, wenn möglich, nach Leistung. Es waren Beauftragte der Firma Giesecke+Devrient aus München. Ich kannte einen Devrient als Otto Devrient aus Jenas gleichnamiger Straße. Otto Devrient war Schauspieler und Theatermann und hatte im 19. Jahrhundert Goethes *Faust* in Weimar mit Erfolg auf die Bühne gebracht.

Giesecke+Devrient beschäftigten sich aber nicht mit brotloser Kunst, sondern mit dem Druck von Wertpapieren aller Art. Ihr Stammhaus in Leipzig hatten sie 1948 eingebüßt, es war enteignet und verstaatlicht worden und hieß VEB Wertpapierdruckerei Leipzig. Ich war dort einige Male Gast, und wir hatten gute Beziehungen, denn dort wurden die DDR-Pässe und Personalausweise und auch das DDR-Geld gedruckt, bei deren Sicherheitsaspekten wir ein Wort mitzureden hatten. Die Besucher waren also bei uns an der richtigen Adresse.

Sie nahmen sich viel Zeit bei der Besichtigung. Der anfängliche stille Wunsch, wir könnten Partner werden und die Firma in München bekäme damit eine Zweigstelle in

Berlin, bekam keine Nahrung. Sie ließen sich nicht in die Karten schauen. Es ging ihnen wohl hauptsächlich um Technik und Wissen. Die Technik stand da, und das Wissen war in den Köpfen, das Papier war weg. Beim Abschied fragten sie mich, ob ich mir vorstellen könnte, in München zu arbeiten. Das war der Zipfel eines Angebots. Ich sagte ohne Zögern: »Ja.« Sie würden sich bei mir telefonisch melden, es könnte aber eine Weile dauern.

Auch in schwierigen Zeiten gibt es Spaßvögel, die einen die dunkleren Stunden etwas belichten. Am 20. September 1990 stimmte die Volkskammer für den Beitritt zur BRD. Genau vier Tage später, das entsprach etwa der Laufzeit eines Briefes in der DDR, erhielt ich einen Brief. Adressiert war er an das Ministerium für Staatssicherheit, Berlin, Roedernstraße 30. Er enthielt eine Trauerkarte. Frankiert war er mit einer grünen 60-Pfennig-Ulbricht-Briefmarke. Absender war der VEB Gelatine und Leimwerke in Calbe an der Saale. Von diesem Betrieb hatten wir unsere Fotogelatine für den falschen Personalausweis der BRD bezogen.

Wir bastelten uns eine wunderschöne lederne Mappe mit einem goldenen Greifen, dem Symbol der Druckkunst, auf dem Deckel für die Proben unserer Papier- und Druckerkunst, es schien ja noch nicht alles verloren. Zu Hause diskutierten meine Frau und ich ausgiebig, aber kamen zu keinem eindeutigen Ergebnis. Meine Frau hatte als Lehrerin Arbeit, ich würde bald keine mehr haben. Die Kinder gingen hier zur Schule, Bayern war für uns ein unbekanntes Land. Schließlich beließen wir es bei einem Unentschieden. Wenn es so kommen würde, wie es sich abzeichnete, sollte ich allein nach München gehen und erst einmal die Lage sondieren. Mir war nicht wohl bei dem Gedanken, meine Frau allein mit den beiden halbwüchsigen Kindern in Berlin zu lassen. Mein Sohn Jan hatte etliche Probleme in der Schule, und das Verhältnis zu seiner Mutter war nicht gerade harmonisch. Wir hatten mit unserem Garten angefangen, und meine Frau konnte alles zusammen auf die Dauer nicht ohne meine Hilfe schaffen.

Am 1. Oktober 1990 wurden alle Mitarbeiter in die Arbeitslosigkeit entlassen. Der Traum von der Spezialdruckerei war ausgeträumt. Es gab keine Abschlussfeier. Als ich durch die Gänge des Innenministeriums der DDR wandelte und mich darüber amüsierte, dass auf dem Laufzettel die Position FDJ-Sekretär gestrichen war, traf ich zufällig den Sekretär des Noch-Innenministers. Ich brauchte ihm nichts zu erklären, er war auf dem Laufenden. Er gab mir zum Abschied noch einen bemerkenswerten Rat: »Herr Dr. Pelzl, gehen Sie, wenn das alles hier vorbei ist, nicht in die Politik. Die ziehen die Rote Karte, wann immer es ihnen beliebt. Suchen Sie sich eine Arbeit in der Wirtschaft.« Damit hatte er den Kern der kommenden Dinge aber nicht ausreichend genau getroffen, wie sich noch herausstellen würde.

Ich erhielt noch einen bis zum 31. Oktober 1990 befristeten Arbeitsvertrag vom Innenminister der Bundesrepublik zur »Abwicklung des bisherigen Sachgebietes«, wie es im Text lakonisch hieß. Anschließend gewährte man mir bis zum 14. Februar 1991 70 Prozent meines letzten Gehalts als Ruhegeld.

Es dauerte einige Tage, dann wurde ich nach München eingeladen. Das Gespräch beim Geschäftsführer der Firma war angenehm und wohlwollend. Das Objekt in Berlin würde nicht übernommen, aber ich könne ab Februar anfangen. Ich hatte noch zwei Mitarbeiter ins Spiel gebracht und erntete damit die Frage, ob das eine Bedingung sei. Es war natürlich keine.

Ich sollte eine Bewerbung samt Lebenslauf schreiben, das müsse für die Akten so sein, und nach München schicken. Ich verließ die bayerische Landeshauptstadt mit einem flauen Gefühl im Magen. So richtige Freude wollte partout nicht aufkommen.

Am 15. Februar 1991 begann ich meine neue Tätigkeit als Produktentwickler in der Papierfabrik in Louisenthal in Gmund am Tegernsee. Ob das ein gutes Vorzeichen war, würde sich noch zeigen müssen. Genau gegenüber, auf der anderen Seite des Sees, in Rottach-Egern wohnte ein alter Bekannter: Alexander Schalck-Golodkowski.

In Louisenthal produziert man des Deutschen liebstes Kind: das Geld.

24. Kapitel

Der Tegernsee ist schön • Einraumwohnung im Kuhstall • Marx ist doch der Größte • Gasthof Oberstöger • Das erste Westauto • Weißwurst und Knödln • Hinter der Festung Königstein • Ein roter Neger in München • Der Sohn des Oleatenhändlers • Rote Karte aus Wiesbaden • Einstweiliger Ruhestand • Ein Schalck, wer Arges dabei denkt • Ein teurer Arbeitsloser • Vier Herren aus Übersee • Neue Ideen • Als Tourist in Kuba

Der Tegernsee ist schön. Es wäre dumm, etwas anderes zu behaupten.

Dass es im Westen mehr und vielleicht bessere Farbe gab, steht außer Zweifel. Als ich gegenüber meinen kubanischen Genossen einmal den traurigen Zustand der Altstadt von Havanna beklagte, erzählten sie mir, dass die DDR versucht habe, ihnen zu helfen, wenigsten die Fassaden zu streichen. Leider war die verwendete Latexfarbe für dieses Klima denkbar ungeeignet. Nach ein paar Wochen fiel die Farbe wieder ab und nahm einen Teil des Putzes gleich mit. Die Bayern streichen ihre Häuser vermutlich sehr oft, denn in den Dörfern, die ich besuchte, gab es keine maroden Fassaden wie in Havanna. Dafür gab es bei ihnen eine Geranienversicherung, weil manchmal ein Unwetter die Geranien von den Balkonen kippte, und das konnte teuer werden. Bei größeren Häusern verschlang die Geranienbepflanzung dreistellige Summen.

Im Dorf Greiling, das mein Wohnort wenigstens in der Woche wurde, hatte ich eine kleine möblierte Wohnung bezogen. Sie wurde von der Firma gestellt, die auch die Miete bezahlte. Es gab nichts an ihr auszusetzen, bis auf den Geruch. Es roch in ihr nach Kuhstall, trotz der schönen Farben. Kühe gab es auf dem Anwesen keine mehr, und so hatte man die Ställe zu Wohnungen ausgebaut. Gegen hundertjährigen Stallgeruch gibt es kein Mittel, auch nicht in Bayern.

Manchmal roch es im ganzen Dorf nach Kuhmist, nämlich immer dann, wenn eine alte Bäuerin, die mich an Helene Weigel erinnerte, mit einer Mistkarre aus dem oberen Stockwerk eines am Hang stehenden Stalles über eine schmale Planke eine große Fuhre Mist auf den unter ihr liegenden riesigen Misthaufen absetzte. Es war der einzige Bauernhof in Greiling, der noch in Betrieb war. Ich glaube, der Gemeinde war das gar nicht recht, lag er doch genau am Festplatz, wo gewöhnlich eine große, blau-weiß geringelte Stange steht. Gestank vertreibt Touristen, dachte ich mir, und bewunderte die kleine zähe Frau in den zu großen Gummistiefeln, wie sie mit der Karre hantierte und gleichzeitig gegen ihre Gemeinde kämpfte.

Mein Antrittsbesuch beim Geschäftsführer in München war bemerkenswert. Gegen sein Büro war mein Abteilungsleiterzimmer eine Pförtnerbude. Er war sehr zuvorkommend, und wir kamen schnell ins Plaudern. Meine Frau könne natürlich in Bayern nicht als Lehrerin arbeiten, das ginge nicht, aber man würde für sie sicher eine Stelle in einer Schwimmhalle oder in einem Sportverein finden. Die Wohnung wäre auch kein Problem.

Als wir begannen, über Politik zu reden – das heißt, eigentlich kam mein Gegenüber ins Politische –, wurde es interessant. Seine erste Empfehlung war, ich solle mich besser von der bayerischen PDS fernhalten. Das wäre sicher besser für mich, aber verbieten könne er mir das natürlich nicht. Ich erinnerte mich, dass ich etwas unterschrieben hatte, das dem bayerischen Verfassungsschutz erlaubte, mich genauer unter die Lupe zu nehmen. Mit der Stasi war ja auch in Bayern nicht zu spaßen.

Ohne dass ich dazu Anlass gegeben hätte, kam er auf Karl Marx zu sprechen. Er nannte ihn tatsächlich den »größten Ökonomen des Jahrhunderts«, welchen Jahrhunderts ließ er beiseite. Alle seine ökonomischen Erkenntnisse seien richtig und fundiert, nur in einem hätte er sich geirrt – er machte eine kleine Pause –, Marx habe angenommen, die Menschen wären bereit, zu teilen. Teilen wollen die Menschen aber nicht.

Ich war sprachlos und kaute in Gedanken immer noch auf diesem Satz herum, als er schon fortsetzte: »Die DDR ist nicht daran zugrunde gegangen, was man so tagtäglich in der Zeitung liest, das schreiben wir für den deutschen Michel hinein, der braucht so etwas. Die DDR ist daran zugrunde gegangen, dass sie schließlich das nicht bezahlen konnte, was sie ihren Bürgern versprochen hatte.«

Ich war k. o. in der ersten Runde, ich konnte nur noch nicken. Er lehnte sich zufrieden zurück. Über die Stasi als Urheber alles Bösen kam kein Wort. Im Stillen gab ich ihm fast recht und ärgerte mich gleichzeitig darüber. Ökonomie oder Politik, wo lagen nun die Hebel? Wir hatten doch immer von ökonomischen Hebeln geredet, aber eigentlich immer nur die politische Brechstange bedient. Ein ökonomischer Hebel war im DDR-Sprachschatz nur ein Flaschenöffner. Ich hatte für die nächsten Jahre genug Stoff zum Nachdenken.

Die Einweisung in der Papierfabrik war weniger philosophisch als praktisch. Der Hang aller Ostdeutschen zur Verbrüderung war offensichtlich bis nach Bayern gedrungen, und so empfahl man mir: »Machen Sie sich nicht so mit den Laboranten gemein.« Wenn ich nicht so einen fundierten Deutschunterricht gehabt hätte, in dem mein Lehrer Franz D. uns die Texte der Alten, und damit meinte er Goethe und Schiller und Heine und wer weiß, wen sonst noch, wärmstens ans Herz legte, ich hätte den Satz nicht verstanden. Dass die meisten der Laboranten

Laborantinnen waren, war dabei das Geringste. Ich saß also mit im Landauer, und die da zogen die Kutsche.

Aber es ging noch weiter. Zum Mittagessen wurde mir nicht etwa die auf dem Hof aufgestellte, fahrbare Imbissbude empfohlen, in der eine rothaarige Schöne Essen feilbot, sondern man meinte, ich möge doch zum *Gasthof Oberstöger* gehen, dort gäbe es ein ausgezeichnetes Mittagessen.

Bevor ich mich testweise zum *Oberstöger* aufmachte, ging ich erst einmal bei der Rothaarigen vorbei, die gerade einen wunderbaren Krustenbraten mit Kartoffelsalat im Angebot hatte. Da ich nicht Bayerisch konnte, bestellte ich einen Krustenbraten mit Salat auf Deutsch. Darauf sagte sie zu mir in ihrer Landessprache etwas, was ich nicht verstand.

»Wie bitte?«, fragte ich höflich.

Sie wiederholte haargenau den gleichen Satz in genau derselben Sprache.

Das wiederholte sich noch einmal, bis mir eine der Laborantinnen aus der Patsche half: »Sie fragt, ob Sie eine Semmel dazu haben wollen.«

Ich nickte stumm und bedankte mich dann höflich bei der Laborantin. Das war wohl auch nicht richtig, denn jetzt hatte ich mich mit ihr gemein gemacht. Gott sei Dank hatte das keiner der Chefs gesehen. Die saßen wohl gerade beim *Oberstöger*.

An einem der nächsten Tage ging ich dann doch zu dieser sagenhaften Kneipe. Ich war kaum durch die schwere Tür hindurch, da wusste ich, hier bist du falsch. Die Lodenmäntel, die da am Garderobenhaken hingen, hatte ich schon in Bad Wiessee gesehen in einem Trachtengeschäft. Ich wunderte mich, dass die Haken nicht vergoldet waren. So ein Mantel kostete eine dreistellige Summe. Ich dachte sofort an die Loferl aus meinen Kindertagen.

Ich setzte mich ans Fenster, bestellte ein Bier und warf einen Blick in die Speisekarte. Das Bier war dünn, das Glas war groß, und der Preis war noch größer. Bevor einer wie ich hier betrunken wurde, war er pleite. Das preiswerteste Gericht kostete 27 DM.

Das war das letzte Mal, dass ich beim *Oberstöger* durch die Tür ging. Mit der Rothaarigen kam ich nach ein paar Tagen zunehmend besser zurecht. Deutsch sprach sie aber trotzdem nicht mit mir, vielleicht konnte sie es auch nicht.

Ich fuhr mehrmals in der Woche zwischen Louisenthal und München hin und her. Das waren nur fünfzig Kilometer, und es gab einen festen firmeneigenen Fahrdienst. Ich musste meinen gelben Wartburg loswerden oder zumindest in Berlin lassen. Mit so etwas fiel man hier nur unangenehm auf. Der Prokurist der Papierfabrik fuhr einen gewaltig großen Alfa Romeo. Er war ein langer, hagerer Mann, und wenn er stocksteif hinter dem Lenkrad saß, sah es aus, als wäre er der Chauffeur, von demjenigen, dem eigentlich der Wagen gehörte. Mit meiner Frau hatte ich den Autokauf bereits besprochen. Jetzt konnte sie den Wartburg in Berlin nutzen, und ich würde mir ein neues Auto aus München mitbringen.

Man hatte mir einen etwa gleichaltrigen Mitarbeiter aus der Chefetage in München zugeteilt, der mir bei der Eingewöhnung auf der Sonnenseite des ehemaligen Eisernen Vorhangs behilflich sein sollte. Ihn fragte ich, wo man in

München ein gebrauchtes Auto kaufen könne und ob ich zur Finanzierung einen Vorschuss bekäme. Nach einigen Tagen gab er mir eine Adresse eines Autohauses in München und einen Packen Geld ohne Tüte, den Vorschuss. Das müsste für einen Gebrauchten reichen, er hätte schon beim Händler angerufen. Eine Quittung wollte er nicht. Man würde mir das Geld ratenweise vom Gehalt abziehen.

Ich arbeitete in der Woche immer länger, da es auf dem Dorf langweilig war. Dafür durfte ich mich dann schon am Freitagmittag in Richtung Berlin davonmachen. Ich brauchte also ein schnelles Auto. Der Autohändler hatte schon etwas vorbereitet. Es gab wohl unsichtbare Fäden zu meiner Firma.

Es dauerte nicht lange, und ich entschied mich für einen Opel Kadett 1.6. Der könne locker die hundertsechzig Stundenkilometer nach Berlin durchhalten. Das Auto kostete genauso viel, wie ich als Vorschuss in der Hand hatte. Ich war zu feige, den Autohändler zu fragen, ob er mir ein paar Tipps zur Bedienung geben könne, und tat so, als wäre das mein Zweitwagen.

Ich kam, ohne anzuecken, glücklich vom Hof und erreichte mit Mühe den nächsten Parkplatz. Dort las ich die ersten Seiten der Bedienungsanleitung, legte sie dann auf den Beifahrersitz und fuhr los.

Auf der A9 angelangt, hörte ich auf, zu schwitzen. Auch das Umblättern der Bedienungsanleitung gelang, und wenn es gerade keine Schlaglöcher gab, konnte ich durch einen Seitenblick den einen oder anderen Satz der Anleitung erhaschen. Das Auto war schnell und klapperte auch bei hundertsechzig Stundenkilometern nicht. Im Wartburg machte schon bei hundert das Radiohören keinen Spaß mehr. Nach einem Vierteljahr kannte ich auf der A9 jedes Schlagloch und jede Umleitung, vor allem die, die man nicht fahren durfte.

Bei der Anmeldung des Autos in Bad Tölz stach mich der Hafer. Ich fragte, ob man sich ein Kennzeichen wünschen könne. Leider konnte ich das nicht. Ich hätte mir gern TÖL-PEL gewünscht mit einem Stück meines Namens auf dem Nummernschild, aber ich bekam TÖL-RP. In dieser Gegend fuhren eine Menge Autos mit einem ähnlich blöden Kennzeichen herum: STA-SI. Das waren die glücklichen Autobesitzer aus Starnberg, nur einen Steinwurf entfernt. »Stasi« nahm man hier offensichtlich als so eine Art Volksbelustigung. Als ich Jahre später, wieder in Berlin, meinen nächsten Opel kaufte, verpasste mir das Autohaus die Buchstaben B-ND. Ich hielt das für Absicht und ärgerte ich mich gewaltig, dann fand ich es aber lustig.

Über die bayerische Küche will ich keine Loblieder singen. Alles, was ich dort aß, war erstklassig – bis auf die Weißwürste. Das mag manchen Bayern verdrießen, aber Thüringer Klöße sind auch nicht jedermanns Sache. Als ein Mitarbeiter bei einer Teamfeier – Kollektive gab es hier nicht – den großen Topf mit den heißen, fahlgrauen Schlabberdingern auskippte, war ich schon bedient. Wenn dann so eine Wurst geschlachtet wurde, quoll das graue Innenleben heraus. Ich schaffte nur eine einzige. Den dazu gereichten Senf konnte man für den Nachtisch halten. An Zucker hatte man jedenfalls nicht gespart.

Auf einer großen Feier der Firma im Münchner *Hof-*

bräuhaus – wo denn sonst – gab es ein Büfett, das dann alle meine Erwartungen übertraf. Mein Betreuer empfahl mir eine Schüssel, in der zweifellos in Öl eingelegte Knoblauchzehen schwammen. Ich aß eine ganze Kelle davon, zusammen mit Krustenbraten, Sauerkraut und Knödln. Trotz der Tatsache, dass den Knödln das »e« fehlte, waren sie vorzüglich. Das Sauerkraut hätte ich allerdings anders zubereitet, aber wir waren ja nicht in Thüringen. Niemand mokierte sich darüber, dass sein Gesprächspartner Knoblauch gegessen hatte. Es wollten sich erstaunlich viele mit mir unterhalten, ich kam ja aus Berlin.

Über die Arbeit kann ich hier leider nicht viel schreiben, denn das wurde mir bis zum Jüngsten Gericht untersagt, und das hatte ich ihnen schriftlich geben müssen. Dies war auch so eine Art Verpflichtungserklärung, aber die Sanktionen bei Übertretung waren nachvollziehbar. Außerdem war der gesamte Text gedruckt, und ich musste nur unterschreiben. Niemand kontrollierte, ob ich das Unterschriebene auch gelesen hatte. Bei Geld hört bekanntlich jede Freundschaft auf, und wenn man das Kleingedruckte nicht gelesen hat, ist man eben selbst schuld.

In einer Ecke des Labors stand ein Fluoreszenz-Spektrometer, mit dem gleichen Typ hatten wir auch in der Abteilung 35 gearbeitet. Das Gerät war abgedeckt, weil es defekt war. Niemand kümmerte sich um die Reparatur. In einer stillen Stunde schraubte ich es auseinander und fand schnell die Ursache. In einem Getriebe hatten sich Metallspäne angesammelt. Nach kurzer Zeit lief es wieder wie am ersten Tag. Das betretene Schweigen der Mitarbeiter ringsum konnte ich nicht deuten.

Ich nahm mir einen Kollegen aus dem Saarland beiseite, mit dessen Dialekt ich besser zurechtkam. Er erklärte mir, dass alle im Labor ein moderneres Gerät haben wollten. Um das zu bekommen, musste das alte nur noch ein paar Wochen als unbrauchbar in der Ecke stehen bleiben. Diesen fein ausgedachten Plan hatte ich mit meinen sozialistischen Feinmechanikerkünsten zunichte gemacht. Kleine, aber feine Unterschiede zwischen Kapitalismus und Sozialismus kamen da an die Oberfläche.

Meine Heimfahrten am Wochenende waren anstrengend. Die sechshundert Kilometer auf der maroden A9, sie war auch auf dem Westteil marode, schaffte ich in fünf bis sechs Stunden, wenn es gut ging, aber bei Stau dauerte es erheblich länger. Auf der Heimfahrt nach Berlin war das nicht so kritisch, aber wenn ich am Sonntagnachmittag im Garten den Spaten aus der Hand fallen ließ und mich ins Auto setzte, war das schon was anderes. Das Gartenprojekt wurde ohne Einschränkungen weitergeführt. Manchmal war ich erst um drei Uhr in meinem Dorf, und um sechs klingelte dann der Wecker.

Wir hatten vor der Wende ein patentreifes Verfahren bei der Herstellung von Sicherheitspapieren entwickelt, das man in Louisenthal noch nicht kannte. Da Giesecke+Devrient aus der Konkursmasse der DDR auch die Papierfabrik Königstein, wenige Kilometer hinter der gleichnamigen Festung, erworben hatte, sollte ich dorthin fahren, um es vor Ort zu erproben. Ich kannte die Papierfabrik, da ich einige Male dort gewesen war. Was sich nach der Wende im Werk verändert hatte, wusste ich nicht.

Als ich die Tür zum Chefzimmer öffnete, traf mich fast

der Schlag. Nahezu alle, die dort saßen und mit gespannten Mienen auf den hohen Besuch aus München warteten, kannte ich aus der Zusammenarbeit mit der Staatssicherheit. Die Gesichter froren zu Eis. Statt eines lustigen Bayern mit Gamsbart am Hut kam ein abgewickelter Stasi-Major durch die Tür, einer aus dem Jenseits.

Zum Glück kam die Sekretärin mit einem Kaffeetablett durch die Tür und klapperte laut mit den Tassen. Der Betriebsleiter löste seinen Kloß im Hals mit einem Schluck Kaffee und versuchte sich an einigen Begrüßungsworten. Ich sah keine Veranlassung, den Anwesenden etwas zu erklären, was über meinen Auftrag hinausging. Es fragte auch keiner. Das jedenfalls hatten sie schon gelernt: »Antworte nur, wenn du gefragt wirst.«

Der Auftrag war am Ende des Tages erledigt. Alle waren sichtlich froh, als ich wieder abreiste. Ich vermutete, sie hielten gleich darauf eine Krisensitzung ab und rätselten herum, was da eigentlich abgelaufen war.

Einen Siegfried O. kannte ich nicht. Erst als ich begann, bei Giesecke+Devrient zu arbeiten, erfuhr ich, dass er der oberste Chef des Konzerns war. Er hatte eine Tochter des Leipziger Firmenchefs Ludwig Devrient geheiratet. Das war bestimmt eine gute Partie. Ich war noch nicht lange am Tegernsee, als ich eine Aufforderung bekam, bei diesem Konzernchef zu erscheinen, er wolle mich kennenlernen. Offensichtlich machte mich meine Herkunft hier zum Exoten, zu einer Art rotem Neger.

Ich packte meine Mustermappe ein, die ich noch aus Berlin mitgebracht hatte. Vielleicht versteht er was vom Drucken, dachte ich. Tatsächlich verstand er was davon, er hatte mal Drucker gelernt. Er blätterte interessiert in meinen Unterlagen, aber man konnte an seinem Gesicht nicht ablesen, was er darüber dachte.

Das Gespräch war sachlich und freundlich – ich dachte mir, so einen wie mich hatte er bestimmt noch nicht gesehen. Mit Sicherheit war er über jedes Detail informiert, und ich hütete mich, etwas anderes zu erzählen, als alle vor ihm schon von mir erfahren hatten. Manche Fragen klangen tatsächlich so, als wollte er eine Bestätigung von ihm bereits bekannten Dingen hören. Seine Größe in wirtschaftlicher Hinsicht hatte ich allerdings unterschätzt. Wenige Monate später erfuhr ich, dass er zu den größten Steuersündern der Bundesrepublik gehörte. 1993 zeigte er sich selbst beim Finanzamt an. Im Ergebnis zahlte er 100 Millionen DM Steuern nach, die er aus seinem Privatvermögen aufbrachte. Der Kaffee, den er mir anbot, war gut.

Die Einladung zum Boss war nicht die einzige. Mein Betreuer, sozusagen mein Mephisto, lud mich tatsächlich zu sich nach Hause ein. Vorher hatte er aber eine Frage: Seine Frau sei Koreanerin und würde mich gern zu einem koreanischen Essen einladen. Als ich etwas sagen wollte, hob er die Hand. Das sei nicht einfach ein Essen, sondern eine alte Zeremonie, der sich der Gast unterwerfen müsse. Das könne er hier in Bayern mit den Eingeborenen nicht machen. Die hatten schon genug damit zu tun, seine koreanische Frau überhaupt zu akzeptieren. Bei mir rannte er offene Türen ein. Experimente machten mir Freude, und Gerichte aus anderen Ländern allemal. Er war erleichtert.

Seine Eigentumswohnung im Münchner Zentrum war winzig, der Preis, den er bezahlen musste, war unverschämt hoch. Er erzählte mir, was sie gekostet hatte. Das war ungewöhnlich, denn über solche Sachen redete man ebenso wenig wie über das Gehalt.

Die Hausherrin empfing mich in einer wunderschönen, traditionellen koreanischen Tracht aus türkiser Seide mit Blumen- und Vogelmotiven. Sie verschwand gleich wieder in der Küche, und er zeigte mir die Wohnung. Sie lag im Erdgeschoss, hatte noch ein ebenso winziges Gärtchen, das hübsch bepflanzt war und sogar ein kleines Gewächshaus beherbergte. Man konnte deutlich erkennen, dass das die Domäne seiner Frau war. An den Wänden hingen Bilder, die mir irgendwie bekannt vorkamen. »Ja, ja«, sagte er, »das ist Thüringen, ich stamme aus Thüringen. Mein Vater ist vor dem Mauerbau in den Westen gegangen, und ich musste mit.«

Dann erzählte er, sein Vater sei Oleatenhändler gewesen. Ich kannte den Begriff aus der Pharmazie, aber dass dieser Beruf noch in der DDR ausgeübt wurde, war mir neu. Oleatenhändler, so erklärte er mir, sammelten wilde Kräuter und Wildfrüchte nicht nur für die Apotheken, die die Hauptabnehmer der getrockneten Produkte seines Vaters waren, sondern auch für die Schnapsbrenner, die in Thüringen in fast jedem Dorf existierten und Kräuterliköre brauten, die, glaubte man den Etiketten, gegen die meisten Krankheiten halfen. Ich erinnerte mich, dass man die beliebten Rhöntropfen auf dem Flaschenetikett sogar eine Weile als das ideale Getränk für Kraftfahrer angepriesen hatte. Dann fiel mir Eickes Kräuterlikör ein, den wir einmal als Oberschüler im thüringischen Cursdorf ausgiebig getestet hatten. Ein paar Dörfer weiter war dieses Getränk schon wieder unbekannt. Diesen Likör kannte er auch und die Gegend sowieso.

Wir waren in unserem Element, und er erzählte von Thüringen, als wäre er erst gestern von dort weggegangen. Es klang so, als hätte er nach fünfunddreißig Jahren immer noch Heimweh. Als er dann noch von den schönen Zeiten bei den Pionieren und bei der FDJ schwärmte, wunderte mich das nicht mehr.

Seine Frau hatte inzwischen alles vorbereitet, und ich wurde zum Tisch geleitet. Sie wusch mir in einer flachen Schüssel die Hände mit warmem Wasser. Dann musste ich den Kopf zurücklegen, und sie legte mir ein angenehm warmes, aber feuchtes Tuch auf das Gesicht, das sie anschließend abtrocknete. Auf dem Tisch standen viele Schüsseln und Schälchen mit mir meist unbekanntem Inhalt. Nur den Reis konnte ich sicher identifizieren. In einer großen Schale lagen Salatblätter, die so aussahen wie Chinakohl. Es war tatsächlich welcher. Er erklärte mir, das sei Kimchi, eine spezielle Zubereitung aus vergorenem Chinakohl.

Dann begann die Essenszeremonie, das heißt, ich hatte weiter nichts zu tun, als den Mund aufzumachen. Die Frau legte sich ein Kimchi-Blatt auf die Hand, griff reihum mit den Fingern in die Schüsseln, legte etwas davon auf das Blatt, nahm etwas anderes dazu und noch etwas drittes, zum Schluss kam ein wenig Reis, und dann formte sie alles zu einer Kugel, die sie mir in den Mund schob. Den machte ich danach gehorsam zu. Als ich fertig mit Kauen war, war die nächste Kugel schon bereit, und ich machte den Mund wieder auf. Diese Prozedur zelebrierte sie derartig sanft und rührend, dass ich aß, als füttere eine Vogelmutter ihr Junges.

Nebenbei bekam ich natürlich noch Erklärungen, was ich so alles verspeiste. Darunter waren Hackfleisch, Pilze, viele Gemüsesorten, Fisch und Schweinebauch. Hundefleisch sei nicht dabei, sagte er lachend. Die Münchner Hunde könne man nicht essen. Er sei ein paar Jahre im Auftrage der Firma in Korea gewesen. Dort habe er seine Frau kennengelernt. In Korea hätte er auch Hundefleisch gegessen. Seine Frau bedankte sich tausendmal dafür, dass ich so mit ihnen gegessen hatte. Ich wäre der erste Deutsche, der das mit sich hätte machen lassen.

Ich war gehörig stolz auf mich. Es wurde ein schöner langer Abend, und ich fand trotz des Reisweins noch den Weg zurück nach Greiling.

Eines Tages rief mich meine Frau an und erzählte mir, dass zwei Kriminalbeamte sie aufgesucht hätten. Sie hatte sie in die Wohnung gelassen und wurde von ihnen ausgefragt. Ich vertröstete sie, mit den Einzelheiten bis auf das Wochenende zu warten, dann könnten wir über alles reden. Am Telefon wäre das zu kompliziert.

Die Besucher hatten von ihr wissen wollen, was ich ihr über meine Arbeit im MfS erzählt hätte. Irmtraud brauchte nicht zu schwindeln, sie wusste nichts, denn sie wollten Namen wissen, und Namen hatte ich ihr nicht gesagt. Sie gingen unverrichteter Dinge wieder. Irgendetwas war im Gange, das spürten wir, denn die Beamten hatten nicht nach mir gefragt, also wussten sie, wo ich war, und hatten das ausgenutzt. Diese Befragungstechnik konnte man in jedem guten Kriminalroman nachlesen.

In Bayern ticken die Uhren sichtlich anders als in Berlin. Als ich einmal ein Gespräch mit dem Sicherheitsbeauftragten der Firma hatte, sprach der in lobenden Worten über Markus Wolf. Das war umso verwunderlicher, als ich von ihm erfuhr, dass er früher selbst beim BND gearbeitet hatte. Es schien mir, als gäbe es auch unter den BND-Mitarbeitern welche, denen Qualität in der Arbeit wichtiger war als politische Scheuklappen. Geheimdienste gab es ja in allen Ländern, und die Methoden ihrer Arbeit waren oft vergleichbar. Auch die Idioten unter ihnen waren ziemlich gleichmäßig verteilt. Kein Geheimdienst konnte für sich beanspruchen, dass er seine Methoden in erster Linie an abstrakten moralischen Normen ausrichtete, auch nicht das Ministerium für Staatssicherheit. Jeder Geheimdienst erfand dazu seine eigene Moral. Das hatte ich früher nur geahnt, aber mittlerweile wusste ich es.

Diese noch flüchtigen Gedanken wurden beiseite gewischt, als ich während der Arbeit telefonisch um eine Unterredung gebeten wurde. Ich musste nicht lange herumraten, von welcher Behörde dieses Ansinnen diesmal ausging, obwohl der Anrufer am Telefon nichts Genaues darüber sagte. Das darauffolgende Gespräch fand in meiner Wohnung in Greiling statt. Der Mann war vom Verfassungsschutz, stellte sich ordnungsgemäß vor und kam nach einigen einleitenden Floskeln zum Kern seines Besuchs. Namen, er wollte Namen wissen.

Wer aus der Bundesdruckerei in Westberlin habe uns mit Informationen zum Personalausweis und zum Reisepass versorgt?

»Darüber werde ich mit Ihnen nicht sprechen«, sagte

ich. Sicher gäbe es Verräter, aber ich sei keiner von denen. Im Stillen wunderte ich mich: Der Verräter Roitzsch wusste also auch nicht alles.

Nach ein paar Versuchen gab der Verfassungsschützer auf, nicht ohne in einem Nebensatz darauf hinzuweisen, wo ich gegenwärtig beschäftigt wäre. Das war eindeutig. Es wurde Zeit, eine Bilanz zu ziehen. Diese Leute würden mich nicht in Ruhe lassen, solange sie hofften, etwas in der Hand zu haben, womit sie glaubten, mich erpressen zu können. Karriere nur mit Verrat, etwas anderes gab es für sie nicht. Das alte Schwarz-Weiß-Muster aus dem Kalten Krieg funktionierte noch immer.

Es dauerte nicht einmal vierzehn Tage, dann erhielt ich im April 1991 einen Anruf der Generalbundesanwaltschaft. Man teilte mir im Amtsdeutsch mit, dass man gegen mich ein Ermittlungsverfahren wegen des Verdachts geheimdienstlicher Agententätigkeit eingeleitet hatte. Auf späteren Schriftstücken tauchte dann noch im Titel das Wort »Urkundenfälschung« auf. Das überraschte mich nicht, versetzte mich aber in Sorge um meine Familie. Ich rief sofort den Geschäftsführer an und fuhr zu ihm nach München. In dem Gespräch bot ich ihm an, er solle mich sofort beurlauben, um der Firma etwaigen Schaden zu ersparen, der vor allem dann zu erwarten wäre, wenn die Presse davon Wind bekäme. Ich würde sofort nach Berlin fahren und dort den weiteren Verlauf abwarten. Er bedankte sich für meine Umsicht und stimmte dem Vorschlag zu. Ich wurde bis auf weiteres beurlaubt, mein Gehalt bekam ich weiterhin.

Auf der Autofahrt nach Berlin hatte ich Zeit, mir zu überlegen, was nun werden solle. Selbst wenn das Verfahren für mich positiv ausginge, wäre meine Position in München unsicherer als je zuvor. Ich brauchte nur zu warten, bis politischer Druck auf die Firma ausgeübt würde, und dann wäre klar, für wen sich mein Arbeitgeber entschiede: Im Zweifel gegen den Angeklagten. Das war kein Modell für die Zukunft.

Zu Hause angekommen, ging die Diskussion weiter. Meine Frau stimmte meinen Überlegungen zu. Bayern war für uns und unsere Kinder keine Perspektive. Wir beschlossen, ich sollte in Ruhe das laufende Verfahren abwarten. Der Zeitpunkt der Entscheidung würde auf jeden Fall kommen, aber den sollte die andere Seite liefern.

Ich rief meinen Freund »Barsch« aus Studententagen an. Er war Rechtsanwalt und hatte in Jena eine Kanzlei. Er sagte zu, mich zu vertreten, empfahl aber noch einen Kollegen aus Westberlin einzubeziehen, da es besser sei, Verstärkung aus dem Westen zu haben, der kenne die Winkelzüge bundesdeutscher Gesetzgebung besser als er, dafür wisse er im DDR-Recht besser Bescheid. Auf Wunsch meines Arbeitgebers begaben wir uns zu dritt nach München. Die Firma hatte den renommierten Münchner Anwalt Senninger beauftragt, sich mit uns abzustimmen. Der Anwalt meinte, das wäre alles nicht so tragisch, und wir sollten erst einmal abwarten.

Nach tiefem Durchatmen ging ich in meine bezahlte Freizeit und begann, mich der Familie und dem Garten zu widmen. Das Gartenhaus verlangte dringend nach meinen handwerklichen Fähigkeiten. Als ich kurz vor der Wende einen meiner Arbeitskollegen gefragt hatte, wie lange es dauern würde, bis man gemütlich vor der Hütte sitzend in die Abendsonne schauen könne, grinste er und

sagte: »Na so fünf bis sieben Jahre, vielleicht auch mehr.«
Ich hatte also noch viel vor mir.

Im Juli 1991 gab der Generalbundesanwalt das Verfahren an das Kammergericht Berlin ab. Es wurden also etwas kleinere Brötchen gebacken. Kurz darauf rief mich der Münchner Rechtsanwalt an, ich könne wieder an die Arbeit gehen, es würde sich alles klären. Die Firma verlängerte meine Probezeit vorsichtshalber bis April 1992. Bis dahin konnte man mir also ohne Angabe von Gründen kündigen.

Mitte Oktober erhielt ich einen Brief aus Karlsruhe. Es war eine Ladung. Sie wollten mich als Zeugen vernehmen. Der Mann, gegen den ermittelt wurde, hieß Schalck-Golodkowski, der Tatvorwurf: geheimdienstliche Agententätigkeit. Der Vorhang ging auf zum nächsten Akt. Ich war zwar nur als Zeuge geladen, aber das musste nicht so bleiben. Schalck war bei der Abrechnung mit der DDR eine große Nummer geworden, und welche Wellen das für mich schlagen würde, war schwer abzuschätzen. Mein eigenes Verfahren lief ja noch. Vielleicht wollten sie die Vorladung auch als Druckmittel gebrauchen. Ich beantragte zwei Tage Urlaub und fuhr nach Hause.

Ich rief meinen Rechtsanwalt an. Er war einverstanden, mich zur Vernehmung zu begleiten, empfahl aber, den Kollegen aus Westberlin mitzunehmen. Zum angesetzten Termin erschienen wir also zu dritt. Die beiden Herren der Bundesanwaltschaft waren darüber sichtlich irritiert und verlangten eine Erklärung von mir, ihre Absicht wäre es ja nur, sich mit mir zu unterhalten. Der Westberliner Anwalt nahm mir die Antwort ab. Das sei mein Recht, mit einem Anwalt oder auch mit zweien zu einer solchen Vernehmung zu kommen.

Nach den einleitenden Befragungen zur Person kamen sie schnell auf den Punkt. Schalck-Golodkowski hatte uns Technik beschafft. Die Ausfuhr dieser Technik aus der Bundesrepublik sei verboten gewesen. Schalck-Golodkowski hätte sie trotzdem beschafft und sich dabei geheimdienstlicher Methoden bedient. Ich hatte relativ wenig zu sagen, meine Rechtsanwälte beschäftigten die Vernehmer. Ich sei nicht verpflichtet, mich selbst zu belasten. Die Beschaffungswege und die Bezahlung seien nicht meine Sache gewesen. Ich war der Anwender der Technik. Als erster großer Posten kam die Tiefdruckmaschine auf den Tisch. Das war eine ordentliche Summe, ein siebenstelliger Betrag. Ich zuckte die Schultern, die Maschine war nicht bei uns angekommen, mehr wusste ich nicht.

Dann gab es eine Pause. Wir standen zu dritt auf dem Flur. Die Rechtsanwälte beruhigten mich, da ich mehrmals nahe daran gewesen war, aus der Haut zu fahren. Die Frager hätten nichts in der Hand und stocherten etwas hilflos im Nebel herum. Sie sammelten Material gegen Schalck-Golodkowski, nicht gegen mich.

Nach der Pause fragten die Vernehmer, warum ich denn nach meinem Abgang in meinem Panzerschrank das Magnetband habe liegen gelassen. Die Botschaft war also an der richtigen Stelle angekommen. Darauf hatte ich die ganze Zeit gewartet. Die Art der Frage verriet mir, dass sie wussten, was auf dem Band war. Ich erklärte ihnen, dass wir die Software ordentlich bezahlt hätten, über den Preis wüssten sie sicher besser Bescheid als ich. Auf dem Band seien genügend Hinweise darüber enthalten, wie der Deal gelaufen war. Die Lieferanten hatten neben der Software aus Dummheit auch ihre persönliche Korrespondenz dort verewigt. »Vielleicht sollte man das zum Anlass nehmen, zu untersuchen, ob der Kauf durch die Bücher der Firma gegangen war und ob sie die Mehrwertsteuer bezahlt hätten.«

Ich war wieder etwas lauter geworden, und die Rechtsanwälte zogen an den Zügeln. Ich schaltete einen Gang tiefer, und der Rauch verzog sich langsam. Ich musste einsehen, dass sie meine Botschaft nicht verstehen wollten. Wir kehrten zu einem förmlichen Ton zurück. Am späten Nachmittag war die Befragung beendet. Ich wurde in keinem der vielen Verfahren gegen Schalck-Golodkowski von der Bundesanwaltschaft als Zeuge geladen. Von dem Gold im Panzerschrank war während der ganzen Vernehmung keine Rede gewesen. Die Geheime Verschlusssache, das heißt meine Recherche über Sicherungssysteme, interessierte niemanden mehr. Die Zeit war bereits darüber hinweggegangen.

Zu Hause versuchten wir, einen Plan für die Zukunft zu entwerfen, aber es kamen immer nur kurzfristige Flickenteppiche heraus. Meine Frau verdiente als Lehrerin gut, und zusammen mit einem Arbeitslosengeld würde es schon für alle reichen. Wir hatten in der DDR gelernt, mit unserem Geld zu haushalten. Man gab nur das aus, was man in der Kasse hatte, Borgen war nicht unsere Sache. Was nach der Arbeitslosigkeit kommen würde, stand in den Sternen. Immer sicherer wurde es, dass der Arbeitsplatz in Bayern nicht von Dauer sein konnte.

Mein ganzes bisheriges Leben lang hatte sich meine Frau meinem Beruf unterordnen müssen. Durch das Sozialsystem der DDR war das zwar einigermaßen erträglich, aber eben doch immer auf mich ausgerichtet. Frau und Familie kamen erst an zweiter Stelle. Nach der Wende wurde das anders. Meine Frau, deren Beruf ihr Lebensinhalt war, hätte in Bayern nicht Lehrerin sein dürfen, es sei denn, sie hätte nochmals studiert. Dass man ihren Hochschulabschluss als Lehrerin und ihre fünfzehnjährige Berufserfahrung in Sport und Biologie nicht anerkannte, war demütigend. Meinen Kindern hätte ich ihr Lebensumfeld genommen und sie von ihren Freunden getrennt. So viel stand fest, meine Familie war durch einen Umzug nach Bayern in ihrer sozialen, nicht in ihrer finanziellen Existenz gefährdet. Über allem schwebte dabei das Ungewisse meiner eigenen beruflichen Existenz. Alle wären dann nur noch von mir abhängig gewesen. Man hatte mir ja schon gezeigt, wozu man in der Lage war, wenn ich nicht das tat, was man von mir erwartete.

Ich bat um einen Termin beim Geschäftsführer und legte ihm meine Situation dar. Auch er konnte für nichts Garantien übernehmen, und so einigten wir uns, dass die Firma mich zum 31. März 1992 entlassen würde. Das war der letzte Tag der Probezeit. Kündigungsgründe brauchte sich dann keiner auszudenken.

Erst im Dezember 1995 wurde das Ermittlungsverfahren wegen geheimdienstlicher Agententätigkeit gegen mich eingestellt.

Am 1. April meldete ich mich wieder in der Gotlindestraße. Dort residierte jetzt anstelle der Staatssicherheit das Arbeitsamt. Als ich im Wartezimmer die Listen durchging, auf denen man die Höhe des Arbeitslosengelds ablesen konnte, endeten die dort angegebenen Summen, bevor ich die Höhe meiner letzten Bezüge auch nur annähernd erreicht hatte. Ich war *out of range*. Jedes Mal, wenn ich dort wieder vorsprechen musste und die Bearbeiterin meine Akte aufschlug, sah sie mit steinernem Blick durch mich hindurch. Ich war sicher einer der am höchsten bezahlten Arbeitslosen in diesem Amt. Die anderen Arbeitslosen, die das Wartezimmer und die Flure bevölkerten, hatte es wesentlich schlechter getroffen als mich.

Ein Jahr später bekam ich von meiner Arbeitsvermittlerin doch noch einen kleinen Zettel mit einem Angebot für eine befristete Arbeitsstelle. Ein Verein mit dem Namen GEFUTh e. V. suchte einen Chemiker. In den Baracken des ehemaligen Kopierwerks der DEFA am Groß-Berliner Damm hatte sich eine Gruppe Wissenschaftler und Laboranten der abgewickelten Akademie der Wissenschaften der DDR zusammengefunden, um sich mit der Altlastensanierung zu beschäftigen.

Die Analysetechnik war relativ modern, und ich sollte mich um die Kopplung von Massenspektrometrie und Gaschromatographie kümmern. Da es nicht viele Aufträge gab, untersuchte ich aus eigenem Antrieb Zigarettenrauch auf krebserregende Stoffe oder machte Versuche über den Abbau der scharfen Inhaltsstoffe von Chilischoten. Parallel sollten wir Überlegungen zur Asbestsanierung und zur Trennung von Hausmüll anstellen. Mir wurde schnell klar, dass niemand die extrem hohen Kosten für die Vernichtung von Asbest tragen würde.

Weder das Auflösen in Flusssäure noch das »Rösten« im Ofen waren einfache Prozesse. Wer wollte da garantieren, dass die Fasern nicht überall in der Luft umherflogen? Es blieb nur, den Asbest wieder einzubuddeln.

Als einmal überraschenderweise doch ein lukrativer Auftrag einging, sahen alle Licht am Horizont. Eine Fläche auf einem ehemaligen Militärgelände der Sowjetischen Streitkräfte sollte auf umweltschädliche Stoffe untersucht werden. Das Ergebnis war für mich eindeutig negativ. Die Fläche war stark mit PCB, das waren sehr giftige polychlorierte Biphenyle aus alten Transformatoren, belastet. Der Chef war anderer Meinung. Er befürchtete, dass der Auftraggeber nicht zahlen würde, wenn wir ihm bescheinigten, dass sein Gelände verseucht war und metertief abgetragen werden musste. Ich unterschrieb das gewünschte Untersuchungsergebnis nicht. Dafür fand man dann einen anderen Mitarbeiter. Nach vier Monaten war die Maßnahme beendet, und ich war wieder Kunde beim Arbeitsamt.

Eines Tages meldete sich ein Hauptkommissar Serum vom Bundeskriminalamt am Telefon. Er wollte mich sprechen, aber ich war nicht da. Er gab meiner Frau eine Telefonnummer, die ich zurückrufen sollte. Eigentlich hatte ich dazu keine Lust. Langsam hing mir das alles zum Halse heraus. Das Verfahren gegen mich lief immer noch. Wenn man etwas wissen wollte, sollte man mich ordnungsgemäß vorladen. Schließlich siegte doch die Neugier, und ich meldete mich. Der Hauptkommissar sagte mir, einige Herren wollten mich sprechen, er sei nur der Vermittler und würde bei dem Gespräch lediglich anwesend sein. Was das für Herren seien, werde er am Telefon nicht sagen. Die Zeit und den Ort der Unterredung könne ich aber selbst bestimmen. Ich sollte mir das überlegen und mich dann wieder melden.

Wieder tagte der Familienrat. Die Sache sah in ihrer Geheimniskrämerei genau nach Geheimdienst aus. Meine Frau hatte Bedenken. Ich schlug ihr deshalb als Treffpunkt die Gaststätte *Thüringer Hof* vor, die im Erdgeschoss eines Nachbarhauses, einem ehemaligen Gebäude der Deutschen Reichsbahn, untergebracht war. Sie könne dann nach zwei Stunden nachsehen, ob ich noch da sei. Das beruhigte sie nicht ganz, aber schließlich war sie einverstanden. Ich rief den Hauptkommissar an und teilte ihm Ort und Zeit des Treffens mit.

Eine Viertelstunde vor dem vereinbarten Termin ging ich in den *Thüringer Hof*. Er war leer, ich war der einzige Gast. Ich bestellte mir Kasslerbraten mit Klößen und Sauerkraut und wartete. Die Herren kamen pünktlich, stellten ihren Kleinbus im Halteverbot genau vor der Kneipe ab und betraten die Gaststube. Es waren sechs Personen. Es gab keine Möglichkeit, mich mit anderen Gästen zu verwechseln, und so kamen sie direkt an meinen Tisch.

Das Timing war wesentlich besser als damals in der Jenaer *Ratszeise* bei dem missglückten Treffen mit Volker Braun. Ein Herr stellte sich mir als der besagte Hauptkommissar Serum vor. Ich weiß nicht mehr, ob ich lächelte, aber er fühlte sich bemüßigt, zu bemerken, dass der Ausweis, den er mir entgegenhielt, echt sei. »Ich habe in meinem Leben schon so viele falsche Ausweise gesehen, dass es auf einen mehr oder weniger auch nicht mehr ankommt«, entgegnete ich. Er protestierte nur schwach und stellte mir dann die anderen vier Herren vor. Es waren alles Amerikaner, das heißt USA-Bürger.

Donnerwetter! So viel Ehre für einen kleinen Fälscher, dachte ich. Mr. Aaron Kornbluth kam vom Finanzministerium der USA, Mr. Elias Wollheim vom Energieministerium, Special Agent James Tobak und William J. Cotta Jr., der gleichzeitig Attaché der Botschaft in Bonn war, kamen beide vom U.S. Secret Service. Von den Amerikanern war, wie ich glaube, keiner über dreißig Jahre alt. Der sechste Gast war der deutsche Fahrer.

Ich überlegte schnell, was diese seltsame Zusammenstellung bedeutete. Spionage, wohl nicht, dann wären Leute vom FBI oder der CIA dabei gewesen. Bei dem Energieministerium fiel es mir dann ein. Es ging um Dollars, um Geld. Das Energieministerium war – aus welchem Grunde auch immer – verantwortlich für die Produktion von Dollarnoten. Wir hatten einmal eine ganze Tüte voll zerhäckselter Dollarnoten erhalten, aus denen wir versuchten, die einzelnen Druckfarbenbestandteile zu analysieren. Diese Tüten wurden in den USA an Besucher der Banknotendruckerei natürlich gegen intakte Dollars verkauft. Der U.S. Secret Service ist dem Präsidenten direkt unterstellt und hat auch etwas mit Geldfälschungen und deren Verhinderung zu tun.

Vor der Fragerei kam aber erst das Essen. Ich hatte meinen Braten schon angefangen und wurde gefragt, ob er schmecke. Ich nickte mit vollem Mund. Der Kommissar wollte zunächst wissen, ob ich Englisch spräche, ich verneinte. Ob ich Englisch verstünde, hatte er nicht gefragt. Ich war somit im Vorteil. Ich verstand die Fragen im Original, er übersetzte, und ich kontrollierte im Stillen, ob er das auch inhaltlich korrekt machte. Ich ertappte ihn mehrmals bei interessanten Abweichungen, ließ mir aber nichts anmerken. Alle bestellten sich das gleiche Essen.

Bei dem Wort »Sauerkraut« lachten die Amerikaner laut. Aha, wir sind für sie auch heute noch die Krauts, kam mir in den Sinn. Den Sauerkraut-Schlager von Bill Ramsay konnte ich auswendig. Polka hatte ich in der Tanzstunde gelernt, und eine meiner Studienkolleginnen hieß Edeltraud, da war so ziemlich alles beisammen.

Schließlich ging es ans Fragenstellen. Sie zeigten sich erfreut, dass ich mich bereit erklärt hatte, mit ihnen zu sprechen. Sie wären sehr beeindruckt vom ostdeutschen Geheimdienst. Er wäre der beste der Welt, ohne Zweifel. Der Kommissar hörte das nicht so gern und versuchte, dieses überschwängliche Lob bei der Übersetzung etwas zu mildern, aber das Wort *excellent* ließ ihm nicht viel Möglichkeiten. Sein Glück war, dass die Amerikaner kein Deutsch konnten und ich ihn nicht auflaufen ließ.

»Ja«, sagte ich, »es ist schon schade, wenn einer von zwei Schachspielern plötzlich vom Brett aufsteht, hinausgeht und nicht wiederkommt. Der andere weiß dann nicht, ob er gewonnen hätte, wäre das Spiel weitergegangen.«

Das wurde korrekt übersetzt, und alle lachten. Da nun alle fröhlich waren, schien die Gelegenheit günstig, jetzt die entscheidende Frage zu stellen: »Haben Sie jemals Dollars gefälscht?«

Die Antwort auf diese Frage konnte ich schon im Schlaf aufsagen, aber hier machte mir das besondere Freude: »Wenn wir jemals Dollars gefälscht hätten, säße ich jetzt nicht hier, sondern würde irgendwo unter Palmen meine Beine ins Wasser hängen lassen. Wären es sehr viele Dollars gewesen, gäbe es die DDR noch, und dieses Gespräch würde auch nicht stattfinden.«

Sie tauschten sich leise untereinander aus, wobei ich den Eindruck hatte, sie fanden die Argumente überzeugend. Richtig verstehen konnte ich sie nicht, und der Kommissar übersetzte auch nichts. Ich legte noch etwas nach: »Ich finde das Fälschen von Geld höchst unehrenhaft und unmoralisch, denn was hätte die USA dann daran gehindert, als Reaktion darauf auch unser Geld zu fälschen? Nur eine einzige deutsche Regierung hat geglaubt, mit Geldfälschen einen Krieg zu gewinnen.«

Der Kommissar trat mich unter dem Tisch ans Bein, und ich fragte ihn, ob ich den Satz noch einmal wiederholen solle, da er mit der Übersetzung zögerte. Als er das dann notgedrungen tat, fuhr ich fort: »Hitler ließ im Konzentrationslager Sachsenhausen englische Pfundnoten fälschen, um sie über Großbritannien abzuwerfen, kam aber Gott sei Dank nicht mehr dazu.«

Als das Wort »Hitler« fiel, wurden alle aufmerksam, noch bevor die Übersetzung kam.

»Die Firma, die das Papier für die falschen Pfundnoten herstellte, gibt es in der Bundesrepublik heute noch. Sie heißt Hahnemühle.«

Ich bekam noch einen Tritt, aber es war zu spät, ich hatte gesagt, was ich wollte. Als der Hauptkommissar mit der Übersetzung fertig war, murmelte er mir zu: »Die müssen doch nicht alles wissen!«

Eigentlich hatte ich angenommen, die Amerikaner wüssten das alles, aber heute bin ich mir nicht mehr so sicher, ob sie jemals etwas von der Geldfälscher-Aktion Bernhard der Nazis gehört hatten.

Jetzt kam die zweite Frage an die Reihe: »Für welche Schurkenstaaten haben Sie gearbeitet?«

Ich weiß nicht mehr genau, ob sie den Ausdruck »Schurkenstaaten« benutzten, aber der Tenor der Frage ging unzweifelhaft in diese Richtung. Ich fragte zurück, welche Staaten das ihrer Ansicht nach wären.

Es folgte eine Aufzählung von Staaten, bei denen ich jedes Mal den Kopf schüttelte. In der Liste waren auch China und Nordkorea. Bei Kuba hätte ich lügen müssen, aber Kuba fehlte in der Reihe. Sie hatten Kuba schlicht vergessen oder wollten nicht danach fragen, weil sie es schon wussten. Mehr wichtige Fragen gab es nicht. Der Rest war Smalltalk ohne die geringste Portion Politik.

Politik interessierte die Amerikaner nicht. Sie waren wegen ihrer Dollars gekommen und nur deswegen. Die zwei Stunden waren fast herum, und ich hatte schon Angst, meine Frau würde die Tür öffnen und mich holen kommen, aber Mr. Cotta Jr. winkte dem Kellner.

Als ich bezahlen wollte, wehrte Mr. Cotta ab: »Das erledigen wir, Sie waren unser Gast.« Der Hauptkommissar und der Fahrer mussten selbst bezahlten und ließen sich eine Quittung geben. Ich wünschte ihnen eine gute Reise und sie mir viel Glück, und dann ging ich zu meiner Frau, um Bericht zu erstatten. Während der ganzen Zeit kam seltsamerweise kein anderer Kunde ins Lokal, obwohl es am Rosenthaler Platz um diese Zeit hoch herging. Jedes andere parkende Auto wäre an dieser Stelle schon längst abgeschleppt worden. Leider konnte ich das Nummernschild nicht erkennen, das die Polizei davon abgehalten hatte, ihre Pflicht zu tun.

Nun war ich wieder auf dem Boden der Tatsachen angekommen. Mein Höhenflug durch die oberen Ränge der Gesellschaft war beendet. Ich war wieder dort, wo ich auch meiner eigenen Meinung nach hingehörte.

Um in etwas sichereres Fahrwasser zu gelangen, hatten wir beschlossen, dass meine Frau sich für den Beamtendienst bewerben sollte. Sie musste dafür eine ganze Menge zusätzlicher Weiterbildungen ableisten, was sie aber gut hinbekam. Als es fast so weit war, die Beamtenstunde hatte sie schon erfolgreich gemeistert, fiel sie bei der Gesundheitsprüfung durch. Der Arzt stellte bei ihr eine Tuberkulose fest. Berlin konnte aber nur kerngesunde Beamte gebrauchen. Nachdem sie auskuriert war, was fast ein Jahr lang dauerte, hätte sie sich erneut für die Beamtenlaufbahn bewerben müssen. Der Ausgang wäre sehr ungewiss gewesen. Sie verzichtete und blieb angestellte Lehrerin.

Anfang 1994 meldete sich mein alter Freund Helmut bei mir, mit dem ich schon zu Studentenzeiten in Bulgarien unterwegs gewesen war und den ich dann im MfS wiedergetroffen hatte. Er wollte eine eigene Firma gründen und suchte einen Kompagnon. Ich war einverstanden, und das gemeinsame Konzept war in wenigen Tagen erarbeitet. »Dokumentenarchivierung« war das Stichwort. Wir wollten wichtige Papiere digitalisieren, klassifizieren und in Datenbanken speichern. Die Technik dazu war gerade auf dem Markt und entwickelte sich schnell.

Schwierigster Punkt war die Ausrüstung. Ohne einen Kredit war das nicht zu finanzieren. Wir hatten eine für unsere Vorstellungen ziemlich große Summe eingeplant. Wir begannen, die Banken abzuklappern, stießen aber überall auf taube Ohren. Entweder es fehlten Sicherheiten, oder die gewünschte Kreditsumme war ihnen zu gering. Schließlich gelang es doch unter Einsatz unserer Lebensversicherungen, die von unseren Frauen getragen wurden, bei der Volksbank den Kredit lockerzumachen.

In der Berliner Mitte hatte sich mittlerweile eine Bank für kleine und mittlere Unternehmen etabliert, die Kurse für aufsteigende Firmengründer anbot. Natürlich musste man erst einmal zahlen, dafür wurde die Bank aber einer unserer ersten Kunden, da wir auch die Wartung von Rechnernetzen anboten. Schließlich fanden wir einen geeigneten Raum am Engeldamm, an der Grenze zu Kreuzberg. Dort konnte man noch die Spuren der Grenzanlagen mitten auf der gepflasterten Straße sehen. Wir hatten es uns nicht so schwer vorgestellt, wenigstens die Betriebsausgaben durch bezahlte Aufträge wieder hereinzubringen. An ein Gehalt dachten wir dabei noch gar nicht. Wir besuchten eine Messe in Brüssel, die sich mit diesem Thema beschäftigte, und dachten, Kooperationspartner zu finden. Ich hatte einen Stapel Papiere eingepackt, die beim Digitalisieren erhebliche Schwierigkeiten machten. Wir hatten genügend Erfahrung, um mit diesen Problemen fertig zu werden. Jedes Mal, wenn wir einen Anbieter von Technik mit diesem Material beglückten, freuten wir uns, wenn es ihm nicht gelang, eine lesbare digitale Kopie davon anzufertigen. Aber an unserem Wissen war niemand interessiert. Als mich dann einer fragte: »Wie viel Blatt haben Sie denn davon?«, und ich sagte: »Eine Million und mehr«, schob er nach: »Und was sind das für Papiere?« Ich ergänzte: »Die schriftlichen Hinterlassenschaften der DDR.« Seine Schlussfolgerung kam

sofort: »Am besten, Sie verbrennen den ganzen Kram.«
Das war sehr ernüchternd.

Schließlich konnten wir durch Vermittlung eines Freundes, der jetzt bei einer Wohnungsverwaltung arbeitete, eine Studie unterbringen. Die Verwaltung hatte einen großen Keller voller Grundstücksunterlagen, die schon ziemlich ramponiert waren. Außer dem guten Honorar für die Studie brachte das uns aber auch nichts ein, obwohl wir empfohlen hatten, alles möglichst schnell zu digitalisieren, bevor es die Mäuse aufgefressen hätten, die schon in einigen Ordnern wohnten.

Wir wechselten das Profil und konzentrierten uns nun auf Datenbanken, Warenwirtschaftssysteme und Schulsoftware. Zwar lief es nun etwas besser, aber es reichte gerade, um die Betriebsausgaben zu decken, und das auch nicht jeden Monat. Als GmbH hätten wir schon längst Konkurs anmelden müssen. Wir beuteten uns selbst aus, Angestellte konnten wir uns nicht leisten. Oft pumpten wir unsere Ehefrauen an, um über die Runden zu kommen, damit wir wenigstens die Beiträge zur Krankenversicherung bezahlen konnten.

Die Bank, deren Rechnersystem wir betreuten, kündigte uns noch zu allem Übel den Vertrag und setzte dafür einen Studenten auf Honorarbasis ein. Offensichtlich ging es der Bank, die ja angeblich genau wusste, wie kleine und mittlere Unternehmen am besten durchstarten, auch nicht gut. Sie versuchte noch, uns für den Mist, den der Student inzwischen bei ihr angerichtet hatte, verantwortlich zu machen. Das gelang der Frau Professor aber nicht. Sie ging noch vor uns pleite. Unsere Einlagen bekamen wir natürlich nicht zurück. Als wir den Firmenkredit, den wir vorsichtshalber noch nicht ausgeschöpft hatten, halbieren wollten, lernten wir die nächste Lektion in kapitalistischer Ökonomie. Die Bank verlangte den ihr dadurch entgangenen Verlust an Zinsen gewissermaßen als Entschädigung zurück. »Sich borgen, bringt Sorgen!«, hatte mich meine Mutter immer gewarnt.

1996 starb mein Vater. Ich fuhr mitten in der Nacht zwei Tage vor Silvester bei einem heftigen Schneesturm nach Jena. Ich war fast allein auf der Autobahn. Erst nach Mitternacht kam ich in Jena an. Meine Geschwister und meine Mutter hatten auf mich gewartet. Es war beruhigend für alle, dass wir hier gemeinsam in der Wohnung saßen und von meinem Vater erzählten. Wir gingen erst schlafen, als sich der Morgen ankündigte.

Ich habe meinem Vater viel zu verdanken, vor allem Geradlinigkeit, Konsequenz im Handeln und Gerechtigkeitssinn. Diese Eigenschaften hatte er bestimmt nicht von Anfang an besessen, aber sie entwickelten sich auch aus dem Versuch heraus, Lehren aus seinem eigenen Leben zu ziehen. Dass er mit der DDR seine Heimat zum zweiten Mal verlor, hat er nicht verwinden können.

Wenn man Fröhlichkeit vererben kann, hatte meine Mutter daran großen Anteil. Sie hat mir das Kochen beigebracht, indem sie mich zusehen ließ, wie sie selbst kochte. Phantasie, ihre Rezepte nach meinen Vorstellungen auszuschmücken, hatte ich selbst genug. Ihre soziale Ader habe ich immer bewundert. Mit großem Einsatz hatte sie sich nicht nur um die alten Verwandten in Ammerbach gekümmert, sondern sie half auch den chilenischen Emigranten, die vor der Junta geflohen waren, oder den alten »Deutschen«, die aus Kasachstan in die Bundesrepublik ins Schlaraffenland gekommen waren. Ich erinnere mich an zwei von ihnen, auf die mich meine Mutter aufmerksam gemacht hatte: ein altes Ehepaar, das seinen Kindern in das gelobte Land gefolgt war. Sie saßen stundenlang auf einer Bank vor dem Zehngeschosser in Neulobeda und schauten stumm in die Ferne, als ob sie durch die Thüringer Berge hindurch bis in ihre ferne kasachische Steppe sehen könnten.

Möglicherweise als Kompensation für den durch die Wende entstandenen Sozialisationsverlust lebten Klassen- und Studienjahrestreffen wieder auf. Ich war noch vor der Wende zu solchen Treffen gefahren, obwohl mir mein Abteilungsleiter davon abgeraten hatte, natürlich aus Gründen der Geheimhaltung. Ich selbst fand es wichtiger, zu erfahren, was aus meinen Kommilitonen so geworden war. Mit meiner Erklärung: »Ich arbeite beim Ministerium des Innern«, fanden sie sich ab, und ich wusste, dass sie mir nicht glaubten, aber es fragte auch keiner genauer nach. Manchmal reichte ein einziger Satz aus, um den Zustand der DDR-Wirtschaft zu beschreiben: »Was nützt es mir, wenn ich Salzsäure richtig buchstabieren kann, wenn es mir nicht gelingt, welche zu beschaffen!« Diesen Satz, aus dem Munde eines Betriebsdirektors, konnte auch ich nicht anzweifeln.

Bei einem dieser Treffen nach der Wende nahm meine Freundin Edeltraud mich zur Seite. Sie bat mich, herauszufinden, wo mein Freund Albrecht abgeblieben war. Edeltraud und Albrecht waren befreundet gewesen, und aus dieser Verbindung war ein Sohn zurückgeblieben, der, in das entsprechende Alter gekommen, endlich wissen wollte, wo sein Vater war. Sie konnte es ihm nicht sagen, sie wusste es nicht. »Der Einzige, der das herausfinden kann, bist du!«, sagte sie ziemlich verzweifelt.

Dass die Geschichte mit Baikonur und der sowjetischen Raumfahrt eine Legende war, hatte sich zwar zur Gewissheit verdichtet, aber das half ihr und mir nicht. Ich versprach Edeltraud, alles zu versuchen, wusste aber auch nicht recht, was ich tun konnte. Ich hoffte, Albrecht würde mich suchen, wenn er noch am Leben war. Immerhin waren wir einmal gute Freunde gewesen. Anhaltspunkte für ihn, wo er mich finden könnte, gab es genug. Ich dagegen konnte nur raten. Er war unter den Fittichen des KGB in irgendein Land verschwunden, und selbst wenn ich annahm, dass dieses Land die USA waren, half mir das nicht weiter.

Eine Chance bot sich aber doch: das Internet. Wir hatten mittlerweile als Firma eine eigene Website. Zusätzlich war ich dabei, im Rahmen meiner Nachforschungen über die Herkunft meines Familiennamens, eine eigene Website aufzubauen. Albrecht musste also nur im Internet herumstochern, um mich aufzustöbern. Es würde lange dauern, aber die Angeln hatte ich wenigstens ausgeworfen.

Wir entdeckten das Reisen. Zusammen mit unseren alten Freunden Helga, Uli und ihren Kindern gingen wir auf Entdeckungsfahrt. Dänemark, Frankreich, Portugal, Spanien, Italien waren die Ziele. Immer im Mittelpunkt stand, Land und Leute kennenzulernen, so dass eigentlich nur Autofahren und Zelten für uns in Frage kam. Das hatten wir bereits in der DDR so gehalten, nur die Entfernungen wurden größer.

Portugal erinnerte mich sehr an die DDR. Wir hatten ja nicht die großen Touristenzentren zum Ziel, sondern fuhren gewissermaßen über die Dörfer. In dem kleinen portugiesischen Laden um die Ecke konnte man von der Socke bis zur Waschmaschine alles kaufen. Die Tür stand offen, aber eine Bedienung war nicht zu sehen. Nach lautem Rufen kam ein zehnjähriger Bengel und bediente uns, souverän, wie der Ladeninhaber persönlich. Auch bei einem späteren Besuch in Porto änderte sich mein Eindruck nicht. Ich erkannte, dass der Ausdruck »marode« für die DDR nur ein politischer Kampfbegriff war. Ganz Porto war marode, aber wunderschön. Hier war im wahrsten Sinne des Wortes Leben in der Bude. Als wir am Neujahrsmorgen früh um drei die Gaststätte *giroflée* am Douro verließen, lag nirgendwo auch nur ein Schnipsel Papier oder eine leere Flasche. Ein Feuerwerk gab es nicht. Berlin war um diese Uhrzeit immer bereits ein Müllhaufen.

1998 erfüllten wir uns einen langgehegten Wunsch. Zu unserem fünfundzwanzigsten Hochzeitstag wollten wir endlich gemeinsam Kuba besuchen. Es war nicht so einfach, einen Reiseveranstalter zu finden, der unseren Ansprüchen genügte. Wir hatten keine Lust, unsere Urlaubstage in Varadero im Liegestuhl zu verbringen. Schließlich hatten wir Glück und fanden ein Reisebüro, das unseren Wünschen entsprach.

Das war auch die erste Flugreise meiner Frau, und sie war ziemlich aufgeregt. Alles ging gut, und wir kamen nach einem ruhigen Nonstop-Flug von Frankfurt am Main in Havanna an. Es war eine kleine Reisegruppe von vielleicht fünfzehn Personen. Wir waren die einzigen in dieser Gruppe aus dem Osten. Schon bei der Einreise gab es einen interessanten Zwischenfall. Eine Frau aus der Gruppe war US-Amerikanerin und zeigte ihren Pass vor. Der Kontrolleur fragte sie freundlich, ob sie einen kubanischen Stempel in ihrem amerikanischen Pass haben wolle. Damit könne sie zu Hause erhebliche Schwierigkeiten bekommen. Sie verzichtete dankend und reiste »illegal« nach Kuba ein und genauso illegal wieder aus. Ich hatte die ganze Zeit überlegt, ob mich jemand ansprechen würde, den ich von früher kannte. Die Frau eines kubanischen Mitarbeiters war nach seiner Ausbildung in der DDR mit ihm nach Kuba gegangen und arbeitete damals am Flughafen. Ich war mir sicher, dass die kubanischen Behörden meine Einreise registriert hatten, aber es passierte nichts. Ich war auf unserer Urlaubsreise ein ganz normaler Tourist.

Den Kubanern ging es versorgungsmäßig schlecht. Die Lebensmittel waren rationiert, und man konnte nur mit einem Bezugsscheinheft einkaufen. Viele der Bauten, die ich noch als Sehenswürdigkeiten kannte, hatten unter der wirtschaftlichen Lage sehr gelitten. Unser Reiseleiter Paulino hatte in besseren Tagen in der Botschaft Kubas in der DDR gearbeitet und beherrschte den DDR-Slang perfekt. Als wir eine Kooperative besuchten, welche Tabak anbaute, sprach er ständig von LPG. Nur wir drei wussten, was er meinte, bis ich schließlich das Codewort »LPG« für die ehemaligen Bundesbürger entschlüsselte. Die Kooperative hatte einen eigenen Kindergarten mit einem ständig dort beschäftigten Arzt, der sich beklagte, dass die Eltern ihre Sprösslinge zu sehr fütterten. Sie bekamen hier jeden Tag kostenlos einen Liter frische Milch.

Als wir einmal in irgendeiner Verwaltung saßen und mit den Angestellten über die Probleme der Menschen in ihrer Region sprachen, meinten einige aus unserer Gruppe, die Kubaner über die Einhaltung der Menschenrechte belehren zu müssen. Mir platzte schließlich der Kragen, und es kam zu einem Streit zwischen Ossis und Wessis, den die Kubaner souverän schlichteten. Die Kubaner meinten, sie würden schon allein herausfinden müssen, was für ihr Land gut sei. Die meisten der Ratschläge von außen hätten sich sowieso als untauglich erwiesen. Mit dem Wortführer der Wessis versöhnte ich mich wieder, nachdem er in einem Kinderkrankenhaus seinen Rucksack auspackte. Er war voller Medikamente, die hier dringend gebraucht wurden, aber wegen der USA-Blockade nicht importiert werden durften. Er war Arzt in Hamburg und behandelte nachts zusammen mit einem Kollegen Obdachlose, was ihn beinahe seine Zulassung gekostet hätte. Ich zeigte ihm die Ausrüstung des Labors, in dem man versuchte, aus einheimischen Pflanzen Medikamente herzustellen. Sie stammte komplett aus der DDR. Es fiel mir noch schwer, mich von dem auch mir in Fleisch und Blut übergegangenen Gut-und-Böse-Schema zu lösen. Ähnliche Symptome konnte ich auch bei unseren »Westlinken« beobachten.

Das Stadion, in dem die Panamerikanischen Spiele 1991 stattgefunden hatten, war in keinem guten Zustand, im Aquarium, einst Havannas Perle, waren viele Becken leer, und in Santa Maria del Mar hatten die Taifune der letzten Jahre die Palmen und Kiefern mitsamt den kleinen Häuschen hinweggefegt. Der Eispalast *Coppelia* in Havanna aber war belagert wie eh und je. Lange Schlangen von Eltern mit Kindern standen geduldig davor und warteten, an die Reihe zu kommen. Als die Ordner merkten, dass wir Touristen waren, wurden wir sofort eingelassen. Kein Einheimischer beschwerte sich darüber. Das Hotel, in dem wir in der letzten Woche untergebracht waren, gehörte einem italienischen Reiseunternehmen. Man konnte jeden Tag Nudeln mit Tomatensoße essen, einheimische Gerichte gab es nicht. Geld für eine Hotelärztin wollten die Hotelbesitzer auch nicht ausgeben. Die medizinische Betreuung der Urlauber stellte die kubanische Regierung kostenlos zur Verfügung. In der Ausrüstung der winzigen Sanitätskammer unter dem Swimmingpool fehlte es an allem, sogar an einem Holzspatel, mit dem die Ärztin meiner Frau in den Hals schauen wollte, sie hatte sich eine Ohrenentzündung zugezogen. Antibiotika hatte sie nicht. Es machte mich wütend, dass man diesem Land das amerikanische Knie auf die Brust setzte, um es zur Kapitulation zu zwingen. Insgeheim freute ich mich ein wenig, vielleicht dabei mitgeholfen zu haben, dass die Kubaner dem Druck der USA bisher so tapfer standgehalten hatten.

Als wir einmal am Strand spazieren gingen, schaute meine Frau plötzlich entsetzt auf ihre Füße. Sie waren schwarz bis zum Knöchel. Unter einer dünnen Sandschicht verbargen sich große schwarze, schmierige Fladen: Erdöl. Paulino klärte uns auf: In der schmalen Meerenge zwischen Florida und Kuba wuschen die amerikanischen Ölschiffe ihre Tanks aus. Die Meeresströmung schwemmte das Erdöl an die Strände vor Havanna oder Varadero.

Ich fand es nur gerecht, dass man uns dann im berühmten *Tropicana* eine gehörige Summe Dollars als Eintritt abnahm. In allen anderen Geschäften und Restaurants waren Dollars als Zahlungsmittel nicht gestattet.

25. Kapitel

Der Zufall meines Lebens • Wie
überlistet man die Postkontrolle •
Kontakte nach Amerika • Eine unendliche
Geschichte • Back to the roots • Der Mond
ist aufgegangen • Signale aus dem
Jenseits • I have a Dream too

Meine Tochter Anne brachte mir 2001 vom Reitunterricht eine Adresse und eine Telefonnummer mit. Es gab erstaunlicherweise noch einen Pelzl, der ganz in der Nähe hier in Berlin wohnte. Ich hatte immer gedacht, dass mein Familienname – trotz des Doppelgängers in Halle – zu den ausgesprochen seltenen Exemplaren gehörte, und nun wohnte einer gleich nebenan!

Ich entschloss mich, ihn anzurufen, und er erzählte mir am Telefon, dass es in den USA einen weiteren Pelzl gäbe, der zwei dicke Bücher über unseren Familiennamen geschrieben hatte. Das interessierte mich außerordentlich. Rücksichten auf irgendwen brauchte ich ja nun nicht mehr zu nehmen.

Der Kontakt kam tatsächlich schnell zustande, und ich bestellte die beiden Bücher. Michael J. Pelzel hatte sie in den 1980er Jahren geschrieben. Lebenserfahren wie ein Amerikaner eben so ist, empfahl er mir, das Geld nicht etwa zu überweisen, sondern die notwendigen 100 Dollar als einzelne Banknote einfach zwischen zwei schwarze Pappen zu legen und in einem Briefumschlag zu schicken. Andernfalls hätte ich fast noch einmal so viel an Überweisungsgebühren zahlen müssen. Mit der Kontrolle von Briefen auf darin enthaltene, aber nichterwünschte Sachen kannte ich mich ja aus. Mein Freund Helmut hatte mir einmal den Tipp gegeben, meine Briefe einfach mit dem bewährten Kleber Duosan zu verschließen, wenn die Staatsicherheit sie nicht lesen sollte. Die meisten Briefe wurden ja mit Heißdampf geöffnet. Wollte man einen Brief kontrollieren, der sich nicht so einfach öffnen ließ, musste man anschließend den Briefumschlag komplett »restaurieren«, was wesentlich schwieriger war.

Michael aus den USA schrieb mir, dass von viertausend Briefen aus Europa nur drei bei ihm nicht angekommen wären. Da lag er etwa auch im Schnitt der DDR-Postkontrolle, obwohl diese Briefe alle aus Westeuropa nach Amerika gegangen waren. Da ich schon immer viel fotografiert hatte, erinnerte ich mich an die Verpackung des DDR-Fotopapiers. Ein absolut lichtdichtes, schwarzes Papier war auf der einen Seite noch mit Aluminiumfolie laminiert. Das war die passende Hülle für die unsichtbare Dollarnote. Ich ging also an den Schalter meiner Sparkasse und wollte eine 100-Dollar-Note eintauschen. Das war aber nicht so einfach, wie ich mir das gedacht hatte. Die Dame wollte unbedingt wissen, wofür ich diese 100 Dollar brauchte. Ich sagte ihr, dass sie das nichts anginge, und nach langem Hin und Her beichtete sie mir, dass eigentlich die amerikanischen Behörden das wissen wollten, ihr sei das egal. Denen wollte ich das schon gar nicht sagen. Erstaunt war ich nur, wie eng amerikanische und deutsche Behörden zusammenarbeiteten und wer hier wem weisungsberechtigt war. Schließlich gab sie auf, ich verpackte zu Hause meine 100 Dollar, wie von Michael empfohlen, und warf sie in den Briefkasten.

Nach ein paar Wochen bekam ich eine Aufforderung von einem Zollamt irgendwo am Columbiadamm in Westberlin, dort eine Sendung für mich abzuholen. Das Amt war in einer flachen Baracke untergebracht, mit einem riesigen Tresen, hinter dem aber nur ein oder zwei Frauen saßen. Außer mir waren keine anderen Kunden da. Ich brauchte mich also nicht durchzufragen. Ich weiß nicht mehr genau, ob das Paket schon geöffnet worden war, aber da lagen zwei dicke Wälzer: dunkelgrün und mit großer Goldschrift: *Michael J. Pelzel, Die Familien Pelzl/Pelzel/Pelcl einst und jetzt, Gateway Press, INC., Baltimore, MD 1995 Bd. 1/2.*

Ich konnte sie aber nicht so einfach mitnehmen, wie ich mir es gedacht hatte. Die Frau hinter der Barriere wollte unbedingt Zollgebühren berechnen und musste dafür den Preis der Bücher wissen. Bei dem Prachteinband konnte der ja so niedrig nicht sein. »Die Bücher sind ein Geschenk«, sagte ich.

»Aber sie sind ja in den USA hergestellt und gekauft«, entgegnete sie.

»Nein«, sagte ich, »der Absender hat sie für mich und seine Familienmitglieder kostenlos produziert, die gibt es nicht zu kaufen.«

Das wollte sie nicht glauben. Als ich mit dem Finger auf den Titel wies und meinen Ausweis danebenlegte, machte sie runde Augen, war aber doch ein wenig enttäuscht wegen der entgangenen Tageseinnahmen. Von den 100 Dollar und der interessanten Bezahlmethode hatte ich nichts erzählt. Aufgeregt verließ ich mit dem Paket unter dem Arm die Zollbaracke. Während der ganzen Zeit war kein anderer Kunde aufgetaucht.

Dass ich in den nächsten Wochen zum Ärger meiner Frau ständig in diesem Buch las, verstand sich nun von selbst.

Dass die meisten Amerikaner gar nicht aus Amerika stammen, sondern von irgendwoher aus der Welt und dass sie auch heute noch große Mühe haben, die wenigen übrig gebliebenen wahrhaften Amerikaner als gleichberechtigte Bürger anzuerkennen, wusste ich. Mir war aber bisher unbekannt, dass dieser Umstand ein gewisses

Herkunftstrauma hinterlassen hatte. Ich kannte zwar die amerikanische Fernsehserie *Roots*, die 1978 im Westfernsehen gezeigt worden war und die mich ziemlich beeindruckt hatte, aber dort ging es ja um schwarze Sklaven aus Afrika und nicht um weiße Einwanderer aus Europa. Vielen Amerikanern gehen offensichtlich ihre *roots* bis heute nicht aus den Köpfen.

Wie gesagt, gab es bei uns zu Hause kein Westfernsehen. Technisch wäre das in Jena mit etwas Aufwand möglich gewesen, aber mein Vater war strikt dagegen. Mich störte das nicht weiter, denn ich verbrachte meine Freizeit kaum vor dem Fernseher. Als ich in Berlin anfing, zu arbeiten, änderte sich das grundlegend. Obwohl mir das niemand offiziell direkt so sagte, hatte ich das Gefühl, man erwartete von mir, dass ich mich auch im Westfernsehen informierte. Das war schon etwas doppelbödig, obwohl die Zeiten der Antennenstürmerei lange vorbei waren. Alle wussten, dass der größte Teil der DDR-Bürger die Informationen von beiden Seiten nutzte. Lediglich im »Tal der Ahnungslosen«, so nannte man die Dresdner Gegend, war es erheblich schwieriger, ARD und ZDF zu empfangen.

Als der Amerikaner Michael J. Pelzel mit seiner Frau Nancy 1988 auf dem zweitgrößten Friedhof der USA, dem Spring Grove Memorial Park Cemetery, das Grab seines Großvaters besuchte, entstand bei ihm der Wunsch, mehr über seine Vorfahren wissen zu wollen. Er stieß damit eine endlose Kette von Ereignissen und Zufällen an, die wohl nie zu den Ergebnissen geführt hätten, die er in diesen beiden Büchern, die ich von da an immer Michael's Bible nannte, zusammengefasst hatte, wenn er schon vorher versucht hätte, die Aussichten seines Unterfangens logisch vorherzusagen. Nun war es nicht weiter schwer, die amerikanischen Pelzls einzusammeln, die amerikanische Bürokratie ist, glaube ich, deutschen Ursprungs, aber der Sprung über den großen Teich nach Europa war wesentlich komplizierter. Er stieß auf diese Spur bereits bei seinem Urgroßvater Vinzenz Pelzl, der nicht in den USA, sondern 1861 in der Tschechoslowakei geboren worden war. In seinem Nachlass fand er einen Brief von 1932, auf dem der Absender Leopold Pelzl seine Adresse hinterlassen hatte: Schillerstraße 533, Landskron. An dieser Stelle hätte ich damals abgewunken. Die Geschichte war anders gelaufen, Landskron hieß jetzt Lanškroun, und eine Schillerstraße gab es dort schon lange nicht mehr, die hieß nun Bedřich-Smetana-Straße. Die Straße hätten sie eigentlich nicht umbenennen müssen, Schiller hatte sich im Zweiten Weltkrieg nichts zuschulden kommen lassen, aber die tschechischen Behörden gingen 1945 ähnlich rabiat vor wie die deutschen Bilderstürmer 1990.

An dieser Stelle musste ich lernen, dass Logik immer etwas zu tun hat mit dem Wissen desjenigen, der sich ihrer bedient, und dass geringeres Wissen nicht unbedingt zu schlechteren logischen Entscheidungen führen muss. Michael war Lehrer und wusste nichts oder nicht viel über die Ergebnisse des Zweiten Weltkriegs in Europa! Er wusste anscheinend nicht, dass fast zweieinhalb Millionen Deutsche die Tschechoslowakei 1945 hatten verlassen müssen! Das war für mich unglaublich. Er aber hielt es mit seinem Wissenstand für durchaus logisch, einen Brief in die Schillerstraße 533 nach Landskron zu schreiben. Logischerweise kam der ungeöffnete Brief zurück, die tschechische Postkontrolle hatte ihn nicht einkassiert, sondern nur einen Stempel aufgedrückt: »Empfänger unbekannt«. Der tschechische Briefträger, der den Brief in die Hände bekam, erzählte zu Hause unter Verletzung des Postgeheimnisses natürlich seiner Mutter davon und nannte ihr auch die Adressen von Absender und Empfänger. Die Mutter kannte noch vierzig Jahre nach dem Krieg einen ehemaligen Leopold Pelzl aus Landskron und berichtete einer westdeutschen Freundin davon. Nun war es nur noch ein winziger Schritt, und die Leopold-Pelzl-Familie war gefunden. Der alte Leopold, der den Brief nach Amerika geschrieben hatte, war schon gestorben, aber nach alter Sitte hieß sein erstgeborener Sohn wie sein Vater auch Leopold. Sohn Leopold schrieb nun nach Amerika eine Antwort auf einen Brief an seinen Vater Leopold, den er selbst nicht gelesen hatte. Beide Briefe kamen ziemlich zeitgleich in den USA an: der nicht zugestellte und der des Sohnes. Von da an beschäftigte sich Michael Pelzel so intensiv mit seinen Vorfahren, dass er schließlich 1995 diese beiden Bücher veröffentlichen konnte.

In Michael's Bible werden mit den entsprechenden dokumentarischen Nachweisen mehr als fünfundfünfzig Familienlinien mit über dreitausend Pelzls aufgeführt, die bis in die Zeit vor nach dem Dreißigjährigen Krieg zurückreichen. Die dazu notwendigen Unterlagen bekam er über viele Jahre hinweg nicht ganz legal von zwei Tschechen, die Zugang zu den Geburtsurkunden der katholischen Kirche hatten, die in den tschechischen Archiven der Kirche lagerten. Eigentlich war das ein Vorgang, für den sich der tschechoslowakische Geheimdienst hätte interessieren müssen, aber dann wäre ja alles ganz anders gekommen. Eine lückenlose Überwachung ihrer Bürger ist immer nur ein Wunschtraum der Obrigkeit.

Zwar hatte ich das historische Familientreffen 1995 in Heidelberg verpasst, an dem über sechshundert Pelzls teilgenommen hatten, aber Michael und ich blieben in Kontakt.

Ich begann nun selbst, nach meinen Vorfahren zu suchen. Zu allererst interessierte mich die Frage, warum Michael meine direkten Vorfahren und damit mich nicht gefunden hatte. Michael hatte die ganze Suche per Hand erledigt und Karteikarten und Listen geführt – eine unglaublich fleißige Arbeit, bei der ihm viele Freunde auch aus Europa geholfen hatten, weil er weder Deutsch noch Tschechisch noch Latein verstand, denn das waren die Sprachen, in denen die Geburtseinträge in den alten Kirchenbüchern geschrieben worden waren. Ich hatte mich schon vor der Wende bei der Staatssicherheit mit Computern, Programmiersprachen und Datenbanken beschäftigt. Auch das waren Arbeitsmittel, die wir bei der Reproduktion von Dokumenten einsetzten. Durch die Arbeit unserer eigenen Firma wurde das ebenfalls begünstigt. Nichts lag also näher, als dieses Wissen zu nutzen, um Licht in manche dunklen Stellen der jetzt schon riesigen Pelzl-Familie zu bringen. Ich bekam Michaels Zustimmung dazu, seine Daten aufzuarbeiten. Und das tat ich dann auch.

Ausgerechnet ich als Atheist, aus der katholischen Kirche ausgetreten, musste mich mit Strukturen, Sprache und der Verwaltung dieser Organisation beschäftigen, von der mir bis dahin gänzlich unbekannten Geschichte der

Emigration von deutschen Menschen aus Süddeutschland über viele Jahrhunderte hinweg ganz abgesehen. Das war für mich eine lohnende und interessante Aufgabe. Wenn schon die Firma kein Geld einbrachte, sollte wenigstens die Freizeit ertragreich sein. In der DDR gehörte dieses Umsiedler-Thema zu denen, die weitestgehend aus der Diskussion ausgeklammert worden waren. Es gab also auch für mich einen Nachholbedarf. Ohne dieses Eintauchen in die Geschichte und die damit verbundene Mühe wäre ich keinen Millimeter vorangekommen.

Gleich nach der Besetzung der Tschechoslowakei hatte die deutsche Verwaltung 1939 damit begonnen, alle Kirchenbücher in den von Deutschen bewohnten Gemeinden auf Mikrofilm zu kopieren. Aus welchem Grund das geschah, weiß ich bis heute nicht genau. Möglicherweise wollte man das als »deutsches Schrifttum« klassifizierte Kulturgut in die Deutsche Bücherei Leipzig übernehmen, konnte aber nicht die Originale aus den Kirchenarchiven entnehmen. Dass diese Mikrofilme den Krieg überlebt hatten, wusste so gut wie niemand. Sie lagerten immer noch in der Deutschen Bücherei in Leipzig, aber jetzt auf dem Gebiet der DDR. Gegen Ende der DDR verkaufte man Kopien dieser Filme an die Mormonen, genauer an die Genealogical Society of Utah in den USA, da diese immer noch glauben, ihren nicht mormonisch getauften Vorfahren durch die »Taufe für Verstorbene« den Eintritt ins Paradies verschaffen zu können. Dazu müssen sie allerdings deren Namen sowie Geburts- und Sterbedatum kennen. Mittlerweile kenne ich aus diesen alten Kirchenarchiven über tausendvierhundert Vorfahren bis hin zum Jahre 1525, ihre Geburts- und Sterbedaten, ihre Wohnorte. Viele berühmte Leute sind darunter, aber auch viele, von denen außer den dürren Daten nichts weiter bekannt ist. Zum Glück ist die Zahl der vererbbaren Eigenschaften, auf die die Menschen besonderen Wert legen, sehr begrenzt. Das gilt zum Glück auch für Berühmtheit und Verruchtheit. Klüger bin ich bei dieser Beschäftigung allemal geworden.

2002 beschlossen wir schließlich, nach Mähren zu fahren und die Gegend mit dem Fahrrad zu erkunden. Die erste Station war Mohelnice (Müglitz). Von hier aus unternahmen wir zahlreiche Radtouren in die Umgebung. Kirchen und Friedhöfe waren wesentliche Ziele unserer »Expedition«. Es ist erstaunlich, was man alles lernen kann, wenn man sich nicht von Vorurteilen leiten lässt. Die Gegend erinnerte mich sehr an Thüringen und mag mit ihren weiten fruchtbaren Flächen im Tal der Morava und den sanften Bergen schon vor langer Zeit auch deutsche Siedler angezogen haben. Wir wurden immer freundlich aufgenommen und machten keinen Hehl daraus, dass meine Vorfahren hier einst gewohnt hatten. Im Stadtmuseum in Mohelnice – wir waren die einzigen Besucher – holten die strickenden Garderobenfrauen einen pensionierten Arzt herbei, der Deutsch sprach und uns das Museum zeigte. Es stellte sich bald heraus, dass er einen ehemaligen Fleischer Pelzl aus Mohelnice kannte, bei dem er während seines Studiums in München gewohnt hatte. Als er sich verabschiedete, sagte er schmunzelnd, dass er noch in das Dorf Allerheiligen müsse. Dort warte eine Gruppe Touristen aus Westdeutschland auf ihn, die sich ohne ihn, so weit weg von zu Hause, fürchteten.

Die Lebensverhältnisse der Bauern im 19. Jahrhundert im Schönhengstgau waren schlecht. Das Land durfte nicht geteilt werden, und den Hof bekam immer der älteste Sohn. Zehn Kinder und mehr waren keine Seltenheit, viele starben schon bei der Geburt. Die, die überlebten, aber nichts bekamen, wenn es ans Erben ging, blieben als Knechte und Mägde auf dem Hof. Nur selten hatte einer von ihnen das Glück und machte eine »gute Partie«, das heißt, er heiratete in eine andere Wirtschaft ein. So wanderten viele junge Leute oft gruppenweise nach Amerika aus. Da die Ostküste der USA schon dichtbesiedelt war, gingen sie auf den Treck nach Westen. Mit diesem Hintergrund wäre ich der geborene Kundschafter oder Spion gewesen. Ich hätte nicht einmal meinen Namen ändern müssen. Vielleicht hätte es gereicht, Mormone zu werden, katholisch getauft war ich ja schon und rückgängig machen ließ sich eine Taufe auch nicht, wie ich erfahren musste. Glücklicherweise ist mir dieses Schicksal erspart geblieben. Es sind eben oft kleine Anlässe, die dem Leben eine unerwartete Wendung geben, mitunter auch eine positive.

2003 wiederholten wir die Erkundungstour mit dem Rad, aber diesmal in Niederschlesien, in der ehemaligen Grafschaft Glatz (Klodzko). Glatz gehörte wie Müglitz damals zur böhmischen Krone und liegt heute in der Republik Polen. Beide Städte sind nur fünfundsiebzig Kilometer voneinander entfernt, was für die Verbreitung meiner Vorfahren in diesem Gebiet von großer Bedeutung war. Diese Strecke konnte man ohne großen Aufwand auch zu Fuß überwinden, um sich einen Partner zu suchen. Sicher ging es dabei am wenigsten um Liebe, sondern um die schon altbekannte gute Partie.

Wir wohnten in einer kleinen Pension in Polanica Zdrój, das früher einmal Bad Altheide hieß. Die Inhaberin der Pension sprach gut Deutsch, sie hatte sich das Geld für ihr kleines Hotel in der Bundesrepublik erarbeitet. Wir unterhielten uns oft mit ihr, und sie erzählte viel Interessantes, was ich nicht wusste. Als sie einmal von »Polacken« erzählte und ich die Stirn runzelte, hielt ich das doch für ein Schimpfwort, klärte sie mich auf. Polacken nannte man hier die Ostpolen, die nach dem Zweiten Weltkrieg hierhergekommen waren, weil ihre Heimat nun zur Sowjetunion gehörte. Das wären ganz arme Menschen gewesen, die höchstens eine Einerwirtschaft gehabt hätten: eine Ziege, ein Huhn und ein Wägelchen. Die hätte man in die von den Deutschen geräumten, großen Vierseitenhöfe einquartiert. Dort saßen sie jahrelang auf ihren gepackten Koffern und hofften, wieder nach Hause zurückkehren zu können. Wenn es durchregnete, richteten sie sich einfach ein Stockwerk tiefer ein. Unsere Vermieterin machte uns auf einen solchen Hof aufmerksam, der über seinem Besitzer im Laufe vieler Jahre förmlich zusammengebrochen war. Zuletzt wohnte er allein mit seinem Pferd im Keller.

Als wir die riesigen, zum Teil schon verfallenen Bauernhöfe in Niederschlesien sahen, kam mir der Gedanke, dass es besser gewesen wäre, die deutschen Bauern hätten ihre verbrecherische Gefolgschaft für Hitler im neuen Polen abgearbeitet. So hatten die Polen sich selbst um eine produktive und spezialisierte Landwirtschaft gebracht, die lange Zeit für niemanden mehr etwas Essbares produzierte, und damit ihren Anteil zum Revanchismus beigetragen.

Als wir das Adlergebirge in Richtung Tschechien überquerten, lernten wir zwei holländische Familien kennen, die uns für eine Nacht in ihrem Ferienquartier aufnahmen. Abends saßen wir am Lagerfeuer, und meine Frau begann, zu singen: »Der Mond ist aufgegangen«. Eine der Holländerinnen nahm die Gitarre und konnte schon nach wenigen Takten den Gesang begleiten. Wir sangen alle das Lied gemeinsam noch einmal. Sie ließ sich den Text vorsagen, bis sie ihn konnte. Die Kinder lagen die ganze Zeit auf dem Rücken und schauten wortlos in den sternenklaren Himmel. »Bei uns zu Hause sieht man keine Sterne«, sagte die Gitarrenspielerin, »Abends gehen in den Gewächshäusern tausend Lampen an, und der Himmel wird grau.«

Eines Tages erhielt ich eine seltsame E-Mail von einem Jack B. aus den USA. Er freute sich über die schönen Bilder auf meiner Website und meine zahlreichen Namensvetter in den USA und kam dann in einem holprigen Deutsch auf ein angebliches Dokument zu sprechen, aus dem er die erste Zeile zitierte: *Ja dann wolln wir mal, wolln wir mal Chemie studieren …*

Ich brauchte keine drei Sekunden: Es war Albrecht. Die zitierten Zeilen stammten aus unserem Chemikerball-Programm, das nun schon fast vierzig Jahre zurücklag. Kein anderer in den USA konnte diese Zeilen kennen. Es dauerte noch weitere vier Jahre, bis wir uns im Oktober 2014, nach einundvierzig Jahren, im Hotel *Adrema* in Berlin wieder gegenüberstanden. Aber das ist die Geschichte von Jack Barsky alias Albrecht Dittrich, dem KGB-Spion, und die soll er selbst erzählen.

Es scheint angenehm kühl zu sein unter dem ausladenden Weindach. Schwere Trauben hängen dicht über unseren Köpfen. Die sinkende Sonne ist noch voller Temperament, der Mistral gaukelt sanfte Kühle vor, trocknet uns die Lippen aus, auf denen wir den salzigen Geschmack des Mittelmeeres spüren können. Sigrid, die Hausherrin, stellt eine Flasche Wein auf den Tisch – einen »Passe Rose« vom Mas Sainte Berthe, nur ein paar Hundert Meter entfernt von den Les Baux-de-Provence. Mit einem Lächeln deutet sie auf den Wein – er ist gefroren. Robert, ihr Lebensgefährte, hat ihn im Tiefkühlfach vergessen. Die rosa Brocken werden einfach in die Gläser geschüttelt. Dazu gibt es schwarze, eingelegte Oliven und noch sonnenwarme Feigen aus dem Garten. Robert war einmal Geographielehrer und ist immer noch Kommunist. Jetzt hat er einen anderen Beruf, und was für einen! *Tailleur de pierre!* Das ist einer, der dem Stein eine Taille verpasst. So etwas kann nur ein Franzose. Das deutsche Gegenstück Steinmetz hört sich ja schon an wie Metzger, und das ist weiß Gott eine blutige Angelegenheit. Er nimmt mich beiseite, wir gehen in einen winzigen Garten, der eigentlich ein Stall ohne Dach ist und auf dessen Ecke ein kupferner gallischer Hahn thront, und dann zeigt er mir drei große Steine, unter denen er die Ideale seines Lebens begraben hat.

Einmal, wenn der Tag des Ruhms gekommen ist, werden die Kinder des Vaterlands mit leichten Händen und mit fröhlichem Gesang das schwere Tor von Mas du Meindray beiseiteschieben, vornweg Marianne mit bloßen Brüsten – und sie werden den Platz mit der nun schon rostigen Sonnenuhr finden, die drei schweren

Steinplatten aus Roberts Werkstatt aufheben, unter denen er seine Ideale für spätere Zeiten aufbewahrt hat: *liberté, égalité, fraternité.*

Nachbemerkung

Als ich das letzte Mal 2018 mit meinen Kindern und Enkeln das Heimatdorf meines Vaters im tschechischen Mähren besuchte, war fast alles noch so, wie es beim ersten Besuch mit meinen Eltern gewesen war. Die Zeit schien still zu stehen. Aber ich brauchte nur den Kopf zu wenden, um meine Frau, meine beiden erwachsenen Kinder und meine zwei fast erwachsenen Enkel zu sehen. Als ich mit ihnen dann in Starý Maletín, dem früheren Alt Moletein, vor dem Denkmal von Emilie Schindler stand, keimte in mir die Hoffnung, dass es den jungen Leuten beider Länder gelingen würde, die immer noch offenen Wunden des Zweiten Weltkriegs zu schließen. Gemeinsam mit ihrem Mann Oskar – einem Geheimdienstler des faschistischen Deutschlands – hatte Emilie Schindler viele Juden vor dem sicheren Tod bewahrt. Obwohl in dem ehemals nur von Deutschen bewohnten Alt Moletein nun kein einziger Deutscher mehr wohnte, hatten seine tschechischen Einwohner ihr hier ein Denkmal errichtet. Auf dem schlichten Sockel stand auch ihr Geburtsname: Emilie Pelzl.

Es war der Wunsch meiner Kinder und Enkel gewesen, hierher zu fahren. Sie wollten selbst sehen, was es mit den unzähligen Geschichten ihres Vaters und Großvaters auf sich hatte, die aus ihm heraussprudelten, wenn man ihn nur anpiekte. Ich war natürlich stolz, dass sie hier zusammen mit mir waren und sie mir zuhörten, auch wenn ich wusste, dass ich ihnen das meiste schon mehrmals erzählt hatte, sicher jedes Mal etwas anders, aber keiner sagte: »Das hast du uns doch schon erzählt!« Wie viele Generationen waren durch diese Dörfer gegangen, von denen niemand mehr etwas wusste und die doch ihr eigenes, interessantes Leben gelebt hatten. Was ich selbst über sie in Erfahrung gebracht hatte, musste ich weitererzählen, damit es bleibt.

Die Helden meiner Jugend trugen goldene Rüstungen, sprengten auf weißen Pferden einher und flößten mir Respekt oder manchmal auch Furcht ein, heute sind die Rüstungen abgefallen, die Helden gehen zu Fuß, und durch die Löcher in ihren rostigen Kettenhemden scheinen die Menschen hindurch, und so sind sie mir erneut liebgeworden, aber näher und ehrlicher als früher. Allen war gemeinsam, dass sie eine bessere Welt wollten, als die, die sie vorfanden, und dass sie auch dafür kämpften.